华尔街与华盛顿之战

世纪对决催生美国现代金融体系

西方经济—金融前沿译丛

（美）理查德·E. 法利 / 著

贾拥民 / 译

华夏出版社
HUAXIA PUBLISHING HOUSE

本书获得的赞誉——

  理查德·E. 法利以他生花的妙笔，全面地、引人入胜地描述了大萧条期间发生在华盛顿与华尔街之间的一系列"战役"。我们现在已经司空见惯并且在太多的时候都认为是理所当然的联邦存款保险公司（FDIC）、证券交易委员会（SEC）和最基本的存款人及投资者保护制度，都是这些"战役"的产物。从法利的这本著作中可以看出，"华尔街之战"的各个战役的特点，甚至连当时的参战者，在很多方面都与我们在2008年金融危机之后所见证到的非常相似。如果你想理解我们的金融体系……为什么会以现在这样一种方式运行，如果你想弄明白，为什么在2008年金融危机之后，我们仍然必须时刻保持警惕，以保证这些来之不易的保护投资者的制度，那么无疑这是一本必读书。

  ——希拉·拜尔（Sheila Bair），美国联邦存款保险公司（FDIC）主席、商品期货交易委员会前主席、美国财政部前助理部长、畅销书《直面危机：拯救美国、拯救华尔街，就从华尔街开始》（Bull by the Horns：Fighting to save Main Street from Wall Street and Wall Street from Itself）的作者

  很少有学者像理查德·E. 法利那样同时拥有多方面的知识和技能：关于金融市场过去和现在的全面知识，对20世纪30年代的美国国会（以及现在的美国国会）的运行方式的深刻理解，还有以一种引人入胜的笔触叙述和解析非常复杂的问题的能力。唯有这样出类拔萃的学者才能写出这样一本启迪人们心智的好书，它所讨论的主题仍然像80年前一样重要和紧迫。

  ——巴尼·弗兰克（Barney Frank），美国前国会议员、众议院金融服务委员会前主席、《多德－弗兰克华尔街改革和消费者保护法案》（Dodd－Frank Wall Street Reform and Consumer Protection Act）的联合发起人之一

法利讲述了一个极其引人入胜的、多姿多彩的故事。发生在 20 世纪 30 年代的那些"战役",不仅形塑了当时的公共领域,而且催生了今天仍然在保护(并危害)我们的一系列金融制度。在这本书中,法利不仅给出了很多关于人们比较熟悉的那些历史名人的令人眼前一亮的细节(例如罗斯福、休伊·P. 朗和约瑟夫·P. 肯尼迪等人),而且重新发掘了好几位几乎消失在历史角落中的非常有魅力的重要事件的当事人。

——乔纳森·阿特尔(Jonathan Alter),畅销书作家、资深编辑,曾在《新闻周刊》任职 28 年,同时还担任美国广播公司新闻频道(NBC News)和微软全国广播电视公司(MSNBC)的分析师和通讯员。著有《中道为王:奥巴马和他的敌人》(Center Holds: Obama and HIs Enemies)、《承诺:奥巴马总统元年》(The Promise: President Obama, Year One)、《决定性时刻:罗斯福总统的百日之战和赢得希望的胜利》(The Defining Moment: FDR's Hundred Days and the Triumph of Hope)等多部畅销书

过去的从来没有死去,它甚至从未真正地过去!

——威廉·福克纳(William Faulkner)

目 录

本书出场人物 …………………………………………………………… 1
序　曲　"兄弟，你能施舍一点小钱吗？" ………………………… 1

第 1 章　玉石俱焚 …………………………………………………… 1
第 2 章　"阳光查理"对阵西西里人佩科拉 ……………………… 29
第 3 章　逃出深渊：《紧急银行法案》 …………………………… 51
第 4 章　命比猫多：《1933 年格拉斯－斯蒂格尔银行法案》 …… 77
第 5 章　法兰克福的"走狗们"：《1933 年证券法案》 ………… 103
第 6 章　"完美的机构"：《1934 年证券交易法案》 …………… 143
第 7 章　"你的朋友——波士顿的乔·肯尼迪"：美国证券交易委员会的
　　　　诞生 ………………………………………………………… 213
尾　声　左撇子—垒手的手套 …………………………………… 267

译后记 ………………………………………………………………… 287

本书出场人物

（以及他们当时担任的职务）

行政分支
白宫
富兰克林·罗斯福（Franklin Roosevelt），美国第三十二任总统；

埃莉诺·罗斯福（Eleanor Roosevelt），美国第一夫人；

雷蒙德·莫利（Raymond Moley），罗斯福总统的顾问，总统"智囊团"成员，名义上的职务是美国助理国务卿；

路易斯·M. 豪（Louis M. Howe），罗斯福总统的幕僚长（白宫办公厅主任）。

财政部
威廉·H. 伍丁（William H. Woodin），财政部部长（1933年）；

小亨利·J. 摩根索（Henry J. Morgenthau, Jr.），财政部部长（1934~1945年）；

格洛伊德·艾瓦尔特（Gloyd Awalt），货币监理署代理署长；

J. F. T. 奥康纳（J. F. T. O'Connor），货币监理署署长；

迪安·G. 艾奇逊（Dean G. Acheson），财政部副部长；

汤姆·K. 史密斯（Tom K. Smith），财政部部长伍丁（Woodin）的特别助理。

美国联邦贸易委员会
詹姆斯·M. 兰迪斯（James M. Landis），委员（此前担任哈佛大学法学

院教授,后来担任证券交易委员会委员);

休斯顿·汤普森(Huston Thompson),前委员,特别顾问。

商务部

丹尼尔·罗珀(Daniel Roper),商务部部长;

约翰·迪金森(John Dickinson,),商务部助理部长[苏利文和克伦威尔(Sullivan & Cromwell)律师事务所前合伙人]。

重建金融公司(Reconstruction Finance Corporation)

杰西·琼斯(Jesse Jones),重建金融公司主席;

托马斯·科科伦("软木塞汤米")(Thomas "Tommy the Cork" Corcoran),助理首席法律顾问。

邮政部

詹姆斯·A. 法利(James A. Farley,),邮政部部长,同时也是民主党全国委员会主席。

证券交易委员会

约瑟夫·P. 肯尼迪(Joseph P. Kennedy),主席;

乔治·马修斯(George Mathews),委员;

罗伯特·E. 希利(Robert E. Healy),委员;

约翰·伯恩斯(John Burns),首席法律顾问、法律部主任;

戴维·萨珀斯坦(David Saperstein),交易部主任;

鲍德温·贝恩(Baldwin Bane),行政部主任,后转任注册部主任;

唐纳德·蒙哥马利(Donald Montgomery),注册部主任;

詹姆斯·A. 费恩(James A. Fayne),地区管理部主任;

威廉·O. 道格拉斯(William O. Douglas),投资者保护委员会主任;

安倍·福塔斯(Abe Fortas),投资者保护委员会助理主任;

爱德华·摩尔(Edward Moore),证券交易委员会主席的个人助理。

美国国会

美国参议院

卡特·格拉斯（Carter Glass），参议员，来自弗吉尼亚州；

休伊·P. 朗（Huey P. Long），参议员，来自路易斯安那州；

邓肯·U. 弗莱彻（Duncan U. Fletcher），参议员，来自佛罗里达州，参议院银行与货币委员会主席；

约瑟夫·T. 罗宾逊（Joseph T. Robinson,），参议员，来自阿肯色州，参议院多数党领袖；

凯伊·皮特曼（Key Pittman），参议员，来自内华达州，参议院外交关系委员会主席；

海勒姆·约翰逊（Hiram Johnson），参议员，来自加利福尼亚州；

阿瑟·H. 范登堡（Arthur H. Vandenberg），参议员，来自密歇根州；

费迪南德·佩科拉（Ferdinand Pecora），参议院银行与货币委员会下属的证券交易小组委员会首席律师，后转任证券交易委员会委员。

美国众议院

塞缪尔（"萨姆"）·T. 雷伯恩（Samuel "Sam" T. Rayburn），众议员，来自得克萨斯州，众议院州际与对外贸易委员会主席；

亨利·B. 斯蒂格尔（Henry B. Steagall），众议员，来自亚拉巴马州，众议院银行与货币委员会主席；

亨利·T. 雷尼（Henry T. Rainey），众议员，来自伊利诺伊州，众议院议长；

弗雷德·比特恩（Fred Bitten），众议员，来自伊利诺伊州；

米德尔顿·比曼（Middleton Beaman），立法顾问。

华尔街

纽约证券交易所

理查德·惠特尼（Richard Whitney），纽约证券交易所总裁、理查德·惠特尼有限公司主席；

爱德华·A. 皮尔斯（Edward A. Pierce），纽约证券交易所会员、E. A. 皮尔斯公司主席，他也是纽约证券交易所"经纪人派"的领袖；

查尔斯·R. 盖伊（Charles R. Gay），纽约证券交易所总裁（接替理查德·惠特尼）；

弗兰克·阿特休尔（Frank Altschul），上市委员会主席、拉扎德兄弟公司合伙人；

保罗·V. 希尔兹（Paul V. Shieds），希尔兹公司主席、纽约证券交易所民主党人的领袖。

J. P. 摩根公司（J. P. Morgan & Co）

小 J. P. 摩根（J. P. Morgan, Jr.），管理合伙人；

小乔治·惠特尼（George Whitney, Jr.），合伙人；

拉塞尔·C. 莱芬韦尔（Russell C. Leffingwell），合伙人；

托马斯·W. 拉蒙特（Thomas W. Lamont），合伙人；

S. 帕克·吉尔伯特（S. Parker Gilbert），合伙人。

纽约国民城市银行（National City Bank of New York）（即花旗银行。因为"花旗银行"、"花旗公司"、"花旗集团"的演变颇为复杂，为了不引起混淆，在本书中，National City Bank of New York 不译为"花旗银行"，而译为"纽约国民城市银行"。——译者注）

查尔斯·E. 米切尔（Charles E. Mitchell），主席；

戈登·伦奇勒（Gordon Rentschler），总裁；

休·贝克（Hugh Baker），国民城市公司总裁，国民城市公司是纽约国民城市银行附属的证券公司。

大通国民银行（Chase National Bank）

艾伯特·H. 威金（Albert H. Wiggin），前任主席。

库恩洛布公司（Kuhn, Loeb & Co.）

奥托·H. 卡恩（Otto H. Kahn），高级合伙人；

伊莱沙·沃克（Elisha Walker），合伙人；
乔治·W. 博韦尼泽（George W. Bovenizer），合伙人。

狄龙瑞德公司（Dillon, Read & Co.）
克拉伦斯·狄龙（Clarence Dillon），主席［出生时名为克拉伦斯·拉鲍斯基（Clarence Lapowski）］。

M. J. 米汉公司（M. J. Meehan & Co.）
迈克尔·J. 米汉（Michael J. Meehan），主席。

W. E. 赫顿公司（W. E. Hutton & Company）
伯纳德·E. 史密斯（Bernard E. Smith），绰号"卖空本"，合伙人。

苏利文和克伦威尔律师事务所（Sullivan & Cromwell）
阿瑟·H. 迪安（Arthur H. Dean），合伙人；
约翰·福斯特·杜勒斯（John Foster Dulles），合伙人；
尤斯塔斯·塞利格曼（Eustace Seligman），合伙人。

达维律师事务所（Davis Polk & Wardwell）
约翰·W. 戴维斯（John W. Davis），合伙人。

克拉瓦斯、德格斯多夫、斯温和伍德律师事务所（Cravath, DeGersdorff, Swaine & Wood）
亚历山大·亨德森（Alexander Henderson），合伙人。

卡特·莱德亚德和米尔伯恩律师事务所（Carter Ledyard & Milburn）
罗兰·雷德蒙（Roland Redmond），合伙人。

投资银行家协会
弗兰克·M. 戈登（Frank M. Gordon），主席。

媒体

威廉·伦道夫·赫斯特（William Randolph Hearst），赫斯特报业集团（Hearst Newspapers）创始人、出版家；

阿瑟·B. 克罗克（Arthur B. Krock），《纽约时报》（*The New York Times*）驻华盛顿办事处主任；

约翰·T. 弗林（John T. Flynn），作家，《新共和国》（*The New Republic*）和《哈珀氏杂志》（*Harper's Magazine*）撰稿人，费迪南德·佩科拉（Ferdinand Pecora）的调查员。

来自私人部门的改革者

费利克斯·法兰克福（Felix Frankfurter），教授，来自哈佛大学法学院；

本杰明·科恩（Benjamin Cohen），律师，私人执业；

塞缪尔·昂特迈耶（Samuel Untermyer），律师，私人执业；

爱德华·A. 法林（Edward A. Filene），百货业巨头、慈善家、20 世纪基金会（Twentieth Century Fund）的创办者。

◀ J. P. 摩根公司在纽约证券交易所的交易员理查德·惠特尼，他是"黑色星期四"的"英雄"。惠特尼下的买单是股市历史上最有名的一个买单，但是小 J. P. 摩根的干预并未能阻止 1929 年的股市崩溃。

▼ 1932 年的选举之夜，罗斯福与他的竞选经理、民主党主席詹姆斯·A. 法利正在等待总统大选投票的结果。这是一场压倒性的大胜，罗斯福获得了 473 张选票，而胡佛只得到了区区 59 张。不过，与后人通常想象的相反，在当时，罗斯福的当选实际上起到了令银行业危机雪上加霜的效果。

▶费迪南德·佩科拉（左）与代表J.P.摩根公司的律师、来自达维律师事务所的约翰·W.戴维斯聊天。佩科拉原本只是纽约市的一个不知名的检察官，后来被委任为参议院银行与货币委员会下属的证券交易小组委员会首席律师，因为对华尔街银行家的贪婪行为和不公平交易的调查而一跃成为全国知名人物。

▲纽约国民城市银行董事会主席查尔斯·E.米切尔（左中，戴白帽子者）和他的律师，当时他刚刚侥幸逃脱关于他逃税的刑事指控。米切尔被人戏谑地称为"阳光查理"，因为他在股市崩溃后还言之凿凿地预测后市必定会上涨。米切尔是佩科拉调查的第一个"受害者"，调查表明，在1929年，他将股票出售给自己的妻子，制造账面亏损，从而偷逃税款。

◀来自弗吉尼亚州的参议员卡特·格拉斯——大银行体制坚定的倡导者和捍卫者。格拉斯于美国内战前出生在南方，没有受过正规教育，也没有在金融行业工作的经验，但是他一手把持了参众两院的银行与货币委员会，并曾经担任过财政部部长。他是美国金融史上最重要的国会议员之一。

◀雷蒙德·莫利（左，与国会议员萨姆·雷伯恩在一起），在金融问题上，罗斯福当政初期最信任的助手就是他。莫利帮助威廉·H. 伍丁成了财政部部长，他也支持任命约瑟夫·P. 肯尼迪为美国证券交易委员会主席。此外，他还监督了《紧急银行法案》、《1933年证券法案》和《1934年证券交易法案》的起草工作。

◀在财政部部长伍丁的注视下，罗斯福签署了《紧急银行法案》。这个法案授予和平时期的美国总统从未有过的管治全国金融体系的权力，《纽约时报》在报道此事时的标题是"罗斯福获得了独裁者的权力"。

▼罗斯福总统发表"炉边谈话"（这是他一系列"炉边谈话"中的第一个），解释拯救全国经营不善的银行的理由。

▲来自路易斯安那州的参议员休伊·P. 朗在美国的偏远农村和小城镇深得人心,他也因此成了罗斯福的眼中钉。他擅长发动蛊惑人心的宣传攻势,被认为有可能在1936年的总统大选中对罗斯福构成挑战。

▲来自亚拉巴马州的众议员亨利·B. 斯蒂格尔,他自1923年以来就一直致力于推动国会立法建立存款保险制度。大萧条期间,尽管罗斯福总统和格拉斯参议员都不予支持,但斯蒂格尔还是取得了成功,美国联邦存款保险公司由此诞生。

▲在罗斯福总统的心目中,威廉·H. 伍丁(中)是财政部部长的第二人选,其他一些人也认为伍丁虽然和蔼可亲,但失于轻浮。在这张照片中,伍丁怀抱着他的心血结晶——联邦储备银行票据——对着镜头展露笑颜。

◀哈佛大学法学院教授费利克斯·法兰克福是罗斯福政府中的一群新政律师的"精神教父"。尽管他对罗斯福总统并非全无保留意见,但是罗斯福还是经常向他征求意见。当《证券法案》的起草工作陷入混乱和停顿后,法兰克福应邀赶往华盛顿"救场"。

▲塞缪尔·昂特迈耶是1913年成立的普若委员会的首席律师,成立这个委员会的目的是调查美国是否存在控制信贷的"金钱托拉斯",它还调查了 J. P. 摩根公司。昂特迈耶是他那个时代的佩科拉。

▲来自得克萨斯州的众议员塞缪尔·T. 雷伯恩,是罗斯福总统的坚定盟友和众议院州际与对外贸易委员会主席,也是《1933年证券法案》和《1934年证券交易法案》得以在众议院获得通过的保证。

▲罗斯福总统签署《1933年银行法案》，出席仪式的有卡特·格拉斯（左三）、货币监理署署长 J. F. T. 奥康纳（格拉斯左边）、亨利·B. 斯蒂格尔（罗斯福左边），以及其他一些政要。

◂阿瑟·H. 迪安来自苏利文和克伦威尔律师事务所，他是约翰·福斯特·杜勒斯的初级合伙人。迪安对《证券法案》的反对有理有据，甚至折服了该法案的起草者。在那之后，迪安在公共领域取得了辉煌的成功。这张照片是朝鲜战争结束后，作为美国特使的迪安在韩国拍下的。

▾1949 年，米德尔顿·G. 比曼（后排右一）接受哥伦比亚大学授予他的荣誉学位。1916 年，比曼成了众议院有史以来第一位立法顾问，塞缪尔·T. 雷伯恩坚持认为，应该请这个要求严格的、做事有条不紊的前辈来监督《证券法案》的重新起草工作。

▲托马斯·科科伦(昵称"软木塞汤米")是法兰克福最钟爱的门徒。法兰克福让科科伦带领一个团队,尽一切努力起草罗斯福总统的证券法规。科科伦与詹姆斯·M. 兰迪斯和本杰明·V. 科恩一起,被媒体戏称为"法兰克福的走狗们"。

▲未来将担任国务卿一职的约翰·福斯特·杜勒斯,在 1933 年只是苏利文和克伦威尔律师事务所的一位年轻的合伙人。日后,杜勒斯将领导这个律师事务所,在华尔街和华盛顿发挥无与伦比的影响力,但是在那一年,他试图阻挠《1933 年证券法案》通过的游说活动遭到了失败,这也是他辉煌职业生涯中罕见的一次挫败。

▲参议员凯伊·皮特曼（右）与众议员塞缪尔·D. 麦克雷诺（左）和国务卿科德尔·赫尔从纽约启程前往英国，参加伦敦经济会议。这次会议的结果是一场灾难，身为参议院外交关系委员会主席的皮特曼几乎酿成一起国际事件——他酗酒、乱开枪，还有其他很多失态的行为。

◀出席佩科拉听证会的小 J. P. 摩根，让莉娅·格拉芙坐在他膝头上拍照。莉娅·格拉芙是林林兄弟、巴纳姆和贝利马戏团的一名演员，是该马戏团的媒体经纪人摆脱警卫把格拉芙放在了高大而威严的小 J. P. 摩根的膝头上的，对此，小 J. P. 摩根保持了和善的、处变不惊的风度，从而让世人看到了他人性化的一面。不过，莉娅·格拉芙回到她的故国——德国——之后，却被纳粹分子送入了奥斯威辛集中营并最终被杀害。

▲J. P. 摩根在皮科拉听证会作证后，与参议院委员会银行与货币委员会主席、来自佛罗里达州的参议员邓肯·U. 弗莱彻合影。在 1933 年，弗莱彻的任务是监督这个听证会以及《格拉斯-斯蒂格尔银行法案》和《证券法案》，但是他最艰巨的任务是，管理好自己党派的议会党团。

▲1932年4月，在参议院银行与货币委员会下属的证券交易小组委员会举办的听证会的间隙，股市操纵者伯纳德·E. 史密斯（绰号"卖空本"）和他的"老伙伴"托马斯·布拉格与格拉斯交谈（居中者是史密斯）。后来，当佩科拉传召这两个人参加听证会时，他们宣布给自己放假：布拉格躲到了夏威夷，史密斯则躲到了澳大利亚。

▲阿瑟·B. 克罗克——《纽约时报》华盛顿办事处主任，最初，他是约瑟夫·P. 肯尼迪在媒体界的唯一盟友。他们两人后来成了亲密的朋友，有的评论家声称，克罗克就是肯尼迪的公共关系顾问。

▲出版业巨头威廉·伦道夫·赫斯特。一开始，在芝加哥举行的1932年民主党大会上，赫斯特是罗斯福获得总统提名的绊脚石（他控制了加利福尼亚州和得克萨斯州的代表团）。支持罗斯福竞选总统的人曾经拼命地试图说服赫斯特，但是他拒绝了，直到最后，约瑟夫·P. 肯尼迪出马，才成功地说服赫斯特支持罗斯福。

◀1934年,理查德·惠特尼在参议院银行与货币委员会作证,反对《弗莱彻-雷伯恩证券交易法案》。在所有反对该法案的游说活动中,惠特尼的活动是最强有力的。尽管他未能阻止联邦政府管制证券交易,但是他还是成功地使许多条款变得温和了许多。

▲罗斯福总统任命约瑟夫·P. 肯尼迪(中间就座者)出任美国证券交易委员会主席,但是费迪南德·佩科拉(左边就座者)对此提出了挑战,他质疑,这个人在几个月前刚刚在他(佩科拉)的听证会上接受是否操纵股价的调查,总统不应该把他作为证券交易委员会主席的第一人选。虽然许多新政改革派心存疑虑,但是后来的事实证明,这一任命是罗斯福总统最成功的一次任命。

▲约瑟夫·P. 肯尼迪不知疲倦地工作，很快地就扭转了外界对他的印象，成功地为自己正了名：他不再是一个股市暴发户和新贵，而是一个来自华尔街的资深政治家。他还努力与媒体合作，塑造自己作为一个热忱的公务员的形象。

◀脾气火爆的华尔街评论家约翰·T. 弗林曾经为佩科拉工作,担任调查员的工作,后来,他当上了一名记者,并成为约瑟夫·P. 肯尼迪的最主要的批评者。不过,弗林最终承认自己对肯尼迪的看法是错误的,并赞扬肯尼迪对美国证券交易委员会的管理是卓有成效的。

▲迈克尔·J. 米汉(右边站立者)是肯尼迪的美国证券交易委员会组建后抓到的第一条"大鱼"。1928 年,米汉完成了美国股市历史上最令人叹为观止的一次股价操纵活动,在短短的 4 天时间内,就通过操纵美国无线电公司的股票赚到了 2 亿多美元(以今天的美元币值计)。1935 年,在肯尼迪的督促下,美国证券交易委员会的首席律师约翰·伯恩斯(左边就座者)毫不留情地持续追踪调查了米汉的可疑的股票交易活动。

▲1935年，棒球联赛开赛日，在纽约洋基队的主场波罗球场，为波士顿勇士队打球的贝比·鲁斯与洋基队老板兼总经理雅各布·鲁珀特握手。贝比·鲁斯曾经在一个赛季打出了超越人类极限的全垒打数，但是自大萧条以来，他的表现一直在下滑，他的工资也一路下降到了不及巅峰时期的一半，与美国当时的大环境构成了近乎"完美"的呼应。

序　曲　"兄弟，你能施舍一点小钱吗？"

1933年3月，美国经济正处于一片混乱当中，全国失业率高达25%，而在某些地区，失业率则是这个数字的2倍（50%）以上。读者切不可忘记，在那个时代，一个家庭通常只有一个人参加工作。[1] 自1929年10月以来，美国的国内生产总值已经下跌至45%以上。股市崩盘，整体经济也像自由落体般滑落。[2] 1933年初，道琼斯工业平均指数已经跌到了59点，这与1929年的高位相比，整整跌去了85%。[3] 作为一个国家经济命脉的金融体系已经彻底陷入瘫痪，而银行破产的案例则以惊人的速度增长。

纽约这个全国最大的都市也不例外，一切都是如此绝望。公园专员罗伯特·摩西（Robert Moses）下了一道命令：立即将中央公园动物园的所有绵羊迁入位于布鲁克林的展望公园内安置，因为在中央公园附近的"胡佛村"中，聚集了一大批饥肠辘辘的人，他们已经偷走了好多只羊，并且在光天化日之下杀掉它们，然后再用可以燃烧的垃圾烹煮，最后连汤带肉都吃得干干净净。[4] 日后的事实证明，1933年的冬季将是经济陷入萧条以来的一个特别严酷的冬天。伦敦经济学院的莱昂内尔·罗宾斯（Lionel Robbins）为这次经济危机起了一个名字：大萧条。这个名字无疑是极其贴切的。[5]

---

[1] 见美国劳工部网站，历史部分，第5章：《大萧条和第二次世界大战期间的美国人》，欧文·伯恩斯坦（Irving Bornstein）撰稿。
[2] 美国商务部经济分析局：《其他主要NIPA部门的GDP：1929～2012年》，2012年8月。
[3] 标准普尔道琼斯指数网站。
[4] 《在山羊统治了中央公园的时候》，亚历克西斯·科（Alexis Coe）撰稿，见《现代农民》，2014年2月10日。
[5] 《大萧条》，莱昂内尔·罗宾斯（Lionel Robbins）著，1934年。

就在4个月前，美国总统赫伯特·胡佛（Herbert Hoover）已经在总统大选中以非常悬殊的差距败落。很多年以后，许多人都想当然地认为，富兰克林·罗斯福在1932年11月大选中的胜利，让普通美国人对这个国家的未来经济充满了乐观的憧憬。但是事实与这种"传统观点"却恰恰相反。说真的，罗斯福的当选，在当时似乎使情况变得更加糟糕了。这次大选之所以会出现这样的结果，更多的是因为胡佛的个人声誉已经跌落到谷底了，而不是因为选民认可和支持罗斯福的经济计划。可以不客气地说，当时罗斯福的经济计划还远远没有形成。罗斯福向选民许诺，将运用联邦政府的全部力量来"打击"大萧条并改革金融体系，但是整个美国并没有多少人，甚至包括他自己（美国当选总统），能够充分地预见到并真正理解未来将会采取的措施。至于相信联邦政府的努力能够很快结束大萧条的人，那就更少了。罗斯福的竞选歌曲是《幸福快乐的好日子又来临了》，它原本是米高梅电影公司出品的电影《追逐彩虹》（*Chasing Rainbows*）的主题曲[①]，现在却很好地表现了这位总统候选人的"没有根据"的乐观和自信。不过，被他的乐观情绪感染的美国同胞却屈指可数。

那年冬天，就在罗斯福当选总统后，在他正式宣誓前的这段时间里，哈里·利利斯·克罗斯比（Harry Lillis Crosby）唱的一首歌《兄弟，你能施舍一点小钱吗?》在排行榜的榜首位置居高不下，它很好地刻画了笼罩着整个美国的幻灭和绝望的情绪：

  They used to tell me I was building a dream（他们总是告诉我，我正在建设一个梦想家园）

  And so I followed the mob（于是我跟上了大家的脚步）

  When there was earth to plow or guns to bear,（只要有土可刨，只要有枪可扛）

  I was always there, right on the job（我就会到那里，永远尽忠职守）

  They used to tell me I was building a dream（他们总是告诉我，我正在

[①] 《幸福快乐的好日子又来临了》，是米高梅公司1929年出品的电影《追逐彩虹》的插曲，由杰克·耶伦（Jack Yellen）和米尔顿·埃杰（Milton Ager）创作，由纽约埃杰、耶伦和伯恩斯坦公司发行。

建设一个梦想家园）

With peace and glory ahead—（前面等着我的是和平和荣耀——）

Why should I be standing in line, just waiting for bread?（为什么现在我却在这里排队苦等，只为那小小的一片面包？）

Once I built a railroad, I made it run（我曾经铺过铁路，想让火车飞驰）

Made it race against time（拼命与时间赛跑，只为铁路能够快通）

Once I built a railroad, now it's done（我曾经铺过铁路，如今铁路已经筑成）

Brother, can you spare a dime?（兄弟，你能施舍一点小钱吗？）①

正是出于这种普遍的愤怒和绝望，普通民众才决心支持罗斯福改革金融市场的规则。罗斯福经常面带愉快的笑容，但他其实拥有钢铁般的意志。他是一个坚定而不失狡诈的政治家，早就暗暗下定了决心，绝对不能浪费民众的愤怒和绝望情绪，但是首先要把它们转变为自己的政治优势。回忆前尘往事，我们发现，罗斯福确实拥有成为一位伟大领袖所必不可少的最重要的、难以捉摸的东西，那就是幸运女神的青睐。一次又一次，几乎在所有重要事件中，机运总会把结果推向有利于罗斯福的一面。他似乎就是这样一个人：永远都能在恰当的时间出现在恰当的位置上。在竞选中，罗斯福承诺，他当选后将会运用联邦政府的权力去结束大萧条。最终，他兑现了这个承诺，尽管这中间他的思想观念有过多次转折，还经历了无数次令人沮丧的政策试错过程，当然也无法避免地出现过许多令人尴尬的失误。在接下来的章节中，我们将叙述，在罗斯福就职美国总统后的两年半时间里，他领导下的政府是如何发起了一次又一次"战役"，修复和重塑那已经崩塌的、腐败的金融体系的。这个故事同时也是现代金融体系从危机的废墟中破壳而生的故事。

就在这个短短的两年半时间内，罗斯福政府颁布实施了《1933年紧急银行法案》（the Emergency Banking Act），在全国范围内救助了一大批银行（同

---

① 《兄弟，你能施舍一点小钱吗？》，杰伊·盖尼（Jay Gorney）作词，伊普·哈伯格（Yip Harburg）作曲，1931年。

时也关闭了一大批银行）；颁布实施了《1933年银行法案》（the Banking Act），它通常被称为《格拉斯－斯蒂格尔法案》（the Glass-Steagall Act），建立了国家存款保险制度，并实现投资银行和商业银行的分业经营；颁布实施了《1933年证券法案》（the Securities Act），确立了证券发行过程中的强制充分而公平披露的制度；颁布实施了《1934年证券交易法案》（the Securities Exchange Act），对证券交易活动和证券交易机构进行管制，并创办了一个国内证券监管机构——美国证券交易委员会，它将成为所有"新政机构"中最有效和最长寿的一个。

这是一个激荡人心的故事，那段岁月、那些人，塑造了美国的现代金融体系。

这是一个关于冲突和斗争的故事。共和党与民主党之间、"乡村美国"与"城市美国"之间、金本位主义者与通货膨胀主义者之间，矛盾重重；意识形态改革者与鼓吹自由市场的银行家、经纪人、商人之间，纷争不断。在这个剧烈变革的时期，"老牌"投资银行与"新贵"商业银行同台竞技；年轻的新政改革派与年老的威尔逊进步主义者瑜亮互见；经纪人和商人则又打又和。在这些冲突的表层之下，则是阶级、种族和宗教层面的深层对立。华尔街和华盛顿被这些战斗永远地改变了。

第1章 玉石俱焚

在事后，似乎谁都有资格当"诸葛亮"。每一个金融泡沫的出现，不都是有明显的迹象的么？每一次"不可避免"的经济崩溃的到来，不都是可以预防的么？当时的人们怎么就看不到呢？然而，泡沫的不可缺少的一个组成部分，就是它的合理性。就拿2007年次贷危机来说吧，如果泡沫是不"合理的"，那么利率和失业率就会无限期地维持在低位，符合资格的借款人的数量将持续增加，房屋价格也将继续上升，抵押贷款再融资市场仍将强大而稳健，那么次贷危机也就不会发生了。这种"合理性"就像那种叫"酷爱"的饮料，它会把浮动利率抵押贷款、"无首付"房贷、"无文件"抵押贷款和合成信用违约掉期，全都冲刷得干干净净。

1929年10月的股市崩溃当然也有其自身的合理叙述。在此之前，消费产品领域出现了一系列革命性的变化，从而启动了一个经济空前繁荣的"新时代"。商业航空、"会说话"的电影（有声电影）、普通人都用得起的冰箱、空调、洗衣机和烘干机，还有其他许多以电动机和内燃机为动力的产品，都创造了巨大的新市场和天量的财富。既然经济景气度是如此之高，道琼斯工业平均指数为什么就不能在1928年1月与1929年8月之间涨个一倍呢？①

1929年由夏入秋后，一种紧张不安的氛围已经笼罩了整个华尔街。9月5日，在马萨诸塞州韦尔斯利市，巴布森学院的创始人、在业内小有名气的投资顾问罗杰·巴布森（Roger Babson）在一个午宴上，对一些"不是那么有影响力的"的金融界人士发表了一个"不是那么重要的"演讲。巴布森说，股市即将面临重大调整。道琼斯新闻专线（Dow Jones Newswire）报道了巴布森的观点，但是没有给出任何合理的解释。结果，就在收市前的一小时，巴布森的言论导致了"疯狂的交易"——成交量剧增的同时是价格暴跌。这个事件后来被

---

① 标准普尔道琼斯指数网站。

称为"巴布森突破"（Babson's break）。① 然后，在9月24日，股市又出现了一次类似的急剧下跌，而且这一次下跌没有任何明显的触发因素。10月初，股指保持坚挺，但是市场内部人士却无法因此而放下心来，因为来自短期拆借市场（"call money" market）的保证金贷款数量一直在迅速增加（保证金贷款是银行和证券公司把"多余"的现金以高利率拆借给股市和大宗商品市场上的投机者的隔夜贷款）。通常情况下，在一个健康、正常的市场中，当这种一窝蜂式的债务融资的流动性涌入股市后，总会伴随着股票价格的上涨。但是这一次，价格却仍然停滞不前。

10月19日，在星期六上午的一个交易时段，市场放量大幅下跌。随后的那个星期一，即10月21日，无数投机者都收到了要求追加保证金的通知，这导致了一系列的连锁反应，股票价格出现了螺旋式的急剧下跌。随着股票价格的下跌，无法满足追加保证金要求的投机者只能向自己的经纪人发出卖出股票的指令，但是随着卖单的增加，股票价格进一步下跌，从而又导致了更多的要求追加保证金的通知和更多的卖单。第二天，股票价格小幅反弹；但是星期三，即10月23日，道琼斯指数又放量大幅下跌了7%。②

周四上午，股市继续下滑。

之前，每当市场的"纠错行为"朝着更坏的方向发展，进而导致进一步的恐慌的时候，或者说，当市场需要"保护和领导"的时候，人们不是向华盛顿也不是向纽约证券交易所寻求帮助，而是向一家以一对父子的名字冠名的银行寻求帮助。人们认为，在金融的世界里，这对父子拥有近乎"上帝"般的无限能力。在纽约下曼哈顿区，从纽约证券交易所出发穿过一条大街，就到华尔街和"宽"街交界处的东南角了，这里赫然矗立着的就是美国金融史上最重要的大厦了，那就是华尔街23号——J.P.摩根公司的总部，人们经常用"街角"一词来指称这家银行，而不直呼其名。那个星期四上午，就在J.P.摩根公司，小J.P.摩根召集了全美国所有最重要的银行家开了一个会，试图制定一个计划来拯救股市。小J.P.摩根组建的这个危机工作小组，由来自J.P.摩根公司的托马斯·W.拉蒙特和乔治·惠特尼，以及大通国民银行的艾伯特·H.威金和纽约国民城市银行的查尔斯·E.米切尔，还有纽约证券交易所的代理总裁理查

---

① 《曾经身在宝山》（Once in Golconda），约翰·布鲁克斯（John Brooks）著，纽约奥沃斯出版社（Allworth）出版，1969年，第111页。

② 标准普尔道琼斯指数网站。

德·惠特尼组成。理查德·惠特尼是乔治·惠特尼的弟弟，他也是摩根家族的场内经纪人。①

小 J. P. 摩根在那一天和这些银行家商定的行动方案，将把理查德·惠特尼推入一个旋涡，在接下来的整整 10 年中，他既获得过辉煌的胜利，也蒙受过整个美国金融史上空前绝后的巨大耻辱。理查德·惠特尼是美国白人精英中的精英，他出生来到这个世界上，似乎完全就是为了领导盎格鲁－撒克逊裔白人新教徒（White Anglo-Saxon Protestant，简称 WASP）贵族阶层的。他的祖先是乘坐"阿贝拉号"（Arbella）来到美国的，那是继"五月花号"（Mayflower）之后，最早抵达马萨诸塞湾殖民地的一艘移民船。1888 年，理查德·惠特尼出生于波士顿，他身世显赫，是一家银行行长的儿子，同时也是摩根的一个合伙人的侄子。他在格罗顿学校上中学，在那里他成了校长恩迪科特·皮博迪牧师（Reverend Endicott Peabody）最喜爱的学生，同时他还担任了学校棒球队的队长。随后，理查德·惠特尼进入了哈佛大学，不久就被邀请加入了"波斯廉俱乐部"（Porcellian Club），并成了大学划船队的一员。从哈佛大学毕业后，惠特尼先在波士顿的一家经纪公司工作了一年，然后来到了华尔街，于 1912 年在纽约证券交易所买下了一个席位，并创办了自己的公司——理查德·惠特尼公司。他与格特鲁德·谢尔顿（Gertrude Sheldon）结了婚，他的妻子同样身世显赫。她是乔治·谢尔顿的女儿，乔治·谢尔顿是老 J. P. 摩根的生意伙伴，也是纽约高级精英联盟俱乐部的主席。1919 年，理查德的哥哥乔治当上了 J. P. 摩根公司的合作人，自此之后，惠特尼兄弟就成了"华尔街皇室"中最闪亮的年轻新星。②

在同一天早上，华盛顿的美国联邦储备委员会委员们也召开了会议，他们一方面"接受"来自 J. P. 摩根公司的指示（这很能说明这两家机构在当时的地位和影响力），另一方面商议应该采取什么措施来呼应华尔街的银行家们的救市行动，以便化解这场刚露出苗头的危机。为了稳定市场，银行家们筹集了 2.4 亿美元的资金，让惠特尼回到街对面的纽约证券交易所下单买入股票。惠特尼冲进交易大厅，直奔 2 号交易柜台，下了美国股市有史以来最著名的一个买单：以每股 205 美元的价格，买入 1 万股美国钢铁公司的股票，尽管当时该公司的股票市场价格已经低于每股 200 美元了（而且还在快速下跌）。惠特尼

---

① 布鲁克斯，《曾经身在宝山》，第 124 页。
② 同①，第 61~62 页。

"出手买入股票"的消息迅速传开，市场的情绪开始好转，交易商们认为，小J. P. 摩根应该能够阻止股票市场的崩塌，就像他的父亲在1907年的"大恐慌"中所做的那样。第二天，各大报纸的头条新闻都宣称，理查德·惠特尼已经成功地阻止了股市恐慌情绪的蔓延。在那个"黑色星期四"，理查德·惠特尼成了英雄，这也使他在1930年正式当选为纽约证券交易所主席。但是，这只是一次缓刑，而且是一次昙花一现的缓刑。①

10月29日，星期二，又一个"黑色星期二"，道琼斯工业平均指数狂跌了11.75%，同时成交量也创造了1 640万股的天量。② 这一天，小J. P. 摩根没有出手救助。在整个市场的资金之海面前，私营银行的资本毕竟只是沧海之一粟；既然海洋都已经被抽干了，那么再加上一两滴水又有什么用呢？到了当天收盘的时候，道琼斯指数已经跌得只剩下230点了，从同年早些时候的381点高点算起，已经整整跌掉了40%。③当然，噩梦并没有就此结束，直到1932年9月，股市才真正见底，那时道琼斯指数已经跌到41点。④在1929年，小J. P. 摩根无力回天，没能重现他的父亲在1907年的"大恐慌"期间力挽狂澜的传奇。

今天的人们已经很难理解，在1929年，当事实证明J. P. 摩根公司没有能力阻止股票市场崩溃时，这给华尔街人士乃至所有人带来了什么样的心灵震撼。1907年，老J. P. 摩根成功地化解了一场"大恐慌"，此后，所有华尔街人士都认为他成功地创造了一个解决任何未来危机的模板。虽然J. P. 摩根公司在1907年之前，就已经成了美国最重要的银行，但是恰恰是在经过1907年金融危机之后，它确立了自己作为实际上的美国中央银行的地位。在19世纪和20世纪之交，J. P. 摩根公司在老约翰·皮尔庞特·摩根（John Pierpont Morgan, Sr）的铁腕控制和强有力的领导下，逐渐成长为一家出类拔萃的银行，在兼并、收购领域，在铁路、钢铁、银行等行业的重组业务中，确立了无可比拟的优势。在美国经济快速成长的过程中，作为工业企业首选的放贷人和财务顾问，有人甚至认为，在经济事务中，老摩根的权力可能比美国总统还要大。1886年，他的儿子小J. P. 摩根从哈佛大学毕业，也加入了J. P. 摩根公司。在1907年，在他的父亲一手挽救了整个美国金融体系的过程中，小J. P. 摩根在身边耳闻目睹了一切。⑤

---

① 布鲁克斯，《曾经身在宝山》，第126~127页。
②③④ 标准普尔道琼斯指数网站。
⑤ 《摩根家族》（*The House of Morgan*），罗恩·切尔诺（Ron Chernow）著，纽约格罗夫出版社（Grove Press）出版，1990年。

1907 年的恐慌始于 1906 年的旧金山大地震。这场巨大的地质灾害导致的巨额保险支出迫使保险公司将投资变现、取出存款，从而压低了资产价格，并使可用货币的供应非常紧张。在美国西海岸地区，事态尤其严重。在当时，美国还没有中央银行（因为联邦储备体系直到 1914 年才出现），因此，在发生这种紧急状况时，在全国范围内对货币供应量进行协调控制是不可能的。不过，这还不是最关键的，最致命的是，奥古斯都·海因策（Augustus Heinze）和奥托·海因策（Otto Heinze）两兄弟试图垄断他们自己公司（联合铜业公司）的股票，但却遭到了失败，最终不仅导致了他们自己的破产，而且还拖累了为他们提供资金的银行因出现严重挤兑而关门，并进一步拖累了大批其他银行，使得那些原本就现金严重短缺的银行更加举步维艰。①

到 1907 年 11 月 2 日，危机仍然在步步升级，银行挤兑和破产的传闻不绝于耳。老 J. P. 摩根公司在他位于曼哈顿的"官邸"召集了来自全国所有最大银行的四十多个高级管理人员开会，制定了一个救市计划：让那些最强大的机构把最弱小的机构收购下来，同时其他机构则由仍然有偿付能力的银行（例如，J. P. 摩根公司）来提供流动性。就这样，美国的银行被救下来了。② 经过这个事件，老摩根确信，为了避免未来再一次出现类似的危机，建立一个正式的中央银行确实是有必要的，于是他鼓励联邦政府建立联邦储备体系。

为了防止未来的流动性危机和恐慌，1908 年 5 月，美国国会通过了《奥尔德里奇－弗里兰法案》（Aldrich-Vreeland Act）。该法案授权 10 家或更多家国民银行组成银团（其总资本不得少于 500 万美元），然后组成货币联盟，在得到货币监理署的批准后，货币联盟可以发行以债务和证券支持的紧急货币。不过，在整个货币金融历史上，紧急货币只是在 1914 年发行过一次，那是为了应对因第一次世界大战爆发而引发的恐慌。③

同时更重要的是，根据《奥尔德里奇－弗里兰法案》，国家金融委员会得以成立，它的首任主席是共和党参议员纳尔逊·奥尔德里奇（Nelson Aldrich）。国家金融委员会的主要任务是，研究世界各国的银行和货币体系，并提出立法建议，以促进美国银行体系的改善，从而将未来的金融危机消灭在萌芽状态。

---

① 《铜王悲歌》，吉尔伯特·金（Gilbert King）撰稿，Smithsonian.com，2012 年 9 月 20 日。
② 《摩根家族》（The House of Morgan），罗恩·切尔诺（Ron Chernow）著，纽约格罗夫出版社（Grove Press）出版，1990 年，第 7 章。
③ 《联邦储备史（第一卷）：1913～1951 年》，艾伦·梅尔策（Allan Meltzer）著，芝加哥大学出版社出版，2003 年，第 3 章。

1912年1月9日，国家金融委员会向国会提交了一份报告，该报告构成了《1913年联邦储备法案》的基础，不过，一个非常关键的地方除外，"奥尔德里奇计划"所建议的中央银行体系是由私人银行家控制的，而不是由联邦政府控制的。

"奥尔德里奇计划"是在一个秘密举行的"骷髅会"式的会议中制定出来的，这次会议的议程说不定是一个擅长搞"阴谋"的家伙设计的（事实上，自那之后，这次会议的内情也确实一直令"阴谋论"者着迷）。1910年11月，全美国最顶尖的五位银行家举办了一次聚会，他们邀请奥尔德里奇参议员一起参加。这五位银行家分别是：亨利·P. 戴维森（Henry P. Davison）和本杰明·斯特朗（Benjamin Strong），这两位都是J. P. 摩根公司的高级合伙人；弗兰克·范德利普（Frank Vanderlip），纽约国民城市银行总裁；查尔斯·D. 诺顿（Charles D. Norton），纽约第一国民银行总裁；以及保罗·沃伯格（Paul Warburg），库恩洛布公司的高级合伙人。这几个人是在新泽西州霍博肯的一个火车站的站台上见面的，他们都打扮成了猎人的样子，有意让外人以为他们这次出门，是一趟狩猎之旅。在那里，他们登上了一列私人的、全密封的火车车厢，两天之后，火车把他们带到了佐治亚州的布伦瑞克，然后他们在那里转乘轮船，最后来到了老J. P. 摩根的私人度假胜地杰基尔岛。在整个旅程中，这些人彼此之间全都直呼其名，绝不提及对方的姓氏，以便最大限度地保持他们这个使命的秘密。他们把自己的小团体称为"直呼其名俱乐部"，在连续开了9天的会之后，"直呼其名俱乐部"形成了"奥尔德里奇计划"，其主要内容是：创立一个由全国15家地区性银行参加的国家储备协会（National Reserve Association），它的董事由私人银行家按地理区域指定。国家储备协会将被授予发行货币、向成员银行贷款以及其他传统上由中央银行履行的职能，但它仍然是私人所有的以及由私人控制的。[①]

然而，到了1912年5月，"奥尔德里奇计划"遭遇了重大的挫折。当时，众议院银行与货币委员会主席、来自路易斯安那州的民主党众议员阿塞纳·普若（Arsene Puro）主持了一个听证会，调查美国是否存在控制信贷的非法卡特尔组织，从而在全国范围内激起了一股反华尔街的浪潮。在首席律师和首席审理员塞缪尔·昂特迈耶的指导下，普若委员会对类似J. P. 摩根这样的拥有巨大影响力的银行展开了调查，但是并没有发现可以证明它们违法的确凿的证据。

[①] 《炼金术士》，尼尔·欧文（Neil Irwin）著，纽约企鹅出版社（Penguin Press），2013年，第3章。

昂特迈耶的"明星"证人正是老 J. P. 摩根,这一次是他一生中第一次,也是唯一一次来到国会的一个委员会参加听证会。老 J. P. 摩根在回答昂特迈耶的询问时,语带挑衅,而且采取了一种居高临下的说教姿态,这进一步强化了他作为一个专横的、霸道的人物的公众形象:

> 任何一个人都没有办法垄断资金……商业信用主要以个人品质为基础,金钱不可能买到它……作为一个基督徒,我不会借钱给我不相信的人……经常会有许多我认识的人来向我借钱,尽管我知道他们身无分文,但我还是给他们开出了金额达数百万美元的支票。①

而且,由于缺乏协调,美国总统、共和党人威廉·霍华德·塔夫脱(William Howard Taft)的联邦政府行政分支,还对昂特迈耶的调查制造了实质性的障碍。塔夫脱指示货币监理署署长,阻止昂特迈耶获得国民银行的数据。尽管无法证明银行存在违反法律的行为,但是普若委员会还是提出了一些新的通过立法来完善金融体系的建议。

在伍德罗·威尔逊(Woodrow Wilson)赢得 1912 年大选之后,民主党也提出了自己的建立中央银行体系的计划:创办一个由政府控制的联邦储备委员会,它的主席将由总统任命,并需经参议院批准。相关的法案是由来自弗吉尼亚州的众议员卡特·格拉斯(Carter Glass)和来自俄克拉荷马州的参议员罗伯特·莱瑟姆·欧文(Robert Latham Owen)发起的。1913 年 12 月 22 日,《格拉斯－欧文法案》在众议院获得通过,并于第二天在参议院获得通过。根据这项法案,美国成立了 12 家地区性的联邦储备银行,它们全都是国家特许银行(同时,州特许银行也可以成为联邦储备系统的成员银行)。在流动性紧张的时候,这些地区性的联邦储备银行都可以借入全国统一的单一货币,那就是联邦储备券。②

无论华尔街人士还是政府内外的改革者,都满怀热望:联邦储备系统的创立,标志着金融恐慌在美国即将结束。各界希望,有了联邦储备委员会的监督,美国的银行体系将实现现代化,银行倒闭事件将不会再度发生。当然,后来的事实证明,这显然是一个过于乐观的想法。美国银行业的问题,绝对不仅仅限于因中央银行缺位而导致的那些问题。美国人发明了在全世界独一无二的单一

---

① 切尔诺,《摩根家族》,第 8 章。
② 梅尔策,《联邦储备史(第一卷):1913~1951 年》,第 3 章。

银行制（大多数州都禁止一家银行控股公司拥有多家银行或多家银行分行）。这种性质的法律的出台，无疑是各界人士出于对华尔街大型银行联合起来控制全国金融命脉的恐惧，其实这种心态早已有之，只不过是在普若委员会的听证会上表现得比以往更加明显而已。许多美国人都是古朴憨厚的，甚至是天真未凿的，他们热爱小型城镇，喜欢电影《生活多美好》（*It's a Wonderful Life*）里的那种银行，从而使一种"过时"的、分散的、过度放款的银行体系得以近乎永久地存在下去。在这些银行的客户中，有太多几乎没有什么资本的"夫妻店"，它们稀疏地分散在整个美国腹地。而且这些银行都是小银行，它们因为规模太小，缺乏先进的控制和操作程序，没有资格（或者根本不想变得有资格）成为联邦储备系统的成员银行；要想成为联邦储备系统的成员银行，资产规模和治理制度都必须符合最低标准。因此，在流动性紧张的时候，这些银行可以从联邦储备银行的贴现窗口获得流动性支持。

无论如何，尽管成立了联邦储备系统，但在1929年崩溃前的相当长的时间内，银行系统并没有变得"好"起来。在1921年至1929年期间，平均每年都有超过600家银行破产，这个数字超过了上一个10年平均每年破产的银行的数量的10倍。[①] 在20世纪20年代，破产的银行绝大多数都是农村地区的小银行，许多华尔街人士据此得出结论，它们的破产是因为管理不善所导致的。无论真正的原因到底是什么，这些银行的倒闭事件最终促成了各州的存款保险基金的破产（当时还没有建立联邦存款保险制度）。

1929年股市大崩溃后，这种幻象——凭借J. P. 摩根公司和美国联邦储备委员会，就可以保证一个可靠的金融安全网——终于消失得无影无踪了。破产倒闭银行的规模、存款人损失的数额，都远非以往可比。到1929年，共有659家银行倒闭，它们的存款总额为230 643 000美元，存款人的损失高达76 959 000美元。到1930年，共有1 350家银行倒闭，它们的存款总额为837 096 000美元，存款人的损失则达到了惊人的237 359 000美元。[②]

1930年破产的最大的银行是纽约的美利坚银行（Bank of the United States），它也是截至那时美国历史上最大的破产银行。美利坚银行拥有超过2.86亿美元

[①] 《大萧条时期银行倒闭潮：泥沙俱下还是大浪淘沙?》，约翰·R. 沃尔特（John R. Walter）撰稿，《里士满联邦储备银行经济季刊》，第91卷，2005年冬季号。

[②] 《联邦存款保险公司史：前50年》，美国联邦存款保险公司著，华盛顿特区，1984年，第36页。

的存款，但是开办这个银行的许可证却是颁发给两个无良的服装商人的（而且，这个银行名字也是故意这样起的，目的是暗示它与"政府有关系"，所以特别能误导人），他们的名字是伯纳德·马库斯（Bernard Marcus）和索尔·辛格（Saul Singer）。他们厚颜无耻地批准了 2 578 932 美元的无担保贷款，发放给自己以及自己在银行董事会内的亲信。后来，当纽约州银行专员于 1930 年 12 月 11 日关闭美利坚银行时，有 440 000 多名存款人的多年积蓄都遭受了重大的损失，其中大多数是犹太移民，他们将只能收回大约一半的存款。马库斯和辛格也难逃法网，他们都因欺诈罪而被判入狱，在纽约州新新监狱服刑。①

既然华尔街无法阻止经济崩溃，那么也就只能指望华盛顿了。有人说，赫伯特·胡佛总统（President Herbert Hoover）拒绝采取行动去阻止经济下滑，这种指责是不符合事实的。关键在于，当时迫切需要的是，联邦政府必须采取更加果断、更加"激烈"的举措，来给经济"止血"，以促进就业。1930 年，在胡佛总统的支持下，灾难性的《斯姆特-霍利关税法案》（Smoot-Hawley Tariff Act）得以通过，它加快了国际贸易额的下滑。其实当时所需要做的，恰恰是这个法案的反面，即消除贸易障碍。不过，另一方面，在 1931 年，胡佛总统推出了大型公共工程支出计划，并且成功地与相关国家谈判达成了一项国际协议，暂停（第一次）世界大战赔款一年，这有助于减缓国际贸易额的下降趋势。他还试图协调私营部门，共同努力强化金融体系。1931 年 10 月 4 日，胡佛总统将一批银行家召集到了华盛顿特区，与他的财政部部长安德鲁·梅隆（Andrew Mellon）一起讨论，最后决定建立一个总额为 5 亿美元的信贷池，用来救助处于危险境地、面临破产的银行。这个信贷池就是后来所称的全国信贷公司。但是这种努力完全是徒劳的，它最多可以算是一种权宜之计。最后，这个计划仅仅持续了几个星期，前后总共只发放了微不足道的 20 000 000 万美元。提供这些资金的银行，绝大多数是纽约的大型银行，它们从一开始就根本不准备冒风险提供更多的款项。②

1931 年 12 月，在美国联邦储备委员会主席尤金·迈耶（Eugene Meyer）的催促下，又诞生了另一个计划：成立一个由政府出资的联邦机构，以阻止银行倒闭。1932 年 1 月 22 日，胡佛总统签署命令，决定创办重建金融公司（Recon-

---

① 《1933 年银行业危机》，苏珊·伊斯特布鲁克·肯尼迪（Susan Easterbrook Kennedy）著，肯塔基大学出版社（肯塔基州列克星敦市）出版，1973 年，第 1 章。
② 梅尔策，《联邦储备史（第一卷）1913~1951 年》，第 5 章。

struction Finance Corporation，简称 RFC），并任命银行家查尔斯·G. 道斯（Charles G. Dawes）为该公司的总裁。重建金融公司的资金，来源于政府发行的20亿美元的政府债券。以大幅增加政府负债的形式，为一家政府支持的企业提供如此巨额的资金，这种做法是前所未有的。到了1932年年底，它就已经给4 000多家银行发放了差不多9亿美元的贷款，尽管它的工作效率因为围绕它的运营方式所展开的一系列政治争论而受到显著的影响。①

挑起事端的主要人物是来自路易斯安那州的参议员休伊·P. 朗（Huey P. Long），他试图将重建金融公司当成他个人的钱袋子，用来推进他的"分享财富"的民粹主义。这是一个社会主义性质的纲领，其最终目的是想实现他自己当总统的野心。休伊·P. 朗给联邦储备委员会主席迈耶（Meyer，他也是重建金融公司的董事）打电话，要求立即给他选中的路易斯安那州的一些银行发放贷款。当迈耶解释道，重建金融公司需要遵循自己的工作程序，而且贷款规模需要由重建金融公司董事会批准，休伊·P. 朗就威胁说，他将搭乘下一班火车离开华盛顿，并关闭路易斯安那州、密西西比州和阿肯色州的所有银行。迈耶有礼貌地祝他旅途愉快，然后挂断了电话。后来，在罗斯福推动重建金融市场的整个过程中，参议员休伊·P. 朗作为一个极具个性同时又具有强大力量的人物，发挥了不可忽视的作用；而且他一直坚持不懈地为小银行和生活在"主街"的普通民众的金融利益呼吁呐喊，从而给美国的金融监管留下了不可磨灭的印记。②

休伊·P. 朗的人生故事相当离奇，同时他的举动也经常显得非常滑稽，甚至相当离谱，我们在评述他之前，必须对他的身世和成长过程有一个真正的了解，不然就是不公平的。休伊·皮尔斯·朗（Hugh Pierce Long）出生于路易斯安那州的温教区，他的父母共生育了9个孩子，休伊·P. 朗排行第七。有些令人难以理解的是，他的母亲一直认为，他应该成为一名浸信会传教士，而休伊则觉得自己应该成为一名律师。因此，在口袋里揣了100美元后，他就离开了家，打算到俄克拉荷马大学读法学院。在前往俄克拉荷马州诺曼市的途中，休伊偶然发现了一个赌场，他走了进去，很快就把这100美元输了个精光。既然没有钱交学费了，他又觉得当一名销售员可能是不错的职业。后来，在1913年，他与罗斯·麦康奈尔（Rose McConnell）结婚。他与罗斯·麦康奈尔相识也很偶然：她是他所举办的一个烘焙大赛的冠军（举办这项比赛的目的就是提高

---

① 梅尔策，《联邦储备史（第一卷）1913～1951年》，第5章。
② 肯尼迪，《1933年银行业危机》，第40页。

他所卖的植物起酥油的销量)。①

1914年,休伊·P. 朗进入美国杜兰大学法学院学习,但是在仅仅上了一学年之后,他就对进一步深造失去了兴趣,不过,他最终还是说服了路易斯安那州律师协会,准许他参加律师资格考试,他通过了。1918年,休伊·P. 朗参加了路易斯安那州铁路委员会的竞选并取得了胜利,随后于1922年成为了该委员会的主席。1924年,他又参加了路易斯安那州的州长竞选,最后在民主党初选中排名第三。1928年,他又一次竞选州长,这一次终于大获全胜。②

休伊·P. 朗是一位非凡的斗士,在路易斯安那州,无论是南部的天主教徒,还是北部的浸信会信徒,都非常喜欢他。他经常讲这样一个故事:在每个星期天的清晨,他都会很早就醒来,然后套好马车,把他身为浸信会信徒的外祖父母送去参加早上7点开始的宗教活动,然后赶紧回家,把他身为天主教徒的祖父母送去参加上午9点开始的弥撒。但当他的一位助手提到,他从来不知道休伊·P. 朗的祖父母是天主教徒的时候,这位州长的回答却是:"你不要傻了,当年我们甚至连马都没有一匹。"③ 当年也是总统大选年,休伊·P. 朗前一分钟还在抨击一些对民主党总统候选人阿尔·史密斯(Al Smith)不利的反天主教偏见,后一分钟却又转过头来宣称,赫伯特·胡佛不适合当总统,因为他是贵格会教徒。④

在当选州长后,休伊·P. 朗继续给沉闷的路易斯安那州的政治生活带来强烈的冲击,例如,他经常开玩笑说,他的每一个亲戚都在州政府领工资,当然,除了那些被关在联邦监狱的人之外。他不喜欢原有的州长官邸,在宣誓就职后不久,他就要求公共工程局为他建造一栋新官邸。一位官员义正词严地指出,这个项目的资金需要立法机构的批准;休伊·P. 朗就让他一个从事拆迁业务的朋友,在半夜三更拆卸了州长官邸。第二天早晨,他把有关的官员召集起来,"建议"他们立即开始清理现场,以建造一栋新官邸。⑤ 在他担任州长仅仅一年之后,就遭到了路易斯安那州众议院的弹劾,但是他得到了参议院的支持,因

---

① 《首领》,小理查德·D. 怀特(Richard D. White, Jr.)著,纽约兰登书屋出版社,2006年,第1~3章。
② 《首领》,小理查德·D. 怀特(Richard D. White, Jr.)著,纽约兰登书屋出版社,2006年,第3章。
③ 同①,第1章。
④ 同①,第3章。
⑤ 同①。

此最终得以轻松过关。经此一役，休伊·P. 朗在许多人眼中成了一个不可战胜的人，他们开始称他为"首领"（kingfish）。

1930 年 3 月，休伊·P. 朗创办了自己的报纸，这份报纸的资金源于路易斯安那州全州的工作人员，他们无一例外地"自愿"订阅它。同年下半年，休伊·P. 朗宣布竞选美国参议员，并承诺，如果他能获得席位，他将继续担任州长。后来，他赢得席位并兑现了自己的诺言。

就在休伊·P. 朗竞选参议员的那段时间，拉斐特银行（Bank of Lafayette）和信托公司出现了挤兑风波，如果第二天继续开门营业，那么就肯定无法满足存款人提取存款的要求，因此它们向州长休伊·P. 朗求救。那天刚刚黎明，休伊·P. 朗就出现在了银行门口，他要确保自己排在第一位。银行开始营业前的一小时，紧张的存款人蜂拥而至，手里都拿着取款单，结果他们震惊地发现，州长竟然也在，而且还排在了第一位。当银行开门营业之后，休伊·P. 朗把所有人都召集到银行大厅，然后告诉他们，他手里拿着一张金额为 26 万美元的取款单，那是路易斯安那州存在这家银行的全部款项，而且这个数额已经远远超过了银行的全部可用现金。他又告诉大家，他们面临着两个选择：第一个选择是，继续把钱存在银行，然后离开，该干什么就干什么去——他自己就是准备这么做的；第二个选择是，把存款取出来，但是如果有人打算那么做的话，他就把路易斯安那州的存款全部取出来，然后宣布银行破产，当然他这样做，其他所有人也将一分钱拿不到。大家没有办法，只得离去，于是银行安全了。①

到了 1932 年春天的时候，银行倒闭潮已经蔓延到了作为金融中心的大城市。查尔斯·道斯（Charles Dawes）辞去了重建金融公司总裁一职，回到了芝加哥，因为他得集中精力拯救自己家族的银行，即中央共和国国民银行（the Central Republic National Bank）。到了 6 月，银行挤兑风潮已经导致芝加哥城区的 15 家小银行、郊区的 25 家小银行倒闭。在前一年，中央共和国国民银行的存款已经减少了 2.39 亿美元，因此道斯据此得出的结论是，这家银行也无法维持生存了。芝加哥第一国民银行（the First National Bank of Chicago）的总裁梅尔文·特雷勒（Melvin Traylor）担心，如果中央共和国国民银行倒闭，那么芝加哥第一国民银行也很快就会步其后尘（尽管它是芝加哥最大的银行），因此呼吁胡佛总统和道斯对重建金融公司的继任者杰西·琼斯（Jesse Jones）尽力救助。就在各大银行在金融危机中风雨飘摇之际，正值民主党全国代表大会在芝

---

① 《首领》，小理查德·D. 怀特（Richard D. White, Jr.）著，纽约兰登书屋出版社，2006 年，第 6 章。

加哥召开，这时胡佛总统认为，如果在这个节骨眼上，全国第二大城市（芝加哥）的第一大银行破产了，那么这将会是一个巨大的政治灾难（因为全国的媒体记者都聚集到了这里）。这样，拯救中央共和国国民银行就成了胡佛总统的优先任务，重建金融公司同意向该银行贷款9 000万美元，危机得以暂时避免。①

后来，道斯向外界透露，在此之前，中央共和国国民银行已经将相当于它总存款的90%的资金借给了塞缪尔·英萨尔（Samuel Insull）旗下的一些高杠杆的公共事业企业。这个芝加哥大亨精心构筑了拜占庭式的控股公司的结构，用区区2 700万美元的权益资本，就控制了总价值高达5亿美元的庞大帝国。②由塞缪尔·英萨尔和中央共和国国民银行造成的灾难是1935年的《公用事业控股公司法案》（the Public Utility Holding Company Act）得以通过的一大推动力。

尽管杰西·琼斯和梅尔文·特雷勒都是民主党人，但是胡佛总统提供的救助，却被认为是出于共和党人道斯的家族银行的利益需要，于是这次救助逐渐演变成了一只"政治足球"，民主党国会议员指责这是"党派偏袒"。在众议院议长、来自得克萨斯州的民主党人约翰·南斯·加纳（John Nance Garner）的推动下，国会通过了一项立法修正案，要求充分披露重建金融公司发放的所有贷款的有关信息。

然而，各银行却担心，如果来自重建金融公司的贷款的有关信息被公开披露，那么仅凭这些信息，就很可能会引发挤兑风潮。由此而导致的结果当然只能是，那些非常脆弱的银行，反而不敢要求重建金融公司提供它们迫切需要的流动性了 ［正是考虑到了重建金融公司的前车之鉴，后来在2008年金融危机中，财政部部长汉克·保尔森（Hank Paulson）和联邦储备委员会主席本·伯南克（Ben Bernanke）才尽力避免重新出现这种错误：2008年10月，他们要求美国最大的9家银行全都接受来自财政部的问题资产救助计划（Troubled Asset Relief Program）的股权投资，而不管它们是否需要、是否想要这些股权资本］。

无论如何，重建金融公司的努力确实收到了成效，与1931年相比，1932年破产的银行的数量显著减少。在1932年，总共有1 453家银行破产（而1931年却有2 293家银行破产），它们的存款总额为706 187 000美元，存款人的损失总额为168 302 000美元（相比之下，在1931年，这两个数字分别为1 640 232 000美元和340 476 000美元）。③

---

① 肯尼迪，《1933年银行业危机》，第40~43页。
② 同①，第108页。
③ 美国联邦存款保险公司，《联邦存款保险公司史：前50年》，第36页。

重建金融公司的精英法律团队的领头人名叫托马斯·科科伦（Thomas Corcoran，昵称"汤米·科科伦"），他当时年仅32岁，是一个开朗的、杰出的爱尔兰裔美国人，原来是罗得岛波塔基特的一家公司时的律师。科科伦崇拜富兰克林·罗斯福，在重建金融公司的经历，使得他获得了一个绰号——"软木塞汤米"。

科科伦之所以会来到重建金融公司，也是机缘巧合。起初，他在《哈佛法律评论》编辑部工作，因为表现优异，而被费利克斯·法兰克福（Felix Frankfurter）教授看中，因而与毕业班中其他8位同样很有天赋的学生一起，被哈佛法学院选中攻读研究生，并协助教学工作。费利克斯·法兰克福认为，科科伦是最值得他悉心指导和栽培的学生，他甚至下决心，一定要保护好这个天赋非凡但同时又极为敏感的"门生"，促使他成才。"他必须与外界强加给他的自卑感努力抗争，因为他的爱尔兰天主教背景，因为他在布朗、普罗维登斯和波士顿等地的经历。"法兰克福这样写道。1926年，在他的教学奖学金到期后，法兰克福又安排科科伦担任最高法院大法官奥利弗·温德尔·霍姆斯（Oliver Wendell Holmes）的秘书，并为他在华尔街的科顿和富兰克林律师事务所（Cotton & Franklin）找到了一份长期工作［这家律师事务所就是今天的卡希尔·戈登和兰德尔律师事务所（Cahill Gordon & Reindel LLP）的前身］。法兰克福之所以这样安排，是因为他预料到，生于纽波特的约瑟夫·科顿（Joseph Cotton）会喜欢上这个罗得岛的"老乡"的。的确如此。[①]

然而，覆巢之下，安有完卵？到1932年，经济大萧条的影响已经波及各家律师事务所。华尔街各大律师事务所纷纷削减员工的工资，甚至连科科伦这样业绩最突出的律师助理也无法幸免。就在这时候，美国联邦储备委员会主席迈耶着手创建重建金融公司，他邀请乔治·富兰克林（Geroge Franklin），以及科顿和富兰克林律师事务所的另一位冠名合伙人，担任这个新成立的机构的首席法律顾问。富兰克林接受了这个邀请，但是不幸的是，当他正准备履职的时候，约瑟夫·科顿在一次车祸中丧生。富兰克林认为，他不能在这种情况下离开自己的律师事务所，因为那样的话，两位冠名合伙人都将离开，这样，律师事务所也就几乎不复存在了。相反，他向被选为重建金融公司法律总顾问的马丁·博格（Martin Bogue）推荐汤米·科科伦担任助理法律总顾问一职。科科伦接受了这个职位，然后在乔治城与小爱德华·福利（Edward Foley, Jr.）合租了一

[①] 《权力贩子》，大卫·麦基恩（David McKean）著，斯蒂福兹出版社（新罕布什尔州汉诺威），2004年，第1～3章。

套房子。小爱德华·福利也是一位年轻律师，而且还是一个爱尔兰裔美国人，他是从纽约锡拉丘兹来到华盛顿特区的，目的同样是促成重建金融公司工作的启动。不久之后，他们住的这套房子就成了年轻的"新政法律精英"们的宿舍和俱乐部了。①

自1907年以来，整个金融体系已经膨胀得非常大了，单凭华尔街的私人银行的资产规模，不可能承担起救市的责任，但是联邦储备银行体系则有这个能力。不过这一次，联邦储备委员会不但做得太少，而且出手得太晚，最终导致金融危机愈演愈烈。在1928年和1929年，股票价格大幅飙升，在这过程中，令联邦储备委员会大为震惊的是，联邦储备银行的贷款正在被它们的成员银行借用，同时也被从它们的成员银行借款的证券公司和工业企业借用，然后又被借给了股票经纪人，而股票经纪人则将贷款用于给他们的客户融资，让客户以保证金的形式买入股票。作为回应，联邦储备委员会将贴现率从3.5%上调至5%，它还通过在公开市场上出售证券来收回流动性。虽然出借给经纪人的贷款，以及被经纪人出借给他们的客户的贷款，都是非常安全的（短期拆借市场上的经纪人贷款总额超过了40亿美元，它们在1929年10月1日至1929年12月1日之间进行了清算，结果没有一个出借人遭受哪怕一分钱的损失），但是给以保证金形式买入证券的人和整个经济带来的后果却是灾难性的。在股市崩盘之前，联邦储备银行流出来的宽松的货币涌入了资本市场，创建了一个金融泡沫。从许多方面来看，泡沫都可能轻易地破裂，而且价格膨胀得非常厉害的资产都是在公开上市交易的股权市场上完成清算的，这当然对保证金贷款的出借人有利，但是却加剧了经济的动荡和民众的恐慌。②

而且，在股市崩盘之后，联邦储备委员会并没有向金融体系紧急注入流动性，相反，它的行动既迟疑又胆怯，仿佛在对自己过去的罪过表达悔改之意似的（在大萧条之前，它实施的宽松的货币政策助长了泡沫）。这部分是因为一种保守的制度观念，那就是联邦储备银行的责任主要是保护自己的成员银行（在当时，它们中的绝大部分都是安全的、有偿付能力的），而不是维持股票价格，也不是保证经济繁荣。③ 纽约联邦储备银行的总裁、曾经任职于 J. P. 摩根

---

① 《权力贩子》，大卫·麦基恩（David McKean）著，斯蒂福兹出版社（新罕布什尔州汉诺威），2004年，第1~3章。
② 梅尔策，《联邦储备史（第一卷）1913~1951年》，第4章。
③ 肯尼迪，《1933年银行业危机》，第45页。

公司的银行家本杰明·斯特朗（Benjamin Strong），自联邦储备系统创立以来就担任纽约联邦储备银行的总裁，而且所有其他联邦储备银行董事都对他非常有信心，但是可惜的是，他却在1928年10月16日去世了。他的继任者是乔治·L.哈里森（George L. Harrison）。哈里森原是斯特朗的法律顾问，他虽然也很能干，但是却无法控制局势，也无法像斯特朗那样要求他的同事们果断地采取行动。①

在股灾发生后，联邦储备委员会也采取了行动，但是却非常温和，直到1930年年底，它才逐步将贴现率从5.125%调整至10.875%，同时加大在公开市场上购买证券的力度。但是，各银行在得到这些资金后，仍然不敢发放贷款，而是用于加强储备，以保持自身的流动性，因为它们非常担心银行挤兑事件的发生。②

在整个1931年，对于联邦储备委员会来说，另一场危机也在酝酿着。外国人既害怕美国政府推行通货膨胀型政策，又担心美国银行体系的安全，因此开始从美国银行大规模地撤出资金，并要求用黄金支付——这原是他们拥有的权利。1931年9月，英国放弃了金本位制，外国资金撤离美国的速度进一步加快了，因为人们越来越担心，美国将是下一个放弃金本位制的国家。大量美元彻底离开联邦储备系统会造成许多问题，如果资金只是在美国银行体系内部流动，就不会产生这类问题。根据法律规定，各联邦储备银行必须持有至少与它们自己发行的联邦储备券等值的黄金或短期商业票据，而且其中至少有40%必须是黄金。在进入大萧条之后，经济活动急剧萎缩，银行持有的由企业发行的短期商业票据急剧下降，因此，问题就变得愈发严重了：银行需要充足的货币来避免银行挤兑以及满足外国人的取款要求，而可以用来支持货币需求的却只剩下黄金了。但是，银行却并没有足够的黄金可用。

1932年1月27日，胡佛总统在白宫召见了参议员卡特·格拉斯（Carter Glass），后者是银行与货币委员会的民主党领袖。胡佛总统要求格拉斯推动立法，扩大联邦储备券的合格抵押品的范围，使之包括美国政府债券；同时扩大各联邦储备银行向它们的成员银行发放贷款的抵押品的范围。格拉斯并不愿意支持这种通货膨胀型政策，但是银行体系正在变得越来越脆弱，他动摇了。2月26日，国会参众两院以口头表决的形式通过了有关法案，第二天，胡佛总统就签署了该法案。③

---

①② 梅尔策，《联邦储备史（第一卷）1913～1951年》，第5章。
③ 肯尼迪，《1933年银行业危机》，第47页。

各联邦储备银行也进行了大规模的公共市场购买，结果在短短的 6 个月中，联邦储备体系的资产负债表的规模就扩大了一倍。但是，银行贷款仍然没有增加，同时商业活动却继续萎缩，证券和大宗商品价格也继续下降。所有钱，要不是被人们藏在了床垫下面，就留了在各银行的金库里，或者流向了海外。[1]

胡佛总统多方尝试，力图阻止这种争相"囤积货币"的趋势。1932 年 3 月 6 日，他宣布了一个计划：美国财政部部长将会以 2% 的年利率发行一种小面额的一年期国库券（其面额包括 50 美元、100 美元和 500 美元三种），以鼓励那些不相信银行的"货币囤积"者将钱交给联邦政府，然后联邦政府再将这些货币投入流通。然而，认购者却寥寥无几。这种被称为"宝宝债券"的小面额国库券总共只发行了区区 3 500 万美元。[2] 另外，1932 年 7 月 21 日，胡佛总统签署了《紧急救济与重建法案》（the Emergency Relief and Reconstruction Act），首次允许联邦储备银行向非银行实体（包括个人）放贷——如果没有银行愿意贷款给它们的话，唯一的条件是，要有高质量的抵押品（短期商业票据或国债）作为质押。[3]

胡佛总统还采取了行动，试图帮助那些无法偿还他们抵押贷款的房主们。像在 2008 年金融危机中发生的情形一样，当时的整个金融系统也受到了抵押贷款违约的严重拖累，因为这些抵押贷款都是在一个宽松的货币环境中获得的，而且是以极度膨胀后的房地产价值为基础的。1932 年 7 月 22 日，胡佛总统签署了《联邦住房贷款银行法案》（the Federal Home Loan Bank Act），成立了 12 家联邦住房贷款银行（由联邦住房贷款银行委员会监管），它们将从银行购买问题抵押贷款，然后对相关条款作出有利于房主的修改。但是，这项法案也有一个问题，它要求只购买未付本金不超出家庭现值的 2/3 的抵押贷款（换句话说，它要求最少三分之一的"权益垫缓冲"）。但是在现实中，几乎没有多少问题抵押贷款是符合这个要求的，而且即使有这样的问题抵押贷款，银行也不愿割爱卖给联邦住房贷款银行。因此，这个计划结果完全归于无效［后来，罗斯福总统又借鉴了这个思路，于 1933 年 6 月 13 日签署了《房主贷款法案》（the Home Owners' Loan Act），成立了房主贷款公司，并授权该公司购买和重新调整抵押贷款条款，但是放宽了资格要求，允许未付本金最高可达家庭现值的 80%。罗斯福总统

---

[1] 肯尼迪，《1933 年银行业危机》，第 47 页。
[2] 《银行业危机》，马库斯·纳德勒（Marcus Nadler）和朱尔斯·I. 伯根（Jules I. Bogen）著，乔治·亚伦和安文公司（伦敦）出版，1934 年，第 112~113 页。
[3] 同②，第 116 页。

的这个计划取得了成功，全国所有非农抵押贷款的再融资差不多达到了10%，而且房主贷款公司最终还为美国纳税人贡献了一些利润——尽管相当微薄]。

到了1932年秋天，对于赫伯特·胡佛来说，已经没有时间了。经济毫无复苏迹象，他在大选中落败已经是板上钉钉的事了。富兰克林·罗斯福将成为下一任总统。但是，在这个时候，罗斯福的经济计划仍然只是一个非常粗略的框架，他只在竞选演说中零零碎碎地提到过一些。在华尔街，他的支持者几乎屈指可数，他的顾问中，也只有极少数人拥有在华尔街工作的经验。在这些人当中，最接近罗斯福的人似乎是一个来自波士顿的银行家，他是一个年轻的、独来独往的爱尔兰裔美国人。

1932年10月1日，罗斯福乘坐竞选火车，到芝加哥去进行一个为期一天的访问，并在芝加哥的史蒂文斯酒店发表了竞选演说。与罗斯福同车的是他的朋友、从波士顿来的约瑟夫·P. 肯尼迪（Joseph P. Kennedy），他最早是在20世纪20年代，通过重组好莱坞衰败的电影公司而发迹的。肯尼迪给罗斯福的竞选提供了大笔的捐助，并且在芝加哥举行的民主党提名大会上发挥了很大的作用。但是，罗斯福圈内的许多人却因为他在华尔街的关系，以及关于他参加了做空股市的"卖方联盟"的传闻，对他持怀疑态度。罗斯福来芝加哥参加竞选活动的那一天，也正好是世界职业棒球大赛系列赛的第三场比赛的比赛日，芝加哥小熊队坐镇主场，迎战纽约洋基队，赛前的总比分是纽约洋基队以2:0领先。令大家吃惊的是，约瑟夫·P. 肯尼迪搞到了一大堆票，足以让罗斯福的竞选团队的所有人去现场观看比赛。[1]

比赛进行到第五局开始的时候，垒上无人，两队的比分也僵持在4:4的比分上，这时候，贝比·鲁斯（Babe Ruth）上场，与小熊队左手球员查理·鲁特（Charlie Root）交手。在第一局中，鲁斯在与鲁特对抗时，曾经打出过一记本垒打。这一次，嘴里数着数，鲁斯将手中的棒球指向了远处的中外野看台（the center field stands）。鲁特丢出了一个弧线球，鲁斯精准无误地击中了它，"啪"的一声脆响之后，那只棒球飞上了高空，一直飞到了瑞格利球场的深处，离开击球点的距离足足有440英尺远。本垒打，体育记者乔·威廉斯（Joe Williams）为《纽约世界电讯报》写的报道的标题是"鲁斯一击定胜负！"这可能是世界职业棒球大赛历史上最著名的本垒打。[2]

---

[1] 多丽丝·卡恩斯·古德温（Doris Kearns Goodwin）在证券交易委员会历史协会2004年年会上的发言，2004年6月3日，见 www.sechistorical.org。
[2] 《大冲撞》，利·蒙特维尔（Leigh Montville）著，纽约双日出版社出版，2006年，第21章。

肯尼迪有一个最大的本事，就是他总能够与正确的人、在正确的时间出现在正确的地点。历史证明，这种天赋对于罗斯福改革金融市场的计划是至关重要的。

1932年11月8日，富兰克林·罗斯福在总统大选中取得了压倒性的胜利，但是这个结果却无助于这个国家的存款人。是的，他们怎么可能因为这个而放下心来呢？罗斯福得到的选票总数为2 280万，而支持胡佛的选民票数则为1 575万，但是他们两人分别赢得的选举人票数的差距则要大得多：472对59。这与其说是因为大家相信罗斯福，还不如说是因为大家不相信胡佛。① 许多人担心，为了刺激出口和经济增长，罗斯福很可能会将美元贬值，或者采取其他的通货膨胀型政策。这种担忧导致黄金更加快速地流出联邦储备系统（特别是因为外国人的取款），从而进一步限制了联邦储备银行可以发行的以黄金支持的货币的数量。

1932年10月31日，内华达州的副州长宣布了自大萧条以来的第一个银行假日。内华达州的银行体系是由一个人控制的，他的名字是乔治·温菲尔德（George Wingfield）。在这个州的全部26家银行中，他控制了其中的12家。温菲尔德是内华达州的共和党全国委员会委员，而他的律师则是民主党全国委员会委员。因此，一些当地记者曾经开玩笑说，温菲尔德的里诺国家银行大厦（Reno National Bank building），才是美国这个国家的真正首都。②

在20世纪30年代，内华达州的经济以采矿业和牧场业为主，随着大宗商品价格的持续暴跌，绝大部分贷款都已经大幅缩水了。温菲尔德的银行已经对150个牧场止赎，而这些牧场所拥有的牛羊数占整个内华达州的70%。他借出贷款时，每只羊值8美元，但是在止赎拍卖中，每只羊却只卖到0.25美元。③

4个月之后，在来自重建金融公司的贷款和加利福尼亚州的投资者的资金的支持下，一个公私联营的财团的银行救助了内华达州的银行体系：它兼并了温菲尔德旗下的所有银行，并对内华达州银行进行了资本重组。

不过，内华达州的银行假期对整个美国的银行体系影响不大。这个州人口稀少，而且惊人地"自给自足"。州内的各家银行与州外几乎没有任何关系。一些乐观主义者据此认定，内华达州的银行倒闭潮已经得到了控制。

在1932年之前的历次总统大选中，新总统当选后，要等上整整4个月才能

---

① 美国总统档案项目，关于1932年大选，见 www.presidency.ucsb.edu。
②③ 肯尼迪，《1933年银行业危机》，第61~67页。

正式宣誓就职。1932年3月2日，美国国会批准了一项宪法修正案，规定将当选总统宣誓就职的日期从3月4日提前到1月20日，但是该修正案到1933年1月20日还没有生效（因为宪法修正案必须至少得到36个州的批准才能生效。直至2月9日，这个目标才得以实现）。因此，1932年年末和1933年年初，历史见证了美国历史上最后一个"特别长寿"的"跛鸭总统"，而那恰恰是这个国家最需要强有力的领导的一个时期。后来的事实证明，内华达州宣布银行放假只是萧条的一个开始，而华盛顿上空弥漫着的萧条气息无尽蔓延则预示着大萧条的风暴已经降临。

1932年12月，银行挤兑风潮有规律地一再出现，而且主要是在农村地区。重建金融公司临危受命，出手拯救了威斯康星州、宾夕法尼亚州、明尼苏达州和田纳西州的多家银行。1933年1月，克利夫兰、圣路易斯、小石城、莫比尔、查塔努加和孟菲斯也都陷入了恐慌，但幸运的是，它们最终都惊险地逃过了劫数。从1933年2月上旬开始，城市间的、同业间的拆借几乎完全停止。[①] 警报灯又亮起了刺眼的红色。

1933年2月3日，星期五，休伊·P. 朗的路易斯安那州成了第二个可能需要宣布银行放假的州，不过那可是路易斯安那州，它总是特别有"创造性"。在这一天，希伯尼亚银行（Hibernia Bank）和新奥尔良信托公司（Trust Company of New Orleans），以及路易斯安那州的第三大银行，通报州政府官员，它们已经无法应付第二天的挤兑了。参议员休伊·P. 朗伸出了援助之手。情势的严峻已经毋庸置疑，重建金融公司立即批准了一笔贷款，它的工作人员告诉休伊·P. 朗，具体条款将在周末商定，而贷款肯定会在下个星期一到位。2月5日是星期天，银行本来就不开门营业，因此要出问题，就肯定会出在星期六，即2月4日。现在所需要的就是为期一天的"死缓"，过了星期六这关就行了。休伊·P. 朗和路易斯安那州州长奥斯卡·艾伦（Oscar Allen）不想宣布银行放假。到了星期五深夜，休伊·P. 朗突然有了一个主意，他立即把早已上床睡觉的新奥尔良市图书馆馆长唤醒，要他立即去翻查资料，看看能不能找到这样一个历史事件：它发生在2月4日。这样就可以为宣布这一天是本州假日提供一个理由。这位图书馆馆长能想到的是，在1917年2月3日，美国断绝了与德国的外交关系。在休伊·P. 朗看来，这就是一个足够好的理由了。第二天一大早，休伊·P. 朗和路易斯安那州州长召开紧急新闻发布会，在一群睡眼惺忪、

[①] 肯尼迪，《1933年银行业危机》，第74页。

满脸困惑的当地记者面前,他们宣布,从现在起,2月4日将成为路易斯安那州最新的一个法定假日——"与德国断交日"。休伊·P. 朗还专门发表了长篇讲话,盛赞威尔逊总统在决定断绝美国与德意志帝国政府之间的外交关系的过程中表现出来的智慧:"美国人的眼睛都已经被遮蔽超过16年了,现在,他们终于要把目光转回到伍德罗·威尔逊总统所倡议的促进人类进步和自由的事业上来了……这位杰出的南方人,试图打破世界各地人民的枷锁。今天,伟大的路易斯安那州,完全认同他所阐述的那些影响深远的原则。"① 听到这个消息后,德国驻当地领事转怒为笑,不过还是立即提出了正式抗议。当巴吞鲁日的一家报纸披露设立这个新节日的真正原因后,休伊·P. 朗立即下令路易斯安那州国民警卫队封存了还在印刷厂中的所有报纸,并查封了该报的所有设施。②

星期天上午,希伯尼亚银行官员宣布,已经从重建金融公司获得了2 000万美元的救助贷款。星期一上午,在希伯尼亚银行新奥尔良支行排队的第一个人不是别人,正是休伊·P. 朗,他在一大群记者的包围下,当众存进了20 000美元的现金,然后大声宣布:"我实在想不出,除了这里之外,还有什么地方是更安全的地方。"恐慌就此结束。③

在密歇根州底特律市,金融危机的关键时刻出现在1933年2月14日,即情人节这一天;而灾难的中心人物则是埃德塞尔·福特(Edsel Ford),这个倒霉蛋正是汽车大王亨利·福特(Henry Ford)的唯一孩子。

为了证明自己的价值,也为了宣示自己与"暴君"般的父亲已经划清了界线,埃德塞尔·福特加入了底特律联合卫士信托公司(Union Guardian Trust Company of Detroit)。这是一家银行,这家银行的经营一度非常成功,不过这种成功在很大程度上是由于它向福特的经销商提供购车融资的独家贷款业务。到了1933年,汽车销售量急剧下降,底特律联合卫士信托公司元气大伤,急需重建金融公司的救助。埃德塞尔·福特因为不敢激怒自己的父亲,因此没有将这家银行的财务状况恶化的严重程度向亨利·福特和盘托出。亨利·福特发现之后,极度震怒,将他骂了个狗血喷头,埃德塞尔从此陷入了深深的忧郁中,一直到去世都没能完全恢复过来。虽然亨利·福特救助了埃德塞尔个人,但是他拒绝救助底特律联合卫士信托公司。假如亨利·福特同意将福特汽车公司的存款留在底特律联合卫士信托公司,而且当地的银行业危机是有可能被遏制的,

---

① 纳德勒和伯根,《银行业危机》,第134~140页。
②③ 肯尼迪,《1933年银行业危机》,第75~76页。

那么在重建金融公司的帮助下，就不会有后来的灾难了。但是，当亨利·福特被告知，如果他不施以援手，那么底特律联合卫士信托公司就会破产，并有可能引发国家银行系统的崩溃时，年已70岁的亨利·福特回答道："既然崩溃必将到来，那就让它来吧！我仍然觉得自己很年轻，可以重新来过。"底特律联合卫士信托公司的破产迫使密歇根州州长威廉·康斯托克（William Comstock）宣布银行放假8天，并临时关闭了密歇根州的全部550家国民银行和州银行，从而触发了一个不可逆转的连锁反应，导致全国各地的银行纷纷关门。[①]

　　银行挤兑的内在机制其实相当简单。当某家银行的偿付能力受到质疑的时候，商人和企业就会拒绝接受该行开具的支票，而存款人则会冲到这家银行取出他们的钱，因为他们担心该行没有足够的流动性资产来转换成现金（以兑付所有存款）。而这家银行为了满足预期的提款需求，就会停止发放贷款，将一切能够变现的资产变现，并将自己的存款储备金从联邦储备银行（如果它是联邦储备银行的成员银行的话）或其他大型私人银行中提取出来。如果在特定的地区有足够多的银行在同一时间内都这样做，那么该地区的联邦储备银行就需要从其他联邦储备银行那里借入储备，以便向自己的成员银行提供必要的流动性，满足它们的存款人的取款要求。类似地，为那些不是联邦储备银行的成员银行保存储备的大型银行，也需要向它们的联邦储备银行提取存款，以满足它们的流动性需求。当陷入困境的某家银行耗尽所有资产，以致无法向联邦储备银行和大型私人银行提供适当的抵押品时，现金来源就会被切断，这家银行也就破产了。当事态变得非常糟糕时，联邦储备银行也会担心其他联邦储备银行的流动性和偿债能力，因此也会拒绝借钱给对方。

　　幸运的是，这种事情在历史上仅仅发生过一次。

　　1933年情人节之后到当选总统宣誓就职日（1933年3月4日）这段时间里发生的事情，基本上可以归结为一句话：整个联邦储备系统遭受挤兑。仅仅在当选总统宣誓就职日的前9天内，就有4.22亿美元存款和价值3.84亿美元的黄金从联邦储备系统中被提取走。在这当中，外国人还将3亿美元的存款变成了黄金，然后将这些黄金运到了国外。[②] 为了帮助自己的成员银行，在此期间，联邦储备银行在公开市场上买进了价值3.47亿美元的证券，并发放了10.15亿

[①] 肯尼迪，《1933年银行业危机》，第4章。
[②] 《大崩溃及其后果》，巴里·A.威格莫尔（Barrie A. Wigmore）著，格林伍德出版社（康涅狄格州），1985年，第537页。

美元的直接贷款。从密歇根州宣布银行假期的那个星期起,到罗斯福宣誓就任美国总统的那一天止,流通中的现金从54.7亿美元激增至72.5亿美元,这是普遍恐慌导致的囤积现金的行为的结果。①

由于银行业危机愈演愈烈,几乎全国的人,甚至是连胡佛总统本人,都眼巴巴地看着当选总统罗斯福,希望他能够提供一些锦囊妙计。但是罗斯福总统继续保持着淡漠的态度。他离开了美国,来到了加勒比海,登上了文森特·阿斯特(Vincent Astor)的那艘名为"努马哈"(Nourmahal)的283英尺长的游艇,优哉游哉地度起假来了。在他出国度假期间,罗斯福委托他的高级助手雷蒙德·莫利(Raymond Moley)和路易斯·M. 豪(Louis M. Howe)物色和审查财政部部长等内阁关键职位的人选。罗斯福将选择谁来担任财政部部长,是所有人都非常关心的,因为财政部是应对危机的前线。无论是国会、新闻界,还是普通民众,都在翘首以待。罗斯福的第一选择是来自弗吉尼亚州的参议员卡特·格拉斯,他在财政和货币问题上,都持保守立场,而且曾经担任过财政部部长。显然,他应该有助于平息市场的恐慌情绪。但是,格拉斯的要求就是罗斯福的要求吗?而且格拉斯这个人,能够与罗斯福很好地相处吗?②

说格拉斯这个人很难相处,已经是一种客气的说法了。他脾气极差,又是个种族主义者,而且身体健康状况很差,无论是在身体上还是在精神上,都随时可能崩溃;他患有神经衰弱症,经常需要住院治疗。他极其傲慢自大,甚至认为参加竞选活动有失自己的身份。他从来没有在私营行业的金融机构任过职,而且也没有受过多少正规教育(他自14岁起就辍学了)。但他是美国金融史上最重要的立法者之一,起草并推动国会通过法案,创建了联邦储备体系。他还曾经在威尔逊总统任内担任过美国财政部部长。③

格拉斯还是参议员中最后一个在美国内战前出生的南方人。他自己也承认,他是一个"顽固而守旧的反抗分子"。格拉斯出生于弗吉尼亚州的林奇堡,他父亲罗伯特是一位报人,共生养了12个孩子。在19世纪中叶的美国南方,经常会出现这样的事情:某位读者认为报纸上的评论伤害了自己的感情,就会向编辑发出挑战书,要求决斗。罗伯特·格拉斯一生中参加了许多次这样的决斗,

---

① 《联邦储备体系的作用》,伯恩哈德·奥斯特洛伦克(Bernhard Ostrolenk)撰稿,《纽约时报》,1933年3月19日。
② 《决定性时刻:罗斯福总统的百日之战和赢得希望的胜利》,乔纳森·阿特尔著,纽约西蒙与舒斯特出版社(平装),2006年,第158页。
③ 同②,第159页。

卡特·格拉斯曾经回忆道，有一次，他的父亲与3位不满的读者发生了一场枪战，结果失去了一只眼睛。①

后来卡特·格拉斯自己也成了一位报人。1888年，当他刚刚年满30周岁时，就收购了《林奇堡新闻报》（*Lynchburg News*）。1889年，他当选为弗吉尼亚州的参议员。从1901年到1902年，卡特·格拉斯作为一名代表，参加了弗吉尼亚州的制宪会议。他起草了一份计划书，要求建立一种"投票识字测试"制度，他的目的非常明确，那就是试图通过这种途径剥夺非洲裔美国人选民的公民权，包括让他们投票赞成新宪法的权利。"就我而言，"他直言不讳地说，"任何宪法都不可能像这个制宪会议制定的宪法这样完全违背我的是非观念，我很想挥动棍棒，将它砸烂，甚至不惜与146 000名黑人选民对着干。在这个机构中，没有任何其他成员愿意借助于那种堕落的选举权，去反对这个制宪会议的'作品'的任何一部分，尽管它可能根本不合他们的心意。"②

1902年，格拉斯被选为美国国会众议员。1913年，格拉斯成了众议院银行委员会主席。而就在这一年，他起草了《格拉斯-欧文法案》（Glass-Owen Bill）。后来，在威尔逊总统的内阁中担任了15个月的财政部部长后，他又被委任为参议员，接替1920年2月20日去世的参议员托马斯·马丁（Thomas Martin）的席位。

格拉斯告诉莫利，要想让他出任罗斯福政府的财政部部长，先要满足他的两个条件：首先，他想让J.P.摩根公司的合伙人拉塞尔·C.莱芬韦尔（Russell C. Leffingwell）担任财政部副部长；第二，罗斯福要承诺，将会采取强烈的反通货膨胀的政策。罗斯福则明确表示，在当前的环境下，不可能接受J.P.摩根公司的合伙人担任财政部副部长，而且他也不愿意承诺构建一个反通货膨胀的政策平台。"如果那个老男孩不想跟着我们走，我也不会强迫他"，罗斯福这样说道。③ 这个老男孩到底没有跟着罗斯福走，他以"健康原因"为名，退出了候选人的名单。豪和莫利用电报向正在"努马哈"号游艇上的罗斯福报告了这个消息，为了防止记者截取无线电报，他们使用的是这样一句"暗语"："PREFER A WOODEN ROOF TO A GLASS ROOF OVER SWIMMING POOL. LUHOWRAY

---

① 《卡特·格拉斯传：永不悔改的"反叛者"》，小詹姆斯·E. 帕尔默（James E. Palmer, Jr.）、杰西·H. 琼斯（Jesse H. Jones）著，东南出版公司（弗吉尼亚州达利维利），1938年，第14页。

② 同①，第46页。

③ 阿特尔，《决定性时刻：罗斯福总统的百日之战和赢得希望的胜利》，第159页。

(游泳池应该选择木质屋顶，而不是格拉斯屋顶。LUHOWRAY）。"①*

电报中所说的"木质屋顶"指威廉·H. 伍丁（William H. Woodin），他当时是美国汽车铸造有限公司的总裁，该公司是全世界最大的铁路设备制造商。像所有最完美的"第二选择"一样，威廉·H. 伍丁也是一个几乎没有人会反感的人。但是，威利·伍丁（威廉·H. 伍丁的昵称）不像卡特·格拉斯那样，与金融界有千丝万缕的联系，而且任命他为财政部部长，不能起到平息市场恐慌的作用。伍丁是一个温和的共和党人，在1928年的总统大选中，出于自己的反"禁酒令"立场，他支持民主党总统候选人艾尔弗雷德·E. 史密斯（Alfred E. Smith）。自1927年以来，伍丁还一直接任纽约联邦储备银行的董事。如果放在一个风平浪静的时代，那么伍丁应该是罗斯福的最"安全可靠"的财政部部长人选：他来自一个声名卓著的大企业，在金融政策问题上从来没有表现出明显的意识形态观点。但是，1933年3月当然绝对不是"和平稳定"的时期。不过，伍丁被提名的机会也没有因为如下事实而受到损害：他为罗斯福的竞选活动捐助了5万美元，这超过任何其他企业高管。②

威廉·H. 伍丁也是一个举止优雅、温文有礼、一切都无可挑剔的人。尽管他是罗斯福最大的竞选资金捐助者之一，他却曾经被禁止进入罗斯福在纽约比尔特莫尔饭店的竞选总部，原因只是因为一个保安没有认出他来。伍丁并没有跟这个保安争吵，而是心平气和地走到公用电话亭，给罗斯福的竞选经理詹姆斯·A. 法利（James A. Farley）打了个电话，请他告诉保安，放他进去。③伍丁还非常擅长交际，他加入了纽约联合俱乐部、联盟俱乐部、网球俱乐部、大都会俱乐部和莲花俱乐部等多个俱乐部。④他还是一位作曲家，不仅精通古典音乐［亨利·哈德利（Henry Hadley）指挥的曼哈顿交响乐团曾经演奏过他的作品］，也擅长流行音乐［他曾经与儿童文学作家约翰尼·格鲁埃尔（Johney Gruelle）合写了《破烂娃娃安的阳光之歌》（Raggedy Ann's Sunny Songs）；另外，格鲁埃尔的一首歌曲《小木偶威利》（Little Wooden Willie），据信是以他的名字命名

---

① 阿特尔，《决定性时刻：罗斯福总统的百日之战和赢得希望的胜利》，第158页。
* "木质屋顶"暗指威廉·H. 伍丁，"格拉斯屋顶"暗指卡特·格拉斯；"LUHOWRAY"指发电报的豪和莫利"。——译者注。
② 同①，第159页。
③ 《选票的背后》，詹姆斯·A. 法利著，哈科特和布莱斯公司（纽约），1938年，第181页。
④ 《怀念威廉·H. 伍丁：第一部分》，大卫·鲍尔斯撰稿，斯塔克-鲍尔斯财经新闻，2010年6月10日。

的①]。伍丁还为罗斯福的总统就职游行庆典谱写了主题曲《富兰克林·D. 罗斯福进行曲》(Franklin D. Roosevelt March)。另外，在罗斯福的就职典礼前夜举行的一个音乐会上，国家交响乐团也演奏了伍丁的作曲《大篷车》(The Covered Wagon)。② 毫无疑问，伍丁也是一个乐观主义者，这一点与罗斯福完全一致。

不用说，任命伍丁出任财政部部长的决定并没有得到多少好评。《纽约时报》华盛顿办事处主任阿瑟·B. 克罗克 (Arthur B. Krock) 这样写道："伍丁先生是作为一个成功的商人而广为人知的，而且他自己也坦承，他对财政部以及它要面对的问题知之甚少。在这里，有许多重要的人物，他们都非常清楚地知道，风暴即将降临到他的头顶上。他们坦言为此感到不安。" 而且，伍丁平素的可爱之处，在这个时候反而成了人们怀疑他的能力的理由。根据克罗克的说法，"这位新任财政部部长最让人好奇的一点是，他是一个似乎永远在笑的人，是的，他的所有照片都反映了这种情绪。然而，作为一名华盛顿事务观察员，我的经验告诉我，虽然从表面上看，一个总是在笑的人（无论是微笑，还是大笑）似乎在任何情况下都能够找到可以同意的方案或可以取乐的东西，但是这种人往往只能充当和事佬，最多起到抹稀泥的作用"。③ 然而，出乎所有人的预料，事实证明，在他短暂的任期内，威廉·H. 伍丁其实堪称自亚历山大·汉密尔顿 (Alexander Hamilton) 以来最大胆、最活跃的财政部部长。

罗斯福还有一位重要的支持者——约瑟夫·P. 肯尼迪 (乔·肯尼迪是他的昵称)，在争夺即将组成罗斯福政府内阁成员人选的这场职位卡位战中，他被排除在了竞争者之外。这个人有一个秘而不宣的野心：他觉得自己有可能被任命为财政部部长，而且确实认为自己应该得到这个职位。不过，他这种想法是不切实际的。既然 J. P. 摩根公司的合伙人都不能担任财政部副部长，那么乔·肯尼迪肯定没有任何机会担任财政部部长。他是一个投机者。他在竞选活动中的捐款比伍丁少得多。而且，肯尼迪是一位爱尔兰天主教教徒，但罗斯福已经选择了另一位爱尔兰天主教教徒——詹姆斯·A. 法利——进入他的内阁并担任邮政部部长，因此肯尼迪的机会就更小了。到了 1933 年 2 月，肯尼迪觉得离自己本该在的地方的距离已经很远了。

---

① 《威廉·H. 伍丁的政治生涯和音乐天才》，E-Sylum 第 10 卷，第 51 期，2007 年 12 月 16 日。
② 《詹姆斯·沃伯格将成为伍丁的助手》，《纽约时报》，1933 年 3 月 18 日。
③ 《"新政"获赞，伍丁与有荣焉》，阿瑟·B. 克罗克撰稿，《纽约时报》，1933 年 3 月 19 日。

在罗斯福赢得总统大选后，乔·肯尼迪一直在等一个电话（邀请他出任财政部部长的电话），但是他永远等不到那个电话了。一直到罗斯福就职典礼的前夜，肯尼迪还在苦苦地等待着，他眼睁睁地看到新政府中的高级职位一个个地被他人占据（他认为，那些人为罗斯福出力比他少，出钱也比他少），于是怒火中烧。当然，到最后，他还是接到了一个电话：他将出任证券交易委员会首任主席——联邦证券监管机构的首脑。在创建现代金融体系的过程中，他的工作的重要性将丝毫不亚于参议员格拉斯和财政部部长伍丁。不过，他将不得不等待相当长的一段时间。

在正式宣誓就任美国总统之前的好几个星期里，罗斯福被问过无数次：他会不会和胡佛发表联合声明，"安慰一下"正处于水深火热之中、濒临彻底崩溃的金融市场和银行体系。但是他一再严词拒绝。罗斯福和胡佛两人之间的关系一直很糟。这也不奇怪，新任总统和离任总统向来都不会很融洽。胡佛拒绝遵循传统——在白宫举行晚宴，欢迎自己的继任者；他只是勉强同意一起喝下午茶，而且为时甚短。就职典礼结束后，这两个人就再也没有见过面，而且再也没有说过话。①

在罗斯福总统就职典礼举行之前的那 11 天，整个美国的银行体系危机持续恶化，各州接二连三地宣布银行放假（而且假期也越来越长）。不过，与此同时，美国参议院也正在举行一场听证会。在参议院举行听证会的那个小小的房间里，一大批银行业巨头正在接受一个名不见经传的意大利移民的儿子的盘问，他们不得不吐露出来的内情令全国民众极度震惊并出奇地愤怒。这场听证会使华尔街在全美国人面前受到了审判，这场审判将做出有罪判决，并促成了一系列全新的法律法规的诞生。

---

① 阿特尔，《决定性时刻：罗斯福总统的百日之战和赢得希望的胜利》，第 178~183 页。

第 2 章 "阳光查理"对阵西西里人佩科拉

1933 年 1 月 30 日,费迪南德·佩科拉(Ferdinand Pecora)——前纽约郡助理地区检察官(former assistant district attorney)——走马上任,担任参议院银行与货币委员会的一个小组委员会的首席律师,这个小组委员会的任务是调查"股票市场的行为"。在少数一直关注这个调查并且密切留意它行将举行的听证会的日期的观察家看来,摆在佩科拉面前的任务"充满了必将失败的气息",特别是对他这样一个人来说。这个证券交易行为小组委员会已经工作了差不多 11 个月了,但是发现的东西却很少,而且它只剩下 5 个星期的时间了——它必须在 1933 年 3 月 4 日向参议院报告调查结果。而且,更加重要的是,这个小组委员会的首席律师的职位,绝对不是一个美差。事实上,似乎根本没有人想得到这个职位。在短短的不到一年的时间里,佩科拉就已经是这个小组委员会的第五任首席律师了。佩科拉的前任欧文·本·库珀(Irving Ben Cooper),甚至在刚刚被聘一个星期后就挂冠而去了,他是以辞职来表示抗议的。库珀声称,参议院银行与货币委员会主席、来自南达科他州的共和党参议员彼得·诺贝克(Peter Norbeck),处处掣肘,导致他无法展开调查。①

1932 年秋天,纽约证券交易所总裁理查德·惠特尼成了这个小组委员会传召的第一名证人。他的证词与其说是面对质询时的回答,还不如说是在一群参议员面前发表的一场慷慨激昂的演讲。② 盘问证人的效果是如此之差,以致卡特·格拉斯也不得不公开承认,听证会似乎根本抓不住要点。第一轮听证会唯一值得称道的成果是纽约的议员费奥雷洛·拉瓜迪亚(Fiorello La Guardia)提供的证词。拉瓜迪亚是一个敢作敢为的人,他出示的证据表明,一个名叫牛

---

① 《华尔街的地狱之犬》,迈克尔·佩里诺(Michael Perino)著,纽约企鹅出版社,2010 年,第 57 页。

② 同①,第 48 页。

顿·普卢默（Newton Plummer）的公关经理，在超过10年的时间里，向许多财经记者支付了差不多30万美元的"公关费"，目的是让他们发表有利于他自己的顾客所投资的公司的文章。而且，普卢默也经常亲自动手编写各种各样的"故事"，然后让一些财经记者署名发表。①

在那之后，随着1932年总统大选投票阶段的开始，这个小组委员会的调查进展就没有多少人关注了。事实上，在选举过程中，根本就没有任何一个候选人提到这次调查。

然而，佩科拉到任之后，就迅速有力地采取了行动，他试图给公众一个明确的信息：今时已经不同往日了。他的第一个官方行动是，向查尔斯·E. 米切尔（Charles E. Mitchell）发出了一张传票。米切尔是纽约国民城市银行（今天花旗集团的前身）的董事长，佩科拉要求他2月21日到小组委员会参加听证会。② 同时被传唤的还有纽约国民城市银行的另两位高管：戈登·伦奇勒，纽约国民城市银行总裁；贺拉斯·西尔维斯特（Horace Sylvester），国民城市公司副总裁（国民城市公司是纽约国民城市银行的证券子公司）。米切尔此前曾于1932年6月前来小组委员会作证，但是毫发未损。这一次，当他再次收到传票时，只是觉得有些恼火，不过根本没有放在心上，以为这无非是再一次走个过场而已。事后的事实证明，这是米切尔的一个致命的误判。

在纽约国民城市银行高管的眼中，费迪南德·佩科拉根本算不上什么，他已经51岁了，以前完全名不见经传，而纽约国民城市银行却是全美国最大的商业银行。确实，尽管佩科拉是一个才华出众的检察官，在来到证券交易小组委员会之前，他已经是曼哈顿区检察官办公室的二把手，仅次于约押·班顿（Joab Banton），而且，他之所以继续晋升，当上一把手，只是因为他错过了机会：他在业内并不怎么出名的哈特曼、谢里登和特库尔斯基律师事务所（Hartman, Sheridan & Tekulsky）当了三年律师，而且没办过什么大案要案。③ 佩科拉身上最有意思的一点是，虽然他有纯正的意大利血统，却曾经努力学习，打算成为一名圣公会牧师。这似乎也并非事出无因：19世纪80年代，他的父亲就是西西里岛极少数成功转换教派的新教传教士中的一个。抛开宗教不论，从佩科拉

---

① 《华尔街的地狱之犬》，迈克尔·佩里诺（Michael Perino）著，纽约企鹅出版社，2010年，第50～51页。

② 同①，第61页。

③ 《佩科拉获委任负责调查股市》，《纽约时报》，1933年1月25日。

的人生轨迹来看，我们应该不会太陌生：在幼年，他随父母从欧洲中南部或东部地区移民来到美国纽约，然后一直力争上游，并取得了相当大的成功。这样的故事我们已经听了很多。佩科拉是在曼哈顿切尔西区的一所公立学校完成中学学业的，然后进入一所圣公会大学——圣斯蒂芬学院（后来改名为巴德学院）——上大学。不过，在1897年，他被迫辍学了，因为他的父亲在一次工业事故中受了伤，失去了劳动能力。为此，佩科拉找了一份法律助理的工作，雇主是一名独立执业律师，名叫J. 鲍德温·汉兹（J. Baldwin Hands）。后来，佩科拉进入了纽约法学院，并于1908年通过律师资格考试。再后来他还卷入了政治，先是于1912年参加了进步主义的"公麋党"（Bull Moose），后来又于1916年加入了坦慕尼协会（Tammany Hall）。也正是因为得益于坦慕尼协会的关系，他才于两年后当上了助理地区检察官。①

在20世纪30年代，几乎没有什么意大利裔美国人在华尔街任职，至于在华尔街律师事务所当律师的，那就更少了。因此，当佩科拉走马上任时，许多人都怀疑这个意大利裔美国人既没有背景，又没有经验，不可能透彻地理解华尔街的银行的运行机制。但是，佩科拉的前"老板"——纽约地区检察官班顿——却盛赞佩科拉能力出众，说他是"全国最有资格"领导证券交易小组委员会进行调查的律师。当然，几乎没有什么人同意这一点。参议员诺贝克之所以会聘请佩科拉，主要是因为库珀突然宣布辞职，令他一时找不到合适的人选。当然，"更有资格"的律师也不是没有，例如塞缪尔·昂特迈耶（Samuel Vntermyer），他曾经在20年前担任过普若委员会的首席律师。但是，这些大牌律师不是已经明确地表示没有兴趣，就是仍然在继续观望，他们想看看，新一届国会和新任美国总统对这些针对华尔街的调查有什么看法，因此他们至少想等到总统就职典礼之后。

而在佩科拉为盘问米切尔进行最后准备的这段时间，胡佛总统和当选总统罗斯福之间的狗血剧情仍在上演。2月18日，星期六，一年一度的"核心圈宴会"（Inner Circle Banquet）在纽约市的阿斯特酒店举行。这原本是一个轻松愉快的晚宴，通常在晚宴上，纽约各媒体的记者会表演一些短剧来讽刺纽约和美国的政治家。但是，胡佛却派了一名特工，将一封手写的信交给了罗斯福，在信中，胡佛要求罗斯福立即公开保证，就任总统后他会平衡预算，并会继续推行反通货膨胀的货币政策。他还要求，罗斯福公开宣布财政部部长人选，并让

---

① 佩里诺，《华尔街的地狱之犬》，第2章。

这个拟任财政部的部长与即将卸任的胡佛政府保持联系,以应对不断恶化的银行体系。罗斯福看了这封信后,不置可否,然后就把它递给了他的亲密顾问雷蒙德·莫利,继续回去参加晚宴了。罗斯福根本不打算上胡佛的船——那是一艘正在下沉的船。罗斯福认为,无论他在这个时候说些什么,该破产的那些银行还是会破产的,自己过早地介入到危机中,只会白白地削弱自己的威信。①

2月21日这一天终于到来了。在参议院办公室大楼内的301号房间,查尔斯·E.米切尔坐在一张长长的红木桌子一边的中心位置,正对面就是费迪南德·佩科拉和参议员诺贝克。坐在米切尔左边和右边的,分别是一大批来自纽约华尔街谢尔曼和斯特林律师事务所（Shearman & Sterling）、华盛顿科文顿和伯林律师事务所（Covington & Burling）的律师,他们都是纽约国民城市银行高薪聘请来的。② 当米切尔刚开始走进这间房间的时候,他根本不可能想到,在这一天的作证结束后,他在银行业的职业生涯也就完蛋了。

关键在于,经过这一天之后,对于谁应该对股市崩溃和大萧条负责这个问题,公众的看法出现了180°的大转变。在佩科拉主持的第一轮听证会之前,绝大部分"罪责"都被加到了国家的政治领导人（尤其是胡佛总统）,以及华尔街的基金经理和卖空者身上,而国家的银行系统则差不多成功地避免了公众的指责。在2月21日10点之前,查尔斯·E.米切尔受到的最严厉的批评只不过是,他在股市崩溃的初期过于乐观了,因为他曾经向公众保证,市场状况很快就会恢复正常。为此,他受到了一些嘲笑,并被取了个绰号——"阳光查理"（Sunshine Charlie）。

米切尔的人生故事,也是典型的美国人实现自己"美国梦"的故事。这一点与佩科拉并无二致。当然,他们走过的道路各有各的特点。米切尔出生于一个中产阶级家庭,他的父母居住在波士顿郊区的切尔西。1899年,米切尔从阿默斯特学院毕业,然后到了芝加哥,在西电公司找到了一个职位。1907年,他又来到华尔街,在纽约信托公司找到了一份工作;后来他独立门户,成了一名债券推销员。1916年,纽约国民城市银行聘用了米切尔,希望借助他的能力来促进银行的债券承销业务。在纽约国民城市银行,米切尔晋升得非常快,不久之后就成了国民城市公司的总裁。1921年,纽约国民城市银行因第一次世界大

---

① 《富兰克林·罗斯福:启动新政》,弗兰克·弗雷德尔（Frank Freidel）著,利特尔·布朗公司（波士顿）,1973年,第175页
② 佩里诺,《华尔街的地狱之犬》,第132页。

战后的衰退而遭受重创，原因是总裁小詹姆斯·斯蒂尔曼（James Stillman, Jr.）贷出了大量"考虑不周"的贷款（占该行总资本的比例高达80%）：在战争期间，商品市场非常繁荣，小詹姆斯·斯蒂尔曼给古巴制糖业的贷款是在食糖价格为每磅20美分时贷出的，而后来食糖价格却下降到了每磅5美分，因此绝大部分贷款都出现了违约情况。为此，纽约国民城市银行"赶跑了"小詹姆斯·斯蒂尔曼，转而聘请米切尔担任总裁。上任之后，米切尔解决这批"古巴糖"不良贷款的策略是很多交易商都熟悉的：在价格下跌时双倍下注。纽约国民城市银行先获取了那些在困境中挣扎的制糖企业的控股权，然后重组债务并增加贷款，以保证这些企业不会破产，直到糖价触底反弹。最重要的是，这种"缓兵之计"能够迷惑联邦政府派来的银行审查员，同时还能够避免贷款减记；如果真的按其真实价值减记贷款的话，那么纽约国民城市银行的资本将受到极大的冲击。[①]

米切尔的赌注下对了，因此他在纽约国民城市银行的开局非常顺利；而且在20世纪20年代，纽约国民城市银行成功地转变为一个为新兴美国中产阶级服务的"一站式的金融超市"。除了在债券首发和贷款发放业务上与银行业传统的领先者（例如，最顶尖的私人投资银行J. P. 摩根公司、库恩洛布公司以及狄龙公司等）展开激烈竞争之外，纽约国民城市银行真正的竞争力源于它庞大的分销网络。到1929年股市崩溃之前，它已经在全美国的51个城市拥有了69个办事处。在这些办事处中，来自纽约国民城市公司的债券推销员和纽约国民城市银行的员工携手，一起努力开拓市场。在加拿大全国各地，以及伦敦、阿姆斯特丹、日内瓦、东京和上海，也都有纽约国民城市银行的分支机构。

因此，纽约国民城市银行不仅成了全美国最大的银行，而且也成了全美国最大的公司之一。

米切尔的身价和地位也随着纽约国民城市银行的扩大而步步上升。他生活奢侈，开支庞大。他在第五大道拥有一套豪宅（现在成了法国领事馆），在南安普敦有一套用来避暑的别墅。另外，他还在塔克西多公园东北侧的一块飞地上建造了一所专门用于周末休息的大宅，面积极大，极尽奢华，令该镇的保守的"老人们"非常不快。尽管纽约市各个著名的文化机构都非常欢迎米切尔向它们捐款，但是纽约上流社会仍然被掌控在那些"传统的贵族"手中，他们认为米切尔是一个粗鲁的暴发户。而米切尔在往上爬的时候，也确实代价高昂，

---

① 佩里诺，《华尔街的地狱之犬》，第5章。

例如，他曾经对记者们打趣道，歌剧院是一个"打几个小时瞌睡的好地方"。①此外，许多人还认为米切尔为人刻薄、气量狭窄。有一次，当米切尔正在对员工们训话时，一位年轻的员工打断了他，并请他到房间外面去。这位年轻人告诉米切尔，他的裤子的纽扣没有扣上。当天下午，米切尔就让手下开除了这名年轻人。② 贪婪和不注重礼节，终将使米切尔遭到了报应。

米切尔还非常不喜欢纳税。佩科拉问米切尔，他是否在1929年股票市场崩溃期间卖出了纽约国民城市银行的股票（他确实这样做了），因为许多民众一直都在关心这个问题。而事实上，米切尔一方面在公开场合扮演"阳光查理"的角色，另一方面却在同一时间偷偷将他自己所持有的纽约国民城市银行的股票全部抛光。对于自己出售18 300股纽约国民城市银行股票的行为，米切尔有一个"合理的"理由（至少他自己是这样认为的）："我之所以要出售这些股票，坦率地说，是出于节税的目的。"通过出售这些股票，米切尔亏损了280万美元（这相当于今天的3 750万美元）。然后到1930年年初，他又以相同的价格从当初买下的"那个人"手中回购了这18 300股纽约国民城市银行股票，而"那个人"正是他的妻子。他不无得意地作证道，上述"亏损"，使他在1929年无须缴纳任何联邦所得税，尽管他从纽约国民城市银行以及附属于它的证券公司得到了总额超过110万美元的奖金（这相当于今天的1 480万美元）。而那一年，对于持有纽约国民城市银行股票的股东来说，无疑是灾难性的一年。③需要特别指出的是，在1933年，美国家庭的平均年收入仅有1 500美元。这还是针对那些足够幸运的家庭（家中有人能够保住一份工作）进行统计的结果。

当然，米切尔的个人避税策略与股市崩溃和银行大范围的倒闭并没有直接的联系，事实上，他所在的纽约国民城市银行其实是所有银行中财务状况最稳健的、偿付能力最强的银行之一。但是这并不重要。所有记者、政客和民众都确信，米切尔是一个骗子。而且更加重要的是，他们现在还深信，华尔街的每一个人都像卖空者和基金经理一样可恨。米切尔是个偷税漏税者，他就像黑社会老大艾尔·卡彭（Al Capone）一样坏。社会上还出现了一个新词："银行黑帮"（bankster）。卡特·格拉斯甚至还讲了一个颇有种族主义色彩的笑话："在

---

① 佩里诺，《华尔街的地狱之犬》，第82页。
② 《华尔街人》，第2卷，查尔斯·D. 埃利斯（Charles D. Ellis）、詹姆斯·R. 弗汀（James R. Vertin）著，约翰·威利父子出版社（新泽西州霍博肯），2003年，第193页。
③ 《1929年，米切尔为避税而故意亏损280万美元》，《纽约时报》，1933年2月22日；佩里诺，《华尔街的地狱之犬》，第153~154页。

我住的那个小镇，一位银行家差点遭到私刑惩罚，他想娶一位白人妇女。"《国家》杂志的一篇文章则这样写道："如果你偷了25美元，那么你就是一个小偷；如果你偷了25万美元，那么你就是一个贪污犯；如果你偷了250万美元，那么你就成了一个银行家。"①

到了周末，米切尔就不得不从纽约国民城市银行辞职了。而且，不仅美国国税局开始调查他的逃税问题，甚至美国司法部和纽约州总检察长也启动了对他的逃税罪的调查。美国助理司法部部长托马斯·E. 杜威（Thomas E. Dewey）指控他犯了偷税罪并拘捕了他，不过最后被判无罪（托马斯·E. 杜威是共和党人，后来当选为纽约州州长，并于1948年参加了总统竞选）。美国国税局最终与米切尔达成了和解，不过要求他补缴100万美元的税款。② 第二年，《1934年证券交易法案》颁布，该法案要求董事和高管买卖自己公司的股票时，必须公开披露。

米切尔当天的证词还揭示了，从稳健的角度来看，纽约国民城市银行的一些做法非常令人不安，尽管当媒体以头版头条大肆报道米切尔的贪婪行为时，它们在一定程度上被遮蔽了。极具讽刺意味的是，它们与那些"古巴糖贷款"有关（正是这些贷款造就了米切尔的光辉前程，并铺平了自己一路晋升的道路）。对于某些投资者来说，在试图避税时欺骗政府或许是一个"可以原谅"的行为，但是用虚假的披露信息误导公司股东则是绝对不可原谅的。事实上，在1927年的时候，由于食糖价格仍然低迷，巡查纽约国民城市银行的审查员一直要求该行管理层减记提供给通用糖业公司（General Sugar Corporation）的贷款，这家公司是数年前米切尔对破产的古巴食糖企业进行重组后建立的。为了一劳永逸地解决"古巴糖"的不良贷款问题，米切尔让纽约国民城市银行以每股200美元的价格增发了250 000股股票，并将所得的一半——2 500万美元——分配给国民城市公司（纽约国民城市银行的证券子公司），然后再让国民城市公司用这2 500万美元收购从纽约国民城市银行手中收购的通用糖业公司。然而这一收购只是名义上的，实际上大部分资金都被转为对通用糖业公司的出资。通用糖业公司再用这其中的2 100万美元现金，再加上它发行的年利率为8%的为期5年的担保票据所筹集的1 100万美元，还清了所有拖欠纽约国民城市银行的未偿还贷款。③

---

① 阿特尔，《决定性时刻：罗斯福总统的百日之战和赢得希望的胜利》，第150页。
② 佩里诺，《华尔街的地狱之犬》，第247~248页。
③ 费迪南德·佩科拉，《让华尔街宣誓》，纽约西蒙和舒斯特出版社，1939年，第121页。

而在发行上述新股的过程中，纽约国民城市银行却有意地误导投资者，让他们以为分配给国民城市公司的资金将会被用于发展其自身业务。换言之，招股说明书根本就没有披露这部分募集资金，将会"辗转返回"到纽约国民城市银行手中，而目的只是为了将问题贷款转移到账外，以应对银行检查员的检查和要求。

当佩科拉在交叉盘问时问道："难道不需要公开向投资者披露他们所投入的资金的用途吗？"米切尔的回答是："我想不到任何必须公开披露的理由。"（而在一年后颁布的《1933年证券法案》中，却明确规定"招股说明书必须披露发行股票获得的资金的用途"）。①

在听证会的第二天，佩科拉盘问了戈登·伦奇勒（Gordon Rentschler），后者是纽约国民城市银行的总裁，47岁。在古巴食糖危机中，伦奇勒一直坚定地支持米切尔。伦奇勒身材高大，性格开朗乐观，毕业于普林斯顿大学，作为纽约国民城市银行的总裁，他很受米切尔的信任和尊重，并已经内定为米切尔的接班人。然而，在这一天结束后，伦奇勒也失去了纽约国民城市银行员工的信任和尊重，因为他的证词表明，他们也像政府和投资者一样，都被这些道貌岸然的银行高管玩弄了。

佩科拉对伦奇勒的盘问主要集中在一笔可疑的贷款上，这笔贷款是纽约国民城市银行董事会于1929年11月13日批准的。这笔贷款之所以可疑，是因为就在纽约国民城市银行着手清空以保证金形式买入股票的普通客户的账户的同时，却又用这些贷款去资助它的100个拿最高薪资的高管——他们在股票市场上的投资也过度激进。纽约国民城市银行向它的这些高管发放了（以今天的美元计）数亿美元的贷款，完全免息，且无须担保，其目的是"在目前这样一个紧急时期保护银行高管们，从而保持我们这个机构的士气"。② 直到伦奇勒来到证券交易小组委员会出席听证会的那一天，这些贷款仍有95%尚未偿还，而且就像"古巴糖"的问题贷款一样，这些贷款已被转到了纽约国民城市银行的证券子公司——国民城市公司——的账户中，之后又被移到了该银行的账外。这些贷款的其中一些人包括：爱德华·F. 巴雷特（Edward F. Barrett），纽约国民城市银行的副总裁，他借了29 600美元，但只偿还了11 000美元；李·奥尔维

---

① 费迪南德·佩科拉，《让华尔街宣誓》，纽约西蒙和舒斯特出版社，1939年，第122~123页。
② 同①，第127页。

尔（Lee Olwell），纽约国民城市银行的另一位资深银行家，他借了 345 000 美元，但是却一分钱也没有还。纽约国民城市银行没有针对这些欠钱不还的"老赖"高管采取过任何强制性的执行措施（1929 年 6 月通过的《格拉斯-斯蒂格尔银行法案》，明确禁止联邦储备银行的成员银行的高管向自己所属的银行贷款）。[①]

1929 年秋，纽约国民城市银行的股价持续低迷，董事会为了化解抛售压力，制定了一个员工持股计划：鼓励低级别的银行员工以四年分期付款的形式购买本银行的股票，每月的还款额则自动从员工的工资中扣除。在实施这个员工持股计划的那段时间内，纽约国民城市银行的股票在市场上的交易价格为每股 200 美元至 220 美元，这些低级别的员工的买入价格也是一样的。而在听证会举行的时候，纽约国民城市银行股票的交易价格却已经下跌到了每股 40 美元，因而大部分参加持股计划的员工所持有的股票的价值，都已经大大低于他们所欠该银行的钱了，然而该银行却仍然对他们所欠的金额计算利息。佩科拉问伦奇勒："对于这些参加持股计划的员工，在保护他们的士气方面，纽约国民城市银行是不是什么事情也没做？"伦奇勒回答道，所有参加持股计划的纽约国民城市银行的员工"对于他们参加这个计划这件事情，都非常满意"，而且银行员工现在"士气高涨，没有任何问题"。他甚至还振振有词地宣称："在全世界，没有任何一家机构员工的士气比纽约国民城市银行更高。"[②] 伦奇勒还坦言，纽约国民城市银行的这些员工要想退出这个持股计划，唯一的途径就是从银行辞职。但是，对绝大多数员工来说，辞职是根本不可能的，因为当时全国的失业率一直徘徊在 25% 的历史最高位。[③]

1929 年的一整年，纽约国民城市银行的股票价格能不能保持坚挺，对银行本身来说意义重大。因为在当时，由查尔斯·E. 米切尔一手主导的一部并购"大片"正在上演：纽约国民城市银行正在与谷物交易银行（Corn Exchange Bank）谈判，打算兼并后者；如果成功收购了谷物交易银行的话，那么纽约国民城市银行在纽约的分支机构的数量将超过其他任何一家银行。根据并购协议，谷物交易银行的股东拥有现金选择权：他们可以选择以 1 股谷物交易银行的股票换取 0.8 股纽约国民城市银行的股票，也可以选择以每股 360 美元的价格获

---

① 《让华尔街宣誓》，费迪南德·佩科拉著，纽约西蒙和舒斯特出版社，1939 年，第 128~129 页。
②③ 《为保高管股票，纽约国民城市银行借出 240 万美元》，《纽约时报》，1933 年 2 月 23 日；佩里诺，《华尔街的地狱之犬》，第 168~169 页。

得一笔现金。换句话说，如果纽约国民城市银行股价跌破了每股450美元，那么谷物交易银行的股东就会选择接受现金。全现金交易将会花费纽约国民城市银行2亿美元（相当于今天的46亿美元），这是它无法承担的。1929年10月，纽约国民城市银行的股价不断下跌（当时为每股大约300美元），为了抬高股价，米切尔从J. P. 摩根公司借入了大量资金（相当于今天的2.5亿美元），用来在股票市场上购买本银行的股票，并要求纽约国民城市银行的证券子公司也积极拉抬本银行的股票。然而，所有这些努力终归是徒劳的，纽约国民城市银行的股价继续下跌，最终，米切尔不得不建议纽约国民城市银行的股东否决收购谷物交易银行的预案（1929年11月，纽约国民城市银行的股东们投下了否决票）。然而，这样一来，国民城市公司手中拥有的大量的纽约国民城市银行的股票，如果将它们在市场上抛售，那么就会使股票价格承受巨大的下行压力。因此，这桩收购计划其实如前所述的员工持股计划一样，是一个非常阴险的计划，它的目的是将这批股票从国民城市公司的账上，转移到纽约国民城市银行的中层和低层的员工资产组合中，而这些员工是没有资格表示反对的。①

听证会的第三天揭示了纽约国民城市银行管理层操纵本银行股票的更多证据，其中一个很重要的方面是，他们设法欺骗纽约国民城市银行的新股东。佩科拉传唤了休·贝克（Hugh Baker）——纽约国民城市公司的总裁，盘问他，在1928年，纽约国民城市银行的管理层是如何决定将本银行的股票退市的。贝克解释说，管理层担心，如果继续在纽约证券交易所上市交易，那么纽约国民城市银行的股票将会被操纵。他说，这种担忧源于，有一天，纽约国民城市银行的股价出现了可疑的波动。当佩科拉进一步盘问，这种"可疑的波动"究竟是指什么时，贝克不得不承认，"可疑的波动"是指那天出现的五笔交易，每笔交易的成交股数均为10股，成交价格都低于市价5美元。当时，纽约国民城市银行发行在外的股票的总数为750 000股，当天的收盘价则为668美元。②

这个解释显然无法说服任何人。股票价格出现不到1%的波动原本就是司空见惯的事情，而且如此小的成交量，就会导致纽约国民城市银行管理层做出将公司退市的决定，这种事情就可笑之极了。此外，当时的纽约证券交易所和现在一样，是全世界最负盛名的证券交易所。纽约国民城市银行管理层如果希

---

① 《为保高管股票，纽约国民城市银行借出240万美元》，《纽约时报》，1933年2月23日；佩里诺，《华尔街的地狱之犬》，第169～170页。

② 同①，第181～182页。

望尽量减少自己公司的股票被他人操纵的可能性的话，就应该设法让它在纽约证券交易所上市，而不是相反。

纽约证券交易所的官员也不同意纽约国民城市银行的退市理由。

> 虽然本证券交易所非常愿意满足贵银行董事会的意愿，但是我们还是认为，在不进行惩罚也没有看到股东大会批准文件的情况下，仅仅根据董事会的请求，就直接将纽约国民城市银行的股票摘牌，这种做法是不合理的。
>
> 从历史来看，纽约国民城市银行的股票已经在本证券交易所上市很多年了，而且自初次公开发行股票上市以来，随着该银行资本规模的扩大，它已经多次提出申请将新增的股票上市。
>
> 在这种情况下，将纽约国民城市银行的股票从本证券交易所摘牌，将会影响该银行股东的利益，因为这会剥夺他们在市场上交易该银行股票的权利，这个市场已经存在很多年了。
>
> 因此，本证券交易所不会考虑、也不会同意任何将纽约国民城市银行股票摘牌的申请，除非该申请已经在该银行的特别股东大会上得到了批准（即在股东大会上，没有多少股东投票反对这一动议）。[1]

然而，纽约国民城市银行设法获得了股东的批准。1928年1月，纽约国民城市银行从纽约证券交易所退市。为什么它的股东们会同意退市？这是一个谜。总之，与纽约国民城市银行公开宣称的理由恰恰相反：一旦退市，国民城市公司在操纵股价时就更加如鱼得水了。在退市期间，大量的股票被国民城市公司交叉出售给了纽约国民城市银行的存款人。退市后不久，即在股市大崩溃之前，纽约国民城市银行的股价翻了两番。

就在休·贝克出席听证会的那一天，印第安纳州成了第三个宣布银行放假的州。[2]

2月24日，星期五，听证会进入第四天，佩科拉继续盘问休·贝克，要他

---

[1] 《纽约国民城市银行在1929年股市繁荣期间卖出了股票》，《纽约时报》，1933年2月24日；《参议院银行与货币委员会证券交易小组委员会报告》，1934年6月16日，第172~173页。

[2] 《股票交易行为：第七十二届国会参议院银行与货币委员会听证会》，1933年2月23日，第1924页。

提供关于纽约国民城市银行证券子公司——国民城市公司——的活动的证词。特别重要的是，佩科拉对国民城市公司的合法性提出了质疑。国民城市公司的诞生伴随着一种"原罪"，它是联邦银行监管当局和决策者有意无视法律的结果。尽管在股市崩溃之前的二十多年里，许多人都对银行与它们所拥有的不受监管的证券分支机构之间的极其危险的利益冲突提出了警告，但是联邦官员却继续让华尔街为所欲为，让它们"尽情享受它们的美好时光"。根据《1863年国民银行法案》，像纽约国民城市银行这样的联邦特许银行是禁止从事证券业务的。为了规避这一禁令，各国民银行都采取了很多"操纵法律"的措施，使它们能够间接地做一些不能直接做的事情。纽约国民城市银行的机构设置表明，它是通过"操纵法律"、仅在字面上遵守法律而罔顾法律的实质精神的典型。

1911年6月1日，纽约国民城市银行与它的三位高管和董事——詹姆斯·斯蒂尔曼（James Stillman），董事会主席；弗兰克·A. 范德利普（Frank A. Vanderlip），总裁；斯蒂芬·S. 帕尔默（Stephen S. Palmer），董事——签订了一份协议。这份协议规定，着手组建一家名为"国民城市公司"的公司，以便于纽约国民城市银行的股东们充分利用各种投资机会，而不必再局限于"那些在银行日常业务过程中就可以把握的机会"。协议还规定，纽约国民城市银行的董事会将宣布发放1 000万美元的现金股利（但是只有在股东们同意将相应的权利转移给某个信托基金时才可支付），以用来认购国民城市公司的股份。这样，股东们将按比例享有该信托基金的收益权，而该信托基金将拥有国民城市公司的所有股份，受托人正是纽约国民城市银行的管理人员和董事。[①]

1911年11月6日，美国司法部副部长弗雷德里克·W. 莱曼（Frederick W. Lehmann）向司法部部长提交了一份法律意见书，该意见书指出，纽约国民城市银行和国民城市公司都违反了法律；国民城市公司不是一家独立的机构，它完全受控于纽约国民城市银行，这显然违反了《1863年国民银行法案》；国民城市公司通过它自己与纽约国民城市银行之间的千丝万缕的联系，实际上也在从事银行业务，这既违反了它自己的章程（禁止它自己从事银行业务），也违背了联邦法律（因为它没有获得联邦银行的牌照）。这份法律意见书不仅指出，创建国民城市公司没有合法的法律依据，而且还正确地预言，银行及其附属的证券分支机构之间的关联交易存在着严重的潜在风险："事实证明，在出现'恰当'的机会的时候，利用银行资金进行投机活动这种诱惑是根本无法抗拒

---

① 肯尼迪，《1933年银行业危机》，第134页。

的。银行如果赋予自己的高管和董事双重身份并陷入利益冲突当中，那么这将是非常危险的。这样的例子最近就已经出现了很多，教训重大而深刻。如果许多企业和银行都通过一个庞大的控股公司结合在了一起，那么一旦其中一个企业（银行）出现问题，就可能会把所有企业（银行）都拖下水，从而导致巨大的灾难。"[1]

然而，这份法律意见书如泥牛入海，没有激起一丝涟漪。莱曼的真知灼见被埋葬在了司法部堆积如山的文件当中。时任美国总统的塔夫脱根本无意在这个问题上与华尔街过不去，所以国民城市公司和类似的银行分支机构都自由自在地野蛮生长着，完全不受联邦政府的干扰。

不过，到了第二年，即 1913 年，在普若委员会的听证会上，像国民城市公司这样的证券子公司的合法性再次遭到了质疑。1913 年 2 月公布的普若委员会的报告建议，将投资银行业务和证券业务与商业银行的业务分离开来。

> 本委员会认为，不应该允许国民银行与证券公司不可分割地捆绑在一起（两者的所有者相同，管理层也相同）。这些证券公司有无限的能力，它们在股票市场上购买、出售和炒作个股。银行如果在利益上、管理上与它们捆绑在一起，那将是极不安全的。用银行的资金为证券公司的投机操作提供资金来源，这种诱惑是难以抗拒的。
>
> 任何一家持有大量民众存款的银行，它的成功和作用都是如此地依赖于公众的信任，因此，当它通过共同的利益和相同的管理层与一家拥有"无限权力"的私人投资公司联系在一起的时候，是不可能保证资金安全的。这种私人投资公司没有公共义务或责任，也不依赖于公众的信心，当两者紧密地联系在一起的时候，后者的失败有极大的可能牵连前者。无论参与这种公司能够为银行带来多大的利润，无论是否隐藏在借贷、承销或购买证券等行为的幌子之下，银行参与这类高风险交易的动机都必须予以摒除，切不可让它的高管和董事把手伸到这些地方去。
>
> 所有的安排都只是一个纯粹的借口。利用为银行的股东赚得更多的利润这个挡箭牌，银行管理层通过银行的信誉、资源和机构为自己谋取利益。[2]

---

[1] 《参议院银行与货币委员会证券交易小组委员会报告》，第 156~157 页。
[2] 《股票交易行为：第七十二届国会参议院银行与货币委员会听证会》，1933 年 2 月 24 日，第 2030~2042 页。

普若委员会建议，通过立法，明确规定由银行拥有和运营证券分支机构是违法的（无论是通过"合订股份"，还是通过其他类似的安排）。该委员会提出的法案要求，"明确禁止国民银行的股东成为根据如下这种协议或类似的安排建立起来的其他公司的股东；该其他公司的股票应始终由作为该国民银行的股东的同一批人或实质上由同一批人拥有"。[1]

再一次，什么都没有发生。威尔逊总统和他的前任一样，决定不与华尔街过不去，普若委员会提出的法案在众议院无疾而终。不过，这一次的情况就不一样了，佩科拉的调查受到了举国上下的关注。到了那个周末，公众已经确信银行玩的那些把戏全都是非法的，甚至连银行自身也很清楚地知道，转折点的到来已经是不可避免的了。

2月25日，星期六，马里兰州成了第四个宣布银行放假的州。[2]

2月26日，星期天，查尔斯·E. 米切尔和休·贝克分别宣布从纽约国民城市银行和国民城市公司辞职。他们成了佩科拉听证会导致的首批"阵亡人士"，不过，他们在宣布辞职的同时，却声称"公众对他们的误解"是导致他们辞职的直接原因。[3] 而在对媒体报道做出回应时，佩科拉则指出，他们这些人的证词"是突出地一致"。

2月27日，星期一，佩科拉听证会继续举行，这一天的主题是"国际银行业务"。在华尔街，关于国际银行业务，有一个相传了很长时间的老笑话：所谓国际银行家，就是一个踏遍了千山万水，终于把一笔在家里做梦也绝对不敢放出去的贷款放了出去的那个人。那天上午，佩科拉传呼的证人是维克多·舍佩勒（Victor Schoepperle），他是国民城市公司的副总裁，他很可能就是那个笑话的源头，只不过他和国民城市公司笑到了最后，而债券持有人则为此付出了沉重的代价。舍佩勒作证道，国民城市公司承销了本金总额高达9 000万美元的总共三期的秘鲁政府债券。其中第一期的产品是1927年3月1日发行的本金总额为1 500万美元的债券。在发行这期债券之前，舍佩勒给国民城市公司写了一份备忘录，备忘录上声称秘鲁政府的"信用记录很差"，替它发行债券"面临

---

[1] 《货币和信贷集中与操纵问题调查委员会（根据众议院429号决议和504决议任命）报告》，1913年2月28日，第155~156页；《联邦政府开始调查纽约国民城市银行》，《纽约时报》，1933年2月25日。
[2] 《货币和信贷集中与操纵问题调查委员会（根据众议院429号决议和504决议任命）报告》，第171页。
[3] 肯尼迪，《1933年银行业危机》，第134页。

着道德和政治风险"。但是，在发行债券时向公众提供的说明书中，这些风险因素却完全没有提到。就在这个听证会举行的时候，这个债券产品已经遭到了违约，面额为1美元的债券的市场价格仅为区区8美分（同年晚些时候通过的《1933年证券法案》规定，债券发行时必须披露所有可能的风险）。①

第二期秘鲁政府债券是在1927年12月21日发行的，本金总额达5 000万美元。就在这两期秘鲁政府债券相继发行之间的那个时间段，纽约国民城市银行副总裁兼负责海外业务的总经理J. H. 达雷尔（J. H. Durrell）给查尔斯·E. 米切尔写了一份关于秘鲁当时情况的报告：

> 在我看来，有两个因素将长期阻碍秘鲁的经济增长。首先，这个国家的总人口只有550万，其中大部分人是印第安人，而且大约有三分之二的人居住在安第斯山东侧，这当中的大多数人几乎不需要消费任何工业制成品。其次，它的主要财富来源是矿山和油井，但是它们几乎全部都被掌握在外资手中，而且除了工资和税收之外，它们创造出来的价值都不会留在该国国内。除此之外，这个国家的甘蔗种植园高度集中在少数几个大家族的手中，而且这几个大家族的人基本上都定居在国外，他们获得的利润也都投资在了国外。另外，出于政治原因，当前的秘鲁政府已经将大约400个富裕的保守派家族驱逐出国，但是允许他们从国外继续收取和使用源于国内的资产的收益。总而言之，我对秘鲁的经济状况没有什么信心，不相信它在不久的将来会出现明显的改善。②

再一次，在债券募集说明书中，上述不利因素完全没有被提到。同样地，在这个听证会举行的时候，这一期债券也已经遭到了违约，面额为1美元的债券的市场价格仅为区区的8美分。

1928年10月，第三期秘鲁政府债券发行，本金总额为2 500万美元。在发行前几个月的一天，即1928年1月12日，舍佩勒收到了一份备忘录，它指出：

> 秘鲁货币的估值一直很低，这主要是因为如下事实：秘鲁一直无法保

---

① 佩里诺，《华尔街的地狱之犬》，第229页。
② 《纽约城市银行称因为"诚实的错误"而发售秘鲁债券》，《纽约时报》，1933年2月28日；《参议院银行与货币委员会证券交易小组委员会报告》，第126~131页。

持国际收支平衡,虽然商业销售呈现相对较高的水平。这种情况并不难解释,我们看到,这个国家出产的金属、矿物和石油的实际价值的大部分,都不归它所有(正如海关的统计结果所表明的),其原因是,这些产品的生产大部分都掌握在了外国公司的手中,而这些公司只愿意将很少的一部分外汇换成秘鲁货币——仅满足支付其运营成本,其他大部分价值都留在了国外。①

1928年8月25日,纽约国民城市银行秘鲁分行的经理从秘鲁首都利马向纽约总部发了一份报告:

> 经济的状况。商业活动仍然非常沉闷。虽然在过去的一个月,棉花市场似乎有起色,但是其他重要的农产品的产量预计将低于通常水平的大约25%,甚至更低一些。我们的收账部门报告说,收回账款现在变得越来越困难了,几乎每一个人都在抱怨商品滞销和资金短缺。证券和房地产的价格持续处于极低的水平上,新房开工建设自然也是惨不可言。
>
> 政府的状况。政府财政仍然非常紧张。据我们了解,几乎所有依赖于政府的机构都在拖欠应付给员工的工资。美国海军的一位人士告诉我们,他们现在已经无法从秘鲁财政部领到日常津贴了,这是多年以来的第一次。秘鲁财政部已要求多家银行采取措施,稳定币值,不过最近我们还没有收到这样的要求。②

1928年10月8日,提交给J. H. 达雷尔的备忘录指出,"秘鲁的经济状况相当不如人意。由于缺乏足够的灌溉水源,上一年的棉花产量很低"。③同样地,在发行第三期秘鲁政府债券时,秘鲁这些令人不安的、日益恶化的经济状况,完全没有在债券募集说明书中提及。在听证会举行的时候,面额为1美元的债券的交易价格仅仅为5美分。

在所有这些债券募集说明书中,同样没有提到的一个事实是:国民城市公司和另一家承销商——J & W 塞利格曼公司(J & W Seligman)——向奥古斯

---

① 《纽约城市银行称因为"诚实的错误"而发售秘鲁债券》,《纽约时报》,1933年2月28日;《参议院银行与货币委员会证券交易小组委员会报告》,第129页。
②③ 同①,第130页。

第 2 章 "阳光查理"对阵西西里人佩科拉 45

都·莱吉亚（Augusto Leguia）的儿子胡安·莱吉亚（Juan Leguia）提供了 45 万美元的贷款，而且时间也非常巧合，就在秘鲁政府决定由谁来承销第二期债券的那段时间。①

就在佩科拉盘问维克多·舍佩勒的那个星期一，阿肯色州宣布银行放假。②

2 月 28 日，星期二，佩科拉将注意力从秘鲁转移到巴西上来。他调查了国民城市公司承销的两期巴西债券，它们都是由巴西的米纳斯吉拉斯州（Minas Gerais）发行的，本金总额共计 1 650 万美元。这又是一个类似的故事，而且结果也一样：误导性的信息披露导致了债券持有人的灾难性的损失。佩科拉传唤罗纳德·伯恩斯（Ronald Byrnes）——国民城市公司的外国债券部的前负责人——前来小组委员会作证。③

1928 年 3 月 19 日，国民城市公司承销了本金总额为 850 万美元的米纳斯吉拉斯州政府债券，票面利率为 6.5%。债券募集书声称，"这笔贷款将被用于提升本州的经济生产力"。然而，事实上，大约有 300 万~400 万美元是被用于偿还米纳斯吉拉斯州的短期债务的。米纳斯吉拉斯州未能履行债券发行的承诺，这并不是第一次了，而且国民城市公司在事前就知道该州有擅自挪用募集资金的不良记录。1911 年，法国的一些银行曾经承销过米纳斯吉拉斯州发行的债券，后来出现了违约，债券持有人为了挽回损失，在法国法院起诉了该州。④

曾经在 1927 年 6 月 12 日，罗纳德·伯恩斯收到了来自国民城市公司高管乔治·特雷恩（George Train）写给他的一封信，信里描述了米纳斯吉拉斯州上次通过法国银行发行债券后来又违约的事情：

> 1911 年的那份合同是在巴西签订的，显然我觉得同样的事情又发生了。不过我还无法向你完全证实这一点，因为我还没有拿到那些债券的影印件。但是米纳斯吉拉斯州政府的行为确实堪称离谱。1916 年的债券，据信是该州财政部部长在巴黎签字发行的，但是他竟然"精心"到没有发现措辞与合同不一致。这个州的官员在很多场合中都表现出了既低效又无能

---

① 《纽约城市银行称因为"诚实的错误"而发售秘鲁债券》，《纽约时报》，1933 年 2 月 28 日；《参议院银行与货币委员会证券交易小组委员会报告》，第 131 页。
② 同①，第 215 页。
③ 肯尼迪，《1933 年银行业危机》，第 134 页。
④ 《"被剪毛的羔羊"向参议员哭诉损失》，《纽约时报》，1933 年 3 月 1 日；《参议院银行与货币委员会证券交易小组委员会报告》，第 131~133 页。

的特点，这真是一个令人悲哀的组合，其他任何地方都很难再有了。

前面这个例子足以证明，在办理长期外国借款的过程中，这个州的前任官员们既无知又疏忽大意，因此各种过失接二连三地出现。①

尽管高管们已经发现了这些问题，但是他们仍然决定睁眼说瞎话。巴西米纳斯吉拉斯州的债券募集说明书中断然写道：

在米纳斯吉拉斯，对州财政进行谨慎小心的管理是历届州政府的一贯作风。②

而且，尽管国民城市公司外国债券部门的工作人员提出了如下反对意见，但上述文字仍然被写进了募集说明书中：

"在米纳斯吉拉斯，历届州政府都对州财政进行谨慎小心的管理，这是不言自明的。"真的吗？我不想表现得过于挑剔，而且毫无疑问，关于该州政府是如何处理由法国银行发行的债券的有关材料可能太多了，对我的影响也可能太大了。但是，鉴于该州管理外债的极度松散的方式，你觉得上面引述的说法会遭到批评吗？③

引述了上面这个评论之后，佩科拉问伯恩斯："你们为什么不告诉投资者，米纳斯吉拉斯州政府发行债券的目的是用来偿还贷款的，而不是为了提升该州的生产力的？"伯恩斯回答道："因为在我看来，没有投资者会对此有丝毫的兴趣，或者投资者的投资也不会受到什么损失。"④ 这当然不是实情。1932年3月1日，米纳斯吉拉斯州的这两期债券都违约了，在听证会举行的时候，面值为1美元的债券的市场交易价格已经只剩下22美分了。⑤

---

① 《"被剪毛的羔羊"向参议员哭诉损失》，《纽约时报》，1933年3月1日；《参议院银行与货币委员会证券交易小组委员会报告》，第131页。
②③ 同①，第132页。
④ 同①，第133页。
⑤ 佩里诺，《华尔街的地狱之犬》，第253页。

在佩科拉盘问伯恩斯的这一天，俄亥俄州宣布银行放假。①

3月1日，星期三，佩科拉传唤了贺拉斯·西尔维斯特（Horace Sylvester）——国民城市公司的副总裁。佩科拉敏锐地意识到，一笔总额为1.02万美元的"辛迪加费用"，与国民城市公司于1931年为纽约港务局发行的本金总额为6 600万美元的债券有关。后来的事实证明，承销国内机构债券发行的潜规则与承销外国政府债券发行的潜规则并无二致。西尔维斯特告诉小组委员会，他把这笔现金给了一个名为爱德华·巴雷特（Edward Barrett）的纽约国民城市银行的员工了，而后者又把这笔钱"借给"了约翰·拉姆齐（John Ramsey）——纽约港务局总经理。佩科拉传唤巴雷特到小组委员会作证，他的证词是，拉姆齐曾经写过一个借条给他，但是他后来给弄丢了。巴雷特也未能解释，为什么要"借给"拉姆齐现金，而不是以支票的形式"借"钱给他。②

对于这个情节，《国家》杂志这样讽刺道："当然，这绝对不是贿赂，也不是为了将来从港务局那里争取业务的方便。那是上天不容的。这只不过是一种'慷慨大方'的表示，是在做'好事'，目的是帮助一个陷入困境的'好人'。从属于股东的钱中拿出1.02万美元来给他，为什么就不可以呢？这完全可以忽略不计嘛。这是在为了银行的利益而结交朋友。"③

星期三，当这一天的听证会行将结束时，亚拉巴马州、肯塔基州、西弗吉尼亚州、爱达荷州和明尼苏达州都不约而同地宣布银行放假。④

在新一届国会召开之前的听证会的最后一天，佩科拉决定调查国民城市公司承销飞机制造企业——波音公司——首次公开发行股票的过程。结果证明，原来在开展投资银行业务的过程中，国民城市公司也欺骗了自己的客户。国民城市公司负责这项交易的投资银行家建议波音公司以公开发行股票的形式筹集资金，但是却被查尔斯·E.米切尔否决了，后者的结论是，进行公开招股"过于投机"，波音公司的股票只能私人定向配售发行。最后，国民城市公司买下波音公司发行的全部股票，然后配售给了纽约国民城市银行的高管和董事、J. P.摩根公司的银行家，以及谢尔曼和斯特灵律师事务所的律师，还有纽约国民城市银行的其他"朋友"。⑤

---

① 《参议院银行与货币委员会证券交易小组委员会报告》，第133页。
② 肯尼迪，《1933年银行业危机》，第139页。
③ 《纽约国民城市银行与拉姆齐贷款》，《纽约时报》，1933年3月2日。
④ 佩里诺，《华尔街的地狱之犬》，第262~263页。
⑤ 同②，第144页。

而后，在1928年10月21日，即私人定向配售发行结束后仅仅9天，国民城市公司就申请将波音公司的股票在纽约场外交易所（美国证券交易所的前身）上市交易。交易开始后，波音公司的股票成交价超过了私人定向发行价格的50%。这些内幕交易者获得了超过160万美元的利润（这相当于今天的2 150万美元）。①

听证会结束几个小时后，当选总统罗斯福抵达华盛顿联合车站，那里聚集了大约1 500名的支持者，他们已经在冰冷的寒雨中等待了很久。② 那一天，亚利桑那州、加利福尼亚州、密西西比州、俄克拉荷马州和俄勒冈州相继宣布放假。③ 罗斯福随身携带着就职演说的演讲稿，在接下来的两天中，他这份演讲稿还要修改很多遍，因为银行业危机在这两天内还将进一步恶化。

第二天，费迪南德·佩科拉在联合车站登上一列火车前往纽约市。他现在已经成了一位全国知名人物。他成了正义的化身，是代表普通人把华尔街的作恶者送入地狱的英雄。75年之后，尽管国会组成了许多个委员会和小组委员会，举行了无数场听证会，对雷曼兄弟公司倒闭和随后的金融危机的各个方面进行了长达好几个月的调查，但是始终没有出现一位堪与费迪南德·佩科拉相比的英雄人物，至少在各个委员会的首席律师中没有。而且，不像在1933年，2008年也没有挖出多少"排名极高"的华尔街的"恶棍"，而只是揪出了一些三流、四流的银行家，而他们的罪名也都是一些无关紧要的小罪名。然而，稍显悖谬的是，佩科拉的成功在很大程度上应归功于他对那些"最精巧、最复杂"的金融事务缺乏经验。与昂特迈耶不同，佩科拉不需要假装自己懂得金融体系应该怎样加以规范，也不用考虑如何提出有益的改革建议。佩科拉紧紧盯住不放的是他身为一个大城市的检察官心目中的最重要的、最基本的东西：尽可能彻底地把不法行为揭露出来，并让其他人去决定下一步应该怎么做。

纽约联邦储备银行拼命试图阻止这个国家银行系统的崩溃，它提出了一个方案，建议由联邦储备银行为全国所有存款的50%提供保证。当选总统罗斯福则表示，他不会支持这个方案，他非常明智地得出了这样一个结论：必须让公众觉得，他们所有的存款都是安全的。由于黄金大量流出，纽约国民城市银行

---

① 《参议员获悉购并者的利润》，《纽约时报》1933年3月3日；《参议院银行与货币委员会证券交易小组委员会报告》，第107页。
② 同①，第107~108页。
③ 阿特尔，《决定性时刻：罗斯福总统的百日之战和赢得希望的胜利》，第188页。

面临着严峻的考验,而且最令人不安的是,纽约联邦储备银行无法说服芝加哥联邦储备银行借钱给它。① 终于,最不可思议的事情发生了:美国联邦储备系统崩溃。

3月3日,胡佛担任美国总统的最后一天,佐治亚州、新墨西哥州、犹他州和威斯康星州均宣布银行放假。② 纽约州州长赫伯特·雷曼(Herbert Lehman)取消了前往华盛顿参加总统就职典礼的计划,他在自己家中成立了一个应急指挥中心,将纽约州银行监察、J. P. 摩根公司的合伙人以及纽约联邦储备银行的乔治·L. 哈里森(George L. Harrison)一并叫过来值守。③

3月4日,星期六,凌晨两点半,纽约州州长赫伯特·雷曼宣布关闭纽约州的所有银行。一个小时后,伊利诺伊州也跟进了。④

---

① 肯尼迪,《1933年银行业危机》,第144页。
② 同①,第146页。
③ 同①,第147页。
④ 同①,第144页。

第3章　逃出深渊：《紧急银行法案》

3月4日，罗斯福在格罗顿学校读中学时的校长、他终身的精神顾问恩迪科特·皮博迪（Endicott Peabody）牧师，已经拟定了总统就职典礼上的祈祷辞，而与此同时，应邀前来华盛顿参加这次盛典的各位嘉宾所住的宾馆的房间的门下，却有人悄无声息地塞进了一张条子：由哥伦比亚特区以外的银行开具的一切支票都将不能再用来付款了。哥伦比亚特区和每个州都已经以某种形式宣布了银行假期［银行坚持开门的唯一一个大城市是匹兹堡，在这个城市中，在胡佛政府中担任过财政部部长的安德鲁·梅隆（Andrew Mellon）家族控制了该市的绝大多数银行，坚持银行开门是一种挑衅］。① 在这个寒冷而阴沉的星期六所发生的情况，用发生于21世纪初的那次金融危机时的情况来比拟，就相当于所有银行自动取款机都停止工作了。

在那天上午，罗斯福选择了圣约翰圣公会教堂来举行活动，这主要是因为这个地方比较方便：它离他入住的五月花大酒店很近，酒店有一个侧门，只需走几步就到教堂了。在几个月前，主教詹姆斯·E. 弗里曼（James E. Freeman）曾经力邀罗斯福在总统就职典礼的那一天前往华盛顿大教堂参加弥撒，但是他不方便走楼梯，因此回绝了这个邀请。引领着罗斯福一家及其内阁成员，皮博迪祈祷道："上帝啊，我们衷心地恳求您，用您赞成的眼光注视并祝福您的仆人——富兰克林，他已经被选举为美国总统了。"此后，每逢就任总统周年纪念日，罗斯福都会带领着他的内阁成员来到圣约翰教堂参加弥撒（不过，虽然皮博迪也是富兰克林和埃莉诺的主婚人，但是他却在总统大选中投了胡佛一票，因为他认为胡佛更加适合总统这个职位②）。③

---

① 纳德勒和伯根，《银行业危机》，第160页。
② 阿特尔，《决定性时刻：罗斯福总统的百日之战和赢得希望的胜利》，第212页；《罗斯福昼夜无眠》，《纽约时报》，1933年3月5日。
③ 弗雷德尔，《富兰克林·罗斯福：启动新政》，第197~198页。

20 分钟之后，仪式结束，罗斯福回到自己的酒店房间，继续修改他的就职演说稿。他从纽约带来的这份草稿在前一天晚上已经进行了大幅修改，目的是反映银行体系彻底崩溃的现实。在五月花酒店帮助当选总统罗斯福修改演说稿的是两个人：一个是拟任财政部部长的威廉·H. 伍丁；另一个是原来的财政部部长第一人选、参议员卡特·格拉斯。①

伍丁显然睡眠严重不足。他刚刚与胡佛政府的财政部部长奥格登·米尔斯（Ogden Mills）、财政部副部长阿瑟·巴兰坦（Arthur Ballantine）以及货币监理署代理署长 F. 格洛伊德·艾瓦尔特（F. Gloyd Awalt）度过了一个不眠之夜，他们试图为新总统制定一个行动计划。最后，他们提出了三项建议：一是宣布关闭全国所有银行；二是召集国会特别会议，为罗斯福发布的总统公告背书，并通过相应的紧急立法；三是传召美国最重要的银行家前来华盛顿，参加 3 月 5 日举行的咨询会议。②

当天下午 1 点刚过，总统就职典礼正式开始。首席大法官查尔斯·埃文斯·休斯（Charles Evans Hughes）主持宣誓仪式。典礼是在国会大厦东廊下举行的。从这一刻起，罗斯福正式就任美国总统。他的就职演说的第一段中包含了一句必将千古传诵的名言："唯一让我们感到恐惧的，就是恐惧本身！"对黯淡的经济现实的苦涩的承认，对分清责任的尖锐的要求，以及对采取果敢的行动化解整个国家危机的非凡的承诺，全都完美地体现在了这一句话中。

罗斯福承认，"只有最愚蠢的乐观主义者才会否认当前的黑暗现实"。由于佩科拉丢下的炸弹仍然在公众心中炸响，因此罗斯福毫不含糊地指明了他认为应该对这一切承担责任的人："那些贪得无厌的货币兑换商的种种行径，必将受到舆论法庭的起诉，必将受到人类心灵和理智的唾弃。是的，他们是曾经努力过，然而他们用的是一种完全过时的方法。面对信贷的失败，他们只是提议借出更多的钱。没有了可以充当诱饵去引诱人民追随他们错误引导的金钱，他们只得求助于讲道，含泪祈求人民重新给予他们信心。他们只知遵循追求自我利益的那一代人的处世规则。他们没有长远眼光，而没有长远眼光的人是注定要毁灭的。如今，货币兑换商已从我们文明庙宇的高处落荒而逃。我们要根据千古不变的真理来重建这座庙宇。"③

---

① 弗雷德尔，《富兰克林·罗斯福：启动新政》，第 198 页。
② 《1933 年银行业危机追忆录》，F. 格洛伊德·艾瓦尔特（F. Gloyd Awalt）著，《商业历史回顾》，第四十三卷，第 3 号（1969 年秋季号），第 358 页。
③ 《罗斯福的讲话鼓舞人心》，詹姆斯·A. 哈格蒂（James A. Hagerty）撰稿，《纽约时报》，1933 年 3 月 5 日。

在就职演说的高潮处，罗斯福警告国会，如果它不能及时采取行动，他将寻求行使广泛的行政权力，甚至其力度相当于戒严也在所不惜："我将要求国会授予我解决危机的最后一件武器，向这个非常时刻宣战，那就好像我们的国家遭到别的国家侵略时，国会将会赋予我的巨大的权力一样。"①

在就任美国总统的第一天，罗斯福就颁布了一个总统公告，呼吁国会召开特别会议，审议《紧急银行法案》。② 当天晚上，国会就做出了决定，它将在3月9日（星期四）召开特别会议，同时财政部部长伍丁也向罗斯福保证，在3月9日之前，他会草拟好《紧急银行法案》草案并提交给国会审议，到时候就可重新开放银行了。白宫公布了一项总统公告，宣布自3月6日起直到3月9日，全国银行一律放假，在此期间，任何银行机构都不得办理任何业务。该公告还授权财政部部长允许发行"清算所凭证"（clearing house certificate）或"临时通货"（scrip），用来补充货币储备，并保证银行可以重新开立新的可撤销的不受限制的存款账户。他们希望，这将会鼓励那些囤积美元现金的人将现金重新返还到银行系统中来。③

纽约也在为长期的危机做准备。位于纽约市布朗克斯区的美国国家印钞公司（American Bank Note Company），自罗斯福宣誓就职之后，印刷机就24小时昼夜高速运转，由纽约清算所保证的、上面有纽约清算所联合会主席莫蒂默·N.巴克纳（Mortimer N. Buckner）签名的清算所凭证，像流水一样被印制出来。④ 清算所凭证的总量一直秘而不宣，但是据估计，大致相当于纽约所有银行的全部未出质的流动资产的总额。纽约州州长赫伯特·雷曼动员前州长、前民主党总统候选人阿尔·史密斯（Al Smith）重新出山，主持新成立的紧急凭证公司。最终，大约有2.5亿美元的"临时通货"被印制出来。但是，却一分一毫都没有被用过。⑤

这是因为罗斯福总统改变了主意，他决定不再用"临时通货"来解决货币囤积问题。他建议，将全部210亿美国政府债券立即转化为现金，而不管它们

---

① 《罗斯福的讲话鼓舞人心》，詹姆斯·A.哈格蒂撰稿，《纽约时报》，1933年3月5日。
② 《随时召开国会特别会议》，《纽约时报》，1933年3月5日；《罗斯福称将于星期四召开国会特别会议》，《纽约时报》，1933年3月6日。
③ 《应对银行业突发事件的文件和声明》（第一部分，1933年2月25日至3月31日），美国政府印刷局（华盛顿），1933年，第1~2页。
④ 《各大印刷厂加速印刷"临时通货"》，《纽约时报》1933年3月7日。
⑤ 弗雷德尔，《富兰克林·罗斯福：启动新政》，第218页。

是否已经到期。在得知罗斯福总统的计划之后，银行家们和财政部官员们都惊得目瞪口呆。因为这样做，将必定会导致这样一个后果：美元的价格将降低80%。由于缺乏后续手段收回转换出来的货币，因而由此而导致的前所未有的通货膨胀，将会彻底摧毁国家的信用。在了解到这些之后，深为自己的无知而尴尬的罗斯福总统立即搁置了这个计划。[①] 不过，这并不是他提出的最后一个"半吊子"的货币计划。

伍丁把一大批全国顶尖的银行家召到了华盛顿，协助他起草《紧急银行法案》（将银行家们召集到白宫和财政部大楼，最后还成了一个笑话。该笑话称，罗斯福"在星期六把货币兑换商赶出了文明的圣庙，但是在星期天就让他们从后门进来了"）。但是，银行家们并没有就《紧急银行法案》应规定什么事项达成共识。

根据雷蒙德·莫利的回忆，"一些银行家坚持认为，必须有全国范围内发行'临时通货'，必须在全国范围内可以以股代息。另一些银行家则敦促，以银行的可靠资产为基础发行货币。还有一些银行家则强调，如果不让州立银行系统加入联邦储备系统，那么整个国家银行体系是不可能真正安全的。也有一些银行家认为，应该把储备银行转变为政府拥有的存款银行，有人还谈到了存款保险，甚至还有人建议将银行国有化。讨论一直在继续，但总是兜来转去，没有什么实质性的进展"。[②]

公众对罗斯福总统公开宣布全国银行歇业的总统公告的反应非常平静，这一点是很了不起的。许多人担心的抢购、囤积食品和其他必需品的情况并未变成现实。在纽约市，来杂货店购买东西的顾客增加了不少，但是并没有多少恐慌气氛。纽约电话公司和联合天然气公司宣布，它们将继续接受支票付款，也将接受新的"临时通货"（如果真的发行的话）。小商家们也继续接受支票，甚至还可以接受信誉良好的客户的"白条"。最紧迫的问题是镍币短缺，因为要乘坐公交和地铁，都需要镍币，同时自动售货机也会"吞噬"大量镍币。[③] 在纽约公共图书馆，阅览室也出现了短缺情况，因为普通民众对有关银行和金融的知识产生了前所未有的兴趣。在内华达州里诺市，由于没钱支付申请费，离

[①] 肯尼迪，《1933年银行业危机》，第173页。
[②] 《七年之后》，雷蒙德·莫利著，纽约哈珀兄弟出版社，1989年，第150页。
[③] 《需要"临时通货"的城市不断减少》，《纽约时报》1933年3月7日。

婚潮也回落了。①

也有一些人认为，银行体系的问题被夸大了，而且这场危机从本质上说只是"心理上的"。《纽约时报》金融版编辑亚历山大·诺伊斯（Alexander Noyes）在他就银行歇业问题而撰写的一篇文章中这样说道："从一个比较宽泛的角度来说，危机的根源要从人们某种特定的精神状态中去寻找，在一次严重的衰退的后期，这样一种精神状态往往会占据主导位置：现在彻底完蛋了，没有任何前途了。在1928年和1929年，如果有老人们告诉华尔街人士关于美国状况和过去完全相同的看法（曾在1893年和1873年之后出现过），那么他们是根本不会相信的。1933年人们普遍流露的这种心态，会使我们更加容易理解19世纪90年代和70年代的情况。但是，真正重要的时刻必将来临，那就是1933年最受欢迎的关于这个国家的经济的未来的看法，将是同样令人难以置信的。"②

来自欧洲的消息进一步加剧了危机情绪的蔓延。德国议会的选举结果表明，希特勒的国家社会主义党赢得了超过44%的选票，同时希特勒将成为未来的联合政府的首脑。

在佛罗里达州的圣彼得斯堡市，另一场金融危机引起了全国民众的广泛关注。在罗斯福总统宣布全国银行歇业的那一天，一群记者在帕萨迪纳高尔夫俱乐部的过道上围住了贝比·鲁斯（Babe Ruth）。那一年的1月，洋基队老板雅各布·鲁珀特上校（Colonel Jacob Ruppert）给了鲁斯一份价值5万美元的新合同，那将是他1933年赛季的薪金，比1932年得到的7.5万美元少了三分之一。鲁斯拒绝在这份新合同上签字。他刚刚率队在世界职业棒球大赛总决赛中以4:0横扫芝加哥小熊队，而且在比赛过程中，他的击球得分率高达0.333，其中包括两个本垒打和六分跑垒得分，贝比·鲁斯表示最多只能接受减薪15%。当被问及金融危机是否会促使他改变自己的主意时，鲁斯说，"绝对不会，"他说，"这种状况并不会永久性地持续下去的。不久之后，鲁珀特上校就可以签署支票了。而且，直到目前这种情况被人们遗忘很久之后，他还会继续签署支票很长一段时间。他知道我对俱乐部的价值，他也知道我认为自己的价值是多少。"③（以

---

① 肯尼迪，《1933年银行业危机》，第161页。
② 《金融市场》，亚历山大·诺伊斯（Alexander Noyes）撰稿，《纽约时报》，1933年3月6日。
③ 《鲁斯对2.5万美元不屑一顾》，詹姆斯·P.道森（James P. Dawson），《纽约时报》，1933年3月6日。

今天的美元价值计算，鲁珀特为鲁斯开出的工资只比 90 万美元略微少了一点）

3 月 7 日，詹姆斯·H. 帕金斯（James H. Perkins）——纽约国民城市银行董事会的新任主席——宣布，纽约国民城市银行将会立即动手把商业银行业务与证券业务和投资银行业务分开。这是"阳光查理"米切尔宣布辞职仅仅一个星期之后的事情，米切尔的"金融超市"以自愿的方式被打碎了。① 60 年后，米切尔又"借尸还魂"——担任花旗集团董事会主席的桑迪·韦尔（Sandy Weill）又重新运用了米切尔的策略。不过那是后话了。

从宣布全国银行放假的总统公告签发的那一刻起，财政部部长伍丁、参议员格拉斯、国会众议员亨利·B. 斯蒂格尔（Henry B. Steagall，是众议院银行与货币委员会主席）以及一批银行家，夜以继日地起草《紧急银行法案》草案，以便提交给 3 月 9 日（星期四）召开的国会特别会议审议，保证银行按时重新开业。星期二上午，伍丁已经拟定了《紧急银行法案》的提纲。雷蒙德·莫利回忆道：

星期二大清晨，我去找他一起吃早饭，他一看到我，就忘情地大声喊道："我搞出来了！我搞出来了！"

我在吃早饭的时候通常很难提起精神，于是我有点闷闷不乐地看着他，问他："你搞出什么东西来了？"

"事情是这样的，"威尔告诉我，"昨晚你离开了以后，我弹了一会儿吉他，然后看了一会儿书，又睡了一会儿觉，接着就突然惊醒了，于是又重新开始想'临时通货'这个事情。然后，我又弹了一会儿吉他、看了一会儿书、睡了一会儿觉、动了一会儿脑筋，接着，突然灵光一现。我发誓，如果我不做这些事情，那就肯定想不到这个主意。是啊，为什么我在以前就没想到这个主意呢？我们并不一定需要发行'临时通货'！"

说到这里，威尔用他的拳头用力地在桌子上砸了一拳。

"我们不需要它。那些银行家们催眠了他们自己，也催眠了我们。我们可以在银行的安全资产的基础上发行货币。《储备法案》已经授权我们，我们可以印制我们需要的任何东西。而且它不会令人害怕。它不像舞台上的假钱。它就是钱，如假包换的钱。"

我可以很肯定地说，这就是《紧急银行法案》最初的起点。威尔以他

---

① 《纽约国民城市银行将剥离下属证券机构》，《纽约时报》，1933 年 3 月 8 日。

自己最典型的方式做出了决定。他一半是商人，一半是艺术家，他拥有一种天赋：把前面几天里听到的令人困惑的各种建议全部消化并吸收，然后干净利落地找到所有可能的解决方案中最直接、最简单的一个。

我们立即一跃而起直奔白宫。罗斯福也带着同样高的热情听了我们的整个计划。20 分钟后，他就同意了我们的建议。然后，我们财政部的成员们闭门苦干了整整 48 个小时。我们不断地开会。我们要起草法案、起草新闻稿，还要与国会领袖们沟通。①

与此同时，宣布全国银行歇业这个总统公告的合法性问题却在一些人当中引起了很大的关注。罗斯福总统是根据《1917 年与敌国贸易法案》（Trading with the Enemy Act）赋予总统的权力来宣布全国银行放假的，这个法案允许总统"管制任何用外汇完成的交易，控制金币或银币或金银块出口、囤积居奇、熔化等行为……"因为参议院投票反对批准《凡尔赛条约》，美国并没有正式结束参加（第一次）世界大战的状态。1933 年 3 月 2 日，胡佛总统也曾经考虑过宣布全国银行放假的可行性，但是他的司法部部长威廉·德威特·米切尔（William DeWitt Mitchell）却告诉他，根据《1917 年与敌国贸易法案》发布这样的总统公告，其权威基础是很薄弱的。② 参议员格拉斯也公开承认，他曾经在参议院大厅当众说过，"我们中有些人认为这种命令是无效的和违宪的"。③

《紧急银行法案》的起草工作一直持续到了星期四的凌晨 1 点钟。在一个不正式的新闻发布会上，罗斯福总统对这个正在起草中的法案发表了如下评价："我们目前的总体看法是，在明天就起草出一项完整的或永久的法案，那是绝对不可能的，无论它是关于银行问题的，还是关于平衡预算的，抑或是关于任何其他问题的。因为正如大家所知道的，现在形势变化得非常快，每一天都会出现很多新的情况。如果我要求制定一项非常具体的、详尽的法案，那么它的细节很可能在一个星期后就变得与今天不一样了。因此，面对银行业的这种状况，我必须要求国会授予我相当广泛的权力——我想你们也可以猜得到。有了这种权力，我就能应对这个国家不同地区每天都在变化的情况。但是，无论怎么说，

---

① 莫利，《七年之后》，第 152 页。
② 艾瓦尔特，《1933 年银行业危机追忆录》，第 358 页。
③ 《内阁：脱离谷底》，《时代》周刊，1933 年 3 月 20 日。

我们不可能在三天之内就制定出一项永久的银行法案。"①

直到当天上午 11 点 45 分，罗斯福总统才发表了总统咨文，表达对这个法案的支持。而国会特别会议在 15 分钟后就要开始了。在咨文中，罗斯福总统这样说："我们的首要任务是，让所有健康的银行重新开门营业。这是非常重要的第一步。在后续的立法中，我们将打击用存款人的资金进行投机以及其他违背信托责任的行为。为了实现最终的目的——让银行恢复营业——我要求国会立即通过法案，授予政府的行政分支足够大的权力，使它们能够为了保护存款人而管制银行，使它们拥有立即重组银行和让银行重新营业的权威，因为有些银行可能需要在一个坚实的基础上进行重组。"②

罗斯福给国会议员们留下了非常深刻的印象：必须让这项法案迅速得以通过。虽然他说，"我不能过于强烈地要求国会立即采取行动。继续长期停止银行系统的服务是不可想象的。这项拟议中的法案若得以通过，就可以结束这种状态，而且我相信，商业活动在短时间内就可以复苏"。③

重要的是，罗斯福还暗示，联邦政府将会保证所有重新营业的银行的所有存款的安全（尽管他反对在这个法案中明确地加入一个存款担保条款）："另外，我还认为，这项法案不仅可以立即消除所有不必要的担心和疑虑，使人们不必再去猜测哪几家银行是百分之百健康的；而且也标志着，银行和我们国家的民众之间的一种崭新的关系的开始。"④在起草《紧急银行法案》的过程中，雷蒙德·莫利的贡献颇多，后来他坦率地描述了他们用过的一些"立法技巧"："我们很清楚，银行有多依赖于那种'伪饰的信心'，或者说得更保守一些，银行完全依赖于公众对它们的能不能保证偿付能力的信心。"⑤

在美国国会中，几乎没有多少人曾经看到过这项法案，至于认真读过它的人，那就更少了。有传言说，众议员斯蒂格尔是众议院中唯一一个拥有一份草案的人。那天下午 2 点 55 分，斯蒂格尔冲进众议院，一边在头上挥舞着他那份唯一的草案，一边大声喊道："这就是《紧急银行法案》，现在让我们通过它吧！"⑥仅仅过了 40 分钟，辩论就结束了，然后众议院以口头表决的方式一致通过了这项法案。⑦而在参议院，这项法案是下午 1 点 40 分进入审议程序的，然

---

① 美国总统档案项目，《关于富林克林·罗斯福》，见：www. presidency. ucsb. edu。
②③④ 《应对银行业突发事件的文件和声明》（第一部分，1933 年 2 月 25 日至 3 月 31 日），第 2～3 页。
⑤⑥⑦ 联邦存款保险公司，《联邦存款保险公司史：前 50 年》，第 38 页。

后它就被提交给了卡特·格拉斯担任主席的银行与货币委员会。来到该委员会作证的只有一名证人,他就是货币监理署代理署长 F. 格洛伊德·艾瓦尔特,有人问他,如果该法案获得通过,有多少家国民银行能够重新开业?艾瓦尔特给出了一个有力的答案:5 000 家;如果该法案无法成为法律,那么最多只有 2 600 家。① 这就是银行与货币委员会的成员们需要知道的全部东西。

下午 4 点 10 分,参议院银行与货币委员会提交了关于该法案的报告。②

但不久之后,在参议院就出现了一个小小的反对声浪,领头的是休伊·P. 朗,他试图为规模更小的州立银行获得更多的保护,他担心,为了保护规模更大的银行,许多较小的州立银行很可能会被当成牺牲品。朗提交了一个修正案,它将授权总统宣布任何一家州立银行成为联邦储备系统的成员银行。

休伊·P. 朗在推进他的民粹主义议案的时候,他并不只想在幕后与参议院的民主党领袖们协商。事实上,他早就决定,为了更好地合拍于自己日后参选总统的计划,他最好能成为参议院内的反对派的领袖。他渴望得到媒体的关注,他需要聚光灯来提高自己的声望。1932 年 1 月 25 日,在休伊·P. 朗刚刚成为一名参议员的时候,他是抽着雪茄走进参议院的(这违背了"规矩"),然而,当他举起手宣誓的时候,他就直接把这支燃烧着的雪茄放在了另一位同事的桌子上。第二天,他又回到了新奥尔良。之后,他一直再没有回到参议院,直到当年 4 月的时候,他突然做出了一个大动作,试图扳倒身为多数党(民主党)领袖的约瑟夫·罗宾逊(Joseph Robinson),这令他的同事们大为震惊。这个图谋失败后,5 月 12 日,休伊·P. 朗辞去了所有委员会中的职位,这又使他的同事们对他大为轻蔑。然而,5 月 14 日,他就开始了他的第一次通过程序性阻挠议事方法阻挠立法的行动(filibuster)。休伊·P. 朗的歇斯底里的、通常非常搞笑的马拉松式的演讲很快就赢得了华盛顿"最好的节目"的"声誉"。当他发表演讲时,各个委员会的工作都会停下来,因为参议员和工作人员都想看他的"表演"。来自得克萨斯州的一位名叫林登·贝恩斯·约翰逊(Lyndon Baines Johnson)的年轻的国会助理,甚至特地付钱给参议院的门卫,要求他,只要休伊·P. 朗发言,就打电话通知他来看。③

程序性阻挠议事很快就使休伊·P. 朗成了全国的知名人物。事实上,他确实是一位最善于利用这种方法的人。1932 年,在芝加哥举行的民主党全国代表

---

①② 肯尼迪,《1933 年银行业危机》,第 176 页。
③ 怀特,《首领》,第 8~10 章。

大会结束后，休伊·P. 朗主动会见了罗斯福的竞选经理詹姆斯·A. 法利，表示愿意为罗斯福的竞选贡献一份力量。不过，他坚持要求给他配备一辆私人火车，并且要求每到一站，都要有两辆宣传车跟踪为他宣传。法利有礼貌地拒绝了。法利觉得，最好把休伊·P. 朗放在偏远的农村地区，在那些地方，罗斯福或者是完全没有胜算的，或者是怎么也不会输掉的，那样就可以防止休伊·P. 朗制造出任何可能的公关丑闻了。①

来自休伊·P. 朗的竞选造势现场的消息很快就传到了法利耳边。休伊·P. 朗的工作出奇地有效。随后，捷报接二连三地传回来，休伊·P. 朗创造了惊人的奇迹。他所到之处，必定挤满了人，媒体也争相报道。休伊·P. 朗成了一种"现象"。"我们再也没有低估过他，"法利后来回忆道。② 然而，1932年总统大选结束后不久，当选总统罗斯福与参议员休伊·P. 朗之间的关系就迅速冷却下来了。休伊·P. 朗要罗斯福提供帮助的要求越来越多、越来越离谱了，他还要求罗斯福公开支持他的民粹主义的社会主义政策（而他自己却几乎从来没有认真考虑过这些政策）。很快地，罗斯福就把休伊·P. 朗称为"全美国最危险的两个人之一"［另一个人是道格拉斯·麦克阿瑟将军（General Douglas McArthur）］。

参议员格拉斯也对休伊·P. 朗没有好感，他迅速采取行动，压制了任何可能会进一步加重联邦储备系统负担的企业。尽管他本人来自南方以农业为主的州，但是格拉斯一点也不同情小银行，他更喜欢由大型的、有偿付能力的大城市银行（尤其是纽约市的银行）主导的银行体系。格拉斯指出，审议中的这项法案扩大了"美国联邦储备银行体系的货币和信贷工具（而且扩大的程度几乎让我震惊），并进一步将这些工具扩展到了州立银行，尽管它们并不是联邦储备银行系统的成员"。③ 听到这里，休伊·P. 朗霍地站起身来，捍卫自己提出的修正案，从而掀起了一场参议员对参议员的公开骂战（这是非常罕见的）。

休伊·P. 朗：参议员先生对事实的陈述是错误的，他应该澄清事实。
卡特·格拉斯：我的事实是非常清楚的。我不喜欢参议员先生说我歪

---

① 法利，《选票背后》，第170~171页。
② 同①，第171页。
③ 弗雷德尔，《富兰克林·罗斯福：启动新政》，第227页。

曲了什么。参议员先生应该更文明一些……

休伊·P. 朗：可是参议员先生确实错了……

卡特·格拉斯：不可想象，参议员先生对整个问题竟然如此无知、如此不知轻重，他竟然希望总统先生在根本不了解州立银行内情的情况下，就把 14 000 家州立银行转入到联邦储备体系中……

休伊·P. 朗：不然小城市的那些小银行怎么办？

卡特·格拉斯：你把它们叫作"小银行"？在街角经营一家杂货店的一个人，筹集了 10 000 美元或者 15 000 万美元，然后就让他所有的社区的居民来存款了。当灾难发生时，这种"小银行"在第一阵风吹过来的时候就翻倒了，然后所有存款全都打了水漂！在我们这个国家里，需要的是真正的银行家和真正的银行。①

后来，当他们离开参议院时，75 岁高龄的格拉斯参议员仍然在与 39 岁的休伊·P. 朗对峙着，他甚至猛地一拳打了过去，差点就打中"首领"的鼻子。

当天下午 7 点 23 分，参议院以 73:7 通过了这项法案。到下午 8 点 36 分，在国会特别会议召开了 7 小时 59 分钟以后，罗斯福总统签署了这项法案，它正式成为法律。罗斯福由此获得了和平时期的总统从未有过的管治美国金融体系的权力。②

《紧急银行法案》分为四编，每编的操作性都很强。第一编认可和批准了罗斯福发布的银行假日总统公告，以及所有以总统公告、总统命令形式发布的法规。它还赋予总统非常广泛的权力，授权总统规范银行的所有功能，包括"任何以外汇完成的交易，银行机构之间的任何转移或进行支付的行为，而且一切都由总统来界定"。它还进一步授权财政部部长：可以要求美国国内的任何一个人将自己持有的黄金或黄金券移交给财政部。违反第一编将处以最高 10 000 美元的罚金和长达 10 年的监禁。

第二编通常被称为《银行保护法案》（the Bank Conservation Act），它授权货币监理署：只要货币监理署认为有必要，就可以为任何一家国民银行任命一位保护人，以保护该银行的资产。它还授权，只要货币监理署批准，那么持有某家国民银行所有存款 75% 以上的存款人，或持有股份占该银行全部已发行股

---

① 国会记录，第 73 届国会，第一次会议，参议院，1933 年 3 月 9 日，星期四。
② 肯尼迪，《1933 年银行业危机》，第 176~177 页。

本三分之二以上的股东，就可以要求对该银行进行重组（在这项法案通过之前，法律规定，银行要进行重组，必须得到所有债权人和股东的同意，这样一来，少数人就可以阻止银行重组）。

第三编规定，国民银行可以发行优先股，而且，当总统认为某家银行（国民银行或州立银行）需要更多资金的话，那么重建金融公司就可以购买该银行的优先股（或者以优先股为担保，由重建金融公司向该银行提供贷款）。这个规定使得银行能够利用优先股筹集股权资本，因为在危机期间，普通股往往会给股东带来"双重责任"：如果一家银行破产了，那么它的接手者最多只会按它的股东所持有的股票的票面价值来评估，这也意味着遇到困难的银行很难进行股权融资。

第四编规定，联邦储备银行可以发行一种名为"联邦储备银行券"（Federal Reserve Bank Notes）的紧急货币。联邦储备银行的发行不需要以黄金、短期商业票据或美国政府债务为基础，任何货币、本票、汇票、银行承兑的票据（按票面价值的 90% 计算），都可以成为发行基础。这实质上意味着，允许任何贷款或债务，无论借款人的财务状况如何（是稳如泰山、坚如磐石也行，是摇摇欲坠、朝不保夕也罢），都可以成为财政部发行新货币的抵押品。新的联邦储备银行券与通常的联邦储备券是可互换的，因为《紧急银行法案》规定，它们"在美国的任何一个地方都应按面值被接受……作为美国的法定货币，随时都可以提交给美国财政部赎回"。①

根据计划，将会有大约 20 亿美元的联邦储备银行券被发行，以替代那些因被囤积起来而退出流通的现金。《时代》杂志的一篇报道说："为了印制新货币，雕版和印刷局进入了 24 小时连续运行的状态，它发出的蓝色灯光穿透了潮汐湖上空的蒙蒙夜色。4 500 名员工很快印制出了大量崭新挺括的钞票，然后通过卡车、飞机和火车，将它们火速送到全国 12 家联邦储备银行，进而像输血一样分发给各成员银行。"②

以发行联邦储备银行券这种途径实现货币扩张之后，各银行对"临时通货"的需求就少得多了，除了一些小社区之外，因为那里的银行的"行动"不够"敏捷"，无法及时把新货币投入流通。"临时通货"计划之所以被放弃，主

---

① 《应对银行业突发事件的文件和声明》（第一部分，1933 年 2 月 25 日至 3 月 31 日），第 3～6 页。
② 《内阁：脱离谷底》，《时代》周刊，1933 年 3 月 20 日。

要是因为各结算公司之间缺乏相互可替换性。举个例子，纽约发行的"临时通货"是以纽约的银行的资产为基础的，芝加哥发行的"临时通货"是以芝加哥的银行的资产为基础的，而如果纽约的银行的资产的质量比芝加哥的银行的资产的质量更高一些，那么在流通中，芝加哥发行的"临时通货"相对于纽约发行的"临时通货"就要打一个折。而且，相对于联邦储备券，无论哪个地方发行的"临时通货"都要打一个折。正如财政部部长伍丁所说的："如果在我们这个国家里到处都是'白条'、'临时通货'和各种各样的'券'，那么它还像一个国家吗？"① 然而，这样一来，位于纽约市布朗克斯区的美国国家印钞公司印制出来的那些"临时通货"，就不得不送进纸浆厂了，这将会耗费纳税人 10 万美元的费用。

在《紧急银行法案》获得通过后，财政部部长伍丁发表了一个声明："财政部的根本政策就是尽可能快地让那些健康的银行重新开门营业。毫无疑问，成千上万家这样的银行都将迅速地恢复它们的正常功能。财政部已经采取行动，通过适当的机构获得可靠的信息，掌握全国各类银行的情况，我们将立即邀请那些符合条件的银行申请重新营业。不过，尽管我们已经整合了许多来自各个渠道的信息，但是信息仍然不够完备，同时让银行恢复原有的职能也需要进行某种安排，这些都需要一定的时间。因此，我们已经决定，在 3 月 11 日（星期六）之前，不会同意任何一家银行重新营业。同时很明显，即便如此，也不可能在星期六之前完成对所有申请的审核。决定什么样的银行可以重新营业的规则，以及根据《紧急银行法案》制定的关于其他一些问题的规定，都将立即公布于众。"②

《纽约时报》以头条新闻报道了《紧急银行法案》获得通过的消息，这篇报道的标题是："罗斯福获得了独裁者的权力"，它的作者阿瑟·B. 克罗克（Arthur B. Krock）在文中写道："无论是在众议院，还是在参议院，都有不少人……昨天，当听到《紧急银行法案》第一编的内容时，他们都被吓呆了；今天，当听到罗斯福内阁的财政部部长宣读《经济法案》的文本时，他们又愣住了。但是，这些人在私下也表达了自己的看法。国家面临的紧急状况压倒了一切，使他们不得不沉默以对。"③

---

① 《内阁：脱离谷底》，《时代》周刊，1933 年 3 月 20 日。
② 《伍丁准备让银行重新开门营业》，《纽约时报》，1933 年 3 月 10 日。
③ 《罗斯福获得了独裁者的权力》，阿瑟·B. 克罗克撰稿，《纽约时报》，1933 年 3 月 11 日。

在签署《紧急银行法案》（使之成为正式的法律）之后不久，罗斯福就根据该法案第一篇发布了一个总统公告，宣布延长银行假日时间，直到"下一个关于银行假日的总统公告发布为止"。① 第二天，同样是根据该法案第一篇，罗斯福总统颁布了行政命令，授权财政部部长决定联邦储备系统的任何一家成员银行是否可以重新开门营业。联邦储备银行的成员银行重新营业的基本法律框架非常简单："除非另有禁止，联邦储备系统的所有成员银行，如果希望重新开始履行所有一般的及正常的银行职能，都可以向财政部部长申请许可证。许可证将由联邦储备银行经财政部部长批准签发。各联邦储备银行都已经被指定为财政部部长的代理，它们可以代表他并根据他的指示接收申请并发放许可证。"②

但是，联邦储备银行却担心，向一家银行发放许可证，允许它重新营业，就有效地构成了对该银行的偿付能力的保证，这也就意味着联邦储备银行将与这些重新营业的银行共同沉浮，而这可能会给它们自己带来显著的损失。但如果联邦储备银行拒绝提供担保，同时不大量发行新的联邦储备银行券（这是它们的权利），那么《紧急银行法案》第四编试图实现反货币囤积效果的规定就将名存实亡。罗斯福认识到，要想实现让银行重新营业的计划，联邦储备银行的合作是至关重要的，因此，他同意赔偿联邦储备银行因此而遭受到的损失。"联邦储备银行在向自己的成员银行提供贷款的过程中，不可避免地会遭受到一些损失。国家感谢这种付出！然而，12家地区性联邦储备银行都是根据联邦法律开展业务的，而且最近通过的《紧急银行法案》，极大地扩大了它们利用自己的设施和工具应对国家紧急状态的能力，因此，联邦政府绝对有义务补偿12家地区性联邦储备银行在运用这种能力向成员银行发放贷款时可能遭受到的损失。我毫不犹豫地向你们保证，对于12家联邦储备银行在这方面的损失，我将要求国会予以赔偿。我相信，在适当的时机，国会将会承担起它对联邦储备银行的这项义务，并批准这样的要求。"③ 罗斯福这个承诺具有重大的历史意义。事实上，他是在单方面做出承诺，救助银行的成本最终将由美国纳税人来承担。

很明显，举全国银行家和监管者之力，也不可能在短短的一个星期多一点

---

① 《应对银行业突发事件的文件和声明》（第一部分，1933年2月25日至3月31日），第7页。
② 同①，第7~8页。
③ 《富兰克林·罗斯福的银行放假计划为什么能够取得成功?》威廉·L.西尔伯（William L. Silber），FRBNY经济政策回顾，2009年7月，第26页。

的时间里，完成对全国18 000家银行的全面审查，确定哪些银行是有偿付能力的。没有任何有效的方法可以做到这一点。而且，同样明显的是，不能让普通公众了解到这个事实的真相。但是，如果被财政部和联邦储备银行认定为有偿付能力的某家银行在重新开门营业后又破产了，那么银行体系就很可能陷入长期的、持续的混乱之中。总之，苹果只能一口一口地吃，在这种情况下，罗斯福也只能一步一步地往前看了。

3月11日，罗斯福宣布，已经为银行重新营业制定了一个明确的计划表：

> 财政部部长将会为那些身为联邦储备系统的成员且与12家联邦储备银行中的某一家在同一个城市的银行发放许可证，而不管它们是国民银行还是州立银行。这些银行将在星期一上午重新开门营业。至于上述12家城市的、由州政府监管的、不是联邦储备体系的成员的州立银行是否也在星期一上午重新开门营业，则由各州自行做出决定，只要它们认为这样做是明智的就可以这样做。根据这个计划，任何一个城市，只要它拥有一个仍在积极运行的、受到社会认可的（经过验证的）清算所协会（这样的城市全美国共有250个），那么位于这个城市的银行，就可以在星期二上午获得重新营业的许可证。所有其他地方的银行，则将在星期三获得重新营业的许可证。①

罗斯福还特别强调，上述银行重启计划显示的进度表并不是根据相关的银行的偿付能力状况制定的。"不同的银行将根据这个计划表在不同的日期重新营业，这个事实绝不意味着，人们可以据此推论，在星期一就重新营业的那些银行，比在星期二或星期三乃至更晚的日期重新营业的银行更加稳健。"②罗斯福还宣布，他将在当晚向全国民众发表讲话，进一步解释银行重启计划。

除了授权银行根据法律规定对大额取款进行限制之外（因为那可能会导致挤兑），财政部还制定了一项反货币囤积的法规："任何银行机构都不得允许任何人取出任何一笔这样的款项：只要一家正常营业的银行机构以通常的善意，可以认定一个人取款是出于囤积货币的目的。任何一家银行机构，在允许大额取款或不寻常的取款之前，可以要求取款人出具承诺该款项将完全用于所申报

---

①② 《应对银行业突发事件的文件和声明》（第一部分，1933年2月25日至3月31日），第8~9页。

的目的的声明。"①

在推进银行重启计划的过程中，罗斯福政府做出的最富戏剧性的一个决定涉及 A. P. 詹尼尼（A. P. Giannini）旗下的、位于加利福尼亚州的美国国家信托和储蓄协会银行（Bank of America National Trust and Savings Association，下文简称"美国银行"）。最初，加利福尼亚州负责此事的官员认为，不应该允许这家银行重新营业。但是伍丁却认为，这个决定是不明智的，美国银行不能重新营业的负面影响，可能比任何其他银行无法重新营业的负面影响都要大得多。美国银行有410家分行，拥有数百万储户。在加利福尼亚州，它是真正意义上的"老百姓的银行"，不让它重新营业，将会给整个加利福尼亚州带来无可估量的冲击。

对此，正如莫利后来回忆的："伍丁直面问题时表现出来的勇气，是我极少见到的。他把艾瓦尔特叫过来，与他一起把所有数据重新仔仔细细地再审查了一遍。在考虑了所有因素后，他们两人得出了一致的结论，那就是这家银行绝对没有丧失偿付能力。然后是一通非常长的长途电话。在旧金山那边与伍丁交谈的是一位高级银行监管官员，他们的谈话中间穿插着伍丁说的一些相当强硬的话语。这通长途电话最后是这样结束的，伍丁说：'你愿意承担这家银行继续关门的责任吗？'远在加利福尼亚的那位官员不愿意承担这个责任，然后伍丁说，'好吧，既然如此，这家银行将重新开门营业'。"②

星期六，罗斯福总统在白宫召见了一批官员，为当天晚上面对全国民众的广播讲话预热。这将是他一系列"炉边谈话"中的第一个。除了财政部部长伍丁之外，其他官员还包括：货币监理署代理署长艾瓦尔特、美国联邦储备委员会主席阿道夫·米勒，以及罗斯福总统的幕僚长路易斯·M. 豪（Louis M. Howe）。正如艾瓦尔特后来描述的那样，"罗斯福总统先读了一篇讲稿，然后转向伍丁，问他觉得这篇讲稿怎么样，伍丁回答说，他认为非常好。罗斯福总统接着问米勒有什么意见，米勒也回答说，这是一个精彩的演讲，它的目的一定会达到。随后，罗斯福总统又问我有什么看法，我并不是很了解罗斯福总统的性格，就像俗话说的那样，'天使不敢落足的地方，愚人却偏要进去'，我冲口而出，这是一篇不错的讲稿，但是……我刚说到这里，罗斯福总统就截住话头问"但是什么？'我告诉他，他在讲话中说到"我们将只会让健康的银行重新开门营业"。由于我们要在非常匆忙的情况下完成所有程序，因此可能会有

---

① 《美国财政部第23号法规》，1933年3月11日。
② 莫利，《七年之后》，第154页。

一些例外。但是他毫不含糊地说:'只让健康的银行重新开门营业,这就是我们要做的。'于是我就再也不能多说什么了"。①

这次"炉边谈话"将成为罗斯福整个总统任期内最重要的(发表于和平时期的)演讲。罗斯福非常清楚,这个银行重启计划在很大程度上是一个"假装很有信心"的举措。他必须让美国民众相信银行是健康或稳健的,不然的话,一切都将前功尽弃。这是至关重要的时刻:或者放手去做,或者陷入死地!

罗斯福的广播讲话从他自己在白宫进行研究的过程中得到的一些"研究心得"说起:

> 今天,我想花几分钟时间和全美国的人民谈一谈银行业的问题。其实,只有相当少的一部分人真正了解银行业的运行机制,绝大多数人都只是把银行当作存款和取款的一个地方。我还想告诉你们大家,在过去的这些天里,我们都做了些什么,我们为什么要这么做,我们下一步的计划是什么。我得承认,来自华盛顿的许多东西,例如,白宫发布的总统公告,国会通过的立法,财政部制定的法规,等等,大部分内容都是用银行业和法律方面的专业术语来表述的,出于为普通民众的利益考虑,这些都应该加以解释。我在这里要特别向全国人民表示感谢,因为你们每个人都坚定而心平气和地接受了银行放假所带来的不便和困难。我知道,当你们大家了解了我们在华盛顿一直在做的所有这些事情后,我肯定能继续得到你们大家的全力合作,就像你们大家在过去的这个星期里给予我们的同情和帮助一样。②

然后,罗斯福总统试图解释银行危机的起源。他说:

> 首先,请允许我先指出一个简单的事实,那就是,当你们把钱存入银行之后,银行并不是把钱锁到保险库里了事,相反,银行是要将你们的钱投入到多种不同形式的信贷中去的,例如,债券、商业票据、抵押贷款以及各种各样的贷款。换句话说,银行要让你们的钱发挥作用,使工业和农业的"车轮"运转起来。你们存入银行的钱,只有很小一部分是以现金的

---

① 艾瓦尔特,《1933年银行业危机追忆录》,第370页。
② 《应对银行业突发事件的文件和声明》(第一部分,1933年2月25日至3月31日),第9页。

形式保存的,这些现金的数量在平时完全能够满足普通民众的现金需求。也就是说,美国国内所有现金的总量仅仅是所有银行存款当中的很少的一部分。那么,从2月末到3月初以来,到底发生了什么事情呢?因为公众的信心出现了下降,所以全国民众中有相当一部分人冲进了银行,把自己在银行的存款换成了现金或黄金,结果造成了银行挤兑。由于急于取款的人是如此之多,以至于最健康、最可靠的银行也无法筹集到足够多的现金来满足需要。当然,出现这种情况的原因是,在大家都非常冲动的时候,银行是不可能即刻售出它的完全健康的资产并将它们转换成现金的,除非将这些资产以远远低于它们的实际价值的恐慌价格出售。因此,到了3月3日下午,整个美国几乎所有银行都关门歇业了,差不多所有州的州长都发布了暂时关闭本州部分或全部银行的公告。①

紧接着,罗斯福总统谈到了他的政府最近采取的一系列行动:

就是在那个时候,我发布了一个公告,规定全国的银行一律放假。这是联邦政府重建我们的金融和经济结构的第一步。第二步是,国会迅速地、充满爱国心地通过了《紧急银行法案》,确认了我的公告并扩大了我的权力,这样一来,我就能够根据形势发展的需要,延长银行放假的期限,并在适当时期逐渐解除银行放假。这项法案还授权我们制定一个重建我们的银行体系的方案。我要在这里告诉全美国的每一个地方的公民,我们的国会议员们,包括共和党人和民主党人,在这次行动中,他们都全身心地将自己奉献给了公共事业,他们都认识到我国现在正处于最紧急的时刻,必须快速地采取行动。这在我们的历史上是前所未有的。第三步是,颁布了一系列法律,许可银行继续履行它们的职能,让它们负责配给食品和生活必需品,当然还有支付工资。这次银行放假歇业在许多方面造成了很大的不便,但是却给我们创造了一个准备足够多的现金以便应对更加困难的形势的机会。在银行歇业期间,没有任何一家银行的现金状况变得比上星期一歇业时还要差,也没有任何一家银行会在没有做好准备的情况下重新营业。新法律允许12家联邦储备银行以优质资产为基础发行更多的货币,

---

① 《应对银行业突发事件的文件和声明》(第一部分,1933年2月25日至3月31日),第9页。

因此，任何一家重新营业的银行都能够满足所有合法的需要。美国雕版和印刷局印制的新货币正在被送往全国各地。这是完全健康的货币，因为它是以真实的、优质的资产为基础的。①

罗斯福总统随后解释了将于第二天正式开始实施的银行重启计划。他说：

因此，我们将从明天，也就是从星期一开始，12家联邦储备银行所在城市的各家银行将率先重新开门营业。财政部的首轮审查表明，这些银行都是完全没有问题的。紧随其后，在星期二，联邦储备银行所在城市所有经过票据清算所验证的银行，也都将恢复营业。这意味着全美国将有大约250个城市的银行在这一天重新开门营业。

在星期三以及随后的几天，全国的小城市以及所有其他地方的银行，也都将会重新开始营业，当然，具体时间取决于政府完成审查所需的人力、物力。如果有必要，银行重新开门营业的时间可以延长一定时期，这样就允许相关的银行申请必需的贷款，以获得所需要的货币，同时政府也有时间完成常规审查工作。在这里，我要非常明确地告诉你们，假如你们的存款银行没有在星期一重新开门营业，你们可千万不要认为它永远都不会重新开门营业了。这种推测是完全没有理由的。在随后的任何一天内重新营业的银行，它们的财务状况和地位与明天就重新营业的银行完全一样。我知道，你们很多人担心的是州立银行，而不是联邦储备体系的成员银行的状况。这些银行能够获得而且很快就能获得联邦储备银行的成员银行和重建金融公司的援助。这些州立银行都将通过同样的过程重新开门营业，所不同的只是，它们将从各州的有关权力机构获得重新开门营业所需的许可证。美国财政部部长已经要求各州的有关权力机构批准状态良好的州立银行，按照与国民银行相同的时间表重新开门营业。我相信，各州的银行管理部门在制定有关银行重新营业的政策时，肯定会与联邦政府一样谨慎小心，并遵循同样的基本政策。当这些银行重新开门营业时，有少数人可能仍然没有从恐惧中恢复过来，因此他们将会再次慌忙地从银行中提取现金。让我说得更清楚一些吧，银行将会满足所有的需求。而且我相信，过去的

---

① 《应对银行业突发事件的文件和声明》（第一部分，1933年2月25日至3月31日），第9页。

一周中出现过的那种囤积现金的行为将会变成一种非常不合时宜的无聊之举。根本不需要什么预言家，让我来告诉你们大家吧，当人们发现他们随时都可以取出他们的钱时（只要目的是合法的），所有恐惧的阴影将很快就会消失得无影无踪的。人们将再次开开心心地将他们的钱存入银行——在那里，他们的钱将会被安全妥善地保管起来，而且随时都可以方便地支取。我可以向你们保证，把你们的钱存在重新开门营业的银行里，要比藏在床垫下面安全得多。当然，我们这个伟大的全国性的计划能否取得成功，取决于你们的合作，取决于你们的明智的支持和对这个可靠的银行系统的利用。请大家一定要记住，新法律的根本成就是，它使得银行在将自己的资产转化成现金时变得比以前更加容易了。我们已经制定了一些更加宽松的法规，允许银行以这些资产为抵押从储备银行中借款；我们还制定了另一些更加宽松的法规，这样就能够以这些优质资产的有价证券为基础发行更多的货币。这种货币不是法定货币，它只有在拥有充足的有价证券时才可以发行——每一家健康的银行都拥有大量的这类有价证券。[①]

但是，罗斯福总统还谨慎地指出，相当一部分已经破产的银行将不会重新开门营业。他说：

> 在结束（演说）之前我还有一点要说明。当然会有一些银行因为没有进行重组而不能重新开门营业。新法律已经授权政府迅速而有效地推进银行的重组工作。新法律甚至还准许政府在银行需要增加资本的时候，认购其中的一部分。上面我对联邦政府正在做的一些事情扼要地进行了说明，我相信，从我的回顾中，大家已经看得很清楚了，在整个过程中没有出现任何复杂的、暧昧的、激进主义的东西。是的，我们的银行体系的情况非常糟糕。我们的一些银行家在管理大家的资金时表现得不称职或不诚实，他们将我们托付给他们的资金用于投机活动和不明智的贷款。当然，大多数银行家并没有这样做，但是曾经这样做过的银行家的人数之多，足以使人们从一时震惊中生出一种不安全之感，并由此形成了一种认定"天下乌鸦一般黑"的思维定式：不再去进行认真区分，而只是想当然地认为少数

[①] 《应对银行业突发事件的文件和声明》（第一部分，1933年2月25日至3月31日），第10页。

银行家的行为已经玷污了所有银行家的品行。联邦政府的一项重要任务就是要扭转这种思维定式,并且要尽快。这是我们正在执行的一项任务。我不能向大家承诺,所有银行都会重新开门营业;我也不能向你们承诺,所有人都不会遭受损失。相反,有些损失可能是不可避免的。但是,如果我们继续随波逐流、无所作为的话,那么损失将会更多、更大。我可以向大家承诺的是,我们将至少会救助一些压力非常大的银行。我们所应该做的,不仅仅是让健康的银行重新开门营业,而且我们还要通过重组来创办一些健康的银行。我收到了来自全美国各地的许多满怀信心的信件,它们使整个世界变得美好起来。对于全国人民给予我的衷心支持,我表示万分感谢!人民认可了我们的判断,并投身我们的事业,尽管他们对我们的整个进程似乎还不是很清楚。①

最后,在行将结束整个演说的时候,罗斯福总统再次重申了他的演说主题——勇气和信心。

　　毕竟,在我们对我们的金融体系进行重新调整的过程中,有一个因素比货币和黄金还要更加重要,那就是我们的信心。信心和勇气是成功实施我们的计划的基本条件。你们大家一定要有信心;你们大家一定不要被各种谣言和没有根据的猜测吓破了胆。让我们团结起来,驱逐恐惧。我们已经建立了恢复我们的金融体系的机制;但是要想让它运转起来,发挥作用,那就要靠大家了。这不仅仅是我的问题,这也是你们的问题。我们绝对不能失败!②

罗斯福总统和他的顾问们对这次"炉边谈话"都表示满意,但是,它是否真的实现了原定的目标,只有等到第二天(星期一)联邦储备银行所在城市的各家银行重新开门营业后才能确定。

在罗斯福总统15分钟演说结束后不久,财政部部长伍丁就公开发布了许可重新开门营业的联邦储备银行的成员银行的名单,而获得许可证的各家银行则立即向公众广而告之,自己即将重新开门营业。例如,位于纽约的欧文信托公

---

① ② 《应对银行业突发事件的文件和声明》(第一部分,1933年2月25日至3月31日),第10~11页。

司（Irving Trust Company）立即向自己的 45 000 位美国客户和分布在世界各地的 1 800 位外国客户发出了重新营业的通知。①

许多不是联邦储备银行的成员银行的银行担心，与联邦储备银行的成员银行相比，自己在从联邦储备银行那里获得流动性的时候将会处于不利地位，特别是在获得新的、担保要求很宽松的联邦储备银行券的时候。这个问题引起了大家的广泛关注。许多州的州长，包括纽约州州长莱曼也向白宫抱怨道，如果缺乏获得流动性的途径，那么就会给不是联邦储备银行的成员银行的那些银行带来严重的障碍。对此，财政部部长伍丁表示，联邦政府将会鼓励联邦储备银行的成员银行向不是联邦储备银行的成员银行的州立银行提供流动性支持。②结果，这种差别待遇导致了另一个后果，即各州立银行纷纷申请成为联邦储备银行的成员银行，例如，仅仅在芝加哥联邦储备区，就有 39 家州立银行提出了申请，要求获得会员资格，另外还有 100 多家州立银行咨询了相关事宜。③

整个周末，大量新货币被运到了各联邦储备银行所在的城市，为星期一各家银行重新营业做准备。在第一轮中紧急印制出来的新货币的总额大约为 2 亿美元。在纽约市，在总共 61 家联邦储备银行的成员银行当中，共有 52 家获得了在星期一重新开门营业的许可证。在其他 11 个联邦储备银行所在的城市，共有 200 家银行将会在星期一重新开门营业，这其中既包括联邦储备银行的成员银行，也包括不是联邦储备银行的成员银行的州立银行。④

星期一黎明，白宫所有人心中都紧绷着一根弦。对各家重新开门营业的银行，有无数地方官员都在警惕地观察着，寻找银行挤兑的任何蛛丝马迹，一旦发现，他们马上就会报告。营业时间终于到来了，当银行员工打开窗口，意想不到的事情发生了，每个窗口前面，确实都有许多顾客在排长队，但是几乎没有什么人是来取款的。无数的普通市民都是来银行存钱的。罗斯福的"炉边谈话"的成功远远超出了预期。美国民众信任这位新总统并希望他能取得成功。在这非常时刻，他们用自己的存款单投下了"信心选票"，这是罗斯福的政治力量急速加强的最好的证明。

紧急印制出来的新货币实际上几乎完全没有必要，因为不再恐慌，美国普

---

① 《银行纷纷发出重新营业的通知》，《纽约时报》，1933 年 3 月 13 日。
② 《稳健的银行得到确认》，《纽约时报》，1933 年 3 月 13 日。
③ 《国民银行开始重新营业》，《纽约时报》，1933 年 3 月 13 日。
④ 《内阁：脱离谷底》，《时代》周刊，1933 年 3 月 20 日。

通民众的存款远远超过了取款。即便是取款的那些人，他们最强烈的动机也更多的是出于好奇，很多人都只不过是想看看新货币是什么样子的，或者打算收集一些。在原来的货币上，印着这样一句话："国家货币，以存放于美利坚合众国财务部的美国国债为担保"；新的货币上则增加了几个字："或类似的其他证券"。① 直到今天，这些"新货币"仍然是收藏家们热衷的藏品。

在第一天，仅仅在纽约市，就实现了大约 2 000 万美元的净存款，存入银行的黄金也大幅增加。在芝加哥，存入的黄金的价值超过了 700 万美元。② 有目击者声称，在各家银行的保险库中，之前曾租用银行保险箱的那些人，现在全都忙着把保存在里面的黄金和货币取出来，然后搬上楼，交给营业窗口的银行员工存入银行。

银行重新开门营业后，一切顺利，这令白宫和财政部的人们都非常高兴。对此，财政部部长伍丁是这样说的："我们收到的来自全国各地的报告表明，12 个联邦储备银行所在城市的各家银行重新开门营业的结果，即使不能说令人非常激动，至少也是相当令人满意的。对于政府重建金融体系的计划的第一步，人民已经做出了回应：他们恢复了常识，对实际情况有了清醒的认识。来自旧金山的报告显示，在那里，在各家银行按计划如期重新营业后（就像其他联邦储备银行所在的城市一样），存款、取款等各项业务都正常进行。来自纽约的消息也表明，所有重新开门营业的银行的运行都非常正常，就好像它们的业务从来没有中断过一样。人们感到满意的是，他们认为把自己的钱存入这些银行是安全的，毫无疑问，这种感觉在很大程度上要归功于罗斯福总统昨晚的广播讲话。"③ 当有记者问他，选择在 13 日这个有特殊含义的日期重启银行，是不是出于某种迷信，伍丁的回答是，13 现在已经成了他的幸运数字了。

受各大城市银行重新开门营业后取得的成功的鼓舞，来自阿肯色州的参议院多数党领袖约瑟夫·罗宾逊提出了一个《紧急银行法案》的修正案，它允许任何一家不是联邦储备体系成员的州立银行从联邦储备银行那里获得直接贷款（只要州银行监管机构认为该银行是健康的就可以）。第二天，参议院就通过了罗宾逊的法案。④

---

① 《新钞照搬 1929 年的钞票》，《纽约时报》，1933 年 3 月 14 日。
② 《芝加哥黄金流入剧增》，《纽约时报》，1933 年 3 月 14 日。
③ 《白宫欢呼银行重新开门营业》，《纽约时报》，1933 年 3 月 14 日。
④ 《应对银行业突发事件的文件和声明》（第一部分，1933 年 2 月 25 日至 3 月 31 日），第 6 页；《各州帮助非联邦储备银行的成员银行》，《纽约时报》，1933 年 3 月 15 日。

银行重新开门营业甚至也推动了贝比·鲁斯的合同谈判。现在，他将自己的要价降低到了6万美元，但是鲁珀特上校却继续坚持"自己的底线"："我认为我对我所有的球员都是很慷慨的。我拥有整个业内最昂贵的棒球俱乐部，我很乐意向任何一位球员支付合理的工资。但是，我最多只能付给鲁斯5万美元，这已经达到了我的极限。"[1]

3月14日，星期二，250个经过清算所验证的城市的大约1 500家银行重新开门营业，它们的情况与联邦储备银行所在的城市情况完全相同：存款远远超过了取款。[2]

在纽瓦克，富达联盟信托公司（Fidelity Union Trust Company）在星期二这一天里收到的现金存款就达到了450万美元，现金是如此之多，以至于所有的银行员工，甚至是行长，全都投入到数钱的工作中去了。同时，在12个联邦储备银行所在的城市，存款流入仍然有增无减。在纽约，星期二这一天的净存款额再一次达到了2 000万美元左右。[3]

到了星期三，全国银行放假正式结束，位于小城市和乡村地区的、已经获得许可证的银行在这一天重新开门营业。与各大城市一样，这些地区的各家银行的存款也显著超过了取款。在银行重启后的三天时间内，存款总额达到了1.43亿美元。[4] 星期三也是证券交易所重新开业的日子。证券交易的结果甚至比存款数字还要壮观。截至收盘，道琼斯工业平均指数上升了15.34个百分点，这是有史以来最大的单日价格上涨。《纽约时报》的一篇报道指出，"人们把股票价格和债券价格强劲上涨的原因解释为——事实也正是如此——总统和国会在休市期间为了结束金融混乱局面而采取的一系列措施，得到了市场的高度认可"。[5]

银行重启计划的成功，几乎完全依赖于公众对联邦政府的信心：联邦政府必定能够确保银行的偿付能力。确实，没有任何合理的经济理论可以解释，同样是这些银行，公众在3月3日认为它们都要破产，但是到了3月15日，公众却认为它们是坚如磐石的。这种"非理性"的胜利，毫无疑问也是富兰

---

[1] 《鲁斯和鲁珀特因薪金闹翻》，《纽约时报》，1933年3月14日。
[2] 《证券交易所今天复业；更多银行重新开门营业》，《纽约时报》，1933年3月15日。
[3] 《纽瓦克银行重新开业，巨额存款流入》，《纽约时报》，1933年3月15日。
[4] 《798家州立银行重新营业》，《纽约时报》，1933年3月16日。
[5] 标准普尔道琼斯指数网站；西尔伯，《富兰克林·罗斯福的银行放假计划为什么能够取得成功？》，第28页。

林·罗斯福个人的胜利。财政部部长伍丁在面对巨大压力时的表现出人意料地出色，同时格拉斯参议员和众议员斯蒂格尔在推动国会以最快的速度通过《紧急银行法案》的过程中，也发挥了重要的作用。

使银行重启计划大获成功的另一个关键因素是，《紧急银行法案》第三编关于银行可以发行优先股的规定。在接下来的18年时间里，通过购买优先股、资本票据和债券，重建金融公司先后向超过6 000家银行和其他金融机构投入了超过11.71亿美元的资金。这相当于1933年美国全部银行总资本的三分之一。在这过程中，重建金融公司仅损失了1 366万美元，而且，在它曾经帮助过的6 000多家银行中，只有206家最终被迫关闭。①

如果将1933年3月的美国政府领导人的言行，与2008年金融危机期间美国政府领导人的言行进行一番对比，你可能会大吃一惊。小布什总统从来没有成为救助计划的"发言人"，而罗斯福总统却是。2008年众议院未能一次性通过《问题资产救助计划》（TARP），《问题资产救助计划》的核心是向银行注入资本，这不过是《紧急银行法案》第三编所规定的购买优先股计划的翻版。2008年的救市计划从来没有得到过公众的普遍认可，而罗斯福的计划却做到了。

在解释罗斯福的巨大成功的时候，还有最后一个因素也是不容忽视的，那就是：好运气。在他宣誓就任美国总统后的最关键的前两个星期内，没有发生过一起重大的、可能会导致金融不稳定并挑战新政府信心的事件。另外，同样幸运的是，在此期间，佩科拉听证会也处于休会状态，因为如果听证会上又揭发出了某个关于银行家渎职的"重磅炸弹"，那么公司对银行的信心很可能就不那么容易恢复了。

到了那个星期结束的时候，全美国重新开门营业的银行已经超过了13 500家（当时，全国的银行总数为大约17 600家）。② 在宾夕法尼亚州的新威尔明顿，由乔治·H. 盖蒂（George H. Getty）在1895年创办的、由他的儿子霍华德·盖蒂（Howard Getty）在1907年接手的新威尔明顿第一国民银行（First National Bank of New Wilmington），也在与监管部门密切合作，预定将于3月20日全面重新营业。然而，就在星期五，也就是该银行重新开门营业的前夜，霍华德·盖蒂乘坐的汽车却被发现遗弃在了新威尔明顿的美世路上，而在距离他的

---

① 肯尼迪，《1933年银行业危机》，第142页。
② 《全国银行问题已经解决》，《纽约时报》，1933年3月19日。

汽车几英尺远的地方,他的尸体也被发现了,旁边还有一把枪。霍华德·盖蒂是自杀的,他对准自己的头部开了一枪。他把他的帽子、眼镜留在了车里,另外还留下了一张纸条,上面写着:"银行里有我的人寿保险单,5万美元的保险金可用于补偿债券账户的贬值,帮助银行重新开门营业。"[1]

3月22日,贝比·鲁斯最终与雅各布·鲁珀特上校达成了协议:年薪5.2万美元。很显然,洋基队老板赢了。鲁斯勉强提起勇气,对媒体记者敷衍道:"就是这样,我接受了5.2万美元的年薪。我告诉他,这也行。现在,这件事情已经画上了句号。"[2]

---

[1] 《结束自己的生命,换取5万美元保险金,以帮助银行重新开门营业》,《纽约时报》,1933年3月18日;《纽卡斯尔县和劳伦斯县20世纪史》,1998年,第370~371页。
[2] 蒙特维尔,《大冲撞》,第22章。

第 4 章　命比猫多：《1933 年格拉斯－斯蒂格尔银行法案》

银行重启计划的巨大成功，为罗斯福总统带来了巨大的声望，进一步增加了他推动金融改革的政治资本。但是，以何种方式来最好地利用这笔政治资本，或者至少不浪费它，这并不是一件简单的事情。有太多的任务需要完成，而且完成每项任务的每个可能的选项都充满了风险。罗斯福总统很清楚，尽管从表面上看，华尔街已经被打倒在地并一蹶不振了（因为纽约国民城市银行的高管们在佩科拉听证会上的灾难性表现，以及因为全国范围内的银行被迫放假、被迫接受救助的巨大耻辱），但是华尔街随时都可能会满血复活，当它强势反弹之后，就会竭尽全力抵抗任何永久性的改革银行体系的方案，而且时间并不是罗斯福总统的盟友。

罗斯福的金融改革计划有四个基本要素或根本目标：第一，金融机构在发售新证券时，必须"实实在在地做广告"；第二，消除股票操纵行为和证券交易中的不公平交易行为；第三，严格控制保证金贷款，限制股票投机；第四，商业银行业务和投资银行业务必须分离。

在公开场合，罗斯福还曾经阐述过一个"七点改革方案"，那是在 1932 年 8 月 20 日，他在俄亥俄州的哥伦布市参加一次竞选活动。当时，罗斯福是这样说的：

> 政府不可能防止人们做出所有错误判断，但是政府确实可以在相当大的程度上，防止人们因虚假陈述以及无法拥有足够多的信息而做出错误判断。很多或大或小的私人机构，掌握了很多内幕信息，它们试图通过向我们国家的民众出售证券而谋取利益。为了实现政府的上述目标，我们可以从以下七个方面着手：第一，鼓励说真话。我建议，尽一切努力，防止各种人为的、不必要的证券流入市场。它们之所以会被发行，只是为了达到

一个目的,即让那些负责将它们出售给公众的人(承销商)变得更加富裕。我还建议,合法的证券的卖方,应该明确告知公众,筹集来的资金的用途是什么。"说真话"还要求,明确地、准确地告诉买方,卖方可以得到的奖金和佣金有多少。此外,还必须披露关于本金投资的真实信息,包括发行公司的真实的盈利、负债和资产状况。第二,我们深知,各州政府很难甚至往往不可能对那些跨州出售证券的控股公司进行有效的监管。因此,联邦政府应该参与对这些领域的监管,这是合乎逻辑的、必要的和正确的。第三,基于同一个理由,即证券的买卖、大宗商品的买卖,可以很方便地转移到其他地方,以便回避某个州的监管,因此,我建议,应该由联邦政府对证券交易所进行监管。第四,过去三年以来发生的一系列事件表明,监管机构对国民银行的监管不够有效,无法保障民众的利益,因此,我建议进一步强化监管。第五,我们不仅耳闻目睹了许多毫无节制地使用银行存款炒作地方信贷的行为,而且我们也深知,这种投机活动受到了政府自身的鼓励,因此,必须预防和压制这种炒作行为。第六,投资银行业务是一种合法的业务,商业银行业务则是另一种完全独立的、不同的业务。将这两种业务混合和整合在一起,是违背公共利益和公共政策的,因此,我建议将它们分离。第七,在1929年大崩溃发生之前,美国联邦储备系统的资金实际上被不加限制地用于投机性的企业。为此,我建议,根据当初建立联邦储备体系时的宗旨和伍德罗·威尔逊时期的做法,强化对联邦储备银行的约束。最后,我的朋友们,我还建议实施两个不需要立法支持的新政策,那就是,美国政府官员与美国投资者之间的公平和公开交易。①

事实上,在上面这些改革措施中,罗斯福并没有事先确定实施的优先次序,但是他希望每一步都取得胜利,那样的话,成功将会巩固和加强他自己的政治权力,使后续的改革法案更容易被国会通过。罗斯福总统首先是一个实用主义者,但是在经济政策和金融政策领域,他还是一个新手和外行,这一点已经多次暴露无遗了。他拥有强大的权力,而且愿意尝试一切新的、非正统的解决经济问题的方法,并且必要时随时都愿意放弃,但是在某些情况下,这些优点也会变成负担。他的经济计划可能在一夜之间就会变得全然不同,这当然会令他的经济顾问们手忙脚乱。例如,在他担任总统后的第一年,他就从一个预算

---

① 美国总统档案项目,关于富兰克林·罗斯福,见:www.presidency.ucsb.edu。

鹰派变成了一个赤字支出的鼓吹者,从一个稳健货币的提倡者变成了让美国脱离金本位制的始作俑者(不过,后来他又让美国重归金本位制)。在他宣誓就任美国总统后的最初的 100 天时间里,他令人眼花缭乱地出台了无数法规,创建了无数机构,然后只保留下了看上去似乎有效的那些,而把其他的一脚踢开。后来,大卫·斯托克曼(David Stockman)把罗斯福的"新政"定性为"一场政治铜锣秀",说"那个时期根本算不上是开明的经济政策的黄金时期",这也是有一定道理的。

而且,要确立关于证券发行和交易新规则,就需要国会从头开始重新立法,非如此不足以限制银行的活动。事实上,由参议员卡特·格拉斯发起并起草的一项银行法案,在此之前就已经走过了漫长而坎坷的立法之路,而且罗斯福在俄亥俄州哥伦布市的竞选集会上提出的银行改革方案的许多内容,都已经体现在这项法案中了。

说到底,与其说格拉斯的法案是诞生于 1933 年金融危机期间的,还不如说它是被这场金融危机所中断的。在 20 世纪 20 年代,由于银行倒闭率的急剧上升,国会议员们对联邦储备系统的生命力的关注度也不断上升。1929 年 5 月,即股市大崩溃前的几个月,来自犹他州的参议员威廉·H. 金(William H. King)呼吁就银行参与证券业务对联邦储备系统的影响展开调查。银行通过贷款给股市投机者,创造了丰厚的利润;同时,许多大型银行都是先从联邦储备系统获得低成本的贷款,然后再以高利率放贷给证券经纪人和交易商。

设立联邦储备银行的初衷是:在困难时期,向成员银行提供流动资金。但是参众两院的许多议员(其中特别是参议员格拉斯)担心,它们似乎已经开始变成了"华尔街赌场"中的"地下钱庄"了。在 1929 年股市崩盘后,参议员威廉·H. 金的提案得到了更大的支持,并最终于 1930 年 5 月 5 日获得通过。随后,参议院银行与货币委员会成立了一个小组委员会,由格拉斯担任主席,重点调查以下五个方面的问题:第一,利用银行机构进行投机性的证券交易活动;第二,向证券经纪人提供贷款,用于证券交易;第三,投资信托基金的形成及其影响;第四,实施银行分行制是否可取;第五,要不要立即在国民银行体系内推行银行分行制。[①] 银行分行制是格拉斯的"心头之好",但却是像休伊·P. 朗这样的民粹主义者的诅咒。格拉斯希望在全国范围内对银行体系进行

[①] 《1933 年银行法案〈格拉斯-斯蒂格尔法案〉立法史》,罗伯特·A. 芬克(Robert A. Fink)编,美迈斯律师事务所(加利福尼亚州洛杉矶),1937 年,第 7~8 页。

整合。他认为，一个数量更少的、规模更大的、拥有多家分支机构的银行，更能促进金融体系的稳定，而且他愿意让农村地区成为"被银行遗忘的角落"——如果这是维持金融体系稳定不得不付出的代价的话。虽然像纽约国民城市银行这样的银行也可能会"做出一些不好的事情"，但是它们更"聪明"、偿付能力更强。格拉斯认为，"夫妻店"式的银行机构，无论其创办者的出发点是多么好，都必定是不成熟的、资金不足的。在美国大多数地区，这类小银行都已经陷入了困境，并造成了当地社会的混乱（尽管它们的损失在很大程度上是因为购买了查尔斯·E. 米切尔等大银行的推销员卖给他们的一钱不值的债券所致）。因此，格拉斯强调，"太小而无法救助"的"夫妻店"式的银行过多，所带来的风险比"太大而不能倒"的银行还要大。

在1931年1月至2月，格拉斯的小组委员会共举行了13天的听证会，广泛听取了银行业顶层监管官员、各类银行（既有大银行，也有小银行）的高管，以及知名学者的证词。该小组委员会还编制一张调查问卷表，分发给国民银行、州立银行、银行审查员、12家联邦储备银行，以及证券交易所的交易员和官员。在调查结束后，小组委员会提交了一份厚厚的报告，共有1 100页。①

1932年1月21日，参议员格拉斯在该小组委员会建议的基础上，提交了一项关于改革银行体系的法案。这项法案规定，必须对联邦储备银行的经营活动进行限制，使它们的行为更加符合"最后贷款人"的原则，方法是：不让它们向自己的成员银行发放用于开展日常业务的贷款，并严格禁止它们发放用于金融投机的贷款；同时，如果一家成员银行还没有还清联邦储备银行的贷款，那么它就不得再发放用于证券交易的贷款。这项法案还要求联邦储备银行的成员银行提交有关自己的证券子公司的财务状况的报告，不过，它并没有走得更远——它没有要求银行清理自己的证券子公司。另外，在这项法案中，格拉斯还要求，为了强化联邦储备委员会的权力并使之"去政治化"，财政部部长不得再担任联邦储备委员会的委员，同时，联邦储备委员会应该至少拥有2名具备丰富的银行业经验的委员。从（第一次）世界大战开始，联邦储备银行大举收购美国政府债券，最初是为了给战争提供资金，但是后来，在经济萧条时期，联邦储备银行仍然这么做，目的则是为了给政府赤字融资。格拉斯认为，为政府运行提供资金这种做法是完全违背联邦储备系统的使命的；美国财政部与联

---

① 《1933年银行法案〈格拉斯-斯蒂格尔法案〉立法史》，罗伯特·A. 芬克编，美迈斯律师事务所（加利福尼亚州洛杉矶），1937年，第25~46页。

邦储备委员会之间的这种"亲密"关系,颠覆了联邦储备系统的立法目标(保证联邦储备银行的成员银行的流动性和偿债能力)。格拉斯相信,不让财政部部长继续担任联邦储备委员会的委员,将有助于切断这种过于"亲密"的关系。参议员休伊·P.朗则表示强烈反对,他认为格拉斯不怀好意,他提出的这个条款将使联邦储备系统不用对公众负责,从而进一步被华尔街主导。

格拉斯的法案还将限制银行借给它们的分支机构的贷款额度:最多不能超过单家分支机构资本和盈余总和的10%(如果有多家分支机构的话,那么借给各家分支机构贷款的总额不得超过所有分支机构的资本和盈余总和的20%)。该法案也对银行控股公司做出了规定,要对它们进行定期检查,并要求它们定期提供财务报告;如果不符合这些规定,那就将剥夺它们作为成员银行的投票资格。此外,该法案还授权美国联邦储备委员会和货币监理署团长,如果某家成员银行的高管违反银行法规,或者从事不安全、不合理的业务活动,就有权开除它。[①]

这项法案最引人争议的两点是:首先,它规定国民银行可以开设分行;其次,它要求创办一个"联邦清算公司",专门负责破产银行的清盘工作。根据这项法案的授权,国民银行可以在自己所在州的任何地方设立分支机构(而且在得到联邦储备委员会的批准后,它们还可以在相邻的州设立分支机构,不过,与总行所在地之间的距离不得超过50英里)。这体现了参议员格拉斯一直以来的一个愿望,即通过让那些规模更大、更加健康的银行的快速扩张,取代或兼并更加弱小的银行(尤其是那些位于偏远农村、以惊人速度破产并削弱联邦储备系统的小银行),以此来加强银行体系。这个愿望显然是与参议员休伊·P.朗的民粹主义理想——支持和保护社区性银行——背道而驰的。

创办"联邦清算公司"的建议还表明,格拉斯试图在要不要建立联邦存款保险制度的争论中占据先机。随着经济萧条状况的更加严重,建立联邦存款保险制度这个主张越来越受到公众的欢迎,它的倡导者是来自亚拉巴马州的众议员亨利·B.斯蒂格尔,他是格拉斯在众议院的"对位者"——任众议院银行与货币委员会主席。格拉斯认为,存款保险制度的实质是奖励管理不善的银行和规模过小、无法在经济危机中生存的银行。他强调,如果对存款进行保险,那么存款就会滞留在那些不稳定的银行中,这会使健康的银行承受过大的压力。

---

① 《1933年银行法案〈格拉斯-斯蒂格尔法案〉立法史》,罗伯特·A.芬克编,美迈斯律师事务所(加利福尼亚州洛杉矶),1937年,第8~9页。

这样一来，最终就只能导致一个较弱的银行体系，因为垂死的银行将会拖垮健康的银行。在存款保险问题上，罗斯福总统的立场与卡特·格拉斯参议员一致。

格拉斯建议，授权联邦清算公司去购买和处置被货币监理署署长下令关闭或银行董事会主动关闭的联邦储备银行的成员银行（国民银行）和州立银行的资产。格拉斯还建议，联邦清算公司的资本构成如下：各联邦储备银行的总盈余的1/4（大约6 850万美元），各联邦储备银行的所有成员银行的存款总额的0.25%（大约7 500万美元），再加上来自美国财政部的1.25亿美元。

格拉斯提出的这项法案遭到了各小银行的激烈反对。1932年3月，各小银行成功地迫使参议院银行与货币委员会举行更多的听证会。该法案的反对者主要关注的是它关于实施银行分行制的规定，但是奇怪的是，几乎没有华尔街的人士反对该法案所包含的强化证券业务监管的规定。也许是华尔街的这种反应鼓舞了格拉斯（他一贯认为银行活动应该严格限于传统的商业贷款），他提出了一项修订后的法案，要求商业银行将自己的证券子公司彻底分离出去。修订后的法案没有要求"私人银行"（例如，J. P. 摩根公司、库恩洛布公司、狄龙瑞德公司和米汉公司）处置自己的证券分支机构，因为它们没有吸收公众存款（三年之后，各联邦储备银行的所有成员银行就必须把主要从事发行、承销、销售证券业务的全部分支机构清理干净）。①

1932年5月9日，参议院开始就上述修订后的法案进行辩论，但是由于出现了其他更加紧迫的事件，因此这项法案被暂时搁置了；之后，直到那届国会因1932年的总统大选而休会，参议院也一直没有通过它。②

在72届国会的"跛脚鸭会期"上，对格拉斯修订后的法案的辩论继续进行。这一次，参议员休伊·P. 朗成了该法案的主要反对者，他认为，银行分行的扩张不啻所有州立银行的末日，最终必定会导致华尔街金融势力的"大联合"和美国农村地区银行的全面凋敝。当这项法案最终于1933年1月10日提交给参议院审议时，休伊·P. 朗为了阻挠法案通过，发表了长达4个多小时的演讲，他的演讲声情并茂、跌宕起伏，其间还大量引用了《圣经》中的词句，其中的一句是："嗐，你们这些富足的人哪，应当哭泣、号啕，因为将有苦难降临到你们身上。"③ 1933年1月21日，当来自新墨西哥州的参议员萨姆·布拉顿

---

① 《1933年银行法案〈格拉斯-斯蒂格尔法案〉立法史》，罗伯特·A. 芬克编，美迈斯律师事务所（加利福尼亚州洛杉矶），1937年，第10页。
② 同①，第11~12页。
③ 怀特，《首领》，第172页。

(Sam Bratton)提出了一项修正案,将允许国民银行可以在一个州内的任何地区开放分行这个条款,修改为只允许国民银行像州特许银行那样行事(根据所在州的法律)之后,休伊·P. 朗才结束了他的马拉松式的演讲。①

1933年1月25日,最终表决结果出来了,共有54位参议员对修订后的法案投了赞成票,投反对票的参议员只有9人。②

不过,在众议院,这项法案却在众议院银行与货币委员会触礁了,该委员会一直没有对它采取实质性的行动,直到这个立法周期结束为止。

这是因为,在同一时期,众议院也试图通过一项关于银行体系改革的法案。自1923年以来,众议员斯蒂格尔就一直在推动一项立法,以便创建联邦存款保险制度。1932年3月7日,斯蒂格尔再次提出了一项法案,建议启动存款保险立法。斯蒂格尔的法案建议,对存款进行100%的保险,这个拟议中的联邦存款保险公司的初始资金来源是:美国财政部,1.5亿美元;联邦储备银行,1.5亿美元;联邦储备银行的成员银行,1亿美元(根据各自的存款按比例分摊)。它的后继资金来源则是联邦储备银行的成员银行每年缴纳的1亿美元(如果需要的话)。不是联邦储备银行的成员银行的州立银行,也可以加入联邦存款保险计划,但条件是,其资本和盈余的总额不少于2.5万美元,而且它必须是已经被联邦存款保险公司董事会认定为经营稳健的银行。不是联邦储备银行的成员银行的州立银行加入联邦存款保险计划的另一条途径是,如果它们已经被其所在州的银行监管机构认定为是经营稳健的,而且同意支付相当于成员银行两倍的保费的话(与作为计算的基础存款额同等的情况下),就可以加入这个计划,不过期限为3年。③

斯蒂格尔法案还要求,加入联邦存款保险计划的国民银行的资本和盈余总额的下限为5万美元。这项法案还要求取消普通股东的双重责任,并要求在联邦储备银行的成员银行之间立即实现支票结算,还设定了4%的存款利息上限。另外,该法案还允许美国联邦储备委员会免去国民银行的任何一位高管或董事的职务。④

众议院就斯蒂格尔的法案的辩论开始于1932年5月25日。在这项法案中,两个最大的争议之处是:第一,为什么要由纳税人来为存款保险计划"埋单"?

---

① 芬克,《1933年银行法案〈格拉斯-斯蒂格尔法案〉立法史》,第111页。
② 同①,第114页。
③④ 同①,第11~13页。

第二，不受联邦监管的、不是联邦储备银行的成员银行的州立银行，为什么要缴纳两倍的保险费？在来自得克萨斯州的众议员赖特·帕特曼（Wright Patman）的鼓动下，不少众议员对于"纳税人补贴银行"这一点进行了猛烈的抨击，但是他们提出的修正案也未能成功通过。另一方面，不受联邦监管的、不是联邦储备银行的成员银行的州立银行，必须支付的保险费相当于成员银行的两倍，这一条却被删除了，换言之，这些银行可以在同等条件下参加联邦存款保险计划。这是第一个重要修订。第二个重要修订是，银行股东的双重责任仍将予以保留。1932年5月27日，修正后的法案在众议院获得通过，但是却在参议院委员会那里碰了壁。[①]

在银行重新开门营业后，罗斯福总统决定将格拉斯的法案作为他自己的银行改革立法议程的核心。白宫很关注时机问题：在这个时候，对银行体系进行全面的、彻底的"检修"是否合适，因为整个银行体系刚刚从大崩溃中缓过劲儿来。尽管罗斯福总统、财政部部长伍丁和参议员格拉斯都反对存款保险计划，但是他们也意识到，要想让众议院通过任何一个旨在对银行体系进行根本性改革的法案，可能就不得不加入有关建立存款保险制度的条款。另一方面，从行政分支的角度来说，将投资银行业务与商业银行业务分开是最基本的支点。为了阐明他的新政的目标，罗斯福特地撰写了《向前看》（Looking Forwar）一书。在这本书中，他指出，"投资银行业务是一种合法的业务，商业银行业务则是另一种截然不同的合法的业务。但是将这两种业务整合到一起，却是违反公共政策的，我建议将它们分开"。[②]

罗斯福总统领导的美国政府行政分支对存款保险计划的反对，不完全是基于理念上的理由，更多的是基于历史上的教训和实践中的经验。在美国各地，历史上曾经有许多人或机构尝试过建立存款保险制度，但是无一例外地都遭到了惨痛的失败。1829年，纽约率先创办了一个存款保险基金，但是在1837年的金融恐慌中，这个存款保险基金灰飞烟灭了。在1907年大恐慌之后，全美国有8个州通过了关于银行存款担保制度的法律，这8个州分别是：俄克拉荷马州、堪萨斯州、内布拉斯加州、得克萨斯州、密西西比州、南达科他州、北达科他州和华盛顿州。然而，到了1929年，所有这些州的有关法律要不已经被废除了，要不已经完全归于无效。无论何时，只要出现大批银行倒闭的情况，这些所谓的保险机构就肯定会灰飞烟灭，这在20世纪20年代的农业大萧条时期尤

---

① 芬克，《1933年银行法案〈格拉斯-斯蒂格尔法案〉立法史》，第11~13页。
② 富兰克林·罗斯福，《向前看》，约翰·戴公司（纽约），1933年，第189页。

其明显。①

然而，必须妥协。到了4月，参议员格拉斯同意，用一个"善意"的存款保险计划来代替他的法案中原本包括的"清算公司"；但是他也有一个条件，即要求所有参加存款保险计划的银行都要接受联邦检查和监督，而且必须在规定的时间内加入联邦储备系统。格拉斯认为，不参加存款保险计划的银行不可能与参加了存款保险计划的银行一争高下，因此他暗地里觉得，存款保险将会成为通向一个统一的联邦银行体系的"一扇后门"。他希望针对参加存款保险计划的银行，设定严格的资本要求和财务稳健性标准，以便将那些弱小的州立银行排除在外（他一贯强调，小银行给银行体系带来的风险反而最大）。格拉斯认为，如果在监管问题上、在加入标准上坚决不妥协，那么应该是有可能避免已往各州存款保险计划惨遭失败的悲剧再度重演的。②

1933年4月4日，格拉斯宣布，他的小组委员会将向参议院银行与货币委员会提交关于他的修订后的银行改革法案的报告。这一次，他的法案中已经增加了关于存款保险制度的补充条款。他还表示，除此之外，该法案还增加了两个"禁令"：一是禁止银行支付活期存款利息（以避免银行通过支付比竞争对手更高的利息的途径，去争夺"有保险的"存款，进而用于高风险的贷款）；二是禁止银行高管中出现"连锁董事"（即某个银行的高管同时还在某家非银行公司中任职）。③

与此同时，众议员斯蒂格尔也准备重新提出一项相似的但不完全相同的法案。斯蒂格尔法案与格拉斯法案最主要的区别涉及两个方面：参加存款保险计划的适用条件，以及银行分行制度。斯蒂格尔法案允许州立银行参加存款保险计划，只要州的银行监管机构认定这些银行是有偿付能力的就行（即使它们不受联邦监管也行）；另外，斯蒂格尔法案还反对格拉斯法案允许国民银行设立当地分支机构的规定。

不过，就在这个4月，围绕着货币政策，格拉斯参议员和罗斯福总统之间的关系变得紧张起来了。4月5日，罗斯福总统根据《紧急银行法案》授予他的权力，发布了6102号行政命令，宣布美国放弃"金本位制"。这就要求，在

---

① 联邦存款保险公司，《联邦存款保险公司史：前50年》，第13~30页。
② 《统一储蓄银行的法案》，威廉·H. 格兰姆斯（William H. Grimes）撰稿，《华尔街日报》，1933年4月3日。
③ 《修订后的格拉斯法案即将提交审议》，《华尔街日报》，1933年4月5日。

1933 年 5 月 1 日之前，所有美国人都必须把自己拥有的价值超过 100 美元的黄金（包括金币、金条以及黄金券，用于工业用途的黄金和首饰除外），全部交到联邦储备银行的成员银行，然后换回美元（每盎司黄金兑换 20.67 美元）。官方称，罗斯福总统发布这个行政命令的目的是，防止黄金囤积以及由此而导致的国家货币供应量减少和通货紧缩的问题。当然，这个举措本身并不是一个通货膨胀的政策，相反，它可能为未来的美元的贬值铺平了道路，因为它取消了按每盎司黄金兑换 20.67 美元的比率自由兑换黄金的市场规则——这一兑换比率事实上自 1879 年以来从未改变过（除了在第一次世界大战期间曾经短期内中止兑换之外）。①

不久之后，罗斯福总统和国会就在美元贬值的道路上又迈出了几步。通货膨胀虽然是一种权宜之计，但是在政治上的好处是显而易见的：农产品价格上涨，能够重振绝望的农业部门，同时美国的工业制成品的价格的相对下降也有助于刺激出口，进而拉动生产、增加就业。当然，通货膨胀的风险也同样不可小觑，但是它们的影响更偏向于长期：在金本位制下欠下的债务可以用实际价值更低的"虚胖"的美元来偿还，这会使债权人遭受损失。另外一个风险是，其他国家也会用保护主义的政策来做出回应，例如，设立更高的关税壁垒，或者将本国货币贬值。除了这些风险因素之外，导致像卡特·格拉斯这样的"硬通货"倡导者反对罗斯福总统和国会的这些政策的更加重要的一个原因是，它们将导致法定货币系统更加容易波动，即会导致货币的政治化。

4 月 18 日，罗斯福总统又采取了一个行动，令格拉斯和其他一些坚持 1932 年民主党政纲所确定的"强势美元"原则的民主党人大为震惊和愤怒。这一次，罗斯福批准了由来自俄克拉荷马州的参议员约翰·威廉·埃尔默·托马斯（John William Elmer Thomas）提出的《农业调整法案》的修正案，该法案授权总统大幅增加货币供应量（从而促进农业产品价格的上涨）。这样一来，罗斯福就违背了自己竞选总统时许下的维持稳健货币的诺言，加入了通货膨胀论者的阵营。4 月 28 日，托马斯法案在参议院获得通过；5 月 12 日，它正式成为法律。这项法案允许总统授权美国联邦储备委员会公开市场委员会，购买总额高达 30 亿美元的已经发行在外的联邦政府债券，这就意味着，美国财政部将会发行总额高达 30 亿美元的法定货币（这差不多相当于当时流通中的货币量的两

---

① 《罗斯福时代的银行》，J. F. T. 奥康纳（J. F. T. O'Connor）著，卡拉汉公司（芝加哥），1938 年，第 105~107 页。

倍），从而将会使美元对应的黄金含量减少一半。另一方面，美国财政部还准备使白银成为法定货币，它将以每盎司 1.25 美元的价格买进全美国开采的所有白银（这个价格相当于当时的市场价格的 3.5 倍），并将这些白银铸成硬币，然后投入流通；同时，美国还将接受欧洲各国以白银来偿还拖欠已久的高达 2 亿美元的战争债务（那是第一次世界大战期间欠下的），兑换率则为每盎司不超过 0.50 美元。

再后来，6 月 5 日，国会参众两院通过了一项联合决议，宣布任何一份合同（无论是公共的，还是私人的），只要规定了以黄金偿还欠款的条款，就是无效的、非法的；所有这样的合同都必须重新签订，规定以美元为支付手段。这样，美国就在与金本位制"决裂"的道路上又向前迈出了一大步。

在此之前，罗斯福总统就已经获得了实施通货膨胀政策所需要的法定权力，不过他还没有行使过这种权力。例如，他可以让财政部开动印钞机多印美元来支持赤字开支，但是他在公开场合仍然表示，一定要维持预算平衡。在全国银行重新开门营业后，囤积货币和黄金的现象几乎没有了，银行系统内部也堆满了超额准备金。问题不在于银行不敢放贷，而在于优质的借款人非常稀缺。令格拉斯担心的是（后来的事实证明，他这种担心是有道理的），罗斯福总统肯定会找到某种途径来行使自己的这种权力，通过实施通货膨胀的政策去安抚农村地区的选民，抵消像休伊·P. 朗这样的民粹主义政治家的影响。

到了 4 月中旬，白宫声称，对众议院和参议院出现了两项"对立"的银行法案的情形表示关注，格拉斯和罗斯福总统之间的紧张关系进一步加剧了。罗斯福总统仍然反对存款保险计划。美国政府的行政分支还反对法案中规定财政部部长不再担任联邦储备委员会成员的条款。此外，罗斯福总统还担心，实施银行分行制会导致各农业州的不满；在下一次全国性的竞选活动中，像休伊·P. 朗这样的政治家很可能会拿这个问题大做文章。罗斯福总统对此非常警惕。同时，美国财政部的许多官员尽管公开支持将商业银行业务和投资银行业务分离开来，但是他们也担心，这会不会影响政府债券的承销。[①] 与格拉斯不同，斯蒂格尔一直在试图消弭自己与白宫的分歧。1933 年 4 月 12 日，他告诉记者："当然，在这样一个极其重要的问题上，出现不同意见是很正常的。不同的人肯定会有不同的看法，而且意见分歧不可能在一天之内就消失得无影无踪。但是，我相信，最终必定会有一项法案会获得通过。"[②]

[①] 《围绕格拉斯法案三足鼎立》，《华尔街日报》，1933 年 4 月 12 日。
[②] 《罗斯福搁置银行法案》，《华尔街日报》，1933 年 4 月 13 日。

4月13日，格拉斯的小组委员会一致同意，对法案进行一些细节上的修订，以便得到美国联邦储备委员会和财政部的首肯。① 一个星期后，财政部部长伍丁来到格拉斯的小组委员会，他既反对建立存款保险制度的条款，也反对规定财政部部长（即他自己）不再担任联邦储备委员会委员的条款。② 4月25日，罗斯福总统会见了格拉斯参议员，两人交谈了整整一个小时。这次会面成果甚丰，两人不仅修复了原来的紧张关系，而且还达成了妥协。罗斯福总统同意建立一种限额担保制度：在一个存款人的所有存款中，前1万美元的存款将100%地得到保险，1万~5万美元的存款将得到75%的保险，而超过5万美元的存款，则只能得到50%的保险。"总统先生对我们的银行法案感到不错，"参议员格拉斯说，"他对存款保险计划提出了一些修改意见，小组委员会认为这些意见是很有价值的。我认为，我们的法案可以根据这些意见进行修改。我们将会在一两天之内开会讨论。"③

5月1日，格拉斯告诉外界，小组委员会已经在罗斯福总统的建议的基础上达成了一致意见："我们期待着，在向参议院提交关于此项立法的报告前，能够与财政部部长和总统先生见面讨论一下。"④

5月4日，参议员格拉斯率领小组委员会中的部分参议员来到了白宫，与罗斯福总统、财政部部长伍丁、财政部副部长迪安·G. 艾奇逊（Dean G. Acheson）举行了会谈。他们总共讨论了大约90分钟。⑤ 伍丁提出了两条意见，它们都被接受了：财政部部长将继续担任联邦储备委员会成员；存款保险条款将延后生效——在该法案获得批准后一年才能生效。⑥

尽管达成了妥协，但是罗斯福总统仍然不打算花太大力气推动国会通过这项法案。

正如发表在1933年5月6日《华尔街日报》上的一篇文章所说的，"从美国政府的行政分支的行动来看，他们似乎认为，一项永久性的银行改革法案并不是目前所急需的，相反，它还可能会使我们国家现在表现出的明显趋于稳定

---

① 《银行改革法案未变》，《华尔街日报》，1933年4月14日。
② 《伍丁认为银行改革法案有缺陷》，《华尔街日报》，1933年4月22日。
③ 《罗斯福结束银行改革法案僵局，存款保险上限调整为1万美元》，《纽约时报》，1933年4月25日。
④ 《银行改革法案已起草完毕》，《纽约时报》，1933年5月2日。
⑤ 《总统审查银行改革法案》，《纽约时报》，1933年5月5日。
⑥ 《罗斯福推动银行改革法案》，《纽约地报》，1933年5月5日。

的银行系统受到干扰……从目前看来，格拉斯的法案还没有得到行政分支的全力支持，这可能有很多原因，但是最重要的原因是行政分支的这样一种信念：这些措施在现在这个时候并不是必不可少的，而且可能会给已经开始自我纠错的银行体系带来混乱"。①

5月10日，格拉斯再一次将他的法案提交给参议院审议。该法案规定，前5 000美元的存款可以立即获得100%的保险，半年后这个额度就可以增加到1万美元（而原来的法案规定，可以获得100%的保险的存款上限为1万美元，但是要等到法案生效后一年才能兑现）。在最后一刻，在大通国民银行（Chase National Bank）主席温思罗普·W. 奥尔德里奇（Winthrop W. Aldrich）的敦促下，该法案增加了一个附则：禁止私人银行在吸收公众存款的同时承销和买卖证券。这个条款将在该法案正式颁布两年后生效。奥尔德里奇非常担心，如果"零售"商业银行（即像大通国民银行和纽约国民城市银行这样的吸收公众存款的银行）不能从事证券业务，而私人银行却可以（私人银行只吸收大型机构和非常富有的个人的存款），那么大通国民银行这样的"零售银行"的机构客户和富人客户就会流失，而私人银行（例如，J. P. 摩根公司、库恩洛布公司、狄龙瑞德公司和米汉公司）则会大获其利。这个针对"私人银行"的附则得到了罗斯福总统本人的支持，尽管财政部部长伍丁表示反对。②

格拉斯参议员同参议院银行与货币委员会举行了一个长达两小时的会议，专门解释新法案的各个条款。5月13日，该委员会以11:1通过了该法案，并向参议院全体会议提交了关于该法案的立法报告。③ 仅仅三天后，众议院银行与货币委员会也向众议院全体会议提交了关于斯蒂格尔法案的有利报告。④ 这两项法案在两个非常重要的方面存在着明显的区别：第一，众议院的法案不允许联邦特许银行设立分支银行；第二，众议院的法案允许（不是美国联邦储备系统的成员银行）州立银行在与联邦储备银行的成员银行同等的条件下参加存款保险计划，只要它们被其所在州的银行监管当局证实"财务状况是健康的"就行。

事已至此，围绕着这两项银行改革法案，一场大辩论已呈山雨欲来风满楼之势。不过，有意思的是，银行业的反对意见却集中在了关于存款保险计划的

---

① 《银行法案将包括存款保险条款》，《华尔街日报》，1933年5月6日。
② 《格拉斯的法案可能延期审议》，《华尔街日报》，1933年5月11日。
③ 《格拉斯的法案已准备好提交给参议院审议》，《纽约时报》，1933年5月14日。
④ 《斯蒂格尔法案》，《华尔街日报》，1933年5月17日。

条款上，而没有集中到规定投资银行业务必须与商业银行业务分开的条款上。5月19日，担保信托公司（Guaranty Trust Co）副总裁、美国银行业协会会长弗朗西斯·H. 西森（Francis H. Sisson）在宾夕法尼亚州银行家协会举行的一个会议上声称，银行界"不能支持存款保险计划……银行改革的根本需求其实是非常明显的，不应该让这种治标不治本的东西遮蔽……更少的银行数量、更充足的银行资本金、更完善的监管、更协调一致的法律手段、政府与银行系统之间的更全面和更理智的合作、公众对自己在保持银行偿付能力和促进银行效率方面的连带责任的更深刻的理解……这些才是银行体系改革的最根本的需求和需要优先考虑的问题。只有实现了这些，我国未来的银行体系才可能建立在稳固的基础之上。在未来的健康的银行体系中，存款人的利益将会得到充分的保证，根本不需要存款保险制度。现在搞的这些，只是政治上的权宜之计。仅凭这些，根本不可能保证国会不会回避上述至关重要的改革步骤，而把由不完善的银行体系导致的负担转移到那些健康的银行身上去，并通过对那些好银行的股东和存款人征税，去掩盖坏的、不健康的银行的错误和损失"。①

然而，就在那一天，众议院已经开始就斯蒂格尔的法案展开辩论。在为期4天的辩论结束后，众议院以262票赞成、19票反对通过了这项法案。②

同样是在5月19日，卡特·格拉斯走上参议院的讲台，向参议院全体会议"推荐"他的法案。对于财政部部长伍丁的反对（伍丁反对将商业银行业务与投资银行业务分离开来，并坚持财政部部长必须继续担任联邦储备委员会委员），格拉斯已经彻底失去了耐心。在演说中，格拉斯花了大量的时间去批评财政部，说财政部已经使美国联邦储备委员会成了自己的"脚垫"，一门心思只知道为政府债务融资。

> 当初创建联邦储备银行系统的宗旨是，满足我们国家的工业企业和农业企业的需要。联邦储备银行完全由它们的成员银行所拥有。从一开始，联邦储备银行系统就不是作为财政部的附属机构而出现的，它的初衷绝非如此。最近一段时间以来，财政部对联邦储备银行的"滥用"，已经严重地、实质性地削弱了联邦储备银行为国家的商业利益服务的能力。
>
> 自从世界大战以来，直到两个星期之前，一直都没有出现过政府建议

---

① 《西森反对存款保险》，《华尔街日报》，1933年5月20日。
② 《银行法案》，《纽约时报》，1933年5月25日。

发行债券的情况；在以前，也从来没有出现过发行债券的建议不是由联邦储备银行系统内的机构提出的情况。

在以后的岁月里，美国联邦储备银行以及联邦储备系统的成员银行，将会实质性地被迫认购美国国债。在这里，我不得不告诉大家，如果一家联邦储备银行或者联邦储备银行的成员银行拒绝接受摊配给它的证券，那么它就可能会面临风险，无论摊配给它的是长期债券还是财政部部长分配下来的国债。

发行的这些债券的大部分都是由联邦储备银行及其成员银行承接的。这就意味着，在非常时期，这些银行已经无法从容不迫地、自由地、自如地应对来自商业、工业和农业的各种需求了。

本委员会认为，这些事情主要是通过财政部部长完成的，因为他以财政部部长的身份担任联邦储备委员会委员，从而在联邦储备委员会占据了主导地位。①

在谈到联邦储备委员会成员这个问题时，格拉斯直言不讳地"点了财政部部长伍丁的名"。

本法案之所以不再包含这个条款，只有一个原因，那就是财政部部长大人似乎认为这个条款是对他个人的不敬，他还说，这会削弱他在这个非常时期本应拥有的影响力。②

在讨论要求银行处置自己的证券子公司这个条款时，格拉斯说："对于现在困扰我们国家的这场金融危机，这些银行的证券子公司是最无耻的始作俑者，它们在这个方面的'功劳'，可以与纽约证券交易所相媲美。它们要对这个令我们蒙受了极大痛苦的大萧条负主要责任。它们应该尽快与自己的母银行分离开来。这是我们将通过这项法案完成的非常重要的一件事情。"③

5月25日，参议院通过了格拉斯的法案，同时通过的还有来自密歇根州的参议员阿瑟·H. 范登堡（Arthur H. Vandenberg）提出的一个修正条款，它的目的是为自法案通过之日起至正式生效之日止（即1934年7月1日）的"空白时期"，提供一个临时性的存款保险计划，然后再过渡到永久性的存款保险计划。

---

① ② ③ 《国会众参两院审议银行法案，格拉斯抨击伍丁》，《纽约时报》，1933年5月20日。

范登堡的临时存款保险计划规定，为每个存款人的前2 500美元存款提供100%的保险，它还允许不是联邦储备银行的成员银行的州立银行也参加保险计划（条件与斯蒂格尔法案所规定的相同）。①

范登堡的修订案遭到了罗斯福政府的强烈反对，尤其是其中关于不是联邦储备银行的成员银行的州立银行也可以以"优惠条件"参加保险计划的条款。许多人传言，罗斯福总统将否决这项法案。②

就在参议院就格拉斯法案进行辩论的过程中，佩科拉听证会也恢复举行。凭借强大的民意支持，罗斯福总统和新一届国会的参议院民主党领袖鼓励佩科拉继续对华尔街展开调查。随后，佩科拉就将他的注意力转向了那些最顶尖的私人银行，其中包括J. P. 摩根公司、库恩洛布公司、狄龙瑞德公司和米汉公司等。这些私人银行是并购咨询和证券承销市场的领导者，它们也是后来的投资银行的先驱。与纽约国民城市银行这类银行不同，它们不买卖自己的证券，也没有采取过"高压销售策略"。总之，它们的利益冲突较少。

佩科拉的第一个目标是J. P. 摩根公司，而小J. P. 摩根则是他在调查阶段的第一个证人。这将是一场发生在华尔街之王与金融巨头"克星"之间的世纪对决。正如金融史学家约翰·布鲁克斯（John Brooks）所指出的那样，这两个人之间的差异实在太大了，真的称得上是天壤之别。

> 有人认为摩根是一个国王，也有人认为摩根是一个小偷，但是更多的人认为他是国王和小偷的混合体。当然，从外表上来看，他两者都不是。摩根总是作为一个彬彬有礼的绅士和成功的商人出现，而且在紧急关头，他永远首先表现为一个君子。而佩科拉却完全不同。他在童年时代从意大利的西西里岛移民到美国，他代表了美国生活的另一面。佩科拉身形不高但很壮实，而摩根则高大而威严；佩科拉皮肤黝黑，而摩根却皮肤白皙；佩科拉总是精力充沛、雄心勃勃，而摩根却显得有点懒洋洋；佩科拉有良知、认真、热诚而充满智慧，而摩根则极具大家风范。他们两人谁也不怕谁。这真是一场巅峰对决。③

---

① 《参议院通过格拉斯的法案》，《纽约时报》，1933年5月26日；《银行保险》，《华尔街日报》，1933年3月27日。
② 《存款保险计划引发新争论》，《纽约时报》，1933年6月2日。
③ 布鲁克斯，《曾经身在宝山》，第184页。

但是等这场世纪对决真的如期上演之后，却似乎有点令那些胃口已经被吊得很高的人失望。佩科拉的重拳很少能够击中摩根的要害，相反，他们两人之间还出现了一种谨慎的尊重敌人的气氛——如果不能说崇敬对方的话。

还是用佩科拉自己的话来说吧：

> 事实证明，作为一名证人，摩根先生是很有礼貌的，而且他也采取了合作的态度。他没有试图给调查制造障碍。陪伴在摩根先生身边的是资历非凡的杰出律师约翰·W. 戴维斯（John W. Davis），他是前民主党总统候选人和前美国驻英国大使。摩根先生的态度，是一个绝对没有任何罪恶的秘密需要隐藏起来的人的态度，他对自己的公司、对自己的公司的业务都很自豪，这种情绪是显而易见的、非常真诚的。而且，说实话，对摩根公司的调查没有揭露出什么舞弊事件和丑闻，而我们在稍后调查其他大型银行机构和大人物时，各种丑闻却接二连三。摩根先生无疑是完全坦诚的，他在一开始作证的时候就大声地声明："我可以毫不犹豫地告诉大家，我认为私人银行家是我们国家的重要财富，而不会给我们国家带来危险。"①

对 J. P. 摩根公司的主要指控是，它曾经根据一份"优先名单"来配售股票给自己的朋友和客户。这些人以成本价买到了由 J. P. 摩根公司发行的股票，而这些股票的市场价格或交易价格却相当高或者很快就会大幅走高（纽约国民城市银行在波音公司公开发行股票过程中的操纵行为与此类似，但是更加令人震惊）。

例如，1929 年 2 月，在为阿勒格尼公司（Allegheny Corporation）发行股票的过程中，J. P. 摩根公司将 575 000 普通股以每股 20 美元的价格卖给了自己的"优先名单"上的客户和朋友，而在纽约证券交易所，阿勒格尼公司"发行时"的交易价格就达到了每股 35 美元至 37 美元，这些人由此"稳稳地赚到"了超过 800 万美元的利润（这相当于今天的 1.09 亿美元）。②

J. P. 摩根公司在发行阿勒格尼公司的股票的过程中所用的"优先名单"，简直就是美国商界和政界精英的"名人录"：小 J. P. 摩根本人获配 40 000 股；他的合伙人托马斯·拉蒙特（Thomas Lamont）获配 8 000 股；另一名合伙人理

---

① 佩科拉，《让华尔街宣誓》，第 36~37 页。
② 《参议院银行与货币委员会证券交易小组委员会报告》，第 101~108 页。

查德·惠特尼获配1 000股；J. P. 摩根公司的首席律师约翰·W. 戴维斯（John W. Davis）获配400股；民主党全国委员会主席约翰·J. 拉斯科布（John J. Raskob），获配2 000股；共和党全国委员会司库约瑟夫·R. 纳特（Joseph R. Nutter），获配3 000股；前财政部部长威廉姆斯·吉布斯·麦卡杜（Williams Gibbs McAdoo），获配500股；未来的财政部部长威廉·H. 伍丁，获配1 000股……①

J. P. 摩根公司被公开披露的另一个令人震惊的"秘密"是，它在全国拥有无远弗届的影响力。J. P. 摩根公司的合伙人，在15家大型银行中担任董事，这些银行的总资产高达381 140美元。他们还在美国前十大铁路公司的董事会中占据了12个董事席位，这些铁路公司的总资产高达34.3亿美元；在美国前13大公用事业公司中占据了19个董事席位，这些公司的总资产高达62.22亿美元；在38家大型工业企业中占据了55个董事席位，这些公司的总资产超过60亿美元。全部加起来，J. P. 摩根公司在89家公司中占据了126个董事席位，这些公司的总资产超过200亿美元。对于这种现象，佩科拉评论道："权力集中到私人手中的这种程度，在我们国家的历史上是前所未有的。"②

不过，有意思的是，小J. P. 摩根在整个听证过程中最令人难忘的时刻，却完全与他的巨大财富和无边权力没有关系——那一刻，他正与一个名叫莉娅·格拉芙（Lya Graf）的侏儒女子交谈。林林兄弟、巴纳姆和贝利马戏团（Ringling Brothers, Barnum & Bailey Circus）的一个媒体经纪人，摆脱了警卫，冲进了参议院听证室，并成功地把格拉芙（她是一个只有2.3英尺高的女子，平时在马戏团表演）放在了高大而威严的J. P. 摩根的膝盖上，新闻记者们当然不会放过这个机会，他们立即将这个画面拍了下来。在这个闹哄哄的过程中，J. P. 摩根一直处变不惊，保持了极好的风度，他还面带微笑地与格拉芙交谈起来。第二天，这些照片就出现在了世界各地的报纸上，让人们看到了J. P. 摩根的人性化的一面。然而，莉娅·格拉芙本人却没有那么走运，虽然她因为这些照片而一夜成名，但是她并不喜欢受到媒体的过多关注，因而1935年离开美国回到了她的故国——德国。作为一名犹太人，莉娅·格拉芙于1937年被纳粹分子逮捕并被认定为"一个没用的人"，后来，她被送入了奥斯威辛集中营，最后在那里惨遭杀害。③

---

① 《参议院银行与货币委员会证券交易小组委员会报告》，第102页。
② 佩科拉，《让华尔街宣誓》，第36~37页。
③ 布鲁克斯，《曾经身在宝山》，第180~182页。

5月25日，参议院以口头表决的形式通过了格拉斯的法案（包括范登堡的修正案）。①

6月1日，众议院和参议院举行联席会议，开始讨论格拉斯的法案。罗斯福总统将参议员格拉斯和众议员斯蒂格尔召到白宫，同时还叫来了财政部部长伍丁、美国联邦储备委员会主席布莱克、货币监理署署长J. F. T. 奥康纳、财政部副部长迪安·艾奇逊（Dean Acheson）。罗斯福总统表示，他反对范登堡的修正案，并表达了他的担忧：银行系统尚未稳定，许多脆弱的银行尚未得到有效的重组，在这种情况下，让这些银行加入存款保险计划，可能会令存款保险基金入不敷出。白宫还担心，要想加入保险计划，银行就必须支付保费，这很可能会进一步削弱那些本来就已经危在旦夕的银行。鉴于以往曾经尝试过存款保险计划的各州都遭到了失败，罗斯福总统担心，这一次可能也会招致失败，或者被公众认为很可能会失败，那样的话将会导致更大的恐慌。罗斯福总统还说，我们不能指望各州的银行监管官员，他们未必有能力识别出那些有偿付能力的银行，事实上，修正案有非常强烈的激励倾向，促使他们把所有银行都丢给联邦的存款保险计划。罗斯福总统和财政部部长伍丁都认为，要确定哪些银行是将来会遭到失败的，还需要更多的时间。②

6月5日，在参议院，范登堡登上了讲台，发言捍卫他自己提出的修正案。

> 据我所知，财政部，甚至比财政部级别还要更高的政府部门，都在建议否决我的修正案。这与财政部过去两个星期以来在这个问题上的表态完全一致。在这里，我明确地向各位提出自己的立场：对于财政部部长在两个星期之前表明的立场，我们必须给出一个回应。如果参议院已经同意的一个非常有限的条款，也要根据财政部部长的意见加以否决的话，那么参议院的立场是什么？③

第二天，参议员休伊·P. 朗也参加了辩论，他对范登堡表示支持。"我们要求国会履行职责。我们国会有足够多的人，如果需要的话，我们完全可以推翻总统的否决。"④

---

① 肯尼迪，《1933年银行业危机》，第219页。
② 《存款保险计划引发新争论》，《纽约时报》，1933年6月2日。
③ 《罗斯福警告要对银行法案行使否决权》，《纽约时报》，1933年6月6日。
④ 《协商委员会对银行法案意见不一》，《纽约时报》，1933年6月7日。

6月7日，参议院还是与罗斯福总统达成了妥协：范登堡所建议的临时性保险计划将在1934年6月1日生效，而永久性的保险基金则在1935年1月1日面世。但是，斯蒂格尔仍然不赞同。他说："鉴于目前这种情况，我们最好推迟提交联席会议的报告的日期，直到下一次会议召开为止。据我所知，范登堡已经对法案进行了程序性议事阻挠，如果我们不采纳他的修正案（立即启动保险计划）的话。我们不能贸然行事。"①

由于这次国会会议的会期已经剩下没几天了，在参议院，更多的参议员威胁说，将会对法案进行程序性议事阻挠，因此格拉斯希望暂时缓一缓，等到1934年1月国会再次开会时再将法案提交表决。然而，峰回路转，6月12日，各方就存款保险计划达成了妥协。范登堡所希望的立即实施的存款保险计划将不会出现，取而代之的是一个预计将于1934年1月1日实施的"初步保险计划"，即只有2 500美元可以获得100%的保险，全部生效则仍要等到1934年7月1日，不过总统可以选择某个早于1934年1月1日的日期提前实施初步保险计划。不是联邦储备银行的成员银行的州立银行在加入存款保险计划的时候，也可以享受与成员银行同样的优惠条件（就像斯蒂格尔的法案所建议的那样），但是它们必须在1936年7月之前成为联邦储备系统的成员银行，不然就必须退出存款保险计划。②

6月13日，众议院通过了《格拉斯－斯蒂格尔法案》（共191票赞成，仅6票反对），同一天，参议院也通过了这项法案（但是投票结果却没有记录下来）。一直反对存款保险计划的美国银行家协会紧急联系各家银行，敦促他们与罗斯福总统取得联系，要求他否决这项法案。③ 然而，一切都已成定局。6月16日，罗斯福总统签署了该法案，使之正式成为法律。④

根据《格拉斯－斯蒂格尔法案》，美国政府创办了联邦存款保险公司（Federal Deposit Insurance Corporation，简称FDIC），该公司将设立一个由三人组成的董事会，其中一名董事由货币监理署署长提议，另两名董事则由美国总统任命（根据参议院的建议，需得到参议院的同意）。该法案还规定，来自同一个政党

---

① 《银行法案被拖延的危机隐现》，《纽约时报》，1933年6月9日。
② 《协商委员会对银行法案达成一致》，《纽约时报》，1933年6月13日；《银行存款保险计划的最后一搏》，《华尔街日报》，1933年6月3日。
③ 《国会众参两院通过银行法案》，《纽约时报》，1933年6月13日；《银行改革法案迅速获得批准》，《纽约时报》，1933年6月14日。
④ 芬克，《1933年银行法案〈格拉斯－斯蒂格尔法案〉立法史》，第14页。

的董事不能超过两名,每届董事的任期为六年。①

联邦存款保险公司的资本来源是:美国财政部拨款1.5亿美元;每家联邦储备银行认购相当于自己盈余一半的资本(以1933年1月为准);联邦存款保险公司的每家成员银行认购相当于自己总存款0.5%的资本。《格拉斯－斯蒂格尔法案》还授权联邦存款保险公司发行免税债券,总额不得超过其股本金的三倍;联邦存款保险公司没有使用的所有资金,都必须投资于美国政府债券,或存入联邦储备银行,或存入美国财政部。②

任何一家已经被货币监理署认定为有偿付能力的国民银行,都有资格成为联邦存款保险公司的成员银行。同样地,任何一家已经被联邦储备委员会认定为有偿付能力的国民银行,也都有资格成为联邦存款保险公司的成员银行。任何一家没有在1934年7月1日之前成为联邦存款保险公司的成员银行的国民银行,都会被接管,接管者将是另一家没有被摒除在联邦储备系统之外的联邦储备银行的成员银行。不是联邦储备银行的成员银行的州立银行,最迟可以在1936年7月1日之前加入联邦存款保险公司;到那一天为止,州立银行必须成为联邦储备系统的成员银行,不然的话,就会被取消联邦存款保险公司的成员资格。③

联邦存款保险公司的永久性存款保险,将于1934年7月1日开始生效(不过,美国总统可以确定某个更早的日期),它的保险政策是:在一个存款人的所有存款中,前1万美元的存款将100%地得到保险,1万美元至5万美元的存款将得到75%的保险,而超过5万美元的存款则只能得到50%的保险。不过,上述永久存款计划实际上从来没有付诸实施过,临时保险计划延长到了1934年7月1日,后来又延长到了1935年8月23日,而到那个时候,《1935年银行法案》也已经开始生效了。④根据《1935年银行法案》的规定,一个存款人的全额偿付限额为5 000美元(超过这一数额的存款不被保险),同时,所有不属于联邦储备系统的银行,也都必须在1942年7月1日前成为联邦存款保险公司的成员银行。⑤

《格拉斯－斯蒂格尔法案》规定,必须在该法案颁布后的一年之内,完成商业银行业务与投资银行业务的分离,届时,任何一家联邦储备系统的成员银

---

① ② ③ ④ 《1933年银行法案》,第73届国会通过,众议院决议第5661号(H. R. 5661)。
⑤ 《围绕存款保险制度的大争论》,马克·弗拉德(Mark Flood)撰稿,圣路易斯联邦储备委员会杂志,1992年7、8月号,第72页。

行都不能再拥有证券子公司。此外，各成员银行的证券投资交易也被严格限制在为客户进行交易的范围内，任何一家成员银行都不得承销证券发行。任何一家成员银行在某只证券上的自营投资额，都不得占该证券投资总额的10%，同时在任何一个债务人身上的投资额，都不得超过该行未动用的实收资本额的15%，也不得超过未动用的盈利额的25%。在《格拉斯－斯蒂格尔法案》颁布一年后，任何从事承销或买卖证券的机构都不得再接受存款。①

此外，《格拉斯－斯蒂格尔法案》还规定，从1934年1月1日起，任何一家联邦储备系统的成员银行的高管或董事，都不得在主要从事证券业务的机构中担任高管、董事或经理；任何一家国民银行的高管或董事，都不得在从事保证金贷款业务的机构中担任高管、董事或经理。该法案还禁止联邦储备银行成为任何一家从事向经纪人或交易商提供以证券为担保的贷款业务的非银行机构的代理人。此外，该法案还禁止联邦储备银行的成员银行进行"合订股份"的操作：自《格拉斯－斯蒂格尔法案》颁布一年后，任何一家联邦储备银行的成员银行的股票（凭证），都不得用于代表任何其他公司的股票（不过，联邦储备银行的成员银行除外）。②

《格拉斯－斯蒂格尔法案》还授权国民银行可以设立分支银行，其范围与其所在州的州立银行被允许设立分行的范围相同。该法案废止了国民银行股东的双重责任。③

根据《格拉斯－斯蒂格尔法案》的要求，银行控股公司的任何一个附属机构（子公司）都必须向当地的监管机构提交自检报告。该法案还禁止银行控股公司管理任何从事证券业务的公司或收购其权益股本，还要求银行控股公司在五年内剥离其证券分支机构。④

《格拉斯－斯蒂格尔法案》禁止联邦储备银行的成员银行支付活期存款利息，并授权联邦储备委员会监管各银行所支付的定期存款利息。⑤

该法案还制定了一系列针对美国联邦储备系统的改革措施。首先，它要求联邦储备银行对自己的所有成员银行均一视同仁。在提名和选举联邦储备银行董事的时候，在同一个控股公司旗下的所有成员银行总共只有1票。该法案规定，美国联邦储备委员会的主要办公机构将设在华盛顿特区，同时财政部部长将担任美国联邦储备委员会主席。根据该法案，联邦储备委员会还建立了一个公开市场委员会，它总共有12名委员，每名委员分别由一家联邦储备银行任

---

①②③④⑤ 《1933年银行法案》，第73届国会通过，众议院决议第5661号（H. R. 5661）。

命。《格拉斯－斯蒂格尔法案》授权公开市场委员会，制定它所参与的一切公开市场活动的规则。它还授权联邦储备委员会，免除任何一家联邦储备银行的成员银行的董事或高级管理人员的职务，如果他们不断违背法律，或者在受到了货币监理署署长的警告后（对于国民银行而言），或受到其所在联邦储备区的联邦储备银行的警告后（对于州立银行而言），继续从事不安全或不健康的银行业务的话。①

联邦存款保险公司董事会第一次会议于 1933 年 9 月 11 日召开。在罗斯福总统任命的两位董事中，第一位是沃尔特·J. 卡明斯（Walter J. Cummings），他也是美国财政部部长伍丁的助理；第二位是 E. G. 贝内特（E. G. Bennett），他是一位来自犹他州的银行家、共和党人（在这次会议上，贝内特被选为董事长）。董事会的第三位成员是 J. F. T. 奥康纳——货币监理署署长，这是《格拉斯－斯蒂格尔法案》所要求的。在成立后的第一个月内，联邦存款保险公司的绝大部分工作是筹措临时存款保险基金，并对不是联邦储备银行的成员银行的将近 8 000 家州立银行进行审核，因为它们都申请加入联邦存款保险计划。②

1934 年 1 月 1 日，临时联邦存款保险基金正式成立。在成立伊始，就有 13 201 家银行经批准加入了联邦存款保险计划（在全美国所有商业银行中，大约有 90% 都加入了该计划；而在全部互助储蓄银行当中，也有 36% 加入了该计划）。1934 年 1 月，E. G. 贝内特离开了联邦存款保险公司，出任位于芝加哥市的大陆伊利诺伊国民银行和信托公司（Continental Illinois National Bank & Trust Company）的董事会主席，接替他的是利奥·T. 克劳利（Leo T. Crowley），在接下来的 12 年内，他将一直担任联邦存款保险公司董事长。到了 1934 年年底，参加了保险的银行所持有的资产总额已经占到了美国所有商业银行资产总额的 98%。在整个 1934 年，只有 9 家参保银行倒闭；而在未参加保险的银行当中，却有 52 家破产了。毫无疑问，存款保险计划迅速地取得了成功，也正因为如此，公众一边倒地对该计划表示支持。甚至连来自银行业的反对声音也完全消失了。1934 年 4 月，美国银行家协会执行理事会公开表态，支持存款保险计划。③

---

① 《1933 年银行法案》，第 73 届国会通过，众议院决议第 5661 号（H. R. 5661）。
② 联邦存款保险公司，《联邦存款保险公司史：前 50 年》，第 46 页。
③ 同②，第 46 ~ 48 页。

事实上，除了针对存款保险制度的一些相当柔和的且最终归于无效的抗议之外，银行业实际上基本没有参加关于《格拉斯－斯蒂格尔法案》的争论。这一次，华尔街是彻底失语了。不过这有许多实际原因，但主要原因还是华尔街的许多银行都在寻求庇护，而且它们自身作为企业也正在被撕裂。佩科拉对纽约国民城市银行的颠覆性调查、全国性的银行放假，以及随后的银行救助，如此种种情况，银行业无法高调发声。改革的势头确实势不可挡。当《格拉斯－斯蒂格尔法案》最终"定稿"的时候，小 J. P. 摩根正在参加听证会，华尔街群龙无首；事实上，华尔街的银行家们当时几乎没有人敢昂首阔步，他们都惴惴不安，担心自己成为佩科拉的下一个目标。即便是休伊·P. 朗，他的态度也出现了 180°的大转弯，他给自己找了一个支持《格拉斯－斯蒂格尔法案》的理由：该法案已经允许州立银行自由加入联邦存款保险公司了，这原本是他本人的意见。

1934 年元旦刚过，华尔街历史最悠久的少数几家公司中的一家——罗斯福父子公司（Roosevelt & Son）公布了一份新闻稿，宣布在经营了 137 年之后，最终解散。罗斯福父子公司始创于 1797 年，那一年，雅克布斯·罗斯福（Jacobus Roosevelt）在曼哈顿梅登巷 97 号开了一家五金店。尽管黄热病疫情横扫了那一年的纽约城，但是他的生意却蒸蒸日上。到美国内战结束时，罗斯福父子公司早就退出了五金行业，并已经发展成了一家成熟的银行（它为第一条横跨大西洋的海底电缆、许多条全国性的铁路筹集了资金）。雅各布斯·罗斯福的曾孙西奥多·罗斯福（Theodore Roosevelt），还成了美国的第 26 任总统。后来，西奥多·罗斯福的远房侄子，又成了美国的第 32 任总统。

正当罗斯福总统准备签署《1933 年格拉斯－斯蒂格尔银行法案》（上文中的《格拉斯－斯蒂格尔法案》）的时候，罗斯福父子公司被迫拆分成了三家公司：乔治·埃姆伦·罗斯福（George Emlen Roosevelt）和菲利普·詹姆斯·罗斯福（Philip James Roosevelt），接手了公司的资金管理业务，并继承了公司的名称；他们的远房侄子，阿奇博尔德·考克斯（Archibald Cox）和他的合伙人查尔斯·E. 韦古尔德（Charles E. Weigold），承接了市政债券业务，并成立了一家新公司，名为罗斯福 & 韦古尔德公司（Rooseuelt & Weigold, Inc.）；其他证券业务则由原合伙人费尔曼·罗杰斯·迪克（Fairman Rogers Dick）、范·S. 默尔·史密斯（Van S. Merle Smith）、查尔斯·B. 罗宾逊（Charles B. Robinson）和约翰·K. 罗斯福（John K. Roosevelt）承接，他们成立了迪克 & 史密斯·默尔公司（Dick & Merle Smith）。[1]

许多华尔街人士（有人"悄声"说，甚至包括罗斯福总统自己家族的某些成员），都把富兰克林·罗斯福称为"本阶层的叛徒"。另一方面，许多改革者（甚至包括罗斯福总统自己智囊团的某些成员）则认为，罗斯福在救助银行的过程中已经走得太远了，而在惩罚银行的过程中则做得远远不够。在75年之后，格拉斯和斯蒂格尔构建的微妙平衡将被认为是一种"神迹"，而《1933年格拉斯－斯蒂格尔银行法案》所创造的"隔离墙"的崩塌，则被认为是1933年那个寒冬结束之后严重的金融危机的根本原因。

---

[1] 《华尔街与富兰克林·罗斯福》，安东尼·C. 萨顿（Antony C. Sutton）著，纽约阿灵顿书屋，1975年，第23页。

第 5 章 法兰克福的"走狗们":《1933 年证券法案》

就在《1933 年格拉斯-斯蒂格尔银行法案》获得通过并正式颁布的那段时间,美国政府的行政分支也在迅速地推进另一项立法:罗斯福总统要求制定一项规范证券发行的法案。尽管这件事情一开始并不顺利——罗斯福政府得忍受两个错误的开端。最初的两个草案都是有缺陷的,是由早期一些伟大的改革者主持起草的,后来哈佛大学法学教授费利克斯·法兰克福(Felix Frankfurter)挑选出三名年轻律师组成了一个团队,他们重新起草了一项法案。然后,在一位来自得克萨斯州的众议员(他瞄准了议长的职位)不屈不挠地推动下,证券改革法案终于顺利地闯过了参众两院。最后的结果非常圆满:参众两院通过了这项法案,而且是在根本没有出现记录在案的反对票的情况下。

加强对证券发行的监管,是 1932 年民主党金融改革纲领中确定的四大任务之一。[①] 与银行体系改革不同,国会参众两院当时并没有等待通过的法案(如果有的话,罗斯福总统就可以拿过来作为"模板")。事实上,在此之前的整整 10 年间,联邦政府的证券立法几乎是一片空白。尽管在 1907 年金融大恐慌结束后,当时的联邦政府也曾经发起过一场声势浩大的证券监管立法活动,但是折腾了十几年后,到 20 世纪 20 年代基本上偃旗息鼓了。因此,当罗斯福总统打算着手推动证券立法时,他只能首先指望老一辈(威尔逊时代)的改革者,虽然很多年轻的新政改革者认为,这些人已经过于老成,而且与现代市场经济脱节了。在着手兑现自己在竞选总统的过程中许下的这个承诺的时候,罗斯福授权他的高级助手雷蒙德·莫利负责此事。莫利找到了塞缪尔·昂特迈耶(Samuel Untermyer),他是改革派元老(但是也有人说他是自封为"改革派"),当时已经 74 岁高龄了,曾经在 20 年前担任过普若委员会的首席律师。[②] 无论如

---

① 美国总统档案项目,关于 1932 年的政党平台,见:www.presidency.ucsb.edu。
② 《华尔街的转型》,第 3 版,乔尔·塞利格曼(Joel Seligman)著,阿斯出版社,2003 年,第 51 页。

何,到1932年的时候,昂特迈耶已经俨然成了改革华尔街的运动中的"智者",他在早期许多尝试对证券业进行规范的活动中充当过关键角色,尽管这些活动都没有取得成功。1932年12月,应莫利之请,昂特迈耶开始为罗斯福起草一份旨在规范证券活动的立法草案,但是所依据的蓝本,却是他自己于1913年代表普若委员会提交给众议院的那个证券法案。① 然而,不幸的是,他最终得到的却是一个与他最初开始所用的那个蓝本非常不同的法案。他当年的法案,更适用于(第一次)世界大战前的市场,而不是1933年的市场。

昂特迈耶的普若委员会法案规定,与在任何一个证券交易所上市或挂牌的任何证券的交易有关的任何书面信息,都不得出现在任何邮件中,除非该证券交易所是根据它所在州的法律运营的(这样就服从所在州的公司法),又除非该证券交易所的管理条例当中已经包含了足以令美国邮政部部长满意的保护措施。② 这里所说的"保护措施",包括关于披露声明有关证券发行人和发行的情况的规定。该法案将许多证券操纵行为认定为违法行为,并将保证金的上限定为80%。③ 该法案还授权美国邮政部部长,禁止投递任何包含关于在不符合上述要求的证券交易所上市的证券有关的信息的邮件,同时该法案还规定,上述禁止用邮件传递的信息,电报公司和电话公司也不得传输。④ 在1913年,昂特迈耶的法案遭到了来自各证券交易所的有组织的激烈反对,反对者指出,这项法案违反了《宪法》,而且它要求证券交易所在事实上充当联邦政府的代理人,去制定和执行联邦政府自己也不愿意或不能执行的法规,这是完全没有理由的。反对者还认为,各州都已经对证券业进行了有效的监管,在这个领域,根本不需要联邦政府通过立法来加强监管,而且这种立法活动本身就是与各州的权利相冲突的。⑤

事实上,以纽约州为首,各州的证券业立法活动在那之前的十余年间一直非常活跃,因此有人强调,至少应该给这些相对较新的州法律一些时间,然后

---

① 《华尔街的转型》,第3版,乔尔·塞利格曼(Joel Seligman)著,阿斯出版社,2003年,第52页。
② 货币与信贷集中和操纵问题调查委员会(根据众议院429号决议和504决议任命)报告,由普若议员提交,1913年2月28日,美国政府印刷局(华盛顿),1913年,第170~173页。
③ 同②,第166~173页。
④ 同②,第171页。
⑤ 《证券交易所中的投机活动,以及对证券交易所的公共监管》,在美国经济学会的演讲,塞缪尔·昂特迈耶1914年12月29日发表于新泽西州普林斯顿。

再去考虑联邦政府通过立法对全美国的证券业进行监管的事情。这种观点说服了很多人。甚至早在1907年大恐慌之前，纽约州议会就已经通过了《汤普金斯法》（Tompkins Law），它要求在公开发行股票之前必须公布招股说明书，提供关于发行人和发行情况的基本信息。①1908年，纽约州取缔了"投机商号"（bucket shop）——放上一台自动报价机，让交易者对股价波动情况投注，但是没有任何股票真的被买入或被卖出。②在1907年的恐慌之后，纽约州州长查尔斯·埃文斯·休斯（Charles Evans Hughes）组建了一个委员会，试图搞清楚为了控制证券交易中的投机行为，可以采取哪些合法的行动。③1909年6月7日，休斯委员会发布报告，除了提出改革纽约证券交易所的12项建议之外，还建议通过立法规定证券发行的"真实披露"原则。④1913年5月9日，纽约州颁布了一项强调"真实披露"的证券法律，规定违背该法律将构成"重罪"（会被处以不超过5 000美元的罚金或不超过3年的监禁，或者两者并处）⑤。也是在1913年，纽约州还通过了其他一些法律，以规范经纪人和交易所会员的行为，禁止操纵性的、不公平的交易。⑥

纽约在证券立法这个领域走在了全美国的前面，这个事实丝毫不会令人觉得奇怪，因为纽约市集中了全国最重要的交易所和几乎全部最大的银行。这其实是一个全国性的潮流，在20世纪的第一个10年里，美国各州都尝试进行了实质性的证券立法活动。美国内战结束之后，持续爆发性的工业增长已经导致了美国历史上的最大规模的资本投资。到20世纪初，这些投资带来了巨大的收益，而且受益者不仅仅局限于富人。一个新兴的中产阶层已然出现，他们拥有相当可观的可投资的资本。在中产阶层逐渐形成后，随即兴起了一个全新的行业，它由专以"盗窃、欺骗和抢劫"中产阶层为要务的"小偷、骗子和强盗"组成。各州原有的公司法无法有效地防范证券欺诈行为，导致了后来被统称为

---

① 《参议院银行与货币委员会听证会记录》（美国第63届国会第二次会议，根据参议院第3895号议案）；防止利用邮政系统、电报和电话传播关于证券交易的欺诈性的、有害的信息的法案，美国政府印刷局（华盛顿），1914年，第819~822页。
② 同①，第710~711页；《"自由和公开"的、人民的市场：纽约证券交易所的公共关系（1915~1929年）》，朱莉娅·奥特（Julia Ott）著，商业历史大会文集，2004年，第8页。
③④ 《州长特别委员会关于证券和大宗商品交易中的投机活动的报告》，纽约，1909年6月7日。
⑤ 《参议院银行与货币委员会听证会记录》（美国第63届国会第二次会议，根据参议院第3895号议案），第712页。
⑥ 同⑤，第712~713页。

"蓝天法"的一系列证券法律的出台。之所以称"蓝天法",是因为这些法律瞄准的是那些据称能够"售出蓝天中的建设地块"(sell building lots in the blue sky)的骗子。第一个颁布这类法律的是堪萨斯州,那是在 1911 年,这也是该州的银行专员 J. N. 多利(J. N. Dolley)一再大声疾呼的结果。"历史和数据统计结果都表明,人们在银行体系中遭受的损失,与他们投资于毫无价值的股票和债券而招致的损失相比,不过是沧海之一粟",多利这样说。① 堪萨斯州的法律成了各州随后通过的几乎所有"蓝天法"的模板,它要求发行人在发售证券之前必须先获得许可;如果发行人被发现有任何"不公平、不公正、不平等或压迫"的行为的迹象,或者被认为"不打算公平、诚实经营",或者没有保证自己发行的证券能够给投资者带来"公平的回报",那么发行证券的申请就会被驳回。到 1933 年之前,除了内华达州之外,美国所有的州都已经通过了"蓝天法"。② 但是,所有这些"蓝天法"在管辖权方面,都有一个共同的缺陷:它们只能适用于本州的人。如果出售证券的人不在本州,而只是通过广告或电话营销等手段,将证券卖给本州的人,那么本州的"蓝天法"就对他无可奈何。而且,绝大多数州的证券监管部门都缺乏必要的资源,无法有效地调查和起诉那些涉嫌欺诈的人和其他违法者。

在 1913 年,反对昂特迈耶的普若委员会法案的那些人是由约翰·G. 米尔伯恩(John G. Milburn)领头的,他是华尔街一家著名律师事务所——卡特、莱迪亚德和米尔伯恩律师事务所(Carter, Ledyard & Milburn)——的合伙人,同时还担任着纽约证券交易所的律师。米尔伯恩声称,从根本上说,纽约证券交易所只是一家私人俱乐部,它从一开始就不是作为一家公司而组建的;而且纽约证券交易所能够实现自我管理,并能有效地约束自己的成员,完全不需要外界司法审查的介入。他强调,如果要求各交易所接受联邦监管,就会严重影响它们执行自己规则的能力,因为严守规则的成员会陷入法院诉讼当中。米尔伯恩还警告说,普若委员会法案将会"迫使"证券"离开"纽约证券交易所,进入那些管制更松的"场外交易"市场,这反而会使证券欺诈事件更容易发生。③ 最

---

① 塞利格曼,《华尔街的转型》,第 44 页。
② 同①;《小心你非常想要的东西:会计师和美国国会是如何导致审计师丧失独立性的》,肖恩·M. 奥康纳(Sean M. O'Connor)撰稿,《波士顿学院法律评论》,第 45 卷,第 4 期(2004 年),第 795 页。
③ 《参议院银行与货币委员会听证会记录》(美国第 63 届国会第二次会议,根据参议院第 3895 号议案),第 367 页。

后，以纽约证券交易所领衔的反对派取得了胜利。普若委员会法案未能在参议院获得通过，它也没有得到威尔逊总统的支持。当时欧洲战云密布，威尔逊总统也不愿意在这个紧急关头再次发动一场对抗华尔街的战争。

第一个联邦证券法是《战时金融公司法案》(War Finance Corporation Act)。不过，它正式成为法律的时间却比较迟，那是在1918年4月5日。[①] 根据该法案，联邦政府成立了资本发行委员会（Capital Issues Committee），该委员会的职责是确定拟发行的某只证券是否与战争时期的国家利益相符。[②]然后，到了1918年11月11日，随着（第一次）世界大战的结束，资本发行委员会宣布它的使命已经结束。不过，在第一次世界大战结束后的一个短暂的时期内，种种迹象显示，在和平时期，由联邦政府对证券发行进行监管，很可能会成为一个有号召力的改革目标。资本发行委员会主席查尔斯·S. 哈姆林（Charles S. Hamlin）曾经发表过一个委员会声明，警告公众关注证券销售中的欺诈行为，并敦促国会采取行动，对和平时期的证券发行进行监管。这份声明说："我们或许可以让那些合法的企业解决它们的问题，这种做法也许是安全的。但是，资本发行委员会却认为，如果它未能警告公众关注如下事实，即我们这个国家已经因毫无价值的、弄虚作假的证券而遭受了巨大的损失，那么它就绝不能算已经尽忠职守了。本委员会认为，无论是在和平时期还是在战争期间，此类证券的出售都应予以严厉禁止。本委员会强烈敦促国会建立适当的机制，制止这种欺诈行为。"声明还说，"本委员会将向国会提交一份补充报告，建议推动立法工作，防范如上所述的种种弊端，保护投资大众"。[③]

卡特·格拉斯当时在威尔逊总统的政府中担任财政部部长，他也发表了一份声明，支持哈姆林，呼吁联邦政府通过立法加强对证券业的监管。"我打算敦促国会立即采取立法行动，有效制止那种发行毫无价值的证券的行为，同时又不要对合法经营的企业的正当融资进行过分的限制。我还敦促国会在本届会议结束前就行动起来。"[④]

1919年2月19日，资本发行委员会向国会提交了最终报告，再次呼吁国会尽快通过监管证券活动的法律。"考虑到各州无法控制自己州界之外的金融业务

[①②] 《战时金融公司法案》，1918年4月5日批准（纽约保证信托公司印制，纽约百老汇140号）。

[③④] 《联邦储备公告》，联邦储备委员会1919年1月于华盛顿发布，美国政府印刷局（华盛顿），1919年，第18页。

这个事实，那么很自然的一个结论就是，只有一个机构能够控制大部分出售毫无价值的或弄虚作假的证券的行为，这个机构就是联邦政府。如果不利用联邦政府来抑制这种行为，那么这些不负责任的公司就会继续出售这种证券，继续欺骗公众。"① 作为对资本发行委员会报告的回应，休斯顿·汤普森（Huston Thompson）和来自科罗拉多州的民主党众议员爱德华·T. 泰勒（Edward T. Taylor）共同起草了一项法案，该法案要求在财政部内部设立一个新机构，由财政部直接监管所有证券（新）的发行活动。但是，泰勒法案一直没有突破众议院司法委员会这一关。②

此外，在威尔逊担任美国总统的最后一年时间里，国会也在认真地推进证券改革法案。1920年6月28日，《1920年交通法案》实施，它规定，任何一家跨州的铁路公司发行证券，都必须先得到州际商业委员会的认可（此种发行，是符合公共利益的），否则就是违法的。③ 不过，这项法案原本并不是出于保护投资者的目的而被通过的，而是主要为了铁路系统的利益考虑，这是一个笨拙的、重复建设严重的体系，它曾经经历过多次"辉煌"的失败。同年，伊利诺伊州共和党人爱德华·丹尼森（Edward Dennison）也提出了一项法案，它规定，将证券发行到某个州，却不遵守该州的"蓝天法"，这是一种违背联邦法律的行为。该法案在众议院获得了通过，但是却在参议院司法委员会中未获通过。④

1921年，卡尔文·柯立芝（Calvin Coolidge）入主白宫，他主政时期的所有扩张联邦政府监管权力的尝试都暂时画上了句号。在那之后，以及在富兰克林·罗斯福当上美国总统之前，国会众参两院再也没有通过任何重要的证券法案，这一时期甚至连最基本的证券改革措施都没有。1922年，明尼苏达州共和党人安德鲁·沃尔斯特德（Andrew Volstead）提交了一项法案，建议授权给美国司法部部长调查跨州证券销售中的欺诈行为，并要求发布禁令，禁止这种销

---

① 《联邦储备公告》，联邦储备委员会1919年1月于华盛顿发布，美国政府印刷局（华盛顿），1919年，第18~19页。
② 《资本发行委员会最终报告》，1919年2月19日提交（众议院第1836号文件，65届国会，第三次会议，1919年）。
③ 《证券监管与新政》，迈克尔·E. 帕里什（Michael E. Parrish）著，耶鲁大学出版社（纽黑文），1970年，第17~18页。
④ 《美国的铁路问题》，艾赛亚·利奥·沙夫曼（Isaiah Leo Sharfman）著，纽约新世纪公司，1921年，第420页。

售行为。但是，这项法案甚至连在众议院的州际与对外贸易委员会举行一个听证会的机会也没有争取到。①

考虑到这段令人沮丧的历史，昂特迈耶（他对这段历史特别有感触，因为它也包括了他自己的个人经历）在1932年的最后几天里奋笔疾书，打算在他自己于1913年起草的法案的基础上给当选总统罗斯福准备一项完美的法案。1933年1月，他将完稿的法案草案交给了雷蒙德·莫利。他原来的设想是，在罗斯福宣誓就任美国总统的当天，就把这项法案提交给国会审议，以此来宣示白宫应对日益恶化的金融危机的坚定决心。但是，他的这个希望很快就破灭了，莫利和罗斯福都对昂特迈耶完成的法案草案极度失望。就像他于1913年起草的法案一样，在这项最新的法案中，昂特迈耶仍然认为，邮政部应该成为联邦证券监管机构和证券监管规则的制定者。"邮政部门基本上只是一个服务机构，"莫利后来回忆道，"将证券监管这个重大职权授予邮政部，这种想法令我惊诧不已，这完全和我对行政机构及其法律性质的直觉南辕北辙。"② 当选总统罗斯福也与莫利一样深感震惊，昂特迈耶是认真的吗？难道他认为即将出任邮政部部长的法利，真的有能力制定监管复杂的证券市场的规则吗？（法利是罗斯福竞选总统时的最大的捐助者之一，但是他大学都没有毕业）昂特迈耶提出的监管方案还表明，他关于联邦宪法权力的观点也过时了。曾经在推动关于证券市场改革的立法的过程中，围绕着联邦政府调节经济活动的权力，有人提出过一些重要的宪法问题。从邮件入手是为了证明联邦有权力进行监管，因为邮政系统的运作毫无疑问地属于联邦权力的范围之内。然而，到了19世纪30年代，新政改革者们早就认定，联邦政府拥有更加广泛的权力，他们宣布，任何跨州的商业活动，联邦政府都可以直接监管，甚至可以通过设立新的联邦机构来达到这种目的。罗斯福和莫利得出了一个共同的结论，那就是，昂特迈耶已经无可救药地、彻底地与现代市场及其监管理论脱节了。

另一个问题则与昂特迈耶自己的行为有关。他是一个不知节制的"自我推销者"，时刻都希望在媒体上露面。每次与罗斯福会面，他都会泄漏出去，这令当选总统相当恼火。1933年1月2日，在《纽约时报》的一篇报道中，昂特迈耶否认自己前往奥尔巴尼市的目的是与罗斯福讨论如何监管股票市场，但是他又表示，"如果自己不太忙的话，应该会就这个问题给罗斯福打一个电话"。③

---

① 塞利格曼，《华尔街的转型》，第50页。
② 帕里什，《证券监管与新政》，第20页。
③ 同①，第52页。

一个星期之后，好好地在加利福尼亚州棕榈泉"避寒"的昂特迈耶，又在他自己的家里发布了一则新闻，他预测罗斯福宣誓就任美国总统后不久，就会召开国会特别会议，然后颁布一部新证券法。对此，有一篇报道是这样写的："据了解，昂特迈耶先生曾与罗斯福先生在多个场合讨论过纽约证券交易所的活动和政府监管的问题。"① 然而，事实是，在就职典礼的那一天，罗斯福已经决定搁置昂特迈耶的法案，并开始考虑怎样才能将他"雪藏"起来，而又不至于两人的关系公开决裂。

随后，罗斯福总统向另一位经验丰富的人咨询证券立法事务，他就是曾经担任威尔逊总统助手的休斯顿·汤普森（Huston Thompson）。汤普森是美国联邦贸易委员会的前任主席，还是最高法院大法官路易斯·布兰戴斯（Louis Brandeis）的一个颇有名气的弟子。在1919年，休斯顿·汤普森曾经协助起草当年的《泰勒法案》，而且他的思想深受他的恩师布兰戴斯对大企业和大银行的批评的影响，尤其是大银行。1919年5月20日，他在给布兰戴斯的一封信中写道："我已经读完了您的《别人的钱》（Other People's Money）一书，感受良多。它的每一部分我都非常喜欢。我对各个州的'蓝天法'进行过研究，也曾经针对因销售'野猫'股票而导致的不正当竞争的多起调查和诉讼进行过研究，因此，我认为，必须推进相应的立法。在我这些研究结束后，我将根据得到的结果起草一项法案。如果您有兴趣的话，我就寄给您看。"② 我们现在还不清楚，布兰戴斯大法官是否曾经对休斯顿·汤普森起草的《泰勒法案》草案发表过什么评论，但是从事后观察者的角度来看，休斯顿·汤普森对布兰戴斯的印象，可能远深于布兰戴斯对汤普森的印象。后来，在谈到休斯顿·汤普森的时候，布兰戴斯曾经说过这样一句话："他拥有成为一名伟大律师的所有条件，但唯有一个条件他不具备：大脑。"③

休斯顿·汤普森还是1932年民主党施政纲领中关于证券监管那一部分的执笔者。这个纲领指出："我们呼吁，在国内和国外机构发行一切股票和债券时，都应该要求发行者向政府备案，并在募集资金的广告中公开有关真实信息（包括奖金、佣金、投资本金和卖家得到的利息等），以此来保护公众投资者。特别

---

① 《股票市场监管可能是奥尔巴尼的主题》，《纽约时报》，1933年1月2日。
② 《昂特迈耶敦促监管股票市场》，《纽约时报》，1933年1月9日。
③ 联邦贸易委员会委员休斯顿·汤普森于1929年5月20日从华盛顿写给最高法院大法官路易斯·布兰戴斯的信。

要充分利用联邦政府的权力,对以下事项加强监管:第一,跨州销售证券的控股公司的行为;第二,跨州经营的公用事业公司的费率;第三,证券和大宗商品的交易。"①

由于昂特迈耶的法案完全派不上用场,因此罗斯福总统无计可施,只得另行指派一个团队与汤普森一起工作,另起炉灶重新起草一项新的证券法案。这个团队的组成人员包括司法部部长荷马·卡明斯(Homer Cummings)和商务部部长戴维·罗珀(David Roper),以及罗珀手下的两员干将:一个是沃尔特·米勒(Walter Miller),商务部对外事务部主任;另一个是奥利·巴特勒(Ollie Butler),商务部对外事务部律师。这项法案的起草工作主要由休斯顿·汤普森负责,不过,米勒和巴特勒也发挥了很大的作用。②

1933年3月19日,就在银行重新开门营业后那个星期的周末,休斯顿·汤普森分别向罗斯福总统、莫利和罗珀提交了他起草的法案草案。3月23日,记者们已经获得风声,在罗珀和卡明斯的监督下,证券法案草案已经起草完毕,并即将提交国会审议。直到那个时候,罗斯福仍然没有告诉昂特迈耶,他的法案草案已经被放弃了。后来在听到这个消息之后,昂特迈耶非常不快,他的抱怨很快就传到了莫利的耳朵中。罗斯福原本决定,先让休斯顿·汤普森去与昂特迈耶打交道,然后等后者提出要求后再与他见面讨论此事。罗斯福原以为,休斯顿·汤普森与昂特迈耶会面后,应该能够说服他,他的法案是一项证券交易所监管法案,将在稍后提交审议;而休斯顿·汤普森的法案则是一项证券销售监管法案,先行交付表决。但是昂特迈耶不买账。对于此事,休斯顿·汤普森在日记中这样写道:

> 在早上10点钟,我应要求……到肖勒姆酒店拜访了塞缪尔·昂特迈耶先生,结果发现他还躺在床上。昂特迈耶先生的情绪很烦躁,并说我对他的法案不怀好意。我笑了,我说我对他的法案毫不知情;我告诉他,我很肯定,我们这两项法案之间并没有任何冲突。然后我提供了我的"证据"——我把我的法案的打印稿留了一份给他。

---

① 《詹姆斯·M.兰迪斯》,唐纳德·A.里奇(Donald A. Ritchie)著,哈佛大学出版社(马萨诸塞州剑桥),1980年,第46页;费利克斯·法兰克弗、尤斯塔斯·塞利格曼与《1933年证券法案》,丹·恩斯特的立法史博客,2009年12月14日。
② 美国总统档案项目,关于1932年的政党平台,见:www.presidency.ucsb.edu。

当天下午4点钟，应总统的要求，我在白宫二楼的一个房间里与总统先生、莫利、昂特迈耶、卡明斯、罗珀、陶西格（Taussig，经济学家），以及其他几个人开了一个会……

总统的谈话内容大部分是在他与昂特迈耶先生和我本人之间进行的。在他的面前，摆着我（汤普森）和罗珀共同起草的法案草案，今天这个会议就是要讨论这项法案。总统批评它的篇幅过长，同时也太注重细节问题了，建议我们缩短篇幅，删除一些细节……他明确指出，我们的法案与昂特迈耶的法案是两项不同的法案，两者之间并没有冲突。昂特迈耶的法案关注的是交易所内的交易。

在讨论了一个小时之后，我们到旁边的一间房间里喝茶并休息。总统的女儿及其孩子，还有一些英国的大臣，也在那里。我单独与罗珀和卡明斯进行了讨论，我们一致同意，我们的法案应该与昂特迈耶的法案完全分开。之后，我又与总统交换了意见，他也同意这一点。

总统要求在两天之内修改好法案。他的心情似乎非常好。临别的时候，他乐呵呵地带着胜利者的表情与昂特迈耶先生握了手。①

4月28日，星期四，根据罗斯福总统的建议，休斯顿·汤普森对他的法案进行了修订，并缩短了它的篇幅（主要是删除了一个授权联邦贸易委员会拒绝外国证券注册的条款）。② 第二天，罗斯福把休斯顿·汤普森的法案同时提交给了参议院和众议院，并附上了如下咨文：

致国会

我建议国会通过立法，授权联邦政府对州际商业活动中的投资性证券业务进行监管。

尽管许多州都已经制定了相关的法规，但是一直以来，因为大量个人和公司在销售证券的过程中的既不道德也不诚实的行为，使公众蒙受了巨大的损失。

当然，联邦政府不能也不应该采取任何可能被解释为认可或保证新发

---

① 塞利格曼，《华尔街的转型》，第52~53页。
② 弗雷德尔，《富兰克林·罗斯福：启动新政》，第342~343页。

行的证券都是健康的证券的措施，这里所说的"健康"的意思是，这些证券的价值将不会贬值，或者说，它们所代表的资产能够带来利润。

然而，无论如何，我们有义务坚持认为，任何跨州发行的新证券，都必须完整地公开有关信息，与发行有关的一切重要事宜，都不得向有意购买的公众隐瞒。

这项法案在"买者自负"这个古训的基础上，再增加了一个规则，即"卖者也必须尽心"，它要求卖方承担起告知全部真相的责任。它将推动诚实交易，从而重塑公众的信心。

我现在建议的这项立法的目的是，保护公众，同时将可能给正常的、诚实的商业活动带来的干扰减少到最低程度。

这仍然只是我们保护投资者和存款人的宏伟计划的第一步。在它之后，我们还将推动立法，更好地监督在交易所中进行的所有财产的交易，杜绝银行以及其他公司的董事和高管的不道德的、不安全的交易行为。

我们追求的目标是，重新回归那个古老的真理，并对它有一个更加清晰的认识：管理银行、公司和其他机构，处理或使用别人的钱的那些人，只是为他人利益而行事的受托人。

富兰克林·罗斯福
白宫，1933年3月29日[1]

在宣布法案已经提交给国会审议的新闻发布会上，罗斯福解释说，制定中的这部法律只要求公开披露风险，而不是试图阻止投资者做出愚蠢的决策。

好，大家看，这里有一个非常简单的例子：假设一些人组建了一家公司，打算开发一座金矿，如果在掌握了一些信息之后，他们自己以及他们的工程师全都真诚地相信这将会是一个完美的冒险计划，而且没有过度投资的问题，那么就没有任何理由认为他们不应该拿到经营许可证，只要这家公司诚实地告诉公众，这是有一定投机性的项目，就像其他金矿开采公司一样。当然，它必须真诚地加以说明。换句话说，我们正在努力做的事情就是，一定要让发行人在发行证券前把相关信息摆到投资大众面前来，这样一来，在投资者真的打算投资的时候，他们至少可以确信，他们看到

---

[1] 塞利格曼，《华尔街的转型》，第52页。

的陈述是真实的。①

根据休斯顿·汤普森的法案，联邦政府将组建联邦贸易委员会作为全国性的证券监管机构。该法案规定，除非发行人先向联邦贸易委员会登记备案，否则任何公开发行证券的行为都是非法的；备案时提交的注册声明书（registration statement）必须由发行人、发行人的主要高管和财务主管、发行人的董事会的全体成员，以及受托人或经理签名。此外，如果注册发行的证券是由外国政府或公司发行的，那么美国的承销商也必须在注册声明书上签名。② 这项法案要求，注册声明书必须包括关于发行人的如下基本信息：发行人介绍，发行人的资本的详细说明，所有持股 1% 或以上的股东的名单，资产负债表（资产负债表日至发行日不得超过 90 天），最近三年的损益表，发行和承销计划的详细信息，本次发行的证券的详细信息，发行的抵押品的信息，对本次发行募集资金的用途的详细描述，等等。③ 注册声明书一经备案，立即就可以"生效"。但是，如果发现发行人有以下行为或出现以下状况的话，那么联邦贸易委员会就拥有撤销或暂停注册声明书的效力的权力：违反了法律或违背了联邦贸易委员会的命令，曾经参与过或者将要从事欺诈性交易，无法继续经营下去或已经破产，发行证券时没有基于"稳健"的原则。后来，当这项法案提交国会审议之后，正是它授予联邦贸易委员会的这种权力——根据委员会对何为"稳健"的理解来决定是否禁止某只证券的发行——使得许多国会议员大为警惕，甚至连罗斯福总统在国会内的最亲密的盟友也无法释怀。该法案还授权联邦贸易委员会其他一些权力：在审查注册声明书的时候，联邦贸易委员会有权查阅发行人和承包商的全部有关文件和记录，有权询问（并要求发誓说真话）发行人和承销商的高管，有权要求发行人和承销商提供经审计的资产负债表和损益表。当注册说明书的效力被联邦贸易委员会撤销或中止时，发行人有权起诉到法院并要求公开开庭审理，败诉后还可以上诉至哥伦比亚特区的美国上诉法院。③休斯顿·汤普森的法案还规定，证券公开发行的广告（而不仅仅限于债券募集说明书或招股说明书）必须包含某些特定的信息：发行人的名称，主要营业地点和主要业务，发行人的主要高管和董事的姓名，承销商的名称，公众认购的价格，

---

① 《关于监管证券发行的总统咨文》，1933 年 3 月 29 日提交给参议院，国会记录第 937 号（1933 年）。
② 弗雷德尔，《富兰克林·罗斯福：启动新政》，第 344 页。
③③ 《关于监管证券发行的总统咨文》，1933 年 3 月 29 日提交给参议院，国会记录第 937 号（1933 年）。

将要支付的承销补偿,发行人的资产和负债情况,发行人最近一个会计年度的损益情况,等等。最后还要声明,其他更多的信息可以从联邦贸易委员会那里获得。所有这些债券募集说明书或招股说明书的副本,以及发布在报纸杂志上或通过广播电台播放的广告,都必须在发布后 5 天内提交给美国联邦贸易委员会备案。①

汤普森的法案进一步规定:如果注册声明书所包含的关于任何一个重要方面的信息是虚假的,那么购买证券的人就可以撤销购买,并可以向一个明知存在虚假信息却仍然销售该证券给他的人或机构,或者在注册声明书上签名的人,追索资金;因虚假信息而受到损害的买方有权获得损害赔偿。②该法案的其中一个条款还规定,将各州的"蓝天法"联邦化,从而使所有在一个州出售证券而不符合该州的法律的行为都变成了违法行为。这样一来,故意违反"蓝天法"的人,就可能会被最高处以 5 000 美元的罚金及 5 年的监禁。③

在众议院,汤普森的法案是通过州际与对外贸易委员会主席萨姆·雷伯恩 [(Sam Rayburn),塞缪尔·托利弗·雷伯恩(Samuel Taliaferro Rayburn)的昵称] 提出的。雷伯恩众议员来自得克萨斯州,是一颗冉冉升起的政治明星,也是罗斯福总统的坚定盟友。他的出身背景决定了他从心底里认定华尔街是最坏的罪恶渊薮,从一开始,他就决心尽一切力量推动众议院通过罗斯福总统的证券改革法案,而不管华尔街的银行家们会叫嚣什么。

塞缪尔·托利弗·雷伯恩于 1882 年 1 月 6 日出生在田纳西州的金斯敦,他的父亲是威廉·雷伯恩(William Rayburn),母亲是玛莎·雷伯恩(Martha Rayburn),萨姆在 11 个孩子当中排行第 8。后来,当萨姆长大到 5 岁后,全家搬到了位于达拉斯东北的范宁县。24 岁那一年,雷伯恩就在得克萨斯州立法机关获得了一个席位。30 岁时,他当选为众议员,代表得克萨斯州的第四国会选区(这个议席他一直保持了超过 48 年)。④在成为国会议员之后,又经过 12 年的努力,雷伯恩当上了众议院州际与对外贸易委员会主席。在这期间,雷伯恩一直在孜孜不倦地学习国会议事规则,研究立法的细节,他非常细心地观察他的同事和他们的选区的各种状况。雷伯恩知识渊博,而且忠诚、守信、坚忍不拔;也许在很长的一段时间内,他是国会山最孤独的一个人。

雷伯恩最想要的是一个温暖的家,家里有温柔的妻子,还有满屋子跑的孩子。尽管雷伯恩具有作为一个立法者、说服者和谈判家的极大天赋,但是他在

---

①②③④ 《关于监管证券发行的总统咨文》,1933 年 3 月 29 日提交给参议院,国会记录第 937 号(1933 年)。

个人社交活动中却极其腼腆和害羞,特别是在面对女性的时候,他往往尴尬得手足无措。在 36 岁那一年,雷伯恩爱上了梅兹·琼斯(Metze Jones)——另一位来自得克萨斯州的国会议员的姐姐。然后,又过了整整 9 年,即直到 1927 年,雷伯恩才终于鼓足勇气向梅兹·琼斯求婚(他的一位朋友开玩笑说,他之所以花了这么长时间,肯定是想把自己的神经锻炼得像钢铁一样坚硬)。订婚后不久他们就结婚了。雷伯恩向他的朋友们开玩笑道:"我得在她改变主意之前尽快结婚!"然而,在举行婚礼 3 个月之后,他们的婚姻就宣告结束了。之后,几十年过去了,雷伯恩都一直再没有从伤心中恢复过来。这次经历是如此痛苦,以至于他甚至连跟自己最亲密的朋友也不愿意再谈到婚姻问题。事实上,当雷伯恩离婚后,有些同事甚至从来不知道他已经结过婚。① 伊人远去,我心尽碎,唯有忘却,于是雷伯恩全身心地投入到了众议院的工作中。今天——雷伯恩离婚 6 年之后的今天,全国经济动荡不安,底层民众日夜悲泣,但是雷伯恩却斗志昂扬,美国有了一位民主党人总统,在参议院也拥有不可动摇的多数席位。雷伯恩知道,他登场的时机已经成熟。他拼了命似的夜以继日地工作,在随后的两年时间里,他将在美国历史上打上自己的印记,同时也将使自己跻身伟人之列。

在参议院,汤普森的法案是通过民主党多数党领袖约瑟夫·罗宾逊提出的,然后进入参议院司法委员会审议。司法委员会主席是来自亚利桑那州的参议员亨利·F. 艾舍斯特(Henry F. Ashurst),他在第二天就召开委员会会议开始审议该法案。3 月 30 日,参议院银行与货币委员会成员提出异议,反对将该法案交由司法委员会审议,认为它应该由银行与货币委员会审议。最后,银行与货币委员会主席——来自佛罗里达州的参议员邓肯·U. 弗莱彻(Duncan U. Fletcher)——占了上风,该法案被重新分配给了银行与货币委员会。②

然而,"阴谋论"永远都有市场。参议员休伊·P. 朗指控道,之所以要换一个委员会来审议,是因为 J. P. 摩根公司在背后策划的结果。他同时还声称,参议院多数党领袖罗宾逊和银行与货币委员会主席弗莱彻就是 J. P. 摩根公司的"走狗"!休伊·P. 朗说:"我认为,银行与货币委员会这一次还得到了财政部的支持,这就意味着,S. 帕克·吉尔伯特先生(S. Parker Gilbert)——J. P. 摩

---

① 《雷伯恩传》,D. B. 哈德曼(D. B. Hardeman)、唐纳德·C. 培根(Donald C. Bacon)著,得克萨斯月刊出版公司(得克萨斯州奥斯汀),1987 年,第 11~59 页。
② 《林登·约翰逊时代》(第 1 卷)——《通往权力之路》,罗伯特·A. 卡罗(Robert A. Caro)著,兰登书屋公司经典书籍部(纽约),1990 年,第 330~331 页。

根公司的合伙人之一，以及摩根家族的其他一些人，共同协助起草了这项法案。我们现在要审查的，或许就是这个很可能被通过的法案的播种者和助产士，这是不是会有点不便或尴尬呢？因此我认为，如果把这项法案交回给司法委员会审议，应该可以消除这种尴尬的气氛。换句话说，我认为银行与货币委员会的诸位先生很可能会讨厌这样的事情：前一天，（你们）还与S. 帕克·吉尔伯特先生坐在一起，一起起草将要提交给参议院审议通过的法案；后一天，却又转过身子，去审查这位如此和善的绅士（他志愿花费时间为政府提供帮助）。我可不希望在参议院内部的两个委员会之间出现这样的尴尬事。"①

对于休伊·P. 朗的指责，弗莱彻参议员迅速做出了回应："休伊·P. 朗参议员搞错了，无论是S. 帕克·吉尔伯特先生，还是J. P. 摩根公司的任何其他成员，都没有到银行与货币委员会作证过。此外，本委员会还与该公司的任何人、任何事情都没有任何关系。"②

休伊·P. 朗确实不知道这些。他也许还不知道，在对汤普森的法案发了一顿牢骚后，华尔街人士其实暗暗松了一口气。他们原先的预期比这还要糟糕得多。现在汤普森的法案，除了涉及外国证券的发行之外，并没有给承销商增加多少实质性的负担（实际上，自19世纪20年代那些灾难性的拉丁美洲债券之后，外国债券的承销早就成了一个"已经死亡"的市场）。汤普森的法案所加重的，主要是发行人及其董事、高管的责任。虽然完成注册需要耗费一定的时间和成本，但这些费用自然会由发行人来承担，根本用不着华尔街的各家银行多掏一分钱。也正因为如此，华尔街人士对汤普森的法案的最初反应才会像《纽约时报》的一篇报道所说的那样，"心情有些复杂，但是基本上可以说是无动于衷"。对于这项法案，华尔街人士的主要批评意见集中在它将"蓝天法"联邦化这一点上，因为这个规定意味着，在承销证券的时候，承销商必须逐个州地申请许可证，这将是一项无比繁重的任务。③

不过尽管如此，华尔街还是非常谨慎地组织了一些反对该法案的活动。但是，各家银行并没有直接参与这些活动，因为所有银行家都害怕佩科拉的传票。银行家们依靠的是自己的律师。反对活动是由苏利文和克伦威尔律师事务所（Sullivan & Cromwell）协调的，许多从事证券发行业务的华尔街公司都是这家著名的华尔街律师事务所的客户。苏利文和克伦威尔律师事务所与罗斯福政府在《1933年证券法案》立法过程初期的这种对抗，也是华尔街的律师事务所与

---

① 《国会记录第1018号》（1933年）。
②③ 《国会记录第1020号》（1933年）。

联邦政府之间复杂关系的起点，这种复杂关系将一代代地演变下去：一方面，华尔街的律师事务所经常会代表自己的客户与美国政府"对抗"；而另一方面，华尔街的律师事务所又会将自己的合伙人和顶级律师输送到华盛顿，使他们进入联邦政府、民主及共和两党的最高管理机构和国会的各个委员会，以协助甚至负责起草监管华尔街的法案。许多观察家都注意到了华尔街与华盛顿之间的这种复杂关系，有的人甚至把苏利文和克伦威尔事务所的律师称为"全美国的总法律顾问"，这无疑是有道理的。

在苏利文和克伦威尔律师事务所中，第一个公开批评汤普森法案的合伙人是尤斯塔斯·塞利格曼（Eustace Seligman）。1933 年 4 月 1 日，在一篇发表于《纽约时报》的评论中，塞利格曼抨击了汤普森的法案，说它授予联邦贸易委员会的权力太大了，特别是该法案关于联邦贸易委员会有权暂停注册声明书的效力的规定："联邦贸易委员会拥有禁止任何一家公司发行证券的权力，只要它认为该公司的业务处于某种'不健康的状态'或'没有基于稳健的原则'。但是，这些术语的含义究竟如何界定？很显然，这在很大程度上是一个判断的问题。如果这项法案真的获得通过并成为正式法律，那么其后果将只能是，赋予美国联邦贸易委员会一种独裁的权力，使之高高凌驾于所有美国企业之上。"塞利格曼还严厉地抨击了承销商要为自己销售的外国证券承担连带责任的规定："因此，这个条款的最终效力就将体现为，从所有证券中单单挑出外国政府债券，强迫承销外国证券的银行承担担保责任。要为这样一种规定找到一个合理的依据实在太难了，除非把它理解为防止任何外国政府债券在美国出售。"[1] 关于该法案规定的发行证券的公司的董事的严格责任，塞利格曼如是评论道："如果这样的建议真的成了法律，那么就只能导致一种无可救药的结果，那就是，任何一个真正有责任心的董事都会向董事会辞去董事职务，于是董事会将充斥着尸位素餐的无知之辈。因为我们无法想象，一个有理性的人会愿意进入董事会，从而将自己置于无限的财务责任风险之下，而且这种风险完全可能是由他自己无法控制的因素所导致的。这个建议确实是'革命性'的，在盎格鲁－撒克逊的法律传统或惯例中完全没有这样的先例。"[2] 塞利格曼还批评汤普森的法案关于发行广告的规定过于繁琐和不切实际："例如，《纽约时报》的金融版就包含了很多关于证券买卖的商业广告。但根据这项法案，在未来，如果这些广

---

[1] 《华尔街冷对证券法案》，《纽约时报》，1933 年 3 月 30 日。
[2] 《证券法案过于严苛了》，尤斯塔斯·塞利格曼撰稿，《纽约时报》，1933 年 4 月 1 日。

告的篇幅不加以大幅扩展（以便将发行公司的资产负债表和损益表以及其他内容包括进来），就不得出现在《纽约时报》的金融版上了。显而易见，这种规定注定是完全无法实施的。"①

塞利格曼的评论影响很大。很可能就是这篇评论，使罗斯福政府中的许多人，还有国会中的许多人，第一次真正意识到，汤普森的法案的实施还会遇到许多非常关键的细节问题。这项法案是在一个保密程度相当高的环境下起草的，而且在提交国会之前，并没有经过谨慎的审查，因为罗斯福政府的当务之急是应对银行危机。塞利格曼的抨击和质疑，使人们对该法案的合理性表示关切。很明显，在委员会听证阶段，这项法案还需要进行一些修订。

3月31日，雷伯恩任主席的州际与对外贸易委员会开始针对汤普森的法案举行听证会。休斯顿·汤普森逐节逐行地向委员会的成员们解释了该法案的规定。在这个过程中，他无数次地引用了布兰戴斯的著作《别人的钱》（*Other People's Money*），那是他起草这项法案时的灵感的来源。② 汤普森的证词很全面，而且看得出他是经过充分准备的，但是他并没能让雷伯恩放下心来。雷伯恩担心，这项法案可能是考虑不周的，而且它的起草者可能并不理解它的所有条款的真正含义。

雷伯恩的州际与对外贸易委员会接着听取了华尔街人士的证词。弗兰克·M. 戈登（Frank M. Gordon，美国投资银行家协会主席），还有投资银行家乔治·W. 博韦尼泽（George W. Bovenizer，库恩洛布公司的合伙人）在作证时都表示，支持汤普森法案。他们希望为华尔街"止损"，并按"原样"接受这个法案。他们建议，这项法案当然还存在一些粗糙的地方，但是那可以在日后逐渐修订和完善。戈登在作证时说道，他知道确实有一些"不负责任的证券交易商，他们不希望国会制定有效的法律，以防止销售证券过程中的欺诈行为和虚假。这种法律不仅符合公众的利益，而且符合像我们这样合法经营的证券交易商的利益，因此也完全符合目前正在审议的这项法案的立法意图"。博韦尼泽则作证道，库恩洛布公司"完全赞成"这项法案，他说："我们已经整整'休息'了12年了，在这些年间，我们眼睁睁地看着投资银行家的名声变得越来越坏，因为一些根本不应该进入这个行业的人也成了所谓的'投资银行家'。"③

参议院银行与货币委员会也在同一天举行了听证会，出席这个听证会的是

---

①② 《证券法案过于严苛了》，尤斯塔斯·塞利格曼撰稿，《纽约时报》，1933年4月1日。
③ 《证券法案听证会使领导层分裂》，《纽约时报》，1933年4月1日。

阿瑟·H. 卡特（Arthur H. Carter）——纽约州注册会计师协会主席。卡特先生主张，包括在注册声明书中的财务报表应该由独立的会计师审计。① 卡特还非常正确地预测，独立审计行业将很快就会繁荣起来，因为由联邦政府来监管证券发行，这对注册会计师事务所来说，无疑是一个福音。

对于汤普森的法案，尽管来自华尔街的反对意见不温不火，但是雷伯恩仍然备感困扰，因为他担心赋予联邦贸易委员会的权力过大、过于集中，尤其是当联邦贸易委员会拥有了否决任何一家公司发行证券的权力（只要它认为不"稳健"）之后，它就凌驾于所有公司之上了。在听证的过程中，雷伯恩对汤普森法案"授权不当"的担心进一步加剧了，尤其当他询问了该法案的联合起草人奥利·巴特勒（Ollie Butler），关于该法案授予联邦贸易委员会撤销证券发行的巨大权力的看法之后。雷伯恩说："自从3月5日本届会议重开以来，到现在我们已经通过了好几部法律，但是我并不认为我们以前曾经将这么大的权力赋予过任何人……你真的认为政府的一个行政官员应该被赋予这么大的权力吗？作为一般原则，一个行政官员真的能够认定别人的业务是不是基于稳健原则并据此做出是否允许发行证券的决定吗？起草一项法案的时候，也许很容易；如果你想把绝对的权力授予某人，那么你只需要起草一个非常简短的法规就可以了。但是本委员会要决定的问题是，你到底想不想把如此巨大的权力授予某个人。"② 私下里，雷伯恩已经产生了怀疑：继续推动众议院直接通过目前这个样子的法案是不是真的明智？雷伯恩对罗斯福总统非常忠诚，在做出决定之前，他会一直小心翼翼地避免引起公众关注。只是他还不能肯定，对这项法案，他应该采取什么行动。

4月4日，众议院的听证会继续举行。这一天前来作证的主要是反对汤普森的法案的证券行业代表。同一天，在参议院举行的听证会上，来自苏利文和克伦威尔律师事务所的另一位律师阿瑟·H. 迪安（Arthur H. Dean）的证词，对这项法案提出了严厉的批评。迪安称，这项法案"将一堆杂七杂八的东西混在了一起，混乱得无以复加"。③ 雷伯恩发现，自己认同迪安的看法，尽管这有违自己的初衷。

雷伯恩知道，一项恶劣的法案会严重地损害总统的信誉，甚至还可能对原本已经疲弱不堪的经济造成进一步的损害。但是他也面临着来自白宫的极其巨

---

①② 《投资银行巨头支持证券法案》，《纽约时报》，1933年4月2日。
③ 塞利格曼，《华尔街的转型》，第52~53页。

大的压力,而且他自己也曾经承诺要将这项证券法案提交给众议院审议。思考再三,雷伯恩决定立即结束对这项法案的审议,而不再向众议院提交立法报告。这个决定充分表现出了雷伯恩的勇气和领导力。雷伯恩告诉罗斯福总统,这项法案"是一个没有希望的烂摊子",需要进行大幅度的、实质性的重新起草。雷伯恩也联系了雷蒙德·莫利。"必须抛弃这项法案,"雷伯恩告诉莫利,他还要求莫利,"我希望你能够找到一个真正能干的人,他知道怎样完成起草证券法案这个工作,我会指导他起草一项新的法案。同时,你还要说服我们的头头(罗斯福总统),汤普森的法案确实派不上用场。"① 莫利根本没有让雷伯恩重新考虑一下的念头,因为他非常清楚,这个得克萨斯佬的脑子里所思所想的,只有一点:什么东西才是最符合罗斯福总统的利益的。

告诉罗斯福总统雷伯恩对汤普森的法案失去了信心之后,莫利很快就获得了授权。罗斯福总统让他找到合适的人,搭建第三个起草证券法案的小组。这一次,罗斯福总统决定与过去彻底决裂,他不会借助于某个威尔逊时代的老改革派人士,或布兰戴斯的某个弟子,或任何一个上一代的"老兵",相反,他转而向另一个人征求意见。从许多方面来看,这个人都可以说是布兰戴斯的继承者,同时也是他的对手。几个小时内,他就做出了决定:把"智囊团"后面的"大脑"——哈佛大学法学院教授费利克斯·法兰克福请到台前来。而法兰克福也很快就做出了回应:"我们团队中的三个人将在星期五上午到达卡尔顿。"②

在罗斯福上台执政的初期,费利克斯·法兰克福对新政发挥了极大的影响力,这也是一系列机缘巧合的事件的结果。简单地概括起来,布兰戴斯的"行政法理论"的焦点是,必须保护社会,而要保护社会就要保护组成社会的最小单位(个人、小团体、小企业等)免受"巨头"(大企业、大政府)的暴政之苦。布兰戴斯的理论对"要求解散托拉斯"的一代的改革者自然有很大的吸引力。而法兰克福的"行政法理论"的核心观点却是(仍然在最具概括性的意义上),拥护联邦政府运用它自身所拥有的巨大力量——事实上,就是通过中央计划——管治国家经济,以消除恶性经济周期和金融恐慌。法兰克福的法学理论构成了罗斯福新政的立法议程的基础。而且更加重要的是,他精力极其充沛,又拥有无与伦比的魅力,从而将许多以前的学生和同事都吸引到了自己的周围,

---

① 《证券法案多有不足》,《纽约时报》,1933年4月5日。
② 弗雷德尔,《富兰克林·罗斯福:启动新政》,第344页。

形成了一个小型的"嫡系部队"。罗斯福总统需要一大批意识形态立场接近的、聪明能干的律师,来充实正在快速"长大"的一系列全新的监管机构,因此,他依赖法兰克福的程度超过了任何其他总统依赖任何其他某位学者的程度。

在罗斯福新政初期,法兰克福的理论确实极大地影响了作为新政的"中央计划"支柱的一系列法案。例如,《全国工业复兴法案》(the National Industrial Recovery Act)颁布于 1933 年 6 月 16 日,根据这项法案成立了全国复兴总署(the National Recovery Administration),全国复兴总署编制了用于对生产、工资和工作条件进行集中计划的"工业代码",成立了公共工程管理局(the Public Works Administration),负责监督了一个总额达 60 亿美元的经济刺激计划,还修建了大量道路、桥梁以及其他公共工程。又如,《农业调整法案》颁布于 1933 年 5 月 12 日,根据这项法案成立了农业调整总署(the Agricultural Adjustment Administration),该总署致力于减少农产品剩余、提高农产品价格,方法是向农民支付补贴,让他们不要种植过多的农作物(补贴来自向农业加工企业征收的税收),同时,该法案还授权总统采取通货膨胀政策,以提高农产品价格。再如,《田纳西流域管理局法案》(the Tennessee Valley Authority Act)颁布于 1933 年 5 月 19 日,根据这项法案成立了田纳西流域管理局(the Tennessee Valley Authority),负责田纳西州、亚拉巴马州、密西西比州、肯塔基州、佐治亚州、北卡罗来纳州和弗吉尼亚州的经济发展(当然,所有这些计划的有效性都不可一概而论,而且《农业调整法案》和《全国工业复兴法案》中关于"工业代码"的条款还被最高法院判定为违宪,因而被推翻了)。

由于雷伯恩已经决定"判处"汤普森法案的"死刑",所以众议院州际与对外贸易委员会的最后一天听证会其实就只是汤普森的独角戏了。尽管他使尽浑身解数,提出了一个又一个的修订意见,然而也都注定无济于事。① 这一天的听证会结束后,雷伯恩对记者说,这项法案需要推倒重来。② 众议院成立了一个小组委员会,它由雷伯恩和来自亚拉巴马州的众议员乔治·赫德尔斯顿(George Huddleston)、来自加利福尼亚州的众议员克拉伦斯·利(Clarence Lea)、来自纽约州的詹姆斯·帕克(James Paker)、来自密歇根州的卡尔·迈普

---

① 《费利克斯·法兰克福》,利亚·巴克(Lia Barker)著,考沃德-麦肯公司(纽约),1969 年,第 155 页。
② 《证券法案正在修订》,《华尔街日报》,1933 年 4 月 6 日。

斯（Carl Mapes）共同组成，负责监督该法案的重新起草工作。①

在接到雷蒙德·莫利要求提供协助的电话后，费利克斯·法兰克福很快就从他的一大堆学生和"门徒"当中找到了几位出类拔萃的人，组成了一个"救火队"，前往首都拯救那个濒临"灭顶之灾"的证券法案。没有任何疑问，法兰克福在华盛顿的"代理人"汤米·科科伦将成为这个团队的领袖，这不仅是因为他已经拥有了相当丰富的国会工作经验，而且还因为他曾经在华尔街的一家律师事务所（Cotton & Franklin）——科顿和富兰克林律师事务所——执业，精通公司法业务。②

法兰克福选中的第二个人是33岁的詹姆斯·M. 兰迪斯（James M. Landis），他是法兰克福在哈佛大学法学院的年轻同事，也是该学院的第一个诉讼法学教授。兰迪斯从小在日本长大，他的父亲是长老会的一位传教士。兰迪斯本科就读于普林斯顿大学，在以优异的成绩毕业后，他进入了哈佛大学法学院，成绩依然名列前茅。像他在法学院的朋友科科伦一样，兰迪斯也被哈佛法学院选中攻读研究生并协助教学工作。在担任助教一段时间后，兰迪斯便担任了布兰戴斯大法官的书记员，时间是为期一年。27岁那年，兰迪斯重新回到哈佛大学，成了法学院的正式教师。不过，与善于交际的科科伦不同，兰迪斯擅长分析推理，但是更加容易紧张，有时甚至会暴露出性情急躁和行为不太得体的一面。③

4月6日，法兰克福让兰迪斯和他一起去华盛顿。对此，兰迪斯后来是这样回忆的："这是4月初的一个星期四，我在下星期一还要给学生上课。不过，法兰克福却认为，这项工作应该在本周末就可以完成，因此，我们乘坐晚上的火车去了华盛顿。"④ 当然，兰迪斯不可能那么快就回去，事实上，他将在华盛顿待上差不多8个星期。另外值得一提的是，与科科伦一样，在1932年总统大选中，兰迪斯一开始支持的也不是富兰克林·罗斯福，而是阿尔·史密斯（Al Smith）。

进入法兰克福法眼的第三个人是39岁的本杰明·科恩（Benjamin Cohen）。科恩出生于印第安纳州的曼西，是一个富裕的废旧金属回收商的儿子。科恩毕业于芝加哥大学，他在那里获得了两个学位（经济学和法学）。他是在哈佛法

---

① 《证券法案有待修订》，《纽约时报》，1933年4月6日。
② 《又有人攻击证券法案》，《纽约时报》，1933年4月8日。
③ 麦基恩，《权力贩子》，第38页。
④ 《罗斯福时代：新政的开始（1933~1935年）》，小阿瑟·施莱辛格（Arthur Schlessinger, Jr.）著，霍顿米夫林公司，第一水手图书（纽约），2003年，第441页。

学院从事博士后研究时被法兰克福注意到的。与他栽培兰迪斯时所做过的一样，法兰克福也安排科恩跟随布兰戴斯大法官实习。①

4月7日，法兰克福、兰迪斯和科恩搭乘"联邦快递"号列车，同车抵达华盛顿联合车站。在站台上，科科伦已经等候多时了，随后，他们入住卡尔顿酒店。法兰克福列出了提纲，让他们尽快起草一个草案。② 正如兰迪斯后来所描述的，"在与法兰克福简单地讨论了一会儿之后，我们决定以《英国公司法》（the English Companies Act）为蓝本起草法案。科恩非常熟悉这个领域。我、科恩和科科伦马上投入到了这项重要的工作当中，而法兰克福则有其他任务要完成"。③

在法兰克福的"其他任务"当中，最首要的当然是与罗斯福总统会面了，他需要说服罗斯福他的证券法案不会有问题。虽然他们两人都曾经差不多在同一个时间段在哈佛大学上学，但是交上朋友却是在他们分别成为律师之后，那是在纽约，当时法兰克福已经当上了助理检察官，而罗斯福则是卡特、莱德亚德和米尔伯恩律师事务所（Carter Ledyard & Milburn）的助理律师。④ 后来，在（第一次）世界大战期间，他们成了非常亲密的朋友，当时两人都进入了美国政府，在华盛顿为国效力：罗斯福担任海军部助理部长，而法兰克福则成了战争劳工政策委员会主任。⑤ 不过，尽管两人关系密切，但是在1932年总统大选中，法兰克福一开始并没有支持罗斯福（他支持阿尔·史密斯获得民主党的提名）。法兰克福这样解释他对自己的老朋友的看法："我并不知道芝加哥大会的结果……富兰克林·罗斯福仍然在摸索中，但是他想做就做，如果他获得了提名，那么事实将会证明，没有什么事情是他不能做的，而且肯定照样可以赢得大选。当然，如果我是上帝，可以决定一切的话，那么我希望，在未来四年，领导美国的人是罗斯福之外的另外一个人……"⑥

在罗斯福获得民主党的提名之后，法兰克福顺理成章地加入了罗斯福的阵营，他的作用非常重要，他的声望使大量史密斯的支持者转而支持罗斯福。不

---

① 《1933年证券法案立法史》，詹姆斯·兰迪斯著，1959年，第33页。
② 里奇，《詹姆斯·兰迪斯》，第1~28页。
③ 麦基恩，《权力贩子》，第38页。
④ 兰迪斯，《1933年证券法案立法史》，第34页。
⑤ 《费利克斯·法兰克福回忆录》[与哈伦·B.菲利普斯博士（Dr. Harlan B. Phillips）的谈话记录]，雷纳尔出版公司（纽约），1960年，第235页。
⑥ 《费利克斯·法兰克福之谜》，H. N. 赫希著，基本图书公司（纽约），1981年，第100页。

第 5 章 法兰克福的"走狗们":《1933 年证券法案》

过,直到最后投票前不久,法兰克福才公开发表演讲,表态支持罗斯福,那是在 1932 年 11 月 5 日,法兰克福严厉地批评了胡佛应对大萧条的糟糕政策。之后,罗斯福在当选总统后(正式宣誓就职前),也看到了法兰克福的独特价值:他能够为新政输送大量"有志"且"有为"的青年。① 就职典礼结束后不久,他邀请法兰克福出任联邦政府总检察长;如果法兰克福接受这个职位,那么顺理成章的下一步就是提名他为最高法院大法官了,但是法兰克福却拒绝了罗斯福的请求。② 不过,他仍然是罗斯福非常信赖的顾问。

星期五上午,在与法兰克福会面后,罗斯福总统立即通知休斯顿·汤普森,他的议案将被重写,而且他将不能参加此事。为了安抚汤普森,罗斯福邀请他到白宫,两人在位于白宫二楼的总统书房见了面。罗斯福告诉汤普森,他希望他接受一个新的任务:到亚拉巴马州的马斯尔肖尔斯(Muscle Shoals),检查是不是有人在违法使用美国陆军工程兵团所发的电。休斯顿·汤普森简直无法相信他听到的一切。至此,像在他之前的昂特迈耶一样,汤普森也完全出局了。后来,汤普森一直责怪莫利、法兰克福,还有法兰克福的"男孩们"——科科伦、兰迪斯和科恩,但是他不知道"杀死"他的法案的人,其实是雷伯恩。

整个周末,在卡尔顿酒店的一个套房里,科科伦、兰迪斯、科恩以及科科伦的秘书佩吉·多德(Peggy Dowd),都在忙于重新起草法案,真正达到了废寝忘食的程度。佩吉·多德是《纽约时报》专栏作家莫琳·多德(Maureen Dowd)的堂妹,后来她成了科科伦的妻子。后来,在回忆这段日子时,兰迪斯写道:"到了星期六晚上,我们就已经搞出了个像模像样的法案草案。由于已经有汤普森的法案在前,因此我们的思路事实上受到了一些限制。从当时的角度看,一个明智的策略是把我们的建议表述为对原来的法案的'完善',即对原来的法案进行一些修订。这样做的结果是,我们的思想都被局限在了一些条款当中,而它们则被包括进了休斯顿·汤普森的法案,然后形成了一个新草案。不过,这个草案随后也就被彻底放弃了。"③

根据他们起草的法案的规定,注册声明书备案后并不马上生效,而是有一个为期 30 天的"等待期",在此期间,联邦贸易委员会可以审查相关的信息披露情况。这项法案还减少了联邦贸易委员会否决或撤销注册声明书的权力,它

---

① ② 《费利克斯·法兰克福之谜》,H. N. 赫希(H. N. Hirsch)著,基本图书公司(纽约),1981 年,第 148 ~ 149 页。
③ 同①,第 103 页。

规定，只有在披露信息出现错误，或者有关各方不遵循注册规则的时候，联邦贸易委员会才能否决或撤销注册声明书。这项法案彻底抛弃了先前法案对证券"稳健性"进行审查的做法。此外，该法案还大幅修改了关于赔偿责任的规定，证券发行人的高管和董事将不用承担法律责任，但前提是，只要他们有合理的依据证明，注册声明书上记载的所有信息都是真实的。对于华尔街来说，最不利的一个条款是，证券承销商也被明确列入了那些有可能受到法律制裁的行为人的列表中。不过，他们也可以不用承担法律责任，只要已经尽责地对发行公司进行"合理"的调查，并且有理由认为注册声明书上的陈述是真实的和完整的即可。①

星期天晚上，法兰克福回到卡尔顿酒店通读了这项法案草案，他准备在第二天早上把它提交给众议院起草委员会主席雷伯恩。同时，法兰克福告诉他的团队的成员们，他们将不得不面临一个非常不愉快的任务：向休斯顿·汤普森解释他们对他的法案所做的一切改动。②

星期一上午，科科伦、兰迪斯和科恩与休斯顿·汤普森一起开会，逐条逐款地解释了新的草案。这是他们之间的第一次正面交锋。在接下来的日子里，这三位初出茅庐的年轻律师还将多次与经验丰富的华盛顿"老油条"汤普森见面，他们将不得不一再表达一个令老一辈人心情沮丧的消息：时代已经不同了。是的，在权力场上，新一代的玩家已经登场了。会议最后平安无事地结束了，但是休斯顿·汤普森表示，他会继续游说参议院通过自己的法案。后来休斯顿·汤普森又试图说服罗斯福总统和雷伯恩将两项法案调和一下（当然是以一种对他有利的方式）。汤普森还向罗斯福的秘书马文·麦金太尔（Marvin McIntyre）抱怨道："智囊团的这帮家伙……毁了我的法案！"③

那天早餐后，科科伦、兰迪斯和科恩与法兰克福一起来到众议院州际与对外贸易委员会的听证室，向委员会的成员们解释新的法案草案。法兰克福代表大家发言。兰迪斯后来回忆道："法兰克福会把细节方面的问题都交给科恩和我回答，但是他对法案的整体结构把握得非常好，而且也清晰地表达了这项法案与汤普森法案之间的关系——它实质上是对汤普森法案的完善和修订。会议的这个环节进行了整整一个上午（委员会的成员们提出了很多问题）。中午休会时，我们到外面吃了午饭，然后下午又回来开会。我很难评估委员会各位成员

---

① 弗雷德尔，《富兰克林·罗斯福：启动新政》，第 346~347 页。
② 同①，第 34~35 页。
③ 同①，第 36 页。

对我们的法案的印象，特别是主席雷伯恩，我以前从来没有见过他。下午 5 点左右，会议结束了，委员会举行了一个为时很短的秘密会议，只有委员会的成员们才能参加（但是法兰克福除外，他也参加了）。秘密会议结束后，雷伯恩和法兰克福出来与科恩和我谈话。雷伯恩要求我们继续与委员会合作，进一步完善法案草案，同时还要向米德尔顿·比曼（Middleton Beaman）咨询。法兰克福向我保证，我在哈佛大学法学院的课已经替我安排好了，我表示同意这样的安排。这样，科恩和我就留在了华盛顿，当时我以为最多只需要再待几天而已，结果一待就是差不多两个月。"①

虽然法兰克福的声望很高，而且他对自己的这三位年轻的门生信任有加，但是雷伯恩则不然，他有很多顾虑，他不敢把证券法案的命运完全交到科科伦、兰迪斯和科恩的手中。雷伯恩的想法是，最好从众议院中再找一位经验丰富的老手，让他来控制整个法案起草的过程。雷伯恩想到的最佳人选是米德尔顿·比曼，后者是众议院的首席法律顾问（他担任这个职务整整 30 年了，直到他于 1949 年退休为止）。曾经与比曼一起参加过《社会保障法案》（the Social Security Act）起草工作的一位律师同事是这样描述比曼的："他是一个容易紧张、有些刻薄、脾气又相当急躁的人，每次看到他，我都会想起佛蒙特州的一位女教师。他就是这样一个人，日复一日地，我要与他一起出现在众议院筹款委员会的执行会议上，而这个委员会的工作程序就是逐段逐段地审计法案。然而，往往是一个句子还没有读完，比曼先生就会站起来提问题，例如，他会问：'法案规定员工应该享受老年福利，那么这是否意味着也包括派驻国外的美国雇员？'如果委员回答说'不包括'，那么比曼先生就会像一只小猎犬一样追问道：'那么，假设底特律有一个承包商，他要派员工定期到安大略省的温莎市出差几天，这种情况应该如何处理？在五大湖上工作的船员们又该怎么办？在轮船从西雅图航行到阿拉斯加的过程中，要经过加拿大的水域，在船上工作的厨师又该怎么办？'他坚持所有这样的问题都必须要有明确的答案，而委员会的成员们也都同意了。"②

尽管比曼几乎没有任何个人魅力，但是在罗斯福担任美国总统的那些年，他很可能是国会中最重要的非民选官员之一。他是一个坚定的无党派人士，待人处事向来无比严格，也正因为如此，他赢得了共和、民主两党人士的共同信任。他是国会立法工作中的一个至关重要的公正无偏的实力派人物。

---

① 弗雷德尔，《富兰克林·罗斯福：启动新政》，第 347 页。
② 兰迪斯，《1933 年证券法案立法史》，第 36~37 页。

对于米德尔顿·比曼来说，通往华盛顿权力舞台的路径始于位于纽约的哥伦比亚大学法学院。1911 年，哥伦比亚大学接受约瑟夫·P. 张伯伦（Joseph P. Chamberlain）的捐赠，成立了立法起草研究基金会（the Legislative Drafting Research Fund），它的目标是"促进关于立法起草过程的科学研究，以及对与此有关的资料的搜集和调查"，其机构组成人员主要来自哥伦比亚法学院。在该基金会成立之后取得的第一批成果中，最重要的一个就是说服国会成立了专业的法案起草服务部门。1916 年，该基金会指派米德尔顿·比曼前往华盛顿，向众议院筹款委员会（the House Ways and Means Committee）、众议院商船和渔业委员会（the House Committee on Merchant Marines and Fisheries）以及其他委员会和国会议员提供起草法案方面的服务。比曼在国会山取得了辉煌的成功，最后甚至导致国会在 1918 年通过的税收法案中特别增加了一个条款，之后根据这个条款，创立了法案起草办公室（legislative drafting office）并为它提供资金。米德尔顿·比曼顺理成章地成了这个办公室的第一位员工，并且一直在这里干到了 1949 年退休为止。[1]

在将他们的法案草案提交给众议院州际与对外贸易委员会之后的 10 天时间里，科科伦、兰迪斯和科恩，再加上比曼，一直都"躲在"国会办公大楼深处的一个房间里，对法案草案的第二稿一字一句地加以精心雕琢。对于这段经历，兰迪斯后来回忆道："在一开始的很多天里，比曼不准我们动手写下哪怕一行字的条文。他坚持认为，首先必须穷极一切可能去探究这项法案的意义，同时把我们自己脑袋里想过的或没想过的东西真正搞清楚。他总是不断地查找各种可能的法律漏洞，并力求搞清楚任何一个漏洞的性质和影响程度，尽管任何一项重要的法案都肯定会出现这种或那种的漏洞。"[2]

根据这些年轻律师的初稿，比曼提炼出了证券监管的核心原则。《1933 年证券法案》关于赔偿责任的规定，就是比曼的杰作之一："如果注册声明书中包含了任何关于重大事实的不实陈述，或者遗漏了必须披露的或保证陈述不会误导公众所需的重大事实，就必须承担责任。"[3]

---

[1] 《社会保障法案：25 年之后的回顾》，托马斯·艾略特（Thomas Eliot）撰稿，《社会保障的历史》，美国社会保障局官方网站（原文载《大西洋月刊》，经许可转载），见：www.ssa.gov/history。

[2] 《一所大学对立法的贡献：哥伦比亚立法起草研究基金会》，约翰·M. 克尔诺坎（John M. Kernochan）撰稿，《路易斯安那州法律评论》，第 16 卷，第 623 页。

[3] 兰迪斯，《1933 年证券法案立法史》，第 37 页。

第 5 章　法兰克福的"走狗们":《1933 年证券法案》

在这中间,还出现了一个小插曲。关于注册声明书中必须包含的信息的规定,应该怎样起草?围绕着这个问题,兰迪斯和科恩激烈地争论了起来。兰迪斯认为,只要把信息披露的基本原则在法案条文中提一下就行了(具体细节可由联邦贸易委员会补充);而科恩则认为,必须规定信息披露要求的具体细节。当然,他们在法律观点上并没有根本性的分歧,说到底,这种争论只是两人的个性差异的一种表现而已。不过,科恩当时确实非常生气,以至于到了 4 月 14 日,他甚至威胁要退出这个项目,除非兰迪斯做出让步。法兰克福与罗斯福取得了联系,告诉他这个团队面临着解散的危险。4 月 17 日,法兰克福给科恩发了一封电报,告诉他,他是"不可缺少的……在完成任务之前,不得离开"。比曼也接到了指示,要求他调解兰迪斯和科恩之间的争议。后来,媒体把科科伦、兰迪斯和科恩这三个人戏称为"法兰克福的走狗"。在他们当中,科科伦是协调人,他要平息兰迪斯和科恩两人的情绪冲动。①

比曼同意科恩的看法,而且他还补充道,应该把信息披露要求移到法案末尾的附件当中去,而不要放在正文中,这样更容易得到众议院州际与对外贸易委员会的批准。因为在审议法案的时候,国会议员们仅仅审议作为法案主体的正文就已经精疲力竭了,一般不会有耐心和精力再对附件中的规定"鸡蛋里挑骨头"。后来的事实证明比曼的判断非常正确:众议院州际与对外贸易委员会委员们确实在该法案的主体部分就耗费了非常多的时间和精力,而对放在附件中的关于证券注册时的信息披露要求却没怎么关注(尽管这是该法案核心的部分)。②

法兰克福的这三个"门徒"与比曼一起"磨炼"整整 10 天后,终于完成了证券法案的起草,而且得到了比曼的首肯,这让雷伯恩终于放心了。于是,雷伯恩决定,在接下来推动国会通过该法院的"持久战"中,也让他们作为主力上场。4 月 19 日,该法案的一个修订草案被分发给了一个五人小组委员会的各个成员;而且,在科科伦、兰迪斯、科恩和比曼与这个小组委员会召开会议讨论之前,又有另外四个修订后的草案分发到了小组委员会的各个成员手中。在这些修订后的法案草案中,最明显的一个改动是,不受该法案调节的"有豁免权的证券"名单在不断扩大,甚至包括了市政债券、建设和贷款证券、储蓄和贷款证券以及铁路证券。③

---

① 兰迪斯,《1933 年证券法案立法史》,第 38 页。
②③ 《本杰明·科恩:新政的建筑师》,威廉·利瑟(William Lysser)著,耶鲁大学出版社(纽黑文),2002 年,第 77~79 页。

接下来，科科伦、兰迪斯、科恩、比曼和小组委员会共举行了两次面对面的会议，唯一显著的修订是将诉讼时效从6年减至2年。①

科科伦、兰迪斯和科恩都非常担心，该法案关于承销商必须对信息披露承担法定责任的规定会不会泄露出去，他们认为，一旦泄露，就有可能引爆整个华尔街。他们对泄密风险的担心还因为一个巧合而进一步加剧了，那就是小J. P. 摩根来华盛顿参加佩科拉的听证会了，而且他也住进了卡尔顿酒店（此外，财政部部长伍丁也住在卡尔顿酒店。许多新政改革者认为，他有点过于同情华尔街）。他们不止一次地与小J. P. 摩根同乘一部电梯，每逢这种场合，他们都要费很大劲儿才能掩饰他们的复杂心情：一方面担心泄密；另一方面又有些得意，因为他们正在重写的这项法案将会改变整个行业的规则。②

小组委员会在举行会议的时候，不允许任何公众或媒体人士在场。保密工作总体来说做得不错，任何一家媒体都无法获悉小组委员会会议上讨论的内容。但是，不知何故，还是有一些消息泄露到了华尔街的一些感兴趣的人那里：关于法律责任的规定正在被改写，最新的规定是，承销商将承担法律责任，如果华尔街希望影响最终法案的话，那么现在也许是最后机会了。

雷蒙德·莫尔接受了他在华尔街的朋友的游说，他说服雷伯恩，应该让华尔街的代表向负责起草法案的小组委员会表达华尔街的意见。这一次，代表华尔街的仍然是苏利文和克伦威尔律师事务所，它派出了一个以高级合伙人约翰·福斯特·杜勒斯（John Foster Dulles）为首的律师团。杜勒斯曾经多次在政府中任职，拥有非常丰富的与政府（官员）打交道的经验。他曾经担任美国代表团的法律顾问，参加了在巴黎举行的关于凡尔赛条约的国际谈判；后来又曾经在战争赔偿委员会（the War Reparations Committee）任职；他还帮助制定了道威斯计划（Dawes Plan），完成了德国的战争债务重组。再后来，在艾森豪威尔当选美国总统之后，他还将出任国务卿。③

不过，杜勒斯这一次在雷伯恩的小组委员会面前的表现并不出彩。虽然有阿瑟·H. 迪安和来自克拉瓦斯、德格斯多夫、斯温和伍德律师事务所［今天的克拉瓦斯、斯温和摩尔律师事务所（Grauath, Swaine Moore LLP）的前身］的亚历山大·亨德森（Alexander Henderson）的协助，但是杜勒斯他们的准备工作显然没有做到家。在与小组委员会的讨论中，杜勒斯严厉地指责了一些根本

---

①② 兰迪斯，《1933年证券法案立法史》，第29页。
③ 利瑟，《本杰明·科恩：新政的建筑师》，第77页。

没有被列入众议院的最新法案的条款，并且提到了汤普森提交给参议院的法案中的许多条款（它们都不包括在众议院当前这项法案当中）。① 后来，阿瑟·H. 迪安和亚历山大·亨德森获悉了这项法案的内容，并且为听证会精心做了准备工作，但是由于杜勒斯的失误过于严重，已经于事无补了。对此，兰迪斯后来回忆起来时仍然有些得意："我们令他完全找不着北，他没有任何扳回一城的机会。"② 阿瑟·H. 迪安和亚历山大·亨德森低调地试图淡化该法案关于法律责任的规定，并试图取消30天的等待期，但是没有获得小组委员会的认同。

小组委员会休会之前，迪安和亨德森与兰迪斯和科恩举行了一个会议，他们讨论了来自华尔街的律师们针对法案草案提出的一些技术性的修改建议。他们的部分建议是有益的，因而也被采纳了，特别是与该法案中规定披露要求的附件有关的一些建议。当天晚些时候，兰迪斯就听到雷伯恩对杜勒斯和他的律师团的评价："我回到了我在地下二层的那间小小的办公室……大约20分钟后，我接到了萨姆·雷伯恩打来的电话，他要我去他的办公室。嗯，当然，我很担心，我甚至在想，也许我们所有的努力都要付诸东流了。"然而，事实恰恰相反，雷伯恩很感慨，他对兰迪斯说："这些人到底来这里干什么呢?!"然后，他还用"非常粗俗的语言"骂了这些华尔街的律师们一通。③

到了星期一，科科伦、兰迪斯和科恩的法案草案已经准备就绪，可以通过雷伯恩正式提交给众议院了。随后，该法案被编为众议院第5480号议案，并立即提交给雷伯恩委员会审议。④

5月4日，众议院州际与对外贸易委员会举行公开听证会，审议了科科伦、兰迪斯和科恩的法案，并建议众议院全体会议通过该法案。⑤ 不过，州际与对外贸易委员会的两名成员，他们分别是来自加利福尼亚州的民主党众议员克拉伦斯·利（Clarence Lea），以及来自康涅狄格州的共和党众议员斯凯勒·梅里特（Schuyler Merritt），还是提交了少数派报告，反对法案中关于各州"蓝天法"联邦化的规定。⑥

在雷伯恩的安排下，该法案将于第二天交付众议院全体会议表决，而且雷

---

① 弗雷德尔，《富兰克林·罗斯福：启动新政》，第348页。
② 兰迪斯，《1933年证券法案立法史》，第40页。
③ 里奇，《詹姆斯·M. 兰迪斯》，第48页。
④ 卡罗，《林登·约翰逊时代》（第1卷），《通往权力之路》，第323页。
⑤ 《众议院第5480号议案》，第73届国会，第一次会议（1933年）。
⑥ 塞利格曼，《华尔街的转型》，第66页。

伯恩还引用了一个特殊的规则，将辩论时间限制在 5 个小时之内，并禁止任何人提交关于该法案的修正案，除非修正案由州际与对外贸易委员会（即雷伯恩本人）提出。对于这个"不得修订"的规则，雷伯恩给出的理由是，这项法案非常复杂，任何一个考虑欠周详的修正案都可能会影响该法案的其他部分，进而导致该法案的各部分之间失去平衡。① 但是，众议院内的共和党少数派不接受这个解释。来自密歇根州的众议员卡尔·迈普斯（Carl Mapes）虽然赞同该法案的绝大部分条款，但是却对雷伯恩这个规则表示反对，称这是一个"限制言论自由的规则"。事实上，这正是雷伯恩的本意。②

众议院关于该法案的优点和缺陷的辩论几乎没有任何"兴奋点"。在发表演说时，雷伯恩指出："自世界大战结束以来，全美国大约有 500 亿美元的新证券发行，其中有 2 500 万美元已经被证明是一钱不值的。在这些数字的背后，是成千上万陷入了悲惨境地的人，他们将毕生积蓄投资在了这些毫无价值的证券上。"雷伯恩将这种金融"大屠杀"的罪责直指华尔街，"如此大规模的、本质上就是在骗人的证券发行之所以得逞，是因为许多承销商和经销商完全背弃了公平、诚实、谨慎交易等标准，而这些标准本是鼓励人们投资任何一家企业的最基本的要求"。③ 当天下午 5 点钟不到，众议院以口头表决的形式通过了这项法案，没有任何人提出异议。在众议院表决结束之后，雷伯恩还对本杰明·科恩打趣道，他不知道这项法案如此轻易地就被通过了，到底是因为它"好得不得了"，还是因为它"令人费解得一塌糊涂！"④

华尔街对这项法案被众议院通过的反应是愤怒和无奈顺从的一种混合。这也是可以预料的一个结果。汤普森的法案曾经使华尔街人士相信，承销商有机会免除法律责任，但是现在的事实证明，这种希望只是镜花水月（当然，许多精明的观察家一直都认为，最终法案不可能免除承销商的法律责任。不过，他们预计委员会是在最后给法案定稿时才将有关条款加进去的）。美国的投资银行家协会主席弗兰克·M. 戈登先生，曾经在参议院银行与货币委员会上作证，支持休斯顿·汤普森的法案。但是在 5 月 7 日发表的一个声明中，他强烈地批评了科科伦、兰迪斯和科恩的法案，认为"这个国家的工业企业、投资大众以及

---

① 《众议院第 85 号报告》，第 73 届国会，第 1 次会议（1933 年）。
② 《今天的证券法案》，《时代》周刊，1933 年 4 月 9 日。
③ 《国会报告第 2910 号》（1933 年）。
④ 《众议院一致同意通过证券法案》，《纽约时报》，1933 年 5 月 6 日。

投资银行业的利益，都会因上个星期五众议院通过的联邦证券法案而遭受巨大的损失"。① 他认为，该法案规定法律责任的条款要求承销商和专家"无比勤奋、极其准确"，同时还给他们强加了极大的"金融义务"。这种规定"不但是行不通的，而且还是很危险的"。② 他坚持认为，如果这项法案真的变成了正式的法律，那么它就会自动阻止许多重要行业迫切需要进行的融资。

在5月的第一周，由于这项证券法案和《1933年格拉斯－斯蒂格尔银行法案》在国会的命运都还没有定论，所以谣言四起，许多人说罗斯福总统的经济顾问团队内部已经出现了致命的裂痕。尤其有传言称，财政部部长伍丁很快就会辞职，因为他反对罗斯福总统的通货膨胀政策。事实上，伍丁只是卧病在床，他住在卡尔顿酒店的一个套房里，因为严重的喉咙疾病而无法出门。为了击碎谣言，伍丁在他的病床前举行了一个新闻发布会："在我患病期间，关于我即将辞职的消息甚嚣尘上，我希望你们尽可能地替我澄清这一点……我认为，我在财政部的工作才刚刚开始，我很开心……在我看来，利用我的病情散发这种纯属捕风捉影消息的人，无疑是最违背职业道德的人。所有这些传言（包括评论）都在说我这个位子（财政部部长）是非常棘手的，因此我需要一条石棉裤子才可能到达梦想的彼岸。但我坚定地与美国总统罗斯福站在一起，他将带领我们摆脱这种困难的局面。"③

在参议院，银行与货币委员会仍然在审议休斯顿·汤普森的法案。但是用于汤普森的法案资源其实非常有限，与雷伯恩的委员会不可同日而语。参议院银行与货币委员会的委员们的全部精力都被佩科拉听证会和《1933年格拉斯－斯蒂格尔银行法案》所占据了，而且也不拥有像米德尔顿·比曼这样重量级的人物，因此也就没有人能够带领一组人在传统的委员会体系之外完成法案的重新起草工作。要知道，参议院的绝大部分立法工作都是由参议院的某个委员会完成的，而不是由某个小组委员会完成的，这也使得它的立法工作更加公开化，同时也显得更加凌乱。

4月8日，参议院委员会传达了休斯顿·汤普森法案的一个新草案。汤普森根据上一次委员会听证会上证人们的担忧和批评，对法案进行了大幅度的修改。新的草案删除了关于"稳健性"审查的规定，并只允许联邦贸易委员会在以下情况下撤销证券发行注册：当注册声明书没有按该法案的规定进行披露时，

---

① 本杰明·科恩于1933年5月5日写给詹姆斯·M. 兰迪斯的信。
②③ 《对证券法案的批评》，《纽约时报》，1933年5月8日。

或者当发行人或注册声明书的其他签字方的行为违反该法案时。这个草案取消了将各州的"蓝天法"联邦化的规定，还"豁免"了商业票据、共同建筑和贷款证券、宅地协会证券的注册和信息披露要求。该法案草案规定，发行人的所有董事中至少必须有四分之三的人在注册声明书上签名。此外，它还明确规定，该法案只适用于新发行的证券。①

4月19日，参议员弗莱彻宣布，休斯顿·汤普森的法案的第三稿已经准备就绪。这个新草案新增的一条规定是，联邦贸易委员会暂停或撤销注册声明书的效力，不及于该委员会暂停或撤销该注册声明书之日前就已经出售给善意购买人的证券。此外，它还允许有关当事人针对联邦贸易委员会的命令提起上诉，既可以选择向华盛顿特区巡回上诉法院上诉，也可以选择向受联邦贸易委员会的命令影响的上诉人所在地的巡回上诉法院上诉。②

4月下旬，法兰克福说服参议员詹姆斯·伯恩斯（James Byrnes，参议院银行与货币委员会的成员），让他去游说参议院银行与货币委员会主席弗莱彻撤回休斯顿·汤普森的法案，转而赞成众议院的法案。但是，4月27日，参议院银行与货币委员会投票决定，将修订后的汤普森的法案提交给参议院全体会议。在该法案提交后，法兰克福和科科伦继续游说多数党领袖约瑟夫·T.罗宾逊（Joseph T. Robinson）反对汤普森的法案。根据罗宾逊的要求，法兰克福撰写了一份备忘录，将汤普森的法案的不足之处一一列举出来，但是罗宾逊仍然不愿意在参议院全体会议对该法案投票表决时公开挑战参议员弗莱彻。③

5月8日，在几乎没有出现什么辩论的情况下，参议院一致通过了修订后的汤普森法案。在大会表决过程中，唯一一个弗莱彻事先没有预料到的插曲是，参议员海勒姆·约翰逊（Hiram Johnson）提出了一个修正案，建议成立一个机构，负责与那些违约的外国借款人谈判如何偿还债务的问题。这个机构的名称叫外国债券持有人公司（the Corporation of Foreign Bondholders），它将由联邦贸易委员会遴选的12名成员组成，并受联邦贸易委员会资助，有权代表持有已经违约的外国债券的美国人与外国政府和公司谈判。④

约翰逊的提案遭到了科德尔·赫尔（Cordell Hull）的强烈反对。赫尔是罗

---

① 《全国关注：格拉斯的立场》，《时代》周刊，1933年5月8日。
② 《参议员修改证券法案》，《纽约时报》，1933年4月9日。
③ 《证券法案进入三读》，《华尔街日报》，1933年4月14日。
④ 塞利格曼，《华尔街的转型》，第67~68页。

斯福政府的国务卿，他不希望任何一个像外国证券持有人公司这样的由美国政府提供资金的机构——更重要的是，这还是一个不受国务院控制的机构——以保护美国公民的私人经济利益为名，直接与外国政府谈判。然而，在约翰逊的提案背后，其实存在着相当强大的民意基础，因为那些不值钱的或完全毫无价值的外国债券确实给许多人造成了惨重的损失，佩科拉听证会对纽约国民城市银行的调查进一步加强了民众的这种呼声。罗斯福总统对约翰逊的提案也采取了不置可否的态度。最终，它作为证券法案的第二编在参议院获得了通过。①

5月9日，雷伯恩决定组建众参两院协商委员会。在众议院方面，雷伯恩选中的是：他自己、亚拉巴马州的众议员乔治·赫德尔斯顿（George Huddleston）、加利福尼亚州的众议员克拉伦斯·利、纽约州的詹姆斯·S. 帕克和密歇根州的卡尔·迈普斯；在参议院方面，银行与货币委员会主席弗莱彻选择的是：他自己、参议员卡特·格拉斯、纽约州的参议员罗伯特·华纳（Robert Warner）、南达科他州的参议员彼得·诺贝克（Peter Norbeck）和马里兰州的参议员菲利普斯·李·戈尔兹伯勒（Phillips Lee Goldsborough）。后来，当参议员诺贝克因为个人原因离开华盛顿之后，来自特拉华州的参议员小约翰·G. 汤森（John G. Townsend, Jr.）补上了他的空位。再后来，来自密歇根州的参议员詹姆斯·J. 库曾斯（James J. Couzens）和来自加利福尼亚州的海勒姆·约翰逊，也相继以同样理由进入了协商委员会。②

5月18日，协商委员会召开第一次会议。除了上述委员会成员之外，詹姆斯·M. 兰迪斯、本杰明·科恩、米德尔顿·比曼也出席了会议。此外，甘森·珀赛尔（Ganson Purcell）和另两位参议院的工作人员也参加了会议（甘森·珀赛尔是兰迪斯的学生，后来，在1942年，他担任了证券交易委员会主席一职）。从一开始，协商委员会的主导者就是雷伯恩，他施展巧计，彻底挫败了弗莱彻的图谋。雷伯恩先问弗莱彻，是倾向于以参议院的法案还是以众议院的法案为基础来开始工作，弗莱彻的回答是，当然要以参议院的法案为基础。随后，雷伯恩请弗莱彻提出动议，请大家表决是否同意以参议院的法案为基础。表决结果是可以预见的：双方以5:5"打成平局"（参议员对众议员）。雷伯恩立即宣布，既然弗莱彻的动议未被通过，那么接下来当然就只能以众议院的法案为基础了。后来，兰迪斯回忆道："除了偶尔提到它的某个条款之外，这是我

---

① 塞利格曼，《华尔街的转型》，第68页。
② 兰迪斯，《1933年证券法案立法史》，第42~43页。

们最后一次听到'参议院的法案'这几个字。"①

唯一一个有可能对雷伯恩构成挑战的参议员是卡特·格拉斯。但是格拉斯从担任伍德罗·威尔逊政府的财政部部长那个时期开始,就一直呼吁加强联邦政府对证券行业的监管,而且他现在正为他自己的银行法案忙得焦头烂额。一旦格拉斯的要求得到满足(不能让众议院的证券法案"侵犯"他的银行法案的"地盘",尤其不得涉及银行业监管权限问题),他就将失去参加协商委员会会议的兴趣。兰迪斯后来清楚地记得,"他(格拉斯)嘴里嘟囔着,快速地翻阅了整个法案,看它有没有涉及银行业的地方,结果没有任何发现。此后不久,他就离开了协商委员会,而且从未再出现过"。②

不过,仍有许多选民向协商委员会提出了各种各样的修订法案的建议。华尔街的利益,主要是通过来自特拉华州的共和党参议员约翰·汤森(John Townsend)提出的修改意见表达出来的。联邦贸易委员会也提交了一份备忘录,支持众议院的法案,它由鲍德温·贝恩(Baldwin Bane)执笔,他将会成为联邦贸易委员会下属的证券部的首任部长。联邦贸易委员会的首席律师罗伯特·E. 希利(Robert E. Healey)则表示,他个人支持参议院的法案(希利后来成了证券交易委员会的创始委员之一)。③

在对最终的法案草案达成一致之前,协商委员会先后形成了四个草案。最终的草案是以众议院的法案为基础的,主体部分仍然保持未动,不过有一些比较小的修订。这些修订包括:注册声明书生效前的等待期从30天减少到20天,而一份招股说明书(资金募集书)可以使用的期限则从12个月增加到了13个月。银行证券、联邦政府证券、州政府证券以及市政证券,都不适用于该法案的反诈骗规定。对联邦贸易委员会命令的上诉可以在任何一个巡回法院提起,而不仅仅局限于华盛顿特区巡回法院。受有效监管的保险公司发行的农民专业合作社和年金证券,也进入了豁免证券的名单。该法案授权联邦贸易委员会决定是否在必要时,将随同注册声明书备案的某些文件和信息列入保密范围。此外,任何一个在注册声明书中被称为"专家"的人,都得签署同意书。最后,将州"蓝天法"联邦化的规定也被删除了。④

---

① 《众议院记录第152号》,第73届国会,第一次会议(1933年)。
② 卡罗,《林登·约翰逊时代》(第1卷),《通往权力之路》,第325页。
③ 兰迪斯,《1933年证券法案立法史》,第45页。
④ 同③,第45~46页。

在协商委员会中,最激烈的争议是围绕着该法案关于适用于注册人的高管和董事的民事责任的规定而展开的。参议院的法案实际上保留了"严格责任"标准,而众议院的法案并没有规定,在确定注册声明书和招股说明书(资金募集书)具有准确性和完整性的过程中已经履行了应有谨慎义务的董事和高管,也必须承担法律责任。在这个问题上,众议院的意见再一次占了上风。①

协商委员会的最后一项工作是决定参议院的法案的第二编(即海勒姆·约翰逊提出的《外国债券持有人公司法案》)的去留。雷伯恩不想卷入参议员约翰逊与国务院之间的暗斗,表示将征求罗斯福总统的意见。不过,直到5月20日,雷伯恩都没有从白宫得到明确的指示。当天上午,约翰逊参议员要求雷伯恩直接打电话给罗斯福总统,请总统直接下达指示。雷伯恩离开会场,打电话给罗斯福总统(兰迪斯在一旁听得一清二楚),但是罗斯福并不想"掩护"雷伯恩。罗斯福总统始终牢记着一个原则:保留所有的选项。因此他告诉雷伯恩,做他自己认为最恰当的事情。不过,兰迪斯又把球踢回了总统的"半场",他的处理方法是,建议批准第二编,但是附加一个前提条件,即只有在总统宣布之后它才能生效。米德尔顿·比曼质疑授权总统决定一部法律是否有效的这种做法是不是符合宪法,但是他没有坚持自己的意见。然而,使所有人都惊讶不已的是,约翰逊参议员签字认同了这种做法。②

当天晚些时候,协商委员会形成了最后的报告,来自民主党的所有参议员和众议员都签字同意,所有共和党众议员也都签字同意,但是共和党参议员则全都不同意。不过,不同意的这些共和党参议员,也未能形成有效的少数意见,因此他们的意见并没有反映在报告中。③

5月22日,众议院全体会议开始后不久,雷伯恩就提议大会审议协商委员会的报告。众议院议长亨利·T. 雷尼(Henry T. Rainey)批准了雷伯恩的建议,请众议院以口头表决的形式对协商委员会的报告进行投票。就这样,这项法案被众议院批准通过了,没有任何一个众议员提出异议。④

5月23日,参议院也以口头表决的形式批准通过了这项法案,同样也没有任何人表示反对。⑤

---

① 兰迪斯,《1933年证券法案立法史》,第44~47页。
② 同①,第48页。
③ 同①,第48~49页。
④ 《众议院记录第152号》,第73届国会,第一次会议(1933年)。
⑤ 《众议院通过证券法案》,《华尔街日报》,1933年5月23日。

5月27日，罗斯福总统在白宫举行签约仪式，出席的其他人包括众议员雷伯恩、参议员弗莱彻、参议院多数党领袖罗宾逊，以及联邦贸易委员会的一些官员。在签署了该法案（使之成为正式法律）后，罗斯福将签字所用的笔送给了雷伯恩。① 在随后发表的声明中，罗斯福总统这样说道：

> 今天，我终于签署了《雷伯恩－弗莱彻证券法案》，这给了我很大的满足感。请允许我在这里对国会取得的这个成就表示祝贺，而且我知道，我这样做表达了全国人民的意愿。这项法案的意义在于，它终于将许多关于对和错的基本标准以法律的形式表达出来了。
>
> 事实已经非常清楚地证明，证券的销售确实是一件关系着人民的经济利益和社会福利的大事。它是这样一种交易，要求参与者表现出最大的诚信，确保公平交易。
>
> 要想让我们的国家繁荣富强，就必须引导资金去投资企业。但是，那些试图利用其他人的钱去投资的人，在对投资者作出判断时需要考虑的各种事实进行陈述时，必须完全是坦诚的。
>
> 为此，这项法案规定了实现稳健投资所必不可少的信息披露要求。当然，它并不能保证投资者不会出现判断失误。这不是政府的职能。但是它确实保证，在权力范围内，联邦政府将坚持要求披露作为判断基础的事实的有关信息。
>
> 这部新法律还将有效地防范销售证券时滥用"推销术"的行为。它要求，那些试图把证券出售给公众的人或机构，必须将自己的私人利益充分披露出来。
>
> 因此，本法案的意图是，杜绝那种侵夺公众的钱的犯罪行为，在美国，这种罪恶行径曾经在光天化日之下大行其道。这部法律，以及在该法律基础上实施的有效管理，将是我们试图重建古老公正标准的庞大计划的一个重要步骤；如果没有这样的道德基础，经济福祉是不可能实现的。②

紧接着，联邦贸易委员会也发表声明说，它将在这项法案生效后的10天之内就做好接受注册声明书备案的一切准备。在向新闻界发表的声明中，联邦贸易

---

① 《被国会众参两院重新通过的证券法案的真相》，《华尔街日报》，1933年5月25日。
② 《罗斯福总统签署证券法案》，《纽约时报》，1933年5月28日。

委员会还指出，"统计数据表明，在过去的 10 年间，通过虚假陈述和欺诈手段销售出去的根本没有什么价值的证券总额已经达到了 250 亿美元之巨。这意味着，每个美国人，无论是男人、女人，还是孩子，平均承受了 250 美元的损失"。①

6 月 7 日，本杰明·科恩给詹姆斯·M. 兰迪斯写了一封信，在表示祝贺的同时也进行了反思："我觉得，对我们来说，有点不幸的是，这项法案最后通过的文本竟然与我们起草的草案是如此接近，以至于这会使我们与这个本来应该立即放手的东西产生太多的利益关联。接下来，有关机构制定的规则和规章、法院的判决，都将有机会让我们自鸣得意，就像陌生人为我们的孩子选择的漂亮衣服一样。"②

法兰克福的"走狗们"将成为这项法案的非常有效的"避雷针"，他们将向许多人（既包括支持者，也包括反对者）解释这项法案。说到底，雷伯恩其实比法兰克福、科科伦（或任何人）更有资格被称为"《雷伯恩－弗莱彻证券法案》之父"，但是他更乐意与它保持一个恰当的距离，观察它在实践中是如何发挥作用的。无论怎样，这都是他的立法生涯中的一个辉煌胜利，而且他本人真正在意的那些人，比如说议长雷尼和他在众议院的民主党同事们，都看到了并认可这一点。

1933 年 5 月 27 日，也就是罗斯福总统签署《1933 年证券法案》使之正式成为法律的那一天，芝加哥世界博览会开幕，它的官方名称是"一个世纪以来的进步的博览会"。《芝加哥论坛报》的体育编辑阿奇·沃德（Arch Ward）想出了一个主意：举行一场全明星棒球比赛，由全国棒球联盟的明星们对阵美国棒球联盟的明星们，并向全世界转播。沃德将这场比赛标榜为"世纪大战"，并让全国的球迷们来挑选每个联盟的球队的出场球员。但是，沃德顶头上司——《芝加哥论坛报》的主编、持右翼孤立主义立场的罗伯特·麦考密克上校（Colonel Robert R. McCormick）——却认为这场比赛不可能赚钱，因此在要不要为这个"噱头"提供资助这个问题上犹豫不决。

自 1929 年以来，到场观看棒球比赛的观众的人数已经暴跌至 40% 以上；即使那些买得起门票的观众，也纷纷"逃离"了定价每个座位 2 美元的包厢，"迁移"到了定价每个座位 0.5 美元的看台上。为了吸引球迷们重新回到球场上，球队老板们尝试了各种各样的促销办法，包括"女士之夜"（妇女免费入

---

① 《罗斯福总统批准证券法案》，《华尔街日报》，1933 年 5 月 29 日。
② 《罗斯福总统签署证券法案》，《纽约时报》，1933 年 5 月 28 日。

场)、赠送小礼品、举办夜场比赛等。麦考密克上校认为,沃德的这个想法也无非是类似的一个"噱头"。但是,当沃德表示愿意以他本人的工资来弥补任何赞助费损失时,麦考密克上校终于批准了他的计划,让他与各球队的老板取得联系。最后,美国职业棒球大联盟理事长肯尼肖·蒙顿·兰迪斯(Kenesaw Mountain Landis)也被沃德说服了。"世纪大战"将于1933年7月6日举行。

同时,55家报纸也都刊登了"选票",几十万名球迷随即热烈响应。得票最多的球员是贝比·鲁斯(Babe Ruth),他得到了超过10万张选票。

在比赛当天,47 595名球迷拥进了芝加哥的科米斯基公园。全国棒球联盟明星队的经理由约翰·麦格劳(John McGrw)出任,而美国棒球联盟明星队的教练则是康尼·麦克(Connie Mack)。在第三局即将结束时,查理·格林格(Charlie Gehringer)在二垒,贝比·鲁斯将圣路易红雀队左撇子投手威利·哈拉汉(Willie Hallahan)丢出的球打上了右外野的看台,从而使美国棒球联盟队以4:2赢得了比赛。这也是棒球全明星赛历史上的第一个本垒打。①

在比赛的那天晚上,球场上的人们谈论的与政治有关的话题只有一个,那就是罗斯福总统在那个星期的早些时候向伦敦经济会议发去的一封炸弹般的信件。当时,来自全球60多个国家的代表齐聚伦敦,在伦敦地质博物馆召开会议,试图在取消或减少贸易关税及国际汇率问题上达成一个国际协定。国际贸易的全面复兴,对于结束全球经济衰退至关重要,而贸易保护主义性质的货币贬值政策,无疑会阻碍自由贸易。但是,罗斯福总统已采取的政策,例如,他发布的没收黄金的行政命令,以及颁布的有关通货膨胀性质的《托马斯修正案》(Thomas Amendment),却都是在稳步推行货币贬值的政策。

虽然美国政府公开表示希望这次伦敦经济会议能够达成一项协议,而且声称美国将支持任何达成的协议,但是罗斯福总统选中的美国代表团的成员早就预料到,这个会议必定会出现僵局,并最终可能会以混乱收场。领导美国代表团的国务卿科德尔·赫尔(Cordell Hull),是一个主张自由贸易、支持"硬通货论"的人;而另一名代表詹姆斯·M. 考克斯(James M. Cox),其立场则与赫尔一样,他是俄亥俄州前州长,1920年民主党总统候选人。还有两名代表,分别是拉尔夫·W. 莫里森(Ralph W. Morrison),来自得克萨斯州的商人;塞缪尔·D. 麦克雷诺(Samuel D. McReynolds),来自田纳西州的众议员。这两名代表在汇率问题上没有特别的意见。最后两名成员,分别是来自密歇根州的参

---

① 本杰明·科恩于1933年6月7日写给詹姆斯·M. 兰迪斯的信。

议员詹姆斯·库曾斯，以及来自内华达州的参议员凯伊·皮特曼（Key Pittman）。他们这两人都支持通货膨胀政策和贸易保护主义政策。

6月12日，伦敦经济会议开幕，但是直到该月月底，什么结果也没有达成。美国代表团一无是处，唯一的作用就是添乱。美国代表团内部的激烈争吵，以及身为参议院外交关系委员会主席的皮特曼参议员的离奇行径，都是本次会议上的最大丑闻。在抵达伦敦的第一天，皮特曼就喝了个酩酊大醉，而且此后没有一天是清醒的。在美国代表团驻地的克拉里奇酒店，他拒绝着正装就餐。该酒店的工作人员虽然见多识广、经验丰富，但也大感头痛，他们既不能把这个完全不修边幅的"尊贵"的客人赶出酒店（那样会制造一起国际事件），也不想得罪其他彬彬有礼的客人，因此只能用屏风将餐厅隔开，让皮特曼单独用餐。① 克拉里奇酒店的"不包容"，令皮特曼这位"尊贵"的外交关系委员会主席愤愤不平，他在酒店里横冲直撞，足以令凯思·莫恩（Keith Moon）也为之侧目。有一天，夜已深，沉沦酒乡不知醒的皮特曼回到克拉里奇酒店，同时还每边各搂着一名妓女。② 两名妓女被酒店保安赶了出去，这令皮特曼心情大坏。接着，皮特曼觉得自己需要洗一个澡，但是却又突发奇想，非要在酒店厨房的大水槽中洗个痛快不可。③ 另一个晚上，在豪饮了一番之后，皮特曼突然想到，在这安详静谧的深夜，将酒店所在的这个高档社区的那些教养好得令人沉闷的伦敦人吵醒来，岂非乐事一桩？于是他冲上街道，掏出手枪，向着路灯一连开了好几枪。后来，在准备觐见英国国王乔治五世和玛丽王后时，皮特曼又拒绝按规矩脱掉雨衣，"在见到国王和王后之前，我是绝对不会让自己泡在水里的"。他口齿不清地嘟囔着（据报道，国王和王后都被皮特曼的滑稽动作逗乐了）。④

到了7月初，有传言称，各大国已经初步商定了一个稳定货币的方案。根据这个方案，对于那些不能按一个固定比率将本国货币兑换为黄金的国家，它们的货币将被绑定到货币可以按固定比率兑换为黄金（或兑换率固定在一定范围内）的国家的货币上。但是，罗斯福根本不想要这样的东西，他并不打算放弃通货膨胀政策，那会导致像休伊·P. 朗这样的民粹主义者和农民愤怒的。当时，罗斯福正在海外度假（他身在海军巡洋舰"印第安纳波利斯"号上，停泊

---

① 蒙特维尔，《大冲撞》，第22章。
② 《凯伊·皮特曼：前卫政治家》，约瑟夫·H. 贝尔德（Joseph H. Baird）撰稿，《美国水星》，1940年7月，第313页。
③④ 布鲁克斯，《曾经身在宝山》，第158页。

在大西洋海岸），听到这个消息后，他立即写了一封信，怒气冲冲地指责了这个拟议中的货币稳定计划，称它是"所谓的国际银行家们的恋旧情结"的产物，并宣称美国不会加入任何货币稳定协议。至此，这次会议实际上已经结束了，任何尽快结束或取消贸易保护主义政策的希望都破灭了。当然，英王乔治也无法再认为这是一件"有趣"的事情了。"我绝不能容许那些人让我的首相担心成这个样子！"在提到罗斯福和美国代表团时，乔治国王对垂头丧气的英国首相拉姆齐·麦克唐纳（Ramsey MacDonald）这样说。但是他也只能是说说而已。[1]

整个夏天，证券市场奄奄一息。在禁酒令行将结束的时候，市场出现了一波反弹，但这也是昙花一现。到了6月，严酷的现实再次摆在了人们的面前。《1933年格拉斯-斯蒂格尔银行法案》和《1933年证券法案》将给华尔街带来切切实实的改变。各银行有足够的时间来完成将自己的投资银行业务和商业银行业务分离开来的任务，因为根本没有什么交易在进行。拥有足够储备的那些银行不敢把钱借给他人，而且吓破了胆的投资者也没有"胃口"买入新的证券。随着秋天的临近，有的人开始从别的角度来解释这种死气沉沉的局面。在华尔街，有人说，交易活动是被惩罚性赔偿责任带来的巨大风险和新的法律带来的高昂的执行成本扼杀的。而在华盛顿，新政改革者则认为，这是一种"资本罢工"：华尔街在与华盛顿斗气，银行家们通过拒绝放贷、不再承销证券等方式，不提供推动经济增长和扩大就业所需要的资金，试图以此来"敲诈"罗斯福，使其回到改革前的老路上去。

《1933年证券法案》墨迹未干，华尔街就开始了废除或削弱它的尝试。但是，除了一些相对较小的调整之外，该法的主体部分还是被完整地保留下来了。这项证券法案是新政改革者取得的一个决定性的胜利成果。然而，更加艰苦的战斗即将到来。1933年秋天，旨在强化联邦政府对证券交易的监管的法案基本成形。在之后的这场已经拉开帷幕的恶战中，华尔街方面将不会仍然只派出律师和说客等代理人上场，而是派出了一位华尔街的英雄和美国资本主义精神的代表人物，他将赤膊上阵，与新政改革者、政府智囊、佩科拉，甚至罗斯福总统本人，正面作战。

---

[1] 《凯伊·皮特曼》，贝蒂·格拉德（Betty Glad）著，哥伦比亚大学出版社（纽约），1986年，第199页。

第 6 章 "完美的机构"：《1934 年证券交易法案》

纽约证券交易所华尔街权力中心的最高象征，从历史上看，它也是反政府监管的坚固堡垒，多次领导了华尔街抵制政府的"反抗运动"。无论是在州的层面，还是在联邦政府的层面，都已经进行过多次尝试，试图加强对证券交易活动的监管（其中最著名的是塞缪尔·昂特迈耶的普若委员会的尝试），但是所有这些努力无一例外地全都失败了，它们惨遭失败的一个非常重要的原因，就是纽约证券交易所的强大抗衡力量和高超的游说技术。1933 年春天，由于无力阻止《1933 年格拉斯－斯蒂格尔银行法案》和《1933 年证券法案》的通过，华尔街陷入了一个最低效、最无能的历史时期。出入纽约联盟俱乐部的人们意兴阑珊（其中银行家和经纪人占了很大比例），有一个黑色幽默是，在这个俱乐部内，有一间房间的墙壁上贴满了曾经价值数百万美元而今却一文不值的证券（但在 1934 年，当市场出现反弹时，俱乐部的成员请求俱乐部的经理取下了一些证券，因为它们又变得值钱起来了）。[①] 然而，尽管民众因股市崩溃而愤怒，尽管佩科拉听证会的调查步步紧逼，但是在华尔街却有一个人始终没有被吓倒；不但如此，他还时刻准备着奋力一搏。这个人就是理查德·惠特尼（Richard Whitney），他始终不相信联邦政府对证券交易的监管是不可避免的。

理查德·惠特尼之所以认定自己还有机会，并不是没有原因的。与银行不同（它们先是遭到挤兑，然后又普遍关门，最后不得不接受联邦政府的救助），作为纽约证券交易所会员的各证券经纪公司和交易公司，在股市崩溃和大萧条期间的生存状况简直好得出奇。另一方面，纽约证券交易所的会员们是比较容易组织起来的（在当时，总共只有 1 375 家会员机构）[②]，而且绝大多数机构的总部都设在纽约市。从历史上看，对于证券监管问题，证券经纪公司和交易公

[①] 布鲁克斯，《曾经身在宝山》，第 211 页。
[②] 塞利格曼，《华尔街的转型》，第 73 页。

司之间也没有多少利益分歧（而在关于《1933年格拉斯－斯蒂格尔银行法案》的争论中，各银行之间却存在着"大银行与中小银行"之间的永恒的利益冲突）。另外，惠特尼还在《1933年证券法案》的听证会上学到了宝贵的经验。他很清楚，他的反对意见不能仅仅局限于，甚至不能主要集中于这类立法可能对华尔街造成的影响上。当他反击时，在他讲述的故事中，"主街"——普通民众，也将占据非常突出的地位。

一开始，惠特尼试图说服罗斯福总统，只要让纽约证券交易所自我监管，就足以推动市场改革了。1933年4月5日（巧合的是，也就是在这一天，罗斯福总统决定让美国退出金本位制），惠特尼和他的首席法律顾问——罗兰·L.雷蒙德（Roland L. Redmond）——在白宫与罗斯福总统面谈。惠特尼向罗斯福介绍了一系列即将推出的拟议中的改革措施，他请总统放心，有了这些改革，就没有必要再启动新的立法进程了。① 随后，在4月14日，惠特尼又给罗斯福总统写了一封信表明"心迹"：纽约证券交易所已准备好"去实现您心目中的目标了"。惠特尼认为，联邦立法会破坏华尔街正在进行的改革，因为一旦颁布了有关法律，受到纪律处分的交易所会员就可能会去寻求司法救助。在信中，惠特尼还写道："任何一种法律监管方法，都必定意味着受纽约证券交易所管治委员会制裁的任何一个人，都有权向法院或某个行政法庭提起上诉。"② 而罗斯福总统所在意的，并不是对会员进行纪律处分有没有遵循正当的法律程序，而是交易所愿不愿意处理它的会员。

在完成对J. P. 摩根公司的听证后，佩科拉听证会中断了两个星期。1933年6月27日，佩科拉再次启动调查程序。这一次，他将盘问奥托·H. 卡恩（Otto H. Kahn）——库恩洛布公司的高级合伙人（库恩洛布公司是仅次于J. P. 摩根公司的最负盛名的私人投资银行）。③ 在那个时候，库恩洛布公司是华尔街首屈一指的"犹太人公司"。我们不能忘记，当时的宗教和种族在决定人们或希望可以进入什么公司就业时的作用，绝对不亚于教育和天赋。库恩洛布公司成立于1867年，它的创始人是亚伯拉罕·库恩（Abraham Kuhn）和所罗门·洛布（Solomon Loeb），不过它却是在雅各布·希夫（Jacob Schiff）的领导下成长为著

---

① 《惠特尼与罗斯福总统见面》，《纽约时报》，1933年4月6日。
② 帕里什，《证券监管与新政》，第108页。
③ 《库恩洛布公司询价铁路公司》，《纽约时报》，1933年6月27日；《那时还只是一个公民》，《纽约时报》，1933年6月28日。

名投资银行的。雅各布·希夫是洛布的女婿，他使库恩洛布公司专注于迅速增长的资本密集型行业——铁路行业。在19世纪和20世纪之交，与E. H. 哈里曼（E. H. Harriman）联手，库恩洛布公司几经努力，终于挫败了J. P. 摩根公司，掌握了北太平洋铁路的控制权，并赢得了摩根家族的尊重。尽管社会知名度远远比不上J. P. 摩根公司，但是库恩洛布公司在金融界的影响力其实是可以与J. P. 摩根公司平起平坐的。1920年，希夫去世，这样，在20世纪20年代和30年代，实际掌管库恩洛布公司的人就成了奥托·H. 卡恩。

在北太平洋铁路公司控股权之役结束后，华尔街进入了一个"停战时代"，犹太人（特别是德国犹太人）也由此进入了商界金字塔的高层，但是仍然被严格地排除在社会最高等级之外。正如老J. P. 摩根所说的，"你可以与任何一个人做生意，但是你只愿意与另一个绅士一同出海航行"。① 与爱尔兰裔美国人不同（在当时的华尔街，爱尔兰裔美国人是第三个最重要的族群），犹太人通常倾向于在自己的圈子内交往，他们自己创办俱乐部，自己成立各种各样的社会机构，而不是试图挤入盎格鲁-撒克逊系白人新教徒的世界。在报纸的社会新闻版上，你也不会看到犹太银行家的照片；希夫家族、库恩家族、洛布家族以及其他犹太家族，一直都保持低调。

但是，在生意场上，犹太人就要比爱尔兰人强干得多了。在当时，华尔街的爱尔兰人主要担任交易商和经纪人，他们没有强大的华尔街机构作为自己的支撑。虽然少数爱尔兰人也挤进了等级相当高的俱乐部，但是他们并没有足够的资本，也没有强大的社会关系，不足以在投资银行领域与雅各布·希夫、奥托·H. 卡恩和J. P. 摩根这样的巨头一争高下。

在华尔街，盎格鲁-撒克逊系白人新教徒与犹太人之间的关系，一度因（第一次）世界大战的爆发而变得紧张起来。1915年5月7日，一艘德国潜艇在离爱尔兰海岸不远的地方击沉了"路西塔尼亚号"邮轮，导致许多知名的美国人士丧生，这其中就包括阿尔弗雷德·范德比尔特（Alfred Vanderbilt）。许多人指责库恩洛布公司，说它不应该同情德国（库恩洛布公司确实与德国有许多业务往来）。而众所周知，J. P. 摩根公司的立场是亲英的。当"路西塔尼亚号"邮轮沉入海底的消息传来时，雅各布·希夫来到了J. P. 摩根公司的办公楼，他告诉老J. P. 摩根，他完全支持同盟国的事业，并为德国的暴行而深感震惊。老

---

① 《一切为了运动》，迈克尔·基利安（Michael Kilian）撰稿，《芝加哥论坛报》，1988年3月2日。

摩根简单地回答了一句,就转身背对着希夫而不予理睬了。老摩根的合作人则在一旁紧张地看着他,担心远在欧洲的敌对行动会不会波及华尔街,导致种族紧张关系变成公开的冲突。随后,老摩根对沉默不语的合伙人说:"我在想,我是不是有点过了?我应该向他道个歉吗?"其中一名合伙人德怀特·莫罗(Dwight Morrow)抓起一张纸条,写了几个字给摩根,上面是一句源于《圣经》的名言:"不为你的缘故,而是为你的名字的缘故。"老摩根一把抓起帽子,匆匆赶往库恩洛布公司,向雅各布·希夫道了歉。[①] 此后,华尔街恢复了和平。

如同针对 J. P. 摩根公司的听证会所揭露的一样,在佩科拉的盘问下,库恩洛布公司合伙人也存在"优先名单"(某些投资者可以优先买到热门证券)的情况。其他被揭露的问题,诸如发行外国债券时募集资金说明书披露不充分,从事套利交易(在这个过程中,库恩洛布公司还从自己的客户身上赚钱),等等。但是,总的来看,在库恩洛布公司这里发现的东西,不如针对纽约国民城市银行的听证会上揭露出来的那些东西令人震惊。在这一年的夏季,小组委员会宣布听证会休会,民众对它的关注开始逐渐变少了。自上一个爆炸性的丑闻被揭露始,已经过去整整 4 个月了,也许,纽约国民城市银行只是一个特例。

7 月份,随着禁酒令的取消,股市又出现了小小的泡沫,但是又迅速破灭了,纽约证券交易所的做法再一次受到了严格审查。基金经理们操纵与废止禁酒令有关个股的谣言传遍了华尔街,尽管这个时候佩科拉和媒体都在密切关注着。

8 月,惠特尼试图通过纽约证券交易所管治委员会推进一个相当温和的改革方案,目的是夺取"先占权",让联邦政府失去监管证券交易的理由。这个改革方案的要点有三个:第一,提高要求,所有余额低于 5 000 美元的投资者账户,保证金要求为借方余额的 50%;而余额在 5 000 美元及以上的投资者账户,保证金要求则为借方余额的 30%。其次,要求所有会员向交易所报告所有基金账户、辛迪加(集团)账户和联合交易账户。第三,禁止经纪人到客户的家中招揽生意。[②] 尽管批评者认为这些只不过是一些装点门面的举措,但是惠特尼确实可以说这些就是华尔街"主动清理门户"的证据,因为某些规则已经发生了变化。

1933 年夏天,新发行的证券的数量和证券市场的成交量都出现了非常明显

---

① 切尔诺,《摩根家族》,第 197 页。
② 帕里什,《证券监管与新政》,第 110 页。

的下滑。以苏利文和克伦威尔律师事务所的阿瑟·H. 迪安为首的华尔街律师，指责新颁布的《1933年证券法案》应该对此负责。在1933年8月号的《财富》杂志上，阿瑟·H. 迪安发表了长篇文章，对新证券法进行了猛烈的抨击。①"从根本上看，这项法案的性质是极度倾向通货紧缩的，"迪安指出，"而且它很可能严重阻碍经济复苏。现在，商业银行的很多短期贷款都可能会被冻结，因为它们的流动性取决于债券市场的形势能否好转。各种各样的公司，例如贷款即将到期的公司、需要筹集资本金或准备自愿重组的公司，它们都将因这项法案的拖累而面临着极大的问题。因此，这项法案所带来的恶果，将比它本身所要求的在出售证券时充分宣传和全面披露信息所造成的影响严重得多。它的许多条款初看上去似乎没有什么要紧，但是其实都会对我们这个国家的整个经济体系产生深远的影响。如果将这项法案与《1933年格拉斯-斯蒂格尔银行法案》结合起来看，那么这一点将会更加明显。"②

迪安接着列举出了这项证券法案将会导致的十六大负面影响，其中包括：无法通过发行公司债券为短期银行债务融资；失业率上升，因为融资非常困难；大型公司将解体，因为大型的、复杂的工商企业的信息披露很难符合这项法案对注册说明书的要求；新的、有潜力的业务将被拒之于资本市场的大门之外；所有借款人的资本成本都将上升，因为它们必须符合该法案的要求，并被迫承担新的法律责任。③

1933年9月12日，金融广告商协会在纽约的华尔道夫酒店举行年度大会，阿瑟·H. 迪安和阿伦·M. 波普（Allan M. Pope）在大会上作了发言，他们分析了新近的联邦金融立法的影响。④ 阿伦·M. 波普是第一波士顿公司的总裁，在发言时，他指出，"自《1933年证券法案》通过以来，没有任何一个长期借款人愿意向联邦贸易委员会申请注册发行适合投资银行承销的任何证券"。据此，波普断言："任何到期债务的必不可少的再融资都将无法完成。如果继续这样下去，违约事件和破产企业的大量出现将在所难免。"⑤波普还强调，《1933年格拉斯-斯蒂格尔银行法案》所规定的将商业银行业务和投资银行业务分离开来的做法，必将进一步危及资本市场的正常运行。他说，银行下属的证券分支机构的解散，"将会使美国政府分配证券的大部分能力消失得无影无踪。这还

---

① 《论联邦证券法案》，阿瑟·H. 迪安撰稿，《财富》，1933年8月号，第30页。
②③ 同①，第106页。
④⑤ 《证券法案亟须修订》，《华尔街日报》，1933年9月13日。

将使全国相当大的一部分市政债券无人承销。其实银行下属的证券分支机构只要组织得法并加以适当的监管，就不会给它的母公司带来危险，它们本应在我们这个国家的投资银行领域占据一席之地，而现在强行将这类机构淘汰出局肯定会带来严重的后果"。

为此，阿瑟·H.迪安建议，对《1933年证券法案》从十六个方面进行修订，他还对这些修订一一作了详细说明。他认为，这些修订必将极大地完善这项证券法案。他再三强调，"这项法案无疑应该立即进行修订……在这方面，企业家项和投资银行家可以完成的最有建设性的工作，就是提出适当的修订建议，使这项法案能够真正体现罗斯福总统的意愿，即在最大限度地保护公众的利益的同时，又不阻碍证券行业和其他行业的发展"。

华尔街人士对新颁布的法律的不断批评，还吸引了华尔街之外的追随者，他们结成了联盟，发起了一场要求解除管制的运动。这使得极其低迷的证券市场和借贷市场成了一把非常特别的"双刃剑"，似乎所有人都能够用它来证明自己的观点：一方面，有人说，这个"惨痛教训"告诉我们，必须进一步加强立法来防止将来可能出现的经济崩溃；但另一方面，也有人说，直到金融市场恢复正常之前，再也不能对华尔街施加更多的限制了。《1933年证券法案》关于证券发行公司的高管和董事的法律责任的规定，在美国企业界非常不受欢迎，许多企业家认为他们是在代人受过，抱怨联邦政府因华尔街的罪恶而惩罚他们。理查德·惠特尼与一些最出色的公关人员关系密切，他们接受了他的钱，帮他精心"定制"消息，向企业界传播，这样一来，一种"反华盛顿情绪"就慢慢扩散和蔓延开来了，这在全国中心地带的商会和其他工商业团体中表现得尤为明显。对于惠特尼来说，1933年的秋季是一个"必须做好一切准备"的季节，因为在华盛顿，用来管制证券交易的法案已经在起草当中，而且在此之前，佩科拉的听证会也已经为该法案的起草扫清了许多障碍。

那年秋天，纽约洋基队也未能给纽约证券交易所的交易商和经纪人带来多少刺激。10月1日，纽约洋基队在主场迎战波士顿红袜队，这也是它在1933年赛季的最后一场比赛。这场比赛无关痛痒，因为这两支球队都已经没有资格争夺最后的锦标了，在积分榜上，洋基队排在第2位，与榜首球队有7场比赛的差距，而红袜队则排在了第7位。华盛顿参议员队赢得了美国棒球联盟的冠军，不过最终还是在世界职业棒球大赛的总决赛中输给了纽约巨人队。

在这个赛季，贝比·鲁斯的表现明显下滑，这也是纽约洋基队未能再度夺取世界职业棒球大赛总冠军的一个重要因素。他的赛季平均上垒率为30.1%，当然，这仍然是一个了不起的数据，不过与上个赛季的34.1%相比，已经退步了不少。这个赛季，他打出的本垒打（34个）比上个赛季少了7个，而成功击球次数（114次）也比上个赛季少了16次。

1933年纽约洋基队的入场观众人数，也像绝大多数球队一样，非常令人失望：从上个年度的962 148人进一步下降到了728 014人。为了提高本赛季最后一场比赛的上座率，纽约洋基队宣布，将由贝比·鲁斯出任他们的先发投手。整整三年来，鲁斯没有投过一次球，事实上，上一次作为投手上场，还是在十二年前的一场比赛中。为此，有超过25 000名的球迷来到了现场。鲁斯在五局的比赛中都有出场，他打出了本赛季的第34个本垒打。在竭尽全力之后，他终于率领纽约洋基队以6∶5险胜红袜队。这是鲁斯最后一次在正式比赛中投球。①

在鲁斯最后一次以投手身份出场比赛的两天之后，佩科拉听证会恢复进行。这一次出席听证会接受盘问的是克拉伦斯·狄龙（Clarence Dillon）——狄龙瑞德公司董事会主席。狄龙瑞德公司是全国第三大投资银行，它是在20世纪20年代通过服务于汽车行业和推广投资信托基金（即今天的共同基金的前身）而迅速崛起的。与J. P. 摩根公司类似，在狄龙瑞德公司的合伙人当中，也有许多人曾经在政府高层任职，例如，狄龙瑞德公司的合伙人詹姆斯·福雷斯特尔（James Forrestal），就曾经担任过海军部部长，后来又在罗斯福总统和杜鲁门总统的政府中担任国防部部长。另外，克拉伦斯·狄龙的儿子G. 道格拉斯·狄龙（G. Douglas Dillon），后来还曾出任肯尼迪总统和约翰逊总统的财政部部长。在第一次世界大战期间，克拉伦斯·狄龙自己也曾经担任过威尔逊政府的军事工业委员会的助理主席。尽管他的银行一派"白人上流社会"的范儿，但是克拉伦斯·狄龙自己其实是一个波兰裔犹太人，出生时的名字也不是克拉伦斯·狄龙，而是克拉伦斯·拉鲍斯基（Clarence Lapowski）。他出生于波兰的沃姆扎，父亲是塞缪尔·拉鲍斯基（Samuel Lapowski），母亲是伯莎·拉鲍斯基（Pertha Lapowski）。在移民来到美国后，他们一家定居在得克萨斯州，后来在1901年他们才将姓氏改为"狄龙"。不过，克拉伦斯·狄龙是在美国北部接受教育的，他先是入读伍塞斯特学院（Worcester Academy），而后进入了哈佛大学，并于1905年从哈佛大学毕业。②

在对狄龙进行盘问时，佩科拉所提的问题与他当初问小J. P. 摩根和奥托·H. 卡恩的问题非常类似。狄龙瑞德公司也被迫披露了一些令它自己相当尴尬的内幕消息，但是没有一则内幕消息是可以与米切尔的证词所披露的消息相

---

① 蒙特维尔，《大冲撞》，第22章。
② 《商业，狄龙瑞德公司的金字塔》，《时代》周刊，1933年10月16日。

比的。佩科拉试图把问题引向投资信托基金的固有缺陷上，例如，有没有将投资信托基金自身的经济利益与投票权和投资控制权分离开来，但是没有成功。狄龙瑞德公司是全美国最大的两只投资信托基金的管理人，它们分属美国与外国证券公司（United States and Foreign Securities Corporation）、美国与国际证券公司（United States and International Securities Corporation）。狄龙瑞德公司控制了9 000万美元的资本，这些资本主要以优先股的形式出现。由于普通股的数量相当有限，因此狄龙瑞德公司以510万美元就控制了75%的投票权和控制权，普通股的其余部分则被分开出售，以吸引普通投资者购买优先股。但是，正如《时代》杂志的一篇报道所说的："这种金字塔式的结构并不是一个秘密；另外，买入优先股的普通投资者原本是有机会套现的，而且价格之高，很可能是他们做梦也没有想到过的。美国与外国证券公司已经向持有优先股的投资者支付了1 100万美元的股息，而且现在仍然在支付股息。在今年之前，美国与国际证券公司也一直在支付优先股股息，而且没有理由认为它最终不会恢复支付股息。"①

因此，佩科拉更有理由指责的是，狄龙瑞德公司在发行南美债券时的"不作为"。佩科拉听证会揭露，在狄龙瑞德公司承销的巴西债券和玻利维亚债券中，违约金额高达1.31亿美元。佩科拉还指出，在发行这些债券的过程中，狄龙瑞德公司获得了高达900万美元的承销费。狄龙瑞德公司发行的一只巴西共和国债券，原本设定的资金用途是"实现全国铁路的电气化"，但是这些铁路却从来没能真正通上过电；而另一只里约热内卢城市债券，目的是为里约热内卢城内一个臭名昭著的贫民窟的重建项目提供资金的，但是这个项目却一直没有完成。狄龙瑞德公司承认，自己在证券承销过程中有过错，但是这些证词并没有引起众怒。②

10月13日，在克拉伦斯·狄龙出席听证会的最后一天，他宣读了一份事先准备好的声明："我们已经做了计算，假设某位投资者购买了狄龙瑞德公司从1929年1月1日至1933年6月30日期间承销的所有证券，然后再在其中的某些批次的证券遭到违约的当天以市场价将那些证券卖出，那么在整个投资期间，他的平均年收益率将超过387.5%。此外，他还将有足够的现金收入弥补他因售出那些遭到违约的证券而遭受的资本损失。"③ 这些数字真实且无可争议，佩

---

① 《商业，狄龙瑞德公司的金字塔》，《时代》周刊，1933年10月16日。
② 《参议院银行与货币委员会报告》，第73届国会，第2次会议，报告编号1455，第145~148页。
③ 《参议院银行与货币委员会证券交易小组委员会听证会记录》，第73届国会，第2次会议，第2109页。

科拉只能保持沉默。

针对纽约国民城市银行的听证会已经结束整整7个月了，而且这些顶尖的私人投资银行家都有惊无险地挺过了佩科拉的盘问。虽然有的人曾经被佩科拉搞得相当难受，但是所有人都还是保住了职位，没有变得灰头土脸。为此，卡特·格拉斯甚至抱怨道，佩科拉对这些"证人"太过于"宽大"了。

狄龙和他的合伙人在佩科拉听证会上的强势表现进一步鼓舞了理查德·惠特尼，他下定决心准备冒一些风险与佩科拉和参议院委员会公开叫板一下。到了9月底，机会出现了，惠特尼立即抓住了它。

9月30日，佩科拉给了惠特尼一份调查问卷，他要求纽约证券交易所将这份调查问卷分发给自己的所有会员，要它们提供关于联合资金账户的信息，还有关于交易所会员以及它们的客户的保证金账户的信息。佩科拉怀疑，这些信息有可能证明其中存在着一些猫腻。但是，惠特尼把这事压下不办。佩科拉要求与惠特尼会面，惠特尼又一再推迟。最后，在费了很大劲儿之后，佩科拉的两名工作人员才终于见到了惠特尼和他的律师雷德蒙·罗兰（Redmond Roland）。佩科拉派出的其中一名工作人员是记者约翰·T. 弗林（John T. Flynn），他暂时充当佩科拉的调查员，但是惠特尼向来特别厌恶他。那一天，惠特尼一走进会议室就大声宣布："先生们，你们正在犯一个极大的错误，纽约证券交易所是一家完美的机构。"[1] 惠特尼拒绝将调查问卷下发给纽约证券交易所的会员们，尽管这个要求来自一个拥有传唤权的国会设立的委员会。

惠特尼的立场变得越来越坚定了，但是这种立场只有在他的核心"选民"——纽约交易所的会员们——全都毫不动摇地支持他的情况下，才是有可能坚持得下去的。至少在那个时候情况看来确实是这样。华尔街几乎所有人都大声欢呼，终于有人挺身而出正面与华盛顿对抗了！惠特尼对佩科拉的回击极大地鼓舞了华尔街的士气。但是，纽约证券交易所的会员制其实存在着一条细微的裂缝，这条裂缝虽很细小，小到一般公众平时根本都觉察不到，但是它确实存在，而且使得惠特尼的实力比表面上看起来要更加脆弱得多。根据纽约证券交易所多年以来的惯例和"文化"，那些为自己的账户而交易的专家和交易商，与那些为他人而交易的经纪人（或"为客户服务的人"）相比，权力和地位都要高一些。基金经理人和其他股票操纵者通常都既是专家又是交易商，而他们的受害者则主要是经纪人的客户，但是以人数论，经纪人在纽约证券交易

---

[1] 布鲁克斯，《曾经身在宝山》，第198页。

所的会员中却占了多数。因此，如果华盛顿能够证明，改革是有利于保护经纪人的客户的利益的，那么当惠特尼在抵制改革方面走得太远的时候，经纪人是有可能被说服从内部对惠特尼加以牵制和阻挠的。

而且，在纽约证券交易所的会员中，其中有一位会员对惠特尼最新的举动并不满意，他就是爱德华·A. 皮尔斯（Edward A. Pierce）——一位佣金经纪人，也是后来的美林、皮尔斯、芬纳和史密斯公司（Merrill Lynch, Pierce, Fenner & Smith）的创始人。皮尔斯认为，惠特尼不肯将调查问卷发放给会员的做法不但是不合理的，而且也不利于纽约证券交易所的公共形象。有了这种看法之后，皮尔斯就逐渐变成了国会调查委员会与那些更加温和的纽约证券交易所会员之间的"反向沟通渠道"。①

在一封落款日期为 10 月 15 日的信中，惠特尼告诉佩科拉，纽约证券交易所不会要求自己的会员填写那份调查问卷，这是出于成本和保密的考虑。在信中，惠特尼写道："这份调查问卷中的某些问题，尤其是那些要求本交易所的会员报告自己的收入，以及报告 1929 年和 1933 年保证金账户的数量、保证金账户的借方余额的问题，所涉及的都是他们正在填报或已经填报给了国内税收署的信息。您的助理告诉我，您可以调阅财政部的所有数据，因此强迫本交易所的会员在完全重复的问题上向政府的两个部门提供完全相同的信息，似乎是一件非常不公平的事情……我们一直愿意以最大的诚意努力与参议院委员会合作，以确保它可以获得尽可能充分的信息。我们已经花费了很大的成本，为它提供了大量有用的资料。但是，我们还是坚持这样的立场，如果需要得到关于交易所会员的特殊的个人事务的信息，那么就应该直接从财政部那里去获取，而不应该间接通过本交易所获取。"②

惠特尼的这个决定，即不配合佩科拉向纽约证券交易所的会员们发放调查问卷，给佩科拉制造了极大的麻烦。佩科拉的小组委员会的工作人员本来就已经过度劳累了，现在他们又不得不逐一向纽约证券交易所和其他交易所的数以百计的会员发出传票，要求他们填写调查问卷，然后再收回来。这样一来，也就轮到佩科拉（而不是惠特尼）来承受那些追求利润的证券经纪公司的怒火了，因为要编制有关的数据，不仅非常费时费力，而且代价高昂——最小的公司也要花费 1 500 美元左右，而大公司要付出的成本则更是高达 3 万美元以上。③

---

① 《曾经身在宝山》，第 198~199 页。
② 《纽约证券交易所拒绝佩科拉的要求》，《纽约时报》，1933 年 10 月 17 日。
③ 《对佩科拉的命令提出抗议》，《纽约时报》，1933 年 10 月 18 日。

不过佩科拉知道，这种不利于改革的情绪只是暂时的。他的听证会接下来将揭露的事实，又将吸引全国民众的目光。这一次，佩科拉瞄准的目标是大通国民银行，它也是佩科拉调查的最后一家华尔街银行。大通国民银行是世界第二大银行，像它最大的竞争对手纽约国民城市银行一样，大通国民银行也是一家"零售"银行，它既接受社会公众的存款，也公开交易股票，并设有附属的证券机构，而且银行本身和它的证券机构之间有多方面的利益冲突。此外，同样与纽约国民城市银行一样，大通国民银行的管理层也做出了很多耸人听闻的事情，他们以牺牲银行的社会普通股股东的利益为代价追求个人利益的行为，很可能已经触犯了刑律。

10 月 17 日，艾伯特·H. 威金（Albert H. Wiggin）——大通国民银行董事会前主席——来到证券交易小组委员会参加听证。① 威金是于 1904 年加入大通国民银行的，他当时是大通国民银行有史以来最年轻的副总裁。1911 年，威金晋升为总裁，并于 1915 年成为董事会主席。在他主政期间，大通国民银行迅猛成长，1930 年，大通国民银行与洛克菲勒家族控制的公平信托公司（Equitable Trust Company）合并，一跃成为世界第二大银行。不过，在合并之后，威金不再是大通国民银行的第一大股东，因为合并后的大通国民银行的控股权被掌握在了洛克菲勒家族手中，但是他仍然担任董事会主席一职。

在第一天的听证会上，威金透露，他在 1932 年 12 月辞去了董事会主席一职，大通国民银行非常慷慨地授予他每年 10 万美元的终身年金，尽管银行在此前的三年间已经蒙受了高达 2.12 亿美元的损失。② 第二天，佩科拉开始盘问威金，大通国民银行以及它的附属证券公司在这些年间进行了哪些股票交易活动。佩科拉说，大通国民银行在最近几年买卖自己的股票的交易额接近 9 亿美元。对于这种行为，威金解释说，这是大通国民银行试图稳定自己股票的市场价格但却遭到了失败的结果：大通国民银行股票的价格从 1927 年的每股 575 美元飚升到了 1929 年的每股 1 415 美元，然后又在 1933 年下跌到了每股 89 美元。③ 在听证会的第三天，威金又不得不说，他和他的家人控制的公司都曾经买卖过大通国民银行的股票，而且是在该银行的证券分支机构大量买入并卖出的同时。④ 然而，问题的关键在于，大通国民银行在 1928～1932 年间买卖本公司的股票的总交易额高达 8.6 亿美元，但是利润却只有 15.9 万美元，而在同一期

---

①② 《大通国民银行授予威金 10 万美元的年金》，《纽约时报》，1933 年 10 月 18 日。
③ 《大通国民银行证券自 1929 年以来亏损 1.19 亿美元》，《纽约时报》，1933 年 10 月 19 日。
④ 《威金卖空大通国民银行股票》，《纽约时报》，1933 年 10 月 20 日。

间，威金和他家人的公司却获得了高达 1 425 万美元的利润（以今天的美元计，超过 1.35 亿美元），盈利额达到了大通国民银行的近 66 倍。① 当佩科拉追问，大通国民银行如此天量的交易，是不是一个"阴谋"，目的就是为了让威金和他的家人从中牟利时，威金却傲慢地回答说："我认为，那是因为市场提供了难得的机会。"这个回答引来了一片冷笑，在场的参议员、工作人员和媒体记者，无不对威金的辩解嗤之以鼻。②

10 月 31 日，当威金再次回到证人席上时，他已经成了社会公众唾弃的贪婪奸商的代表人物。但是对他来说，更加糟糕的还在后面。到这一天听证会结束时，作为一个千方百计欺骗、盗窃自己所服务的银行的背信弃义的小人，他几乎已经被定罪了。在听证时，面对佩科拉的盘问，威金不得不坦白，在 1929 年 9 月 19 日至 12 月 11 日期间，在股市崩盘之际，他和他家人的公司曾经大规模地卖空大通国民银行的股票，他们因此获得了超过 400 万美元的利润（相当于今天的 5 200 万美元）！更加令人愤恨的是，在那段时间里，威金还是"银行家协会"的领导人之一，而就是这个银行家协会，当时曾经在华尔街 23 号（"华尔街街角"）公开宣称，市场反应过度了，银行股已经很便宜了，同时大通国民银行也在股市上大手笔地回购本公司的股票，以证明自己的信心。但与此同时，威金本人却一直在卖空大通国民银行的股票，甚至有许多股票就是直接卖给大通银行自己的。更加恶劣的是，威金不是用他自己拥有的股票来卖空的，而是利用从大通国民银行借来的钱，向该银行下属的证券分支机构买入股票来卖空的。③

当然，大通国民银行的很多高管和董事都知道威金在搞这种交易，事实上，他们也没有做到洁身自好。在该银行的高管当中，共有 9 人同时在威金家人的公司中担任一个或多个董事职位。而且这些官员和董事，在威金退休的时候，从威金家人的公司借入的未偿还的贷款总额高达 100 万美元。当佩科拉追问，是什么原因促使他决定卖空大通国民银行股票的时候，威金回答说："当时，我一定是觉察到了股市运行的总体趋势。我认为，所有的银行股都估值过高了，大通国民银行的股票也与其他银行的股票一样。"佩科拉继续质问："既然你认

---

① 佩科拉，《让华尔街宣誓》，第 152 页。
② 《参议院银行与货币委员会证券交易小组委员会听证会记录》，第 73 届国会，第 2 次会议，第 2432 页。
③ 《1929 年大崩溃之前，威金就已经卖空大通国民银行股票》，《纽约时报》，1933 年 11 月 1 日；佩科拉，《让华尔街宣誓》，第 154~161 页。

为大通国民银行的股价太高了,那么你为什么还要允许大通证券公司及其全资子公司美特波坦公司(Metpotan Corporation)买入大通国民银行的股票,来稳定股价呢?"威金回答道,处理这些交易的是大通证券公司,而不是他本人。佩科拉对威金的盘问结束后,舆论哗然,全美国都掀起了指斥他的风暴。威金宣布,放弃他每年 10 万美元的退休金,试图以此来逃避针对他的法律制裁。①

就在大通国民银行听证会进行的过程中,佩科拉还揭露了辛克莱联合石油公司(Sinclair Consolidated Oil Corporation)的令人称奇的持股结构。这家公司的股票由亨利·F. 辛克莱(Henry F. Sinclair)组建的一只基金持有,而这只基金则由阿瑟·W. 卡滕(Arthur W. Cutten)管理。亨利·F. 辛克莱是辛克莱联合石油公司的董事长,而阿瑟·W. 卡滕则是一位长袖善舞的著名大宗商品投机专家。

在 1922 年,亨利·F. 辛克莱曾因卷入"蒂波特山油田丑闻"(Teapot Dome Scandal)而声名狼藉。当时,沃伦·哈丁(Warren Harding)总统的内务部部长艾伯特·福尔(Albert Fall)未经公开招标,就将怀俄明州储量巨大的蒂波特山油田的开发权授予了辛克莱联合石油公司,而且条件极其优惠。后来揭露的证据表明,艾伯特·福尔从辛克莱和其他可以从这个交易中获益的人手中接受的"礼物"的价值超过了 500 万美元(以今天的美元价值计算)。东窗事发后,辛克莱因行贿和试图掩盖罪行而被判入狱服刑 6 个月。② 尽管劣迹昭著,而且他的犯罪行为已经给美国纳税人造成了重大损失,但是当辛克莱这个前罪犯回到华尔街之后,却受到了艾伯特·H. 威金的热烈欢迎。

辛克莱联合石油公司向一个联合操纵团伙出售了 1 130 000 股新股,定价为每股 30 美元,这个联合操纵团伙的成员包括:卡滕、辛克莱,以及布莱尔公司、大通证券公司和谢尔曼公司。其中的谢尔曼公司就是由威金家人创办的。在接下来的 6 个月中,卡滕代表这个联合体操纵这只股票,并将之以每股 35~45 美元的价格卖出,总共获得了超过 1 200 万美元的利益。而这其中,亨利·F. 辛克莱和阿瑟·W. 卡滕分别赚得了超过 260 万美元的收入,艾伯特·H. 威金(通过谢尔曼公司)赚到了 87.7 万美元,大通证券公司净赚 175.5 万美元,布莱尔公司则赚到了 293.2 万美元的收益。为什么辛克莱联合石油公

---

① 《联合操纵方法被揭露》,《纽约时报》,1933 年 11 月 2 日;佩科拉,《让华尔街宣誓》,第 154~161 页。

② 佩科拉,《让华尔街宣誓》,第 168 页。

司董事会允许这个联合体获取超过 1 200 万美元的高额利润（要知道，发行股票筹集的资金总额只有 3 390 万美元）？这可能是因为亨利·F. 辛克莱、伊莱沙·沃克（Elisha Walker，布莱尔公司的总裁）以及大通证券公司的代表，都是辛克莱综合石油公司董事会的成员。①

而更加令人好奇的另一件事情是，布莱尔公司却将获得的这只基金的 2.5% 的收益权益（价值 30 万美元）转给了威廉·S. 菲茨帕特里克（William S. Fitzpatrick），后者是草原石油和天然气公司的总裁。对此，菲茨帕特里克先生声称，自己之所以能够得到这一收益权，是出于洛克菲勒家族的安排——洛克菲勒家族是草原石油和天然气公司的控股股东，这是对他多年来忠实服务的奖金。但是，洛克菲勒家族断然否认了这一说法，声明他们对这只基金授予菲茨帕特里克的收益权一无所知。伊莱沙·沃克则提供了另一种解释：这是因为，在布莱尔公司的主导下，他们这个联合体正准备收购草原石油和天然气公司，因此把这个收益权转给菲茨帕特里克，以确保他的"忠诚可靠"。事实上，对此还可能有进一步的解释。后来人们得知，辛克莱联合石油公司早在 1928 年初就已经开始与草原石油和天然气公司谈判合并事宜了，后来终于达成协议，两家公司终于同意在 1932 年完成合并。也许亨利·F. 辛克莱认为，向并购目标公司的总裁支付这笔价值 30 万美元的款项，可能有助于在谈判中争取更优惠的条件。②

后来，草原石油和天然气公司确实在 1932 年与辛克莱综合石油公司合并了，合并的方式是，一股辛克莱综合石油公司的股票换一股草原石油和天然气公司的股票。直到合并完成，草原石油和天然气公司的股东们都不知道菲茨帕特里克收到了上述 30 万美元。草原石油和天然气公司的股东们也不知道，在 1929 年 2 月，菲茨帕特里克以及草原石油和天然气公司其他高管秘密地获得了一个承诺：他们持有的草原石油和天然气公司的股票，可以按 1:5 的比例换成辛克莱联合石油公司的股票。就这样，菲茨帕特里克和其他内幕交易者将 2 万股草原石油和天然气公司的股票换成了 10 万股辛克莱联合石油公司的股票，从而狠狠地大赚了一笔。③

---

① 《参议院银行与货币委员会报告》，第 73 届国会，第 2 次会议，第 1455 号报告，第 63~66 页。
② 同①，第 215~220 页；《洛克菲勒否认参与联合操纵》，《纽约时报》，1933 年 11 月 16 日。
③ 同①；《商业与金融：参议院调查》，《时代》周刊，1933 年 11 月 20 日。

针对大通国民银行的听证会所揭露出来的这些肮脏交易行径，再一次使公共舆论发生逆转，华尔街重新成了众矢之的。无论阿瑟·H. 迪安、理查德·惠特尼和其他批评者曾经成功地播下了多少引导人们质疑联邦立法管制华尔街的种子，到现在都已经没有办法长成大树了。佩科拉对威金和大通国民银行其他高管以及关联人士的盘问，锁定了一切。华尔街所有比较务实的人士都非常清楚，已经没有任何指望说服罗斯福总统接受一个比较温和的证券交易监管法案了。

在那个夏天，除了履行自己作为参议院小组委员会的首席律师的职责之外，佩科拉还接受了罗斯福总统安排给他的另一个纯粹的政治任务。为了从坦慕尼协会中夺得对纽约市政局的掌控权，罗斯福和布朗克斯政治领袖爱德华·弗林（Edward Flynn）组建了复兴党（Recovery Party），在1933年纽约市选举中推出了一系列候选人。在那一年年初，坦慕尼协会一直试图拉拢佩科拉，但是他断然拒绝了他们的请求。然而，佩科拉却无法拒绝总统的要求。根据安排，就在他完成在参议院的工作之后的那个周末，他将会参加竞选曼哈顿区的检察官。在11月的选举中，反坦慕尼的民众的选票比较分散（部分投给了佩科拉，部分投给了另一名共和党候选人），坦慕尼协会的候选人最终获胜。不过，佩科拉私下对朋友透露说，他并没有因这个失败而深感沮丧，因为现在他的目光已经看得更远了。他希望在全国的政治舞台上有一番作为，他甚至认为，或许有一天，他也可能登上总统的宝座。至少，他现在认为自己已经得到了现任总统的器重，这对他的政治前途无疑大有裨益。

1933年10月上旬，罗斯福总统决定重新启动证券交易法案的起草工作。他要求他的商务部部长丹尼尔·罗珀（Daniel Roper）设计证券交易法案的基本框架。1933年3月，塞缪尔·昂特迈耶已经准备好了一个证券法案草案，建议由全国邮政署署长作为市场监管者，但是这项法案最后被废弃了。为了安抚昂特迈耶，罗斯福总统曾经向他保证，他的这项法案虽然不是一个理想的规范证券发行的法案，但是可以作为一项监管证券交易的法案的基础，那将构成罗斯福的金融改革立法计划的第三部分，也是最后一部分。但是由于昂特迈耶的法案存在着许多非常明显的缺陷，因而罗珀实际上完全没有考虑过这项过时的法案，而是重新成立了一个委员会来起草新的证券交易法案。①

罗珀将这个委员会命名为"证券交易监管委员会"（the Committee on Stock Exchange Regulation）。令理查德·惠特尼大大松了一口气的是，这个委员会很

---

① 帕里什，《证券监管与新政》，第113～114页。

好地代表了华尔街的利益。它的主席是约翰·迪金森（John Dickinson），他是商务部助理部长，以前曾是苏利文和克伦威尔律师事务所的律师；它的成员还包括苏利文和克伦威尔律师事务所的合伙人阿瑟·H. 迪安和亨利·T. 理查德森（Henry T. Richardson），后者也是一位立场相当保守的公司法律师，并不支持加强对证券交易的监管。在这个委员会中，代表新政改革派的主要人物是詹姆斯·M. 兰迪斯，他当时是联邦贸易委员会的一个新任命的委员，还有来自哥伦比亚大学的法学教授、罗斯福总统的智囊团成员阿道夫·A. 伯利（Adolf A. Berle）。这个委员会成立初期就陷入严重的意识形态分裂当中，这注定了它不可能达成任何共识。尤其是兰迪斯和伯利，他们都非常清楚他们的意见会被多数票否决，因此一早就下定了决心，坚决不让这个委员会以他们的名义去搞妥协，维持表面上的和谐。一方面，兰迪斯代表改革派提出了很多建议，另一方面，理查德森则代表华尔街利益提出了很多建议，委员会内部出现了剑拔弩张的局势。①

11月初，兰迪斯向证券交易监管委员会发出了最后通牒：要想让他支持任何一项证券交易法案，就必须接受他提出的最低监管要求，不然就一拍两散。他提出的最低要求包括：上市公司公开并定期提交财务报告；上市公司的高管、董事以及上市公司本身买卖本公司的股票必须公开报告；对"专家"、经纪人和自营商加强监管；禁止联合操纵（pool operation）、"冲洗交易"（"wash sale"，指将证券出售给关联方，制造价格变动或交易量放大假象的虚假的交易行为）和"相对委托"（"matched orders"，指同时下达买卖指令，制造市场行情假象的行为）；加强对场外交易市场的监管。②

11月16日，根据迪金森的要求，理查德森提交了他自己起草的证券交易法案草案。根据这个草案，联邦政府将成立一个证券交易委员会，它由7名委员组成，所有委员会成员都将由总统任命。在这7名委员当中，其中2名是一般投资大众的代表，另2名来自证券交易所或商品交易所，还有1名来自农业部门，再1名代表商业部门，最后一名是纽约联邦储备银行的总裁，它将担任证券交易委员会的主席。根据理查德森的法案草案，证券交易委员会的权力将非常有限——事实上，它只拥有批准交易所的规则并确保它们得到遵守的权力。理查德森说："起草这项法案的理论依据是，从理论上说，只要有可能，每个交易所都能够有效地约束自己的会员并管理好自己的事务。"③

---

① 塞利格曼，《华尔街的转型》，第81页。
②③ 同①，第81~82页。

但是，兰迪斯已经听够了，而且也受够了。他确信，这个证券交易监管委员会根本无意于推进有意义的改革，他毅然将它撇在一边，直接找到罗斯福总统，要求总统授权自己起草证券交易法案，而不再受证券交易监管委员会的羁绊。罗斯福总统同意了，并指示雷蒙德·莫利找到托马斯·科科伦和本杰明·科恩，请他们协助兰迪斯起草证券交易法案，而不用再理会商务部。法兰克福的"走狗们"又开始行动了。①

在那个夏天，罗斯福总统的大部分时间和精力都用到了一个方面，那就是，想尽一切办法通过提高农产品价格，以帮助陷入困境的农民。罗斯福总统所坚持的"任何事情都可以尝试"的实用主义纲领不是没有风险的，毫不夸张地说，他真的会去尝试任何事情，具体到提高农民收入这个问题来说，他在一位来自康奈尔大学农学院的性情颇为古怪的教授的影响下，已经来回反复了好多次，也尝试过了许多方法。这位教授名叫乔治·F. 沃伦（George F. Warren）。罗斯福的朋友兼顾问小亨利·J. 摩根索（Henry J. Morgenthau，Jr.）是沃伦的学生，正是通过摩根索，罗斯福总统才接触到了沃伦的非正统的农产品价格走势理论。沃伦的建议是，直接将农产品价格与黄金价格挂钩，这样一来，要想推动农产品价格上涨，只需提高黄金相对于美元的价格就行了。而现在，既然罗斯福总统已经让美国退出了金本位制，那么接下来要做的事情就是，大量买入黄金，抬高黄金价格，然后就可以等着农产品价格上涨了。罗斯福相信了这个理论，他决定让重建金融公司大量买入黄金，然后抬高它的价格。

但是，传统的经济学家则认为，罗斯福总统是不是发疯了？沃伦的"半吊子"经济理论把相关性错当成了因果性。确实，在美元贬值的时候，黄金的价格、农产品的价格，还有其他一切商品的价格，都会上涨，但是这并不意味着买入黄金就能提高农产品价格。"硬通货论者"则特别愤怒。从长期来看，这个计划不可能提高农产品的价格，但是它将会导致通货膨胀，这一点是可以肯定的。格拉斯气得几乎中风。财政部部长伍丁的副手迪安·G. 艾奇逊（Dean G. Acheson）也无法忍受，愤而辞职以示抗议，但罗斯福却让摩根索接替了他的职位。

亨利·摩根索正是我们今天所说的"富二代"的一个典型例子。他是一个非常富裕的纽约房地产开发商的儿子，摩根索从小锦衣玉食，享受到了金钱可以买到一切的好处；他先是在新罕布什尔州的菲利普斯·埃克塞特学院（Phillips

---

① 帕里什，《证券监管与新政》，第 115 页。

Exeter Academy）读了大学预科，然后进入了常青藤大学之一的康奈尔大学，在此期间，他经常去国外旅行，并获得了很多实习机会。1911年，亨利·摩根索在康奈尔大学上了一年学之后就放弃了，然后又搞砸了他父亲安排的一系列工作机会。① 1912年，他认定自己最好当一个农民，于是又回到了康奈尔大学农学院。然而，他很快就又再一次辍学了。接着，他说服他的父亲在达切斯县给他买了100英亩土地，这一次，他下定决心要成为一名专营圣诞树的农场主。然而，在整个20世纪20年代，农业却是一个惨淡经营的行业。再然后，亨利·摩根索觉得自己更好的选择是当农业杂志的主编，于是就有了《美国农学家》这个杂志，当然，它也是一个烧钱的无底洞。②

摩根索取得的最大一个成就当然是"慧眼识金"，他很早就结识了富兰克林·罗斯福并一直为他助选。这一点是毫无疑问的。或许是幸运女神的安排，他在达切斯县的农场与罗斯福的农场毗邻，两人第一次见面就一见如故，然后一直是非常亲密的朋友。在罗斯福于1928年参加竞选州长时，摩根索就是他最得力的助选人员之一。罗斯福就任州长后，为了感谢摩根索，特地为摩根索设置了一个荣誉职位——罗斯福农业咨询委员会主席（该委员会的成立并没有法律依据，而且也不受州财政的资助，它的成员也都是"无偿提供服务"的）。③ 1932年，当罗斯福参加总统竞选后，摩根索再次担任了竞选"先遣队长"，为罗斯福尽心尽力。④ 为了表示感谢，1933年5月27日，罗斯福总统任命他这位老朋友为农业信贷管理局（farm credit administration）局长。⑤ 也正因为如此，当罗斯福总统任命摩根索为财政部副部长后，许多人都怀疑他是否有资格胜任这个重要职位。

当然，他所拥有的"最重要的"那个资格，却是不容置疑的，那就是，他就像一只忠犬一样对罗斯福百分之百地忠诚。而且，这个"富二代"的政治手腕也颇为不凡。在他到财政部上任的第一年，他就"开风气之先河"，创造性地把国家税务局的记录当成了政治斗争的武器。他钻研了许多有影响的公民的纳税申报资料，然后一一建档，如果这些人"越了界"，就可以利用这些档案材料来对付他们。1934年8月上旬，威廉·伦道夫·赫斯特（William Randolph Hearst）接受采访，对全国复兴总署的工作提出了批评，摩根索立即调出了赫

---

① 《小亨利·摩根索》，赫伯特·利维（Herbert Levy）著，天马出版社（纽约），第2章。
② 同①，第3章。
③④⑤ 同②，第5章。

斯特的纳税申报记录，以及他的情妇玛丽恩·戴维斯（Marion Davies）的纳税申报记录，对他们进行了攻击。但是，摩根索同时也非常愚蠢，他竟然把这些见不得人的事情原原本本地记在了他的日记中。在一篇日记中，摩根索写道："（我）发现了大量关于赫斯特的资料，还有许多与玛丽恩·戴维斯有关的材料。星期二，我告诉总统，我们最好在赫斯特发动攻击前就着手对赫斯特和玛丽恩·戴维斯的纳税情况展开调查，因为如果我们在他之后才开始动手，那么他就会说，我们是在徇私报复。总统同意了。"[①] 尽管他的道德操守有问题，而且缺乏经验，同时又轻信沃伦教授的"半吊子"货币理论，但是颇有些悖谬的是，摩根索最后却成为一个稳健财政论者和一个洞悉政府债务的融资专家。

10月22日，罗斯福总统来到国家电台又一次发表了"炉边谈话"，这一次，他要谈的是"当前的通货形势"，同时他还将借此机会向公众宣布购买黄金的计划。联邦贸易委员会将会买入美国全部新开采出来的黄金，而且如果有必要，它还将在世界市场上购买黄金。在接下来的7周时间里，罗斯福总统、沃伦教授、摩根索以及联邦贸易委员会的杰西·琼斯（Jesse Jones），每天早上都会共进早餐，一起设定黄金价格。一开始，联邦贸易委员会只是从美国的生产商手中购买黄金，后来又到伦敦的市场上去购买。虽然黄金价格已经上涨了，但是令罗斯福极其尴尬的是，农产品的价格却并没有随之上涨。事实上，农产品的价格忽高忽低，其飘忽趋势似乎与美国政府疯狂买入黄金的举措毫无关系。到了12月的第二个星期，罗斯福总统中止了整个计划。1934年1月30日，罗斯福总统签署了《黄金储备法案》，宣布美国重返"修订后"的金本位制，将黄金的名义价格设定为每盎司35美元，这代表了59%的通货膨胀率；而且，美国政府仍然继续禁止将美元兑换成黄金。

12月初，科科伦、兰迪斯和科恩又从联邦贸易委员会找来了一位年轻的律师，以协助证券交易法案的起草工作。这位新人的名字是I. N. P. 斯托克斯（I. N. P. Stokes）。而且，在继斯托克斯之后，特尔福德·泰勒（Telford Taylor）也加入了这个团队。泰勒1932年毕业于哈佛法学院，以前在内政部工作〔后来，公众普遍之所以记住了泰勒，主要是因为他在纽伦堡审判中担任了控方的首席律师。对于他这段经历，理查德·威德马克（Richard Widmark）在他的名

[①] 《船长》，大卫·纳肖（David Nasaw）著，霍顿米夫林公司（纽约），2000年，第32章（引述摩根索1934年9月11日的日记）。

著《纽伦堡审判》(Judgment at Nuremberg) 一书中有非常精彩的描述]。①

与此同时，华尔街对《1933年证券法案》的攻击仍然在继续。在美国投资银行家协会的年度大会上，阿瑟·H. 迪安是主讲人。他鼓励在场的银行家们向各家媒体详细阐述自己反对这项证券法案的理由，他说："如果投资银行家们能够说服公众我们之所以反对现在这项证券法案，只是因为我们确实渴望有一部有效的、可行的法律，而不是蝇营狗苟地为了实现自己的一己私利，那么就完全可以调动起公众情绪，使他们支持我们合乎情理的要求。国会在颁布这项证券法案之前，显然没有经过充分的考虑。但是，鉴于国会当时的困难处境，这也是情有可原的。被匆匆忙忙地召集到一起开会的国会议员们，第一天必须通过与全国铁路有关的法案，第二天又必须通过涉及全国公用事业的法案，第三天又要通过其他法案……在这种情况下，证券法案在没有经过细致的研究之前就仓促地通过并颁布，这是不足为奇的。投资银行家们必须组织和发起一个强有力的运动，通过新闻媒体，去教育公众并争取公众。"②

美国的投资银行家协会主席弗兰克·M. 戈登（Frank M. Gordon）也在大会上发表了一份声明。他把《1933年证券法案》导致的"资本寒蝉效应"，与持续居高不下的全国失业率联系了起来："无数的资金现在都被囤积了起来，它们原本是可以转化为千百万人的工作机会的。这些资金之所以不能流动，就是因为联邦证券法案中亟须澄清的关于法律责任的那些规定造成了堵塞。"他指出，"在美国各地，无数家公司早就做好了融资的准备工作，但是没有哪家公司的董事敢于冒着把自己的全部身家性命都赔进去的巨大风险去付诸实施。因为这项法案的有关条款规定，一旦他签了名，就要在未来10年内承担个人法律责任；而且这项法案还采纳了一个'非美国'的原则，即除非能自证清白，否则他就要被判有罪。现在，我们必须说出真话。这项法案妨碍了全国经济的复苏。就我个人而言，打死我也不相信，真会有人故意通过这样一项法案，让那些只经手价值1万美元的证券的交易商，对公司所发行的全部1 000万美元证券承担责任"。③

在华盛顿，围绕着拟议中的监管证券交易的法案，一片山雨欲来风满楼之势，各方都在紧锣密鼓地做着准备，因为大家都很清楚，一场龙争虎斗在所难免。在联邦政府的层面，就有两个相互竞争的但却都得到政府批准的法案起草

---

① 塞利格曼，《华尔街的转型》，第85页。
② 《报告人建议银行家关注政策》，《纽约时报》，1933年10月30日。
③ 《投资银行家协会要求修改证券法案》，《华尔街日报》，1933年10月31日。

小组：罗珀的证券交易监管委员会，以及科科伦、兰迪斯和科恩组成的小组。此外，私人部门也在行动，一个非常重要的民间组织——20世纪基金会——也在起草一项法案。20世纪基金会是一个"领先于它的时代"的智库，它由百货业巨头和倾向于自由主义的慈善家爱德华·A. 法林（Edward A. Filene）创办。此外，还有一个人在密切地关注着这一切的同时，暗暗筹划着如何抓紧机会，给华盛顿的新政改革派重重一击。这个人就是理查德·惠特尼。在上述三个法案起草小组中，对惠特尼最有利的那一个根本无须多说。事实上，他一直与罗珀小组保持着密切的联系。12月4日，惠特尼与证券交易监管委员会主席约翰·迪金森会面，希望他的提议——建立一个以证券业为主导的证券交易委员会——能够落实到法案中去。①

当然，惠特尼还做了两手准备。如果罗斯福总统采纳的证券交易法案是法兰克福的"走狗们"起草的，那么他就不惜"公开决战"。而且，惠特尼还显著地改善了纽约证券交易所的公共形象，并增强了它对公众的说服力。当12月15日的《纽约时报》披露了他的计划的时候，惠特尼立即做出了回应。他很清楚，反对联邦立法监管证券交易这种"需要"必须源于"主街"（普通民众），而不是"华尔街"（证券银行业人士），因此他立即发表了一个声明："我注意到，今天上午某家媒体发表的一篇文章声称，纽约证券交易所已经批准了一个大型的公关和宣传计划，它的目的是争取公众的支持，反对联邦立法监管证券交易。而事实上，纽约证券交易所根本没有批准这样的计划，甚至根本未曾考虑过这样的计划。与此相反的是，由于外界关于纽约证券交易所的职能的陈述非常混乱，这令它的许多会员都感到困惑，因此有些会员向证券交易所的法律委员会提交了进行公关宣传活动的计划，这种宣传活动的目的，是将一些与证券业务相关的事实告诉公众。在昨天上午举行的法律委员会的一次会议上，确实有部分会员提交了一个计划，准备在广播电台开办谈话节目，介绍交易所的历史和职能、解释证券交易活动的性质，但是这个计划在会议上并没有得到批准。当然，这项工作确实值得进一步考虑。"②

惠特尼还一直保持着高度警惕，时刻要求纽约证券交易所的会员们严格遵守纪律。12月初，小亨利·戈德曼（Henry Goldman Jr.）给理查德·惠特尼写了一封信，建立改革纽约证券交易所的交易惯例，同时还给参议院银行与货币

---

① 《证券交易研究在首都》，《纽约时报》，1933年12月5日。
② 《惠特尼否认发动公众反对监管》，《纽约时报》，1933年12月6日。

委员会写了类似的一封信。小亨利·戈德曼的父亲是高盛公司的创始合伙人，在华尔街德高望重。多年来，小亨利·戈德曼一直是色洛提克斯、俄亥俄石油和联合染料厂这三家上市公司的股票的唯一指定交易商（"专家"）。在小亨利·戈德曼脚踏两只船的消息传到纽约证券交易所的领导层之后，马上就有四个人扑上前去，宣布自己将会成为这三家公司的股票的"专家"。长期以来，在纽约证券交易所一直有一个不成文的规定，任何一个会员都不能去挖其他会员的"墙角"，但是这一次，惠特尼被小亨利·戈德曼的"不忠"激怒了，决定惩戒高盛公司，而证券交易所的其他会员也唯惠特尼马首是瞻。在这个过程中，高盛公司失去了很大一部分业务。理查德·惠特尼在这种时刻是不会容情的，而且什么手段都使得出来。①

12月，观察家们发现，"资本罢工"运动也出现了一丝裂痕。在此之前，根据《1933年证券法案》的要求，在联邦贸易委员会注册备案后发行的新证券总额只有大约1亿美元，而且其中绝大多数都是废止禁酒令的概念股、投资信托，以及少数几只采矿业和工业的非主流公司的股票。更加关键的是，没有任何一家"老牌"公司愿意去承销，让自己的名字出现在注册声明书上。到了12月中旬，终于出现了一家名为马西森碱业公司（Mathieson Alkali Works）的主流公司（它是当时世界上最大的氯制造商），愿意按照新证券法的规定注册发行700万股新股，而且是由海登斯通公司（Hayden Stone & co.）承销的。立场保守的《时代》杂志（它的部分股权由 J. P. 摩根公司的几个合伙人持有）对这个事情发表评论道："马西森公司不可能知道，股价会不会出现致命的暴跌。不过，等到股票发行之后，等到讼棍们有机会开始对它进行滋扰诉讼时，一切就会看得很清楚了。"②

到了1933年年末，20世纪基金会宣布，它已经基本完成了对证券市场的调查，不久之后就会出版一份研究报告，它将包含一系列"具体的、切实可行的、旨在消除或限制各种侵权行为的极具建设性的建议"。③ 20世纪基金会之所以要提前发布这个消息，一个可能的动机是，担心在自己的最终报告正式面世之前，罗斯福总统可能很快就会将一项法案提交国会审议。20世纪基金会在声明中还说，"关于某些特别重要的主题，本基金会的工作人员使用了许多迄今为

---

① 《联动的商业往来》，《时代》周刊，1933年12月4日。
② 《商业和金融：第一轮打击》，《时代》周刊，1933年12月25日。
③ 《20世纪基金会的调查接近尾声》，《纽约时报》，1934年1月1日。

止从未被他人用过的统计数据,还进行了大规模的问卷调查,然后在此基础上完成了实质性的原创性研究"。①

1934年1月,惠特尼和整个华尔街都在焦急地等待着罗斯福总统选定一项证券交易监管法案,就在同一期间段,贝比·鲁斯与纽约洋基队签署了1934年赛季的新合同。在这个新赛季,他可以得到的报酬是3.5万美元,这还不到他在1930年和1931年赛季的工资(8万美元)的一半,即使与1933年相比,也整整少了1.7万美元。不过,他仍然是整个大联盟工资最高的棒球球员。② 鲁斯工资的连续大幅下降构成了一个极好的象征:可以用他本人来当代言人的那个蒸蒸日上的20年代正式结束了,爵士乐时代、华尔街一夜之间就可以让一个人攫取巨额财富的那个时代也结束了。在渐渐成为过去式的那个时代里,整个社会似乎就是一个超级派对。在地下酒吧里,那些轻而易举就获取巨额财富的一夜暴富者彻夜狂欢庆祝,嘴里喝着走私酒,手中揽着放浪形骸的摩登女孩;而在酒吧外面,腐败的警察也正在寻找着一切可以捞钱的门路;甚至连纽约市长吉米·沃克(Jimmy Walker)也加入进来参加狂欢。那个百年难得一见的棒球传奇英雄贝比·鲁斯——曾经敏感而脆弱的巴尔的摩孤儿——在纽约成为巨星后,白天用力打出本垒打,晚上尽情放纵狂欢,赢得了美国人的心。但是,任何派对都是要结束的。像其他普通美国人一样,贝比·鲁斯也不得不付出代价。

1934年1月23日,商务部部长罗珀向罗斯福总统提交了证券交易监管委员会的最终报告。这份报告建议,所有证券交易所都必须获得联邦政府颁发的许可证,不然就不得开门营业;成立一个权威的联邦证券交易监管机构,它由至少三名成员组成,其中包括一名来自交易所的代表,这个监管机构将拥有广泛的自由裁量权,它可以制定规则和条例,撤销或暂停任何一家证券交易所的许可证,对交易所予以罚款处罚,还可以要求交易所更换管理人员。这份报告还建议,即将出台的证券交易法案不用阐述交易规则的具体形式和内容,例如,关于禁止或限制联合基金操纵、保证金交易、做市商交易、卖空等交易行为的规则,关于上市要求、公开报告、会计信息披露等规则,都应该授权给将来要成立的证券交易监管机构去制定。该报告还建议,前述监管机构还将从事统计数据的搜集工作,这是它制定规则和法规、实施监管的基础。此外,这份报告还明确了不能由前述监管机构行使的一系列权力,包括不能要求个体经纪人注

---

① 《20世纪基金会的调查接近尾声》,《纽约时报》,1934年1月1日。
② 蒙特维尔,《大冲撞》,第23章。

册，无权管制场外交易市场，等等。①

就在罗珀向白宫提交证券交易监管委员会最终报告的同一天，科科伦、兰迪斯和科恩起草的法案草案也被送到了参议员邓肯·U. 弗莱彻和费迪南德·佩科拉的手中。

这一次，还是与往常一样，罗斯福总统巧妙地回避了这个不愉快的任务：他必须拒绝一个立法提案，而起草那个立法提案本来是他交代罗珀去完成的工作。罗斯福没有直接告诉罗珀，他提交的法案草案是不能接受的，相反，罗斯福决定让罗珀把这个法案草案交给国会，从而也就把球踢给了国会；而在国会，起主导作用的正是佩科拉和参议院银行与货币委员会。至于罗斯福总统本人，他仍然希望为自己保留尽可能多的选项。

1月25日，罗斯福总统将罗珀的报告转给了参议员弗莱彻和众议员雷伯恩，请他们"帮助"罗珀等人完善立法草案。然而，与此同时，白宫在一份公开声明中又明确表示，自己并不认可该报告的建议。白宫的正式新闻稿是这样说的："总统先生提醒大家特别关注这样一个事实，把这些报告转交给国会的相关委员会，只是请委员会对这些报告进行审查并予以考虑，而绝没有向相关委员会或国会推荐它们的意思。"②

在弗莱彻和佩科拉看来，罗珀提出的法案是完全缺乏实际威慑力的，这令他们深感震惊。在对证券交易监管委员会的报告进行了审查之后，科科伦、兰迪斯和科恩在与佩科拉协商后决定，在他们起草的法案草案中，即使在需要做出妥协、对罗珀的法案的支持者做出某种补偿时，也将采取强硬立场。此外，弗莱彻也希望尽快向国会提交科科伦的法案，以便阻止罗珀的法案草案获得更多的支持。③

在罗珀报告提交一个星期后，弗莱彻在公开会见记者时提到了证券交易监管立法的时机问题。"我们将立即开始起草规范证券交易的法案，"弗莱彻说："我们以尽可能快的速度推进立法过程，这样一来，也就可以更快地完成我们的调查了，现在调查的最后一个阶段——对以前的听证会中揭露出来的一些涉及证券交易的问题进行更加深入的调查——已经开始了。上个星期，总统先生指

---

① 《证券交易监管立法——美利坚合众国总统给国会银行与货币委员会主席的咨文》，随信还附有一份关于证券交易监管的报告，第73届国会，第2次会议，美国政府印刷局（华盛顿），1934年。
② 同①；《建议监控股票市场》，《纽约时报》，1934年1月27日。
③ 塞利格曼，《华尔街的转型》，第85页。

定的一个委员会已经向本委员会提交了一份报告，但是，立法工作会不会沿着这份报告提出的思路推进下去，本委员会尚未做出决定。"①

理查德·惠特尼则使出了浑身解数，试图拖延这个进程。1月29日，惠特尼与佩科拉会面，建议举行一系列会议，讨论证券交易制度改革的问题。但是，参议院银行与货币委员会断然拒绝了惠特尼的缓兵之计，表示它将会通过举行听证会的形式来处理这个问题，因为相关的立法工作正在推进当中。佩科拉还建议，参议院银行与货币委员会正在起草的法案中，应该加入这样一个条款：规定交易所的会员必须明确无误地申报，他们要么是交易商（为自己的账户进行交易），要么是经纪人（为客户进行交易），但是他们不可以一身二任。佩科拉告诉记者，他收回的问卷调查表明，一个交易所会员同时担任上述两个角色的做法相当普遍，而且这就导致这些经纪人兼交易商可以从自己的客户身上谋取利益。②

2月3日，佩科拉来到了纽约，公开宣称必须通过一项更加严厉的证券交易法案。当时，纽约房产局的年度大会正在曼哈顿的康莫德瑞酒店（Hotel Commodore）举行，佩科拉是晚宴上的两位主讲嘉宾之一［另一位是费奥雷罗·拉瓜迪亚（Fiorello La Guardia），纽约市第49任市长，不久前刚刚宣誓就任］。佩科拉的整个演说都是围绕着证券交易立法问题而展开的。他一开始就宣称，"参议院的调查推进到目前这个阶段之后，已经实现了当初预期的最重要的一项成果，那就是，它已经使人们认识到，必须把纽约证券交易所和其他所有证券交易所置于美国人民的控制或监管之下"。佩科拉还说："一个多世纪以来，纽约证券交易所一直反对和蔑视任何形式的公共监管和控制。如何去控制它，在什么样的范围之内控制它，这些当然都是重要的问题，但是在我看来，更加重要的是这样一个事实：美国政府将有史以来第一次对这个强大的机构行使权力。之前没有任何一个城市、任何一个州能够控制纽约证券交易所。纽约州就经常因对纽约证券交易所监管不力而受到批评。每次当纽约州试图去监管它的时候，纽约证券交易所就威胁要迁到新泽西州去；而如果新泽西州试图对它做什么处置，那么交易所就会迁到特拉华州去；如果特拉华州试图对付它，那它就会迁到加拿大或者墨西哥去。只有美国政府能够管治它，毫无疑问，本

---

① 《参议员推进证券交易控制》，《纽约时报》，1934年1月31日。
② 《惠特尼的计划搁浅了》，《纽约时报》，1934年1月31日。

届政府已经做好了一切准备，一定会这样去做。"①

回应佩科拉讲话的是一些"出于礼貌"的掌声，其中还混杂着许多嘘声。②

1934年2月7日，星期三，白宫举行了一个会议，与会者向罗斯福总统报告了将于星期五提交给国会众参两院的证券交易法案的主要内容。参与这个会议的人除了罗斯福总统之外，还包括参议员弗莱彻、众议员雷伯恩、商务部部长罗珀、联邦贸易委员会委员兰迪斯，以及佩科拉。在这次会议上，罗斯福表示，希望尽快通过一项法案。弗莱彻参议员在总统面前打了保票，"我们正在快速推进这项立法。我预计，在未来的两天内，我就可以拿到关于这项法案的主要条款的解释性陈述"。③

第二天，爱德华·A.法林（Edward A. Filene）向罗斯福总统转交了20世纪基金会提出的具体建议。法林的建议的核心是制定并颁布一部联邦公司法，要求所有从事州际商业活动的公司都必须得到联邦政府的许可。这部设想中的法律将规定会计信息和公开报告的最低标准，并要求公开披露买卖本公司证券的高管和董事的信息。法林还建议，要根据联邦法规来给证券交易所、经纪人、交易商和投资顾问发放许可证。法林设想的法案还将规定，证券"专家"要么是经纪人，要么是交易商，但是不能两者都是，同时禁止经纪人为自己的账户进行交易。这项拟议中的法案还规定，要限制空头头寸规模，并要求每周公开披露所有空头头寸。法林还建议，以股票的"内在价值"为价值，对保证金贷款加以限制：抵押一股股票可以获得的保证金贷款，不得超过发行公司承诺的该股股票在未来5年可以获得的预计净收入的总额的2倍；而且在任何情况下，保证金贷款都不得超过股票市场价值的60%。④ 然而，法林的建议还是来得太晚了，无法成为即将提交给国会的法案的基础。

2月9日，星期五，按照原定计划，参议员弗莱彻和众议员雷伯恩分别向国会参议院和众议院提交了科科伦、兰迪斯和科恩起草的证券交易法案。⑤ 与此同时，罗斯福总统也向国会发出了一个咨文，敦促国会尽快通过证券监管法案，但是他并没有明确表示自己支持这项法案。罗斯福说：

---

①② 《佩科拉要求控制证券交易》，《纽约时报》，1934年2月4日。
③ 《罗斯福总统加速推进证券交易立法》，《纽约时报》，1934年2月8日。
④ 《法林的基金会敦促加强监管证券交易所》，《纽约时报》，1934年2月9日。
⑤ 塞利格曼，《华尔街的转型》，第85页。

第 6 章 "完美的机构"：《1934 年证券交易法案》

在去年的 3 月，我曾经发给国会一个咨文，建议通过立法，授权联邦政府监管全国性的投资证券的发行。当时我就说过："这仍然只是我们保护投资者和存款人的宏伟计划的第一步。在它之后，我们还将推动立法，以便更好地监督在交易所中进行的所有财产的交易。"

本届国会已经通过了证券法案，从投资银行的角度入手规范投资业务，保护投资者在购买首发证券的过程中的利益，从而很好地服务于美国人民。

但是，我们仍然无法否认这样的事实：在合法的投资领域之外，赤裸裸的投机炒作已经变得太诱人、太容易了，无论是那些输得起的人，还是那些输不起的人，都投入了这个赌局。

投机炒作之风已经蔓延到了这样的地步，许多人都拿出自己辛苦赚得的工资和微薄的毕生积蓄，并利用保证金贷款，对一些自己完全不知道它们真正价值的股票进行投资，从而承担了极大的风险。他们不知道自己所要面对的是有能力联合操纵市场的基金和公司，它们拥有庞大的资源（而且这些资金通常不是它们自己的），通过各种手段来抬高或压低市场价格，使之远远脱离合理的底线，而由此导致的一切损失，都将由普通投资者承担，因为普通投资者必定是无法掌握任何内幕的。

现在，美国许多地区都有证券交易所和商品交易所，它们每天的交易都是全国性的，因为它们的客户广泛分布于这个国家的每个地方。这是事实。这些交易所的管理者，也经常会采取措施消除某些明显的弊端。这也是事实。但是，我们必须确信，所有弊端都应该被彻底消除，而为了达到这个目的，就需要适用于全国的法律。

当然，我坚信，使证券交易和大宗商品交易得以进行的证券交易所和商品交易所都是有存在的价值的，它们都是我们国家的商业活动和农业活动所必需的。然而，我们国家的政策是，只要有可能，就必须将利用这些交易所进行纯粹投机和炒作的活动限制在最低限度。

因此，我建议，国会通过立法程序颁布法律，授权联邦政府对进行证券交易和大宗商品交易的各个交易所进行监管，以保护投资者、捍卫价值，并尽可能彻底地抵制和消除不必要的、不明智的和破坏性的投机行为。①

---

① 《美利坚合众国总统给国会参议院的咨文》，它建议通过立法授权联邦政府监管证券交易和大宗商品交易，以保护投资者，第 73 届国会，第 2 次会议，参议院文件第 132 号。

这项法案的篇幅长达50页，覆盖的市场活动的范围非常广泛，远远地超出了证券交易所的通过范围。它要求所有证券交易所都必须向美国联邦贸易委员会注册，它还要求监管保证金贷款，严禁操纵交易行为，规范卖空。它规定：禁止任何一家交易所的任何一名会员既充当为自己的账户进行交易的交易商，又充当证券的承销商；禁止经纪人同时充当交易商；所有在某家证券交易所上市的所有证券都必须注册，上市交易的证券的发行人则需提交定期报告；监管代理游说活动；授权美国联邦贸易委员会监管场外交易，以及美国公民参与交易的、由美国公司承销的、在外国证券交易所上市的证券的行为；严格监管内幕交易，交易所、交易所的投资者、经纪人都必须保存交易记录，对违反法律的个人可以提起刑事诉讼。①

该法案授权联邦贸易委员会制定交易所备案时提交的注册声明书的具体要求，但是同时又规定了一个最低标准，即任何一家交易所的注册声明书都至少必须包括如下内容：一份承诺书，保证交易所及其会员和在该交易所上市的证券的发行人，一定会遵守本法案和联邦贸易委员会根据本法案制定并颁布的法规和规则；交易所的章程、规则、规章，以及一切相关文书的副本；交易所的会员的有关数据；另一份承诺书，保证对上述任一文件进行修订或变更时，将向美国联邦贸易委员会提供最新的副本。该法案还规定，除非交易所的交易规则明确规定任何一个会员，只要做出了不符合公正、公平原则的行为（包括违背本法案或联邦贸易委员会根据本法案制定并颁布的法规和规则），都将被剥夺或暂停会员资格，否则就不予注册。②

关于保证金交易，该法案明确规定，任何一家交易所的任何一个会员或者任何一个人，以任何未在全国性的证券交易所注册的证券为抵押，通过任何一家交易所的任何一个会员去延长或维持抵押贷款，都是不合法的。另外，任何一家交易所的任何一个会员，延长、维持或新增以在全国性的证券交易所注册的证券为抵押的抵押贷款的金额，如果超过以下两者之间的较高者——该等证券前三年的最低卖出价的80%，或该等证券当前的市场价格的40%——那么也是不合法的。该法案还授予联邦贸易委员会如下权力：在任何特定的时期内对任何特定类别的证券，都可以进一步降低上述贷款上限。③

---

①②③ 《众议院第7852号议案》，第73届国会，第2次会议；《参议院第2693号议案》，第73届国会，第2次会议。

该法案还禁止交易所的会员以及通过交易所的会员进行证券交易的人,用证券抵押的方式从联邦储备系统的成员银行之外的任何地方借入资金;禁止证券交易所的负债总额超过流动资产净值的 10 倍;禁止经纪人用他们的资本金为自己的账户进行证券交易。另外,客户的证券质押超出该客户的债务这种情况也是被禁止的;同时,将某个客户的证券与其他客户的证券掺杂在一起的做法(或者在没有得到客户书面同意的情况下,擅自将该客户的证券借给其他人),也被认为是非法的。[①]

该法案还将许多操控性的交易行为定性为违法行为,它们包括:虚伪交易;相对委托;"炒单"(即频繁交易,下许多个买单/卖单,制造公众对某只股票非常感兴趣的假象);编造关于有人联合操纵某只股票或者其他异常交易活动的谣言;传播关于某只证券的虚假的或者误导性的市场传闻;花钱买通他人传播有关某只股票的谣言;参与拉抬或打压证券价格;通过购买或实际控制公众持股量来操纵某只股票;交易看跌期权、看涨期权、套利期权或任何其他期权。[②]该法案还规定,任何人做出的试图影响他人的卖空或止损订单的行为也是违法的,除非这种行为是根据联邦贸易委员会制定并颁布的规则和条例做出的。[③]

该法案还规定,经纪人、"专家"和交易商的职能必须清晰地分离开来。任何一家交易所的任何一个会员或者任何一个经纪人,无论是否已经在某家全国性的证券交易所注册,都不可以担任证券交易商或证券承销商,否则就是违法。类似地,任何一个"专家",都不可以主动地去影响证券交易(除非是在接到固定价格交易指令的情况下),或者向外透露有关证券的信息(除非这些信息是交易所的所有会员都可以获得的),否则就是违法的。[④]

在某家证券交易所上市的所有证券都必须在联邦贸易委员会注册。该法案对注册声明书的信息要求与《1933 年证券法案》基本相同。[⑤]它还规定,发行人必须向联邦贸易委员会和有关交易所报送定期报告。具体地说,发行人要提交的,除了经独立注册会计师审计的年度报告和季度报告(包括资产负债表和利

[①②③④⑤] 《众议院第 7852 号议案》,第 73 届国会,第 2 次会议;《参议院第 2693 号议案》,第 73 届国会,第 2 次会议。

润表）之外，还包括月度报告（包括销售额和总收入等财务指标）。①

该法案规定，任何一个征集代理权的人，都必须向联邦贸易委员会提交一份委托声明书，披露征集的目的、拥有代理权的人的姓名以及他们与被征集代理权的证券的关系、被征集的人的姓名和地址。该法案还规定以下行为是非法的：任何交易所的任何成员或经纪人，在未经客户书面授权的情况下，擅自将客户的证券代理权授予他人。②

此外，该法案还授权联邦贸易委员会制定场外交易市场的交易规则和管理条例。它规定，发行人如果在某家全国性的证券交易所注册了一只证券，那么它的高管和董事就必须向联邦贸易委员会的备案披露他们所拥有的发行人的所有证券的数量。它还规定，前述这些个体卖空发行人的证券的行为是违法的。另外，拥有内幕消息的人如果泄露会影响某只注册证券的保密信息的行为也是违法的，除非这种"泄密行为"是履行正常职责所必需且完全是正当的。在得到这种内幕消息后6个月内通过买卖证券所获得的利润，都必须交回给发行人。③

这项法案规定，每家全国性的证券交易所及其每一个成员、每一个经纪人和交易商，都必须按照联邦贸易委员会制定的规章制度保存准确的交易记录。④任何人在提交给联邦贸易委员会备案的文件或报告中，如果包含了虚假的或误导性的且足够重要的、足以影响普通投资者的判断的陈述，就必须对那些在不知道陈述是虚假的或误导性的并受该陈述影响而买入或出售某只证券的人承担责任。任何人，如果故意违反该法案或根据该法案制定并颁布的规则或条例，就构成了犯罪，并将受到严厉的处罚（最高2.5万美元的罚金和最长10年的刑期）；如果交易所犯了同样的罪行，则处以最高50万美元的罚金。⑤

在向参议院提交了这项法案之后，弗莱彻参议员发表了长篇公开声明："对于这项法案，诚实的经纪人没有什么好害怕的。事实上，他们反而很可能因这项法案而获益，因为这项法案将廓清交易程序，取缔一些令人讨厌的、不安全的交易行为，还可以将那些从事不法交易的害群之马清除出去。"弗莱彻还直接向理查德·惠特尼发出了挑战："从此之后，那些大老板再也不可能用私人企业的名义滥用权力和公众的信任了。本法案对这些问题的规定，将对以往那种制度——一小群有权势者控制投资大众的财产和储蓄——构成第一个冲击波。证

---

①②③④⑤ 《众议院第7852号议案》，第73届国会，第2次会议；《参议院第2693号议案》，第73届国会，第2次会议。

券交易所也还是有机会的，它们将会执行这项法案规定的标准和规则，以及它们认为恰当的、符合这项法案精神的其他标准和规则。但是，如果证券交易所在未来无法坚持一定的标准（就像它们在过去未能坚持一定的标准那样），那么它们的前景将会相当不妙。刑事处罚以及附带的有效的民事法律责任，将会确保本法案规定的标准的落实，它们不会成为一纸空文。当这项法案生效后，那些拥有特权的内幕人士，将不得不把他们通过不正当的手段从广大民众那里搞来的钱还给大家。到那个时候，我们这个国家的金融市场将得到净化，将成为一个可以让诚实的投资者感觉安全的地方。"①

无论是这项法案的支持者还是反对者，都同意这一点：整个立法过程将会演变成一场鏖战。《纽约时报》把弗莱彻-雷伯恩的法案称为"有史以来向国会提交的最'破釜沉舟'式的监管法案"。②罗斯福总统仍然打算置身事外。白宫重申了自己的立场：提出这项法案是国会的一个举措，总统对此既没有表示赞成，也没有表示反对。2月11日，忧心忡忡的托马斯·科科伦打电报给身在英国牛津的费利克斯·法兰克福，敦促他立即出马，劝说总统公开站出来，表态赞成弗莱彻-雷伯恩的法案，反对罗珀的建议（创建一个由华尔街主导的证券交易委员会）。科科伦说："证券交易法案得到了大众媒体的支持，但是有迹象表明，艰苦的战斗还在后头。我们的总统的立场有些可疑，他似乎不想将证券交易所置于联邦贸易委员会的管辖之下，而让一个被证券交易所会员所主导的新成立的委员会来监管。……在这关键的时候，您得发动所有人提供帮助，尤其是要尽快敦促我们的总统支持联邦贸易委员会。"③

理查德·惠特尼当然不会闲着。事实上，他没有浪费一分钟的时间，立即将他排练已久的作战计划付诸实施。在惠特尼设想过的各种可能情况中，弗莱彻-雷伯恩的法案接近于最糟糕的一种。2月11日，他召开了纽约证券交易所管治委员会的特别会议，这个会议同时还邀请了30家最重要的经纪公司的负责人参加。在会上，惠特尼公开了他制定的反对弗莱彻-雷伯恩法案的计划。④惠特尼告诉与会者，华尔街之外也有许多人认为这项法案有相当一部分内容是无法接受的，因此将"主街"动员起来，让普遍民众成为该法案的反对派是有

---

① 《弗莱彻关于证券交易法案的声明》，《纽约时报》，1934年2月10日。
② 《严厉的证券交易法案授权联邦政府监管股市；9种行为被规定为非法》，《纽约时报》，1934年2月10日。
③ 托马斯·科科伦2月3日发给费利克斯·法兰克福的电报。
④ 《必须驾驭证券交易法案》，《纽约时报》，1934年2月15日。

可能的。最显而易见的一点是，关于证券注册和提交定期报告的要求会给全国范围内的所有上市公司增加沉重的负担。类似地，对内幕交易的限制也将损害很多人的利益。另外，这项法案中与保证金贷款有关的条款也会影响几乎所有银行、经纪人和投资者，但是"受灾"最严重的将是那些持有很大比例的未上市证券的账户，这在美国的西部地区尤其突出。该法案所规定的经纪人、交易商和承销商的职能必须彻底分开，这会给美国各地无数的小城镇的券商带来非常严重的冲击。因为在那些地方，当地的经纪行通常要承担所有这三项的职能，只有这样，它们才能获得非常微薄的一点利润，在大萧条时期勉强维持生存。

根据惠特尼制定的计划，对弗莱彻－雷伯恩法案的反攻将从四个方面展开。第一，他给纽约证券交易所的全部1 375名会员分别写了"动员"信，警告大家，这项法案将会严重损害所有人的利益。这确实是一股非常强大的力量，这些会员及其他们所在的分支机构，遍布全美国48个州，并且几乎每一个国会选区都设有办事处。第二，惠特尼还把类似的信件发给了在纽约证券交易所上市的80家大公司的高管。第三，为了证明证券交易所能够实现非常有效的自我监管，纽约证券交易所管治委员会立即制定了一些新规则，例如，禁止会员和他们的企业联合操纵股票，或有意地用任何不公平的手段影响任何证券的市场价格；禁止那些身为专家的会员买入自己担任专家（为其做市）的证券的期权，或者就自己担任专家（为其做市）的证券创设期权；禁止专家将他们的交易委托账本（order book）上的任何信息透露给任何未获授权的人。第四，作为对这项法案的正面反击的标志，惠特尼本人将亲自前往华盛顿，出席众议院和参议院的听证会，并当场予以驳斥；他还将在华盛顿组织大规模的游说活动，不仅代表纽约证券交易所，而且还代表反对这项法案的许多其他交易所、证券经纪人以及大公司。[①]

在一个新闻发布会上，惠特尼发布了纽约证券交易所的上述新规则。这个新闻发布会实际上是对弗莱彻－雷伯恩法案的公开宣战。惠特尼说："纽约证券交易所制定的这三个新规则是我们仔细研究了好几个月的结果。去年8月，纽约证券交易所呼吁所有会员报告所有联合证券池和证券期权——不管是它们有份参与的，还是他们有所了解的。在对这些数据进行了细致的分析之后，我们认为应该引入一个新规则，即禁止通过联合体交易或期权交易去不公平地影响

---

① 《惠特尼拉长反对证券交易法案的战线》，《纽约时报》，1934年2月16日。

证券的市场价格（无论是有意识地想达到这种结果，还是只是在实际上导致了这种结果）。这些规则在上个星期就已经制定完成了，并于上个星期四，即2月8日，提交给了纽约证券交易所管治委员会，但是今天才正式付诸实施，这是为了让管治委员会有充分的时间来对它们做出全盘考虑。"①

当被问及对弗莱彻－雷伯恩的法案的看法时，惠特尼声称："在许多方面，它想解决的问题，纽约证券交易所的规则都已经解决了。这是一个确凿的证据。它表明，纽约证券交易所的目标和这项法案试图达成的目标在很大程度上是完全相同的。"②

围绕着这个主题，惠特尼继续发挥道："从总体上看，这项法案的目标无非是消除股市中可能会对股市价格产生不公平影响的股市操纵行为。它也试图防止过度投机。事实上，多年来，纽约证券交易所也一直在修订交易规则，试图实现（和弗莱彻－雷伯恩法案）完全相同的目标。比如说，我们很早以前就已经出台了规则，禁止虚假交易、'冲洗交易'和'相对委托'等交易行为。我们今天开始实施的禁止操纵证券价格的规则，响应和强化了纽约证券交易所的章程，即禁止会员参与创造某种会导致证券价格不能很好地反映其市场价值的条件。很早以前，我们就禁止交易所的会员传播谣言的行为；我们也考虑过对证券发行中虚假陈述或误导性陈述进行惩处（因为以这种方式诱使他人购买证券是不折不扣的诈骗）。我们也同样禁止任何花钱买名声、粉饰自己公共形象的行为。我们不仅禁止'轧空'，而且授权交易所管治委员会设定受'轧空'影响的合同的清楚价格。虽然我们还没有完全禁止期权，但是确实已经禁止专家购买或创设期权了。而且，我们在很多年前就已经禁止交易所的会员在交易时看涨期权和看跌期权，尽管这两者都是期权的最常见的形式。"③

接下来，惠特尼简要地阐述了他反对弗莱彻－雷伯恩法案的理由："我认为，在很多方面，这项法案的规定都是过于僵化的，在实践中也是注定行不通的，这些条款将会严重损害美国证券的流动性。该法案第6条关于保证金的要求，机械地确定了一些最低标准，它要求经纪人保持相当于证券市价的25%～150%的保证金（具体取决于价格的变动）。这个下限实际上比纽约证券交易所目前所要求的最低保证金的标准还要低；而150%这个上限，则显然是一个非常过分的要求，它可能迫使许多账户不得不以清算收场。不过，这还不是最糟糕的，最糟糕的是，这些刚性过强的保证金要求对我们的整个银行体系都有效：

---

①②③《纽约证券交易施行三条严格的交易规则》，《纽约时报》，1934年2月14日。

任何一家银行,只要向某个在 30 天内购买过已经上市的证券的个人发放了贷款,那么这个规定就强制生效。"①

"弗莱彻－雷伯恩法案的另一个非常恶劣的特点是,"惠特尼继续说道,"它禁止经纪人以没有在交易所上市的证券为基础扩张信贷。这个规定剥夺了那些拥有未上市证券的人的一个重要的权利,即以未上市证券为经纪账户的信用基础。虽然我国许多最大的、最重要的公司的证券都已经在交易所上市了,但仍然有成千上万的经营稳健的小公司,它们的证券仍然没有在任何一家交易所上市。这个规定的实质是,它专横地认定,经纪账户中所有这些地方性小企业的证券都是毫无价值的。毫无疑问,这肯定会对投资于这些证券的千百万普通投资者造成极大的困扰。"②

惠特尼还继续批评了弗莱彻－雷伯恩法案将经纪人职能与交易商职能完全隔断的规定:"不分青红皂白地一律禁止交易所的会员以交易商的身价买入或卖出证券,这是一个非常残酷的规则,尤其是对于那些在我国比较小的金融中心从事证券交易的交易所会员来说,更加如此。它还会严重地破坏零股交易市场,而对于那些持有股票总数不到一百股的投资者来说,他们现在唯一可以利用的市场就是零股交易市场了。"③

紧接着,惠特尼又抨击了关于上市信息披露和提交定期报告的规定:"这项法案最糟糕的地方或许是,它规定在交易所上市的公司必须符合一系列条件,从而实质性地干预公司经营及其业务。该法案要求,在交易所上市的每家公司都必须在联邦贸易委员会注册自己的证券。而且,该法案设定的最低要求就已经非常苛刻了,很可能会导致许多企业根本不愿意让自己的证券在任何一家交易所挂牌交易。此外,从这项法案来看,联邦贸易委员会被赋予了无限的权力,这个机构实质上可以要求上市企业向社会公众提供任何信息,例如,所有其他报告或与公司经营有关的一切资料。这种权力是如此广泛,以至于联邦贸易委员会实际上足以控制每一家上市公司的管理层。如果联邦贸易委员会无法做到明智地、适度地行使这种权力,那么就可能导致这样的后果:至关重要的统计信息和行业机密将会被公之于众,从而使整个美国工业都遭到毁灭性的打击(因为这将给外国竞争者提供非常有价值的信息)。这些严重影响公司经营的规定,以及关于公司高管、董事和股东法律责任的规定,本来就根本不应该出现在一项调节证券交易行为的法案中,而应该出现在某项全国性的公司法中;公

---

①②③ 《纽约证券交易所制定三条严格的交易规则》,《纽约时报》,1934 年 2 月 14 日。

司法不仅适用于在证券交易所上市的公司，而且还适用于全美国所有公众公司、从事州际商务活动的公司，以及使用美国邮政系统的公司。将这些条款列入一项证券交易法案中，必然会导致这样一个结果：这些条款将只适用于在证券交易所中交易的证券。这样一来，不在交易所上市的公司将不会受到这种形式的联邦监管，那些没有上市的公司的董事、高管和股东，也就不用承担由这种严厉的刑事处罚措施和闻所未闻的包含在该法案中的民事处罚措施所带来的后果和风险。有朝一日，这个事实将会成为许多大型的、重要的公司宁愿选择让本公司的证券进入'场外交易'市场，而不愿意在交易所上市的一个强有力的理由。"①

第二天，惠特尼致函纽约证券交易所的全体会员，概略性地复述了他在这个新闻发布会上阐述的这些意见。"这项法案将会成为国会审议过的所有法案中，对证券交易所以及在证券交易所上市的公司影响最大、最重要的法案。"在信中，惠特尼继续写道："它包含的一些条款非常偏激，而且具有横扫一切的力量，不仅会给所有会员的业务造成极其严重的影响，而且还会给整个股市带来灾难性的后果，并最终使全国投资者的利益遭受极大的损失。"②

同一天，在与纽约证券交易所管治委员会开会后，许多经纪公司也于当天分别致电自己在全国各地的分支机构："拟议中的这项全国性的证券法案与每一个拥有不动产或有价证券的人都有切身利害关系，它同样值得每一家公司和银行的所有高管以及每一位保单持有人严重关注。可以毫不夸张地说，您的任何一位朋友、任何一位客户都不应该忽视这个阻碍国家经济复苏的新威胁。我们现在把这项法案的副本寄给您，请您认真研究它。您研究得越多，就越能发现它所隐藏的恶。请与他人讨论这项法案，并敦促他们加深对于那些有害的条款的理解。我相信，如果我们这个国家的人民真的对这项法案有了透彻的了解，那么压倒性的抗议浪潮就会不可阻挡地奔涌而来。"③

2月15日，惠特尼又给80家大型上市公司的总裁分别写了一封信，在信中，他发出警告："授权联邦贸易委员会的这些权力是如此广泛，以至于这个机构可能会主导甚至会在实际上控制每家上市公司的管理层。我之所以不揣冒昧地写信给您，是想告诉您，由于许多人都误以为这项法案仅仅适用于证券交易

---

① 《纽约证券交易所制定三条严格的交易规则》，《纽约时报》，1934年2月14日。
② 《惠特尼拉长反对证券交易法案的战线》，《纽约时报》，1934年2月16日。
③ 《必须驾驭证券交易法案》，《纽约时报》，1934年2月15日。

所和从事证券业务的机构和人，导致很多人都忽视了这个事实：它还包含了许多直接影响企业并会使企业不得不屈从于联邦贸易委员会的条款。"惠特尼印制了几百份弗莱彻-雷伯恩法案的副本，并附上他自己撰写的"批判文稿"，让纽约证券交易所的会员分发给自己的客户。①

为了在华盛顿建立一个"据点"，惠特尼还特地在乔治城租下了一套别墅（绰号"华尔街驻华盛顿大使馆"），并让他的主要助手长驻在那里，作为纽约证券交易所与证券交易法案作战的"前线指挥部"。惠特尼提前精心策划的反对证券交易法案的计划堪称完美，但是它有一个非常严重的短板，而且出现在最关键的地方：惠特尼没能保证纽约证券交易所的经纪会员的忠诚。由于存在利益上的冲突，弗莱彻-雷伯恩法案在经纪人与"专家"和经销商之间打进了一个楔子。在没有告知惠特尼的情况下，纽约证券交易所的经纪人也向华盛顿派出了自己的代表，这个人就是爱德华·A. 皮尔斯，他在华盛顿卡尔顿酒店设立了一个"影子指挥中心"，并与雷伯恩取得了联系，试图避开参议院，在幕后影响法案。当惠特尼发现了这个背叛行为之后，极为震怒，他立即命令他的律师罗兰·雷德蒙即刻打电话警告皮尔斯（那是在凌晨三点钟）：他必定会遭到严厉的报复。然而，除了皮尔斯和惠特尼这两个当事人之外，别人不可能深入了解的一个事实是：他们两人之间有许多不可告人的交易内幕，惠特尼是根本不可能真的采取行动报复皮尔斯的。简单地说，皮尔斯是惠特尼的债权人，而惠特尼是绝对不敢触怒自己的任何一个债主的。②

雷伯恩决定，立即就这项法案在众议院州际与对外贸易委员会召开一场听证会。听证会开始于 2 月 14 日，詹姆斯·M. 兰迪斯是它的第一个证人。由于担心有人会建议设立一个新的、独立的证券监管机构（例如，商务部部长罗珀就持这种观点），兰迪斯主张授予联邦贸易委员会监督这项法案实施的权力，并建议对这个委员会进行重组和扩大规模，以增强其监管证券市场的能力（当时，兰迪斯已经想到了，本杰明·科恩就可以出任这个新的委员会的委员）。③ 同时，雷伯恩也已经决定，听证会的第一个星期将集中召唤那些将会提供有利于这项法案的证词的证人前来听证。2 月 21 日，出现在听证会上的是科科伦，他强烈支持将经纪人和交易商的职能分开。科科伦还把纽约证券交易所的交易商

---

① 《惠特尼拉长反对证券交易法案的战线》，《纽约时报》，1934 年 2 月 16 日。
② 布鲁克斯，《曾经身在宝山》，第 200~202 页。
③ 《证券交易法案需要灵活性》，《纽约时报》，1934 年 2 月 15 日。

们称为"一群骗子",说"他们就像跟在船舶后面时刻等着吃死人的尸体的海鸟一样","他们跟着市场走,只要有机会,能捡什么就捡起什么"。①

过了一个星期之后,2月22日,雷伯恩邀请理查德·惠特尼参加听证。所有人都不得不承认,惠特尼的证词是非常有力的。抱着"传递重要信息"的想法,惠特尼强调指出,这项法案将会迫使全国各地的市场远离华尔街。他花了差不多整整一天的时间,集中批评了这项法案的保证金条款。"以往的经验告诉我们,"惠特尼说,"确定特定证券的贷款价值这个问题是一个非常本地化的问题,它必须由那些非常熟悉本地市场情况、每天都在接触实际交易的人来处理,因为贷款价值就取决于这些因素。"在那一天的听证会结束时,惠特尼提出了一个建议,即联邦政府应该创设一个独立于联邦贸易委员会的证券交易监管机构。根据他的设想,这个监管机构将由七名委员组成,其中两名委员由总统任命,另两名委员由内阁部长担任(例如,可能是商务部部长和财政部部长),还有一名委员由联邦储备委员会公开市场委员会任命,最后两名委员则代表证券交易所(其中一名来自纽约证券交易所,另一名由其他证券交易所推举)。惠特尼侃侃而谈,他说:"这样一个监管机构,不仅能够代表公众的利益,而且还将因两位内阁部长的意见和建议而受益。另外,通过联邦储备委员会公开市场委员会,它还能密切地掌握全国各地的信贷情况。再者,它还将包括两名来自证券交易所的委员,他们拥有丰富的证券专业知识。"③

关于这个新的监管机构的权力,惠特尼说:"我们认为,它应该被授予这样一些权力:制定证券上市的条件;控制联合操纵证券的辛迪加集团和联合账户;控制有意用于或真的用于影响市场价格的期权;控制足以诱发投机活动的谣言和虚假陈述;禁止利用广告和客户雇用的人去招揽业务。总之,限制所有可能导致不公平的价格的做法。这个监管机构还应该拥有如下权力:开展研究,并在必要时(当发现原有规则不符合公平交易原则时)制定新规则;将经纪人的职能与交易商的职能分开,一人不得身兼两任;实施关于卖空的新规则,如果它确信对这种交易进行监管确有必要的话。"②

如果要在现有机构中挑选出一个机构承担监管全国证券交易的职责,那么联邦贸易委员会无疑是最合乎逻辑的备选对象。但是与此同时,联邦贸易委员会的局限性也是显而易见的,这一点甚至连新政改革者及其同道中人也无法否

---

①③ 《称交易大厅的交易商为骗子》,《纽约时报》,1934年2月22日。
② 《惠特尼建议联邦政府成立证券交易委员会》,《纽约时报》,1934年2月23日。

认。它原本就被授予了非常广泛的权力，而且委员会的大部分成员，除了兰迪斯之外，都对证券行业所知甚少，或者没有任何证券行业的从业经验。正如佩科拉听证会已经证明的，在证券市场上，假装公平的交易行为与彻头彻尾的欺骗之间存在着细微但重要的差异，而且市场专业人士迅速重新调整以适应新的市场规则的创造性也绝对不可低估。2月7日，即弗莱彻-雷伯恩法案被提交给国会之前两天，参议员威廉·H.金（William H. King，他是来自犹他州的民主党人）提出了一项法案，建议联邦政府成立一个联邦股票交易和证券委员会（Federal Stock Exchange and Securities Commission），该委员会由总统任命的三名委员组成，其中来自同一个党派的委员不得多于两人，而且其中至少必须有一名委员拥有"证券交易行业的丰富经验"。金的法案还建议，这个证券委员会的权力包括负责发放所有股票交易的许可证，并可以会同各地的联邦储备银行设定保证金要求，同时它还将负责监督《1933年证券法案》的实施。尽管无论是他在参议院的同事，还是新闻媒体，都没有过于关注金的这项提案，但它却是第一个建议成立一个独立的联邦证券交易委员会的法案。[①]

佩科拉很清楚，尽管大通国民银行听证会披露了威金和其他高管的许多丑闻，尽管爱德华·A.皮尔斯和纽约证券交易所内的"客户的人"（经纪人）存有二心，但是惠特尼本人仍然保持着足够高的个人信誉（而且纽约证券交易所也有足够的资源），足以令他发动一场大规模的反对弗莱彻-雷伯恩法案的游说运动。这种游说也许无法将这项法案扼杀在"摇篮"中，但是绝对能够最大限度地降低它的有效性。鉴于此，佩科拉和弗莱彻决定，参议院将不像众议院那样，立即举行关于这项法案的听证会，因为那只会给惠特尼创造第二个鼓动全国民众反对这项法案的机会。他们将推迟举行立法听证会，先致力于向全国民众证明纽约证券交易所"已经坏到了极点"，比如，联合操纵股票，监督无力，践踏股东权益进行虚假交易，等等。于是，从2月14～26日，佩科拉着重调查了1933年春季和夏季的"废止禁酒令概念股"泡沫从出现到破灭的过程中的操纵行为。

佩科拉传唤的第一个证人是拉塞尔·R.布朗（Russell R. Brown），他是美国商业酒精公司的董事会主席。1933年春天，布朗组织了一个联合操纵团伙，因为他认为操纵自己公司股票的时机已经成熟，同时也因为当时的市场人士对"废止禁酒令概念股"普遍非常感兴趣。当时，美国商业酒精公司的股票的市

[①] 《参议院第2642号议案》，第73届国会，第2次会议。

场价格为每股 20 美元左右，但到了 7 月 18 日，它已经上涨到了将近每股 90 美元。然后，在 3 天之内，它又直降 60 美元，狂跌到了每股 30 美元。① 当然，在此之前，布朗已经安稳地大赚了一笔。

联合操纵股票的操作手法解释起来并不困难。首先，操纵者需要收集大量的准备操纵的股票，以用于日后的交易活动。由于保密和成本是股票操纵能够成功的元素，所以获得股票的最好方法是利用期权来获得——或者从股票被选为操纵对象的目标公司那里获得期权，或者是通过目标公司的内部人士获得期权，因为从市场上公开购买股票，可能会引起不必要的注意，从而提高股票的价格。其次，操纵股票的人必须改变股价运行模式，以说服普通交易者，这只股票确实有某种正面的因素，可以支持它的股价不断上涨。最后，在公众发觉自己被骗之前，操纵者必须把自己手中的股票卖出去。

1933 年 5 月 2 日，布朗将购买 25 000 股美国商业酒精公司股票的期权授予了托马斯·布拉格（Thomas Bragg），价格为每股 18 美元（比当时的市场价低 2 美元）。托马斯·布拉格是一家经纪公司——W. E. 赫顿公司（W. E. Hutton Co.）——的一名股票交易员。在 W. E. 赫顿公司开设的账户名称是"B. E. Smith 296"。实际上，托马斯·布拉格只是伯纳德·E. 史密斯（Bernard E. Smith）的股票代持者，而史密斯，才是一个传奇性的股票操纵者和大空头。②

史密斯素有"空头之王"、"卖方皇帝"之称。然而，极具讽刺意味的是，正是在操纵酒类股票过程中的所作所为，将这些爱尔兰裔美国股票经纪人（此后，他们也被称为华尔街的混蛋国王）的种种不良行径暴露无遗。史密斯是在曼哈顿西侧的"地狱厨房"区长大的，这一区曾经以黑帮横行、治安糟糕而闻名。纯粹是靠好运气（抑或是通过某种特别的安排？），当时身为汽车推销员的史密斯在偶然之中结交了珀西·洛克菲勒（Percy Rockfeller）——约翰·D. 洛克菲勒（John D. Rockfeller）的侄子。史密斯非常会来事儿，他能令年轻的洛克菲勒开怀大笑，就凭这种特殊能力，没有受过教育的史密斯经常与洛克菲勒同出同入，最后在耳濡目染之下，被改造成了一个商人。更加重要的是，他们两人经常同时出现在洛克菲勒俱乐部以及其他社交场合，这就使得史密斯得到了一

---

① 《参议院银行与货币委员会的报告》，第 73 届国会，第 2 次会议，第 1455 号报告，第 55~62 页；佩科拉，《让华尔街宣誓》，第 270 页。

② 《参议院银行与货币委员会的报告》，第 73 届国会，第 2 次会议，第 1455 号报告，第 61 页。

件"体面的外衣"。后来,洛克菲勒的一个朋友、纽约最古老和最受人尊敬的家族的传人小施托伊弗桑特·菲什(Stuyvesnat Fish Jr.),又赞助史密斯获得了纽约证券交易所的一个席位。这些名门出身的贵族公子为什么喜欢与史密斯这个爱尔兰佬搞在一起,其实也不难明白:在这个沉闷无聊的、只有大堆大堆证券可看的行业中,史密斯可以说是最风趣、最幽默同时又最横暴无耻的一个人,他能够给这些豪门之子带来别样的乐趣。关于史密斯,有一个传说是这样的:在赫顿公司,史密斯目不转睛地盯着一个年轻的毕业于常春藤名校的经纪人,当时这个经纪人正在与一位重要客户打电话。突然,史密斯对这个年轻的经纪人大声喊道:"快挂断电话!"这个年轻人用手捂住话筒,嗫嚅着问史密斯:"为什么?"史密斯咆哮了起来:"该死的!快点挂掉电话!马上!"尽管这个年轻人的眼光已经闪现着惊恐之意,但是他还是摇了摇头,说"不行!"史密斯一跃而前,一把就把电话线从墙上扯了下来,然后盯着线头,露出了他那标志性的凯尔特人式的笑容。"你为什么要这么做?"这个年轻人惊惧不安地问,史密斯耸了耸肩,笑了笑,向他打趣道:"因为我在做空 AT&T 公司。"①

这个看似什么都不在乎的史密斯真正在乎的是怎样赚钱。他确实有这方面的天赋,当他操纵股票的时候,他的直觉和反应远超同侪。在风趣、无赖甚至下流的外表下面,掩盖着的是他的自律和野心。史密斯既不抽烟也不喝酒,当然也从来不多愁善感(在许多人的印象中,那是爱尔兰人的典型性格特征之一)。他不仅能令洛克菲勒和菲什开怀大笑,而且还能令他们变得更加有钱。当然,在联合操纵股票时,他也从来不会忘记把他们拉进来。②

在整个爵士乐时代,以史密斯为首,三个爱尔兰裔股票交易员组成了"三驾马车",纵横华尔街,取得了辉煌的"战果"。除了史密斯之外,这个"三驾马车"的另两名成员分别是迈克尔·J. 米汉(Michael J. Meehan)和约瑟夫·P. 肯尼迪(Joseph P. Kennedy)。米汉比史密斯小3岁,他出生于英格兰的布莱克本,但是与史密斯一样,也是在曼哈顿长大的,而且米汉"向上爬"的轨迹也与史密斯如出一辙。一开始,米汉只是一名戏票经纪人,在麦克布莱德票务代理处(McBrides Theatrical Ticket Agency)工作,但是他利用工作之便,结识了许多属于华尔街上流社会的银行家。1918年,在这些银行家"朋友"的帮助下,米汉租下了纽约路边交易所(New York Curb Exchange)的一个席位。

---

① 《华尔街的最后一滴水》,《时代》周刊,1966年9月30日。
② 布鲁克斯,《曾经身在宝山》,第79页。

仅仅两年之后，戴着眼镜、长着一副娃娃脸的米汉就如愿在纽约证券交易所买到了属于自己的席位。8 年后，他的公司就在纽约证券交易所拥有了 8 个席位，超过其他任何一家经纪公司。米汉曾经长期住在雪莉-荷兰酒店，他的朋友、纽约州州长阿尔·史密斯（Al Smith）和民主党全国委员会主席约翰·雅各布·拉斯科布（John Jacob Raskob）也住在那里。①

在坐庄操纵股票方面，米汉创下了有史以来最成功的一个案例，那是在 1928 年初，他在短短的四天之内，就把美国无线电公司的股票从每股 85.25 美元拉升到了每股 147 美元，然后顺利出货，整整赚了 1 500 万美元（以今天的美元计，这超过了 2 亿美元）。他也是一位有远见的人，对普通大众的似乎永不满足的炒股欲望洞若观火。他的公司是第一家在远洋客轮——例如，不来梅号（Bremen）、利维坦号（Leviathan）和贝伦加莉亚号（Berengaria）——上开设办事处的经纪公司，也是第一家在大酒店——例如，纽约华尔道夫酒店（Waldorf Astoria Hotel）——开设网点的经纪公司。②

凭借着操纵美国无线电公司股票赚到的上千万美元，米汉挤入了纽约的上流社会。次年，他搬进了位于第五大道 856 号的豪宅，它共有 14 个房间、6 间浴室。这里是纽约最顶级的住宅区，也是盎格鲁-撒克逊裔白人新教徒贵族阶层的聚居之地。住在这个社区的社会名流还包括 J.P. 摩根公司的合伙人亨利·P. 戴维森（Henry P. Davison）、哈罗德·斯坦利（Harold Stanley）和托马斯·科克兰（Thomas Cochran），以及哈里曼兄弟公司（Harriman Brothers & Company）的创始合伙人阿弗里尔·哈里曼（Averill Harriman）和威廉·伍丁（未来的美国财政部部长）。米汉经常举办盛大的派对，在豪华酒店宴客时，出席的"最亲密"的朋友就达到了 400 人之巨。1928 年，当他的朋友阿尔·史密斯参加总统大选时，他还从操纵股票的暴利中拿出了 10 万美元助选。③

这个"三驾马车"的第三位成员是爱尔兰人约瑟夫·P. 肯尼迪。肯尼迪比较低调，与前述的另两位成员相比，他在当时的华尔街不是非常引人注目。1924 年，在卖空狂潮中，肯尼迪成功地保住了赫兹黄色出租车公司（Hertz's Yellow Cab Company），从而在华尔街显山露水。不过，在整个 20 世纪 20 年代，肯尼迪相当一部分的时间都待在好莱坞忙于重组好莱坞的电影行业业务，而且他也在这个过程中积累了可观的财富。当然，肯尼迪也经常参与联合操纵股票，

---

①②③　《曾经身在宝山》，第 78 页。

就像伯纳德·E. 史密斯和迈克尔·J. 米汉那样。

肯尼迪的过人之处还在于，在 1929 年股市崩盘之前，他就已经彻底套现离场了。这是一个至关重要的决策，以至于奠定了他的家族日后不断取得成功的基础。在 1929 年夏季和初秋，肯尼迪悄悄地彻底清空了所有股票，转而投资于高品质的政府债券，并留下了一部分现金。他从来没有向外界解释，到底是什么原因促使他做出这个重大决定。尽管他野心勃勃，非常渴望得到华尔街上层社会的接受和认可，可以自由出入顶级的金融、政治和社会机构，但是他从来没有向他人炫耀过自己的先见之明；相反，他小心翼翼地把自己的精明和冷酷算计，隐藏在温文尔雅且平易近人的外表之下。

在股市大崩溃前夕，帕特里克·博洛尼亚（Patrick Bologna）还只是一名年纪未满 20 周岁的瘦削的大男孩，他在布朗克斯区长大，后来拥有了一个擦鞋的摊位，位置非常好，在华尔街 60 号。在居住在曼哈顿下城这个"金融峡谷"中的芸芸众生当中，很多人都极具个性，且拥有相当丰富多彩的人生经历，博洛尼亚正是其中之一。博洛尼亚自称"华尔街首席擦鞋生"，而且经常主动地向光顾他的擦鞋摊位的客户提供投资建议，久而久之，他竟然在华尔街那些自命不凡的经纪人和交易商之间赢得了小小的名声。[①] 肯尼迪告诉大家的故事是，1929 年夏天的某一天，当他到博洛尼亚的擦鞋摊位上擦鞋时，博洛尼亚预测到了当天的股市趋势，而且他的预测竟然出奇地准确。"应该已经到时候了。现在，对于股市，连一个擦鞋生都知道得和我一样多了。……是时候退出股市了。"肯尼迪这样说道。[②]

肯尼迪同样极有先见之明地预见到，恐慌很快就会转变为对华尔街的不满，而像自己这样，依靠一个幸运的预感保全自己财富的人，将不会引起太多的公愤。至于帕特里克·博洛尼亚的人生，则波澜不惊，他除了向记者们证实肯尼迪的上述说法之外，仍然一直在华尔街擦鞋。直到 20 世纪 70 年代，他仍然一边帮人擦鞋，一边向客人们讲述自己当年拯救肯尼迪家族财富的故事，同时还不会忘记给客人提供投资建议。

在股市崩溃之后的一年时间里，肯尼迪从位于麦迪逊大道的哈雷和施蒂格

[①]《商界内幕交易者——邮包——阳光男孩及股票，同时，证券交易委员会在审查 IPO 申请时为什么不能发现舞弊?》赫布·格林伯格（Herb Greenberg）撰稿，《旧金山纪事报》，1997 年 9 月 27 日。

[②]《父亲的原罪》，罗纳德·凯斯勒（Ronald Kessler）著，华纳图书公司（纽约），1996 年，第 82 页。

利茨经纪公司（Halle & Stieglitz brokerage firm）借来了一个席位，通过谨慎地做空股市，他的财富又增加了好几百万美元。不过，在进入大萧条之后的第一年的一个时期里，约瑟夫·P. 肯尼迪一度变得不那么专心致志地赚钱了，他把更多的时间和精力都花在了政治领域里。肯尼迪的动机，一方面是希望提高自己和自己家族的社会地位，另一方面则是担心某些极端的意识形态可能在美国渐成气候，如果真的出现了那种状况，那么他的财富也将遭到彻底的重新分配。对于这种心态，肯尼迪后来说得很清楚："在那些日子里，我认为，而且我也公开告诉别人，我愿意献出我所有财富的一半，只要另一半财富能够得到法律的保障。"

1930 年的某一天，应小亨利·摩根索的邀请，约瑟夫·P. 肯尼迪前往奥尔巴尼，与富兰克林·罗斯福共进午餐。罗斯福当时还是纽约州州长，正在竞争被提名为民主党总统候选人，参加 1932 年的总统大选。在争取富人的捐助方面，共和党人明显胜出民主党人不止一筹。罗斯福对肯尼迪这个富翁支持自己的动机有所疑虑，但是他没有说出口。至于肯尼迪，则非常得意自己的眼光，后来他回忆道："我认为我是第一个公开支持他的富人。"这种说法其实并没有太多的夸张成分。①

肯尼迪不知疲倦地为罗斯福筹集资金，以今天的美元计，他本人捐献给罗斯福的竞选资金就超过了 75 万美元，他还借出了 125 万美元的竞选经费，另外，还从自己的富人朋友那里募集到了数百万美元的资金。② 但是，肯尼迪为罗斯福做出的最有价值的贡献是，他帮助罗斯福在 1932 年民主党芝加哥全国代表大会上赢得了提名。当时，在三轮投票表决之后，罗斯福仍然无法得到提名所需的三分之二以上的选票，因此参加大会的许多代表都赞成另找一个人来代替罗斯福参加总统竞争，尤其是来自得克萨斯州和加利福尼亚州的代表们，他们不喜欢罗斯福，而支持众议院议长约翰·南斯·加纳（John Nance Garner）。加纳也有许多强大的支持者，许多媒体和金融界人士都看好他，尤其是出版业巨头威廉·伦道夫·赫斯特（William Randolph Hearst）。赫斯特本人并不出面，他躲在位于加利福尼亚州圣西蒙的赫氏古堡内，就是不肯接罗斯福打来的电话。肯尼迪在好莱坞打拼的时候就认识赫斯特，他是这个新闻业霸主最看重的人之一。肯尼迪打通了赫斯特的电话，他告诉赫斯特，即使民主党提名大会陷入僵

---

① 《开创基业：约瑟夫·P. 肯尼迪的故事》，理查德·J. 惠伦（Richard J. Whalen）著，莱格尼里出版社（华盛顿特区），1964 年，1995 年，第 107 页。

② 同①，第 113 页。

局,加纳也无法赢得提名,而到那个时候,真正的危险就出现了:另一个比罗斯福还要更加倾向于自由主义的人将获得总统候选人提名。于是赫斯特给加纳打电话,让他转投罗斯福的阵营。这样,在接下来的投票中,罗斯福得到了其提名所需的三分之二以上的选票。[①] 从此之后,在罗斯福的眼中,肯尼迪就绝对不仅仅是一个富有的年轻的爱尔兰裔商人了(而且,自此之后,肯尼迪在做出任何重要的决定之前,都会先征求赫斯特的意见)。

在华尔街,与盎格鲁-撒克逊裔白人新教徒和犹太人不同,爱尔兰裔商人基本上没有组建自己的投资银行,他们大多数人都是"独狼",就像肯尼迪和史密斯那样。唯一的例外是麦克唐纳公司(McDonnell & Company),它是股票购买权承销商和交易市场上的领先者。麦克唐纳公司是詹姆斯·麦克唐纳(James McDonnell)于1905年创办的,当时他利用的是他岳父托马斯·穆雷(Thomas Murray)提供的资金。穆雷是一位著名的发明家和公共设施提供商。

1923年,居住在纽约市南安普敦的一些富裕的、家世良好的家庭组建了一个海滩俱乐部,它位于大西洋边上一块与阿格瓦姆湖相对的带状土地上。在那之前,托马斯·穆雷已经在南安普敦买下了一片滨海土地,建成了一所大房子,里面现代化设施应有尽有,其中还包括两个海水游泳池,一个供成人使用,另一个供儿童使用。作为一名虔诚的天主教徒,穆雷子孙满堂,家中人丁极旺。同时,作为一个有才华的发明家,他还设计并主持建造了一个海水过滤兼循环系统,能够把干净的海水从大西洋引进来,而且不会有任何沙子残存下来(在那个时代,沙子是一个令人苦恼的大问题)。

穆雷在南安普敦安家之后不久,他的女婿——麦克唐纳公司的创始人和老板詹姆斯·麦克唐纳——也步其后尘,在这里建造了一所差不多同样大的房子。接下来是穆雷的另外3个孩子和他们的家庭。最终,穆雷-麦克唐纳家族在南安普敦拥有了8所豪宅,总占地面积超过30英亩。除此之外,他们还兴建了许多附属设施,包括车库、马厩、船屋、海水游泳池,甚至还有一个马球场。到了夏天,每逢星期天,就会有一辆豪华大轿车把这个超级大家庭的所有成员送到耶稣和玛丽圣心大教堂参加弥撒。[②]

---

① 《开创基业:约瑟夫·P. 肯尼迪的故事》,理查德·J. 惠伦(Richard J. Whalen)著,莱格尼里出版社(华盛顿特区),1964年,1995年,第119~125页。
② 《真正的花边:美国的爱尔兰富翁》,史蒂芬·伯明翰(Steven Birmingham)著,雪城大学出版社(纽约),1978年,第56页。

然而，原先就住在南安普敦的信奉新教的白人，并不是每个人都喜欢这些"入侵"的爱尔兰人的，尽管这个庞大的穆雷－麦克唐纳家族为当地带来了很多生意——吃的、穿的、玩的，而且他们从不拖欠账款。但是到最后，当他们真正了解到这些爱尔兰人邻居之后，许多本地人却都真的喜欢上了穆雷－麦克唐纳家族的成员，因为这些爱尔兰人似乎与他们平时见到的那些令人惊恐不安的爱尔兰人完全不同。

前文所述的那个海滩俱乐部甚至还有一个正式的名称："南安普敦洗澡公司"。它有一项不成文的但一直被严格执行的规定："爱尔兰人不得申请加入"。而且直到穆雷－麦克唐纳家族搬入这个地区之前，它一直都是这个国家里执行类似规定最为严格的一个海滩俱乐部。① 虽然俱乐部内比较"进步"的那些会员认为，将来的某一天，或许也可以邀请穆雷－麦克唐纳家族的年轻成员加入，但是所有人都确信，那一天的到来，还要再等很多年。

"南安普敦洗澡公司"的会员们认为，自己这个俱乐部应该拥有一个游泳池，但是如何处理沙子是一个难题。有一个会员曾经在穆雷家的游泳池游过泳，当他问托马斯·穆雷如何保持自己的游泳池干净无沙时，穆雷兴奋地向他展示了复杂的过滤系统，以及由美国专利局颁发的授予他对这个系统的专利的文件。

第二年的夏天，"南安普敦洗澡公司"就建成了一个全新的海水游泳池，它是完全无沙的，因为它利用了托马斯·穆雷的专利过滤系统；同时，穆雷－麦克唐纳家族的三代人也可以在这个游泳池中畅快地戏水了，因为他们都已经成为这个俱乐部的正式成员了。②

现在回过头来叙述拉塞尔·布朗操纵自己公司股票的计划。他面临的一个问题是，在授予伯纳德·E. 史密斯 2.5 万股期权后，从哪里去获得这些股票。通常情况下，要解决这个问题非常简单，只需要让公司给联合操纵者发放期权就可以了。但是，美国商业酒精公司的章程却规定，公司原来的股东享有优先认购权，这就是说，当公司发行新的股票时，现有的股东有权按持股比例优先认购，剩下的股票才可以出售给其他原来不是股东的人。这种"权利"也是一种证券，麦克唐纳公司就是靠承销和交易这种类型的证券而赚到了很多钱。不过，这种权利还存在一种例外：在发行用于收购另一家公司的股票时，原有的

---

① 《真正的花边：美国的爱尔兰富翁》，史蒂芬·伯明翰（Steven Birmingham）著，雪城大学出版社（纽约），1978 年，第 45~48 页。

② 同①，第 52 页。

股东不能享有优先认购权。正是利用了这种"例外",布朗才获得了其所需的2.5万股股票。①

布朗先让他的两名亲信分别组建了一家新的公司(当然,作为这家公司资本的是基本没有什么价值的资产——由这两个人出具的个人本票),并准备好了45万美元的本金。然后,布朗让美国商业酒精公司根据公司章程所规定的优先认购权例外条款,向他的这两名亲信定向发行了2.5万股股票,用来交换这两家新公司的股票。再然后,公司将这2.5万股根据期权协议以每股18美元的价格出售给布朗(总价45万美元),所得收入则立即用于偿还前述个人本票。②

1933年5月3日,伯纳德·E.史密斯操纵投票的行动开始了,这个行动一直持续到了7月24日。在此期间,他共买入了大约2.9万股美国商业酒精公司的股票,并卖出了大约4.4万股该公司的股票,然后再把股票从每股20美元拉升到了每股89.875美元。当他出货结束后,美国商业酒精公司的股价又跌回到了每股30美元以下。③

所有这些交易都得到了美国商业酒精公司董事会的批准。当然,那些董事,包括布朗本人,也都秘密地从股价操纵中获得了惊人的好处。与布朗那两个创办了空壳公司的亲信一样,这些人都是通过隐藏在承销费用当中的利润而获利的:1933年5月31日,正当公司股份因为受史密斯操纵而扶摇直上的时候,美国商业酒精公司向原有股东公开发行了新股。总而言之,高管、董事和布朗的亲信们一共获得了相当于今天的大约400万美元的暴利,而且不需投入自己的资金,更不需承担任何风险,当然也没有将任何相关信息披露给他们的普通股东。④

不过,要完成这一切,布朗还必须绕过一个独立的"看门人",那就是纽约证券交易所的上市委员会——美国商业酒精公司的股票是在纽约证券交易所上市的。但是事实证明,这个上市委员会严重玩忽职守。面对佩科拉的盘问,上市委员会主席弗兰克·阿特休尔(Frank Altschul)不得不透露,该委员会甚至没有费心去审查一下美国商业酒精公司准备收购的那两家公司的最基本的财务报表。事实上,只需极其粗略地审查一下它们的财务报表,就可以发现它们

---

① 《真正的花边:美国的爱尔兰富翁》,第52页。
② 《参议院银行与货币委员会报告》,第73届国会,第2次会议,第1455号报告,第70页。
③ 同②,第59页。
④ 同②,第61页。

在弄虚作假了。

1933年8月1日，美国商业酒精公司举行股东特别会议，批准发行2.5万股新股。所有出席会议的股东都是由代理人投票的。征求投票代理权时所用的公开信只陈述了一个内容，即发行新股所获得的资金将用于收购两家公司，除此之外，什么都没有提到；既没有提到布朗和其他一些人将从承销费用中获利，也没有披露那两家空壳公司的资产价值，更没有说明这两家公司本来就是在布朗本人的指示下设立的；它也没有提到创设期权是为了给伯纳德·E. 史密斯操纵股票提供便利的，当然，它更加不可能提到布朗和其他人也参与了联合操纵。不过，佩科拉并没有直接盘问布朗和史密斯这两个人。在听证会行将举行的前夜，布朗去夏威夷度假了，而史密斯则去得更远，他的度假地在澳大利亚。①

1934年2月21日，当佩科拉结束对美国商业酒精公司的调查之后，他又着手调查利比－欧文斯·福特玻璃公司（Libbey – Owens Ford Glass Co.）股票被联合操纵的案件。虽然从实际业务来看，这家公司与"废止禁酒令概念"没有丝毫的关联，它生产的是汽车所用的防碎玻璃，主要为通用汽车公司生产配套产品。但这完全没有构成操纵股份的实质性障碍，在库恩洛布公司的伊莱沙·沃克看来，要说服公众相信这家公司的股票价格在禁酒令被废止后会扶摇直上并不困难。许多不知情的投资者可能会将它与大玻璃瓶制造商伊利诺伊州欧文斯玻璃公司（Owens – Illinois）混淆起来。后来的事实证明，沃克的看法是正确的，当然这是投资者的不幸。

沃克设法搞到了14.5万股利比－欧文斯·福特玻璃公司的股票，这些股票原本是由一个以戈顿·奥金克洛斯（Gordon Auchincloss）为首的投资集团持有的。然后，沃克又搞到了购买这些股票的期权。② 有了期权在手，沃克就可以组建他的操纵联合体了。库恩洛布公司将持有上述股票中的近21%的份额（即该联合体的近21%的收益权）；实际执行操纵股价任务的雷德蒙公司（Redmond & Co.）将持有上述股票中的超过15%的份额；贝尔和贝克威思公司（Bell & Beckwith）——一家位于多伦多的经纪公司——将持有上述股票中的超过15%的份额；经纪公司赖特 & 塞克斯顿公司（Wright & Sexton）将持有上述股票中的近8%的份额；雷曼兄弟公司将持有上述股票中的10%的份额；一个由哈里·

---

① 《参议院银行与货币委员会的报告》，第73届国会，第2次会议，第1455号报告，第61~62页。
② 佩科拉，《让华尔街宣誓》，第272~273页。

辛克莱（Harry Sinclair）控制的公司——海沃公司（Hyva Corporation）——将持有上述股票中的近8%的份额；汽车业巨头沃尔特·P. 克莱斯勒（Walter P. Chrysler）将持有上述股票中的近8%的份额；约瑟夫·P. 肯尼迪将持有上述股票中的超过15%的份额。①

这个联合操纵集团的最后一个参与者特别引人注目，因为约瑟夫·P. 肯尼迪与罗斯福总统的政府的密切关系众所周知。佩科拉没有放过这个曝光肯尼迪的机会。在盘问雷德蒙公司的合伙人亨利·梅森·戴（Henry Mason Day）的时候，佩科拉一再追问与约瑟夫·P. 肯尼迪有关的情况。

> 佩科拉：谁是约瑟夫·P. 肯尼迪？
> 戴：肯尼迪是一位资本家，也是一位名气很大的公民。
> 佩科拉：你知道他从事什么行业吗？
> 戴：我不认为他属于某个具体的行业。
> 佩科拉：当你说他是一位"资本家"的时候，是否意味着他对他做什么有自己的理解？
> 戴：嗯，我不知道。我对"资本家"的理解是，那些拥有相当多的资金、不需要工作的人。
> 佩科拉：那么我不是一位资本家。
> 戴：我也不是的，先生。②

当听证会进行到这里的时候，参议院听证室里爆发出了一阵笑声。在那一天，这个房间里的任何一个人（当然也包括费迪南德·佩科拉）都不可能预料到，再过四个多月，佩科拉将为约瑟夫·P. 肯尼迪工作。

在前述股票操纵联合体正式形成前，利比－欧文斯·福特玻璃公司在纽约证券交易所里根本没有多少人关注，该公司的股票每天的成交量都非常清淡。然而，联合操纵开始后，这家公司的股票的交易量迅猛增加，同时价格也出现了令人难以理解的剧烈波动。这种手法，通常被称为"震仓"，目的是吸引普通投资者关注这家公司的股票。不过，后来的事实证明，这次联合操纵不算特

---

① 《参议院银行与货币委员会股票交易小组委员会听证会记录》，第73届国会，第2次会议，第6221~6222页。
② 同①，第6223页。

别成功,在经过了四个月的运作之后,利比-欧文斯·福特玻璃公司的股价只从每股27美元上涨到了每股37美元,给这个操纵联合体带来了大约700万美元的利润(以今天的美元价值计)。①

无论如何,对"废止禁酒令概念股"操纵案的调查,已经实现了弗莱彻和佩科拉所希望实现的目标。惠特尼发出的豪言壮语——纽约证券交易所能够有效地实现自我监管——现在变成了公开的笑柄。参议院银行与货币委员会已经做好了准备,可以举行对弗莱彻-雷伯恩的法案的听证会了。

2月21日,参议员弗莱彻在参议院大厅发表演讲,对理查德·惠特尼和纽约证券交易所发动的反对弗莱彻-雷伯恩法案的游说活动进行了严厉指责。"纽约证券交易所的官员公开宣传说,如果由联邦政府对该交易所以及其他交易所进行监管,就会危害这个行业。那么,这个行业到底是谁的行业?"弗莱彻质问道,"难道这个行业是属于那些根本无视自己的客户利益、只知道往自己的口袋里装钱的所谓银行家的吗?联邦政府监管当然会损害那些操纵市场的人和疯狂投机的人的利益,他们利用证券交易所的设施鱼肉普通投资者,赚取了数十亿美元的黑心钱。但是,联邦政府的调控不会伤害投资者和正当商人的利益。"

弗莱彻在参议院发表演讲两天后,理查德·惠特尼接受了《纽约时报》的独家专访,对弗莱彻的指责做出了回应。"我认为,弗莱彻参议员的指责是没有根据的,"惠特尼说,"我总结了这项法案的条款,并提请那些有股票在纽约证券交易所上市的公司的总裁关注这项法案。我认为,每一个公民都有权提醒其他可能因某项拟议中的法案而受到影响的另一个公民的注意。就目前这种情况而言,我觉得纽约证券交易所是有责任这样做的。在纽约证券交易所上市的公司已支付了费用,以确保它们的证券在市场上公开交易。拟议中的这项法案将摧毁这个公开市场,并将许多公司从市场上清退出去。面对这种形势,我认为如果我们不提醒有关公司关注这项法案,那就是我们的失职。如果这样做就要被界定为恶意宣传,那么我们所拥有的就公共问题进行自由讨论的权利就不复存在了,最后我们所拥有的言论自由的宪法权利也就荡然无存。"②

然而,没有任何理由,弗莱彻决定对惠特尼示好。在参议院的听证会的第一个星期里,弗莱彻传召了许多对这项法案心怀恶意的证人,听任他们对它肆无忌惮地进行无情的攻击。甚至连汤米·科科伦提供的证词,也因弗莱彻的一

---

①② 《参议院银行与货币委员会证券交易小组委员会听证会记录》,第73届国会,第2次会议,第6222页。

个失误而彻底给毁了,而科科伦本来是为这项法案辩护的最有力的一个证人。就在科科伦出场作证之前,纽约证券交易所提出了一个要求:参议院应该允许它的代理律师、来自卡特、莱迪亚德和米尔本律师事务所(Carter Ledyard & Milburn)的罗兰·雷德蒙(Roland Redmond)对科科伦进行交叉盘问。令人费解的是,弗莱彻竟允许了这个要求,从而极大地削弱了科科伦的证词的效力。①

当然,惠特尼的盟友也没有放弃他。在参议院举行听证会的第一天,美国各地的交易所以及华尔街内外的许多公司,都公开表示反对弗莱彻－雷伯恩的法案。第二天,芝加哥和波士顿的交易所也公开表示反对。在那个星期的后几天,一些规模较小的交易所也公开表示反对。即使是罗斯福总统本人的堂兄弟阿奇博尔德·罗斯福(Archibald Roosevelt)也在代表纽约市市政债券交易商委员会出席听证会的时候,公开表示反对这项法案,他指出,"如果这项法案获得通过,我们所有人都将被迫歇业"。②

听证会的第一个星期的高潮出现在惠特尼本人来到参议院银行与货币委员会参加听证的那一天。惠特尼的证词实质上与他在众议院委员会提供的证词没有太大的区别,只是更加强调了他自己提出的"反建议",即创立一个独立的、能够代表整个行业的联邦证券交易监管机构,并赋予它广泛的制定规则的权力。这一次,在面对追问时,惠特尼仍然非常镇定,他侃侃而谈:"如果能够根据联邦法律创立一个联邦监管机构去解决这些严重的问题,并制定规则、督促各证券交易所执行,以防止不公平地影响市场价格的不诚实的交易行为,那将是我们非常乐意看到的。我希望这个机构能够预防过度投机、打击股票操纵、清除集团坐庄、限制联合账户,控制意在或实际用来不公平地影响市场价格的期权。"③ 惠特尼关于创建一个独立的联邦证券监管机构的建议,第二天就得到了美国商会的公开支持;紧接着,到了第二个星期,约翰·迪金森(John Dickinson)也表态支持。④

这样,到了2月底,情势已经变得非常明显了,弗莱彻－雷伯恩的法案是不可能不经修改就直接通过的。反对的意见确实太多了,甚至连雷伯恩也承认

---

① 《惠特尼否认发"宣传信"警告证券交易将受到控制》,《纽约时报》,1934年2月24日。
② 《参议院银行与货币委员会证券交易小组委员会听证会记录》,第73届国会,第2次会议,第6463~6581页。
③ 《套利企业抗议了》,《纽约时报》,1934年2月28日;《抗议对股票市场的控制》,《纽约时报》,1934年2月28日;塞利格曼,《华尔街的转型》,第92页。
④ 《惠特尼将控制视同国有化》,《纽约时报》,1934年3月1日。

这一点。"人们似乎公认,不能由联邦贸易委员会来监管证券交易。当然,必须采取某种形式的政府行为。重要的是搞清楚它们到底应该是什么行为。从长远来看,在执行阶段,联邦贸易委员会应该可以做些什么。无论如何,我不认为任何人成心让证券业整体歇业。"① 3月5日,参议院多数党领袖詹姆斯·罗宾逊(James Robinson)在雷伯恩的基础上进一步承认:"关于证券交易监管法案能不能在本届大会期间得到通过,我无法在这个时候给出任何保证。"② 惠特尼冲破重重困难,赢得了第一轮。

这也就再一次证明,罗斯福总统的政治手腕确实高明。他从未公开表示过支持弗莱彻-雷伯恩的法案,因为他很清醒,这样一项"推倒重来"式的法案必定会面临非常激烈的反对。而当第一轮国会听证会结束后,对于哪些是需要捍卫的,哪些是可以妥协的,罗斯福就有了一个更全面、更清晰的判断。但是,由于罗斯福总统写于2月9日的咨文要求在本届国会会期内完成立法过程,因而联邦政府行政分支的威望已经大打折扣。3月7日,罗斯福总统公开宣布,他仍然希望证券交易立法能够在本届国会会期之内完成。然后,他要求科科伦、兰迪斯和科恩会同美国财政部和联邦储备委员会重新起草一项法案(联邦储备委员会反对原来法案中的某些条款),特别是要修订其中限制保证金交易的条款。③

紧接着,在联邦储备委员会办公大楼里,起草小组连续奋斗了8天8夜。3月19日,重新起草后的法案重新提交到了国会众议院。而在此之前,科科伦、兰迪斯和科恩已经十易其稿了。④

虽然很多有争议的条款都有所缓和,但是修订后的法案仍然保留了原来的基本框架。修订的主要内容包括:放宽关于保证金的限制,豁免政府支持证券的监管要求。关于保证金信贷的初始额度的限制被放宽,它为当前市场价格的40%至过去三年的最低交易价格的100%之间的较高者,但是同时不得超过当前市场价格的75%。关于保证金贷款的维持,则被规定为当前市场价格的60%至过去三年的最低交易价格的100%之间的较高者,但是不得超过当前市场价格的85%。赋予美国联邦储备委员会削减可以允许的信贷水平的权力,同时还

---

① 《迪金森反对〈交易控制法案〉,因担忧流动性问题》,《纽约时报》,1934年3月7日。
② 《雷伯恩希望修订法案》,《纽约时报》,1934年3月1日。
③④ 塞利格曼,《华尔街的转型》,第93页。

赋予它在某种特殊情况下允许更多保证金贷款的权力。通过个人而不是通过交易所会员、经纪人、交易商实现的信贷，也限制在主述范围内（如果美国联邦储备委员会决定如此的话）。在1939年1月1日前，原有的保证金贷款不适用上述条款。此外，修订后的法案还要求联邦储备委员会和联邦贸易委员会进行研究，根据发行人的盈利预测来确定最高贷款限额的可行性——就像20世纪基金会的爱德华·A. 法林所建议的那样。① 修订后的法案还放宽了对经纪人和交易商的借贷限制，即不仅允许经纪人和交易商向联邦储备系统的成员银行贷款，而且还允许他们从交易所的成员、其他经纪人和交易商那里借款，或者向不是联邦储备系统的成员银行的银行贷款（如果当地没有联邦储备系统的成员银行的话）。②

修订后的法案还增加了一项新的规定：从任何经纪人、经销商、出售或购买某只证券的个人那里收取报酬，以传播与某只在全国性的证券交易所上市交易的证券相关的信息的行为，是不合法的，除非该类信息是作为广告被公开发布的。根据这项修订后的法案，期权交易是被允许的，不过必须服从联邦贸易委员会将来根据该法案制定和颁布的规则。③关于将经纪人、交易商和专家的职能分离开来这个问题，修订后的法案也明显放宽了要求：专家的身份不再受到严格限制，它可以是经纪人，也可以是交易商，但不能两者都是。交易所的会员可以同时既充当经纪人又充当交易商，但条件是，不能对新上市的证券提供保证金贷款，并且还必须告诉客户自己正在发行的是什么证券，而且在为自己的账户进行交易时，只能通过交易所的其他会员进行。④为了避免法案生效后出现"注册拥堵"的现象，修订后的法案还授权联邦贸易委员会批准已经上市的证券先进行临时登记，临时登记的效力到1935年4月1日为止。另外，关于定期报告，修订后的法案只要求年度财务报表必须经过审计。⑤关于误导性的陈述的赔偿责任，修订后的法案规定，只有在因该等陈述而出现了实际损失时才需承担赔偿责任，而控制人的责任仅限于当这些人的行为不是出于善意时。诉讼时效则改为按照"权责发生制"原则确定的事项发生后的两年之内，而不是违规事项被发现后的两年之内。⑥修订后的法案还包含一项新规定，它将联邦贸易委员会的委员从5名增加到了7名（这是为了增加2名熟知证券行业的专业知

---

① 帕里什，《证券监管与新政》，第125页；塞利格曼，《华尔街的转型》，第94页。
②③④⑤⑥ 《众议院第8720号议案》，第73届国会，第2次会议。

识的新委员)。该法案还授权美国总统根据需要将联邦贸易委员会的委员分成他认为合适的若干个小组,不过,每个小组不得少于3名委员。①

理查德·惠特尼对修订后的法案的反应非常迅速,而且非常明确。在这项法案推出后的当天,他就把它称为是一项"破坏性的法案"。惠特尼是这样说的:"虽然它引入了联邦储备委员会,将它作为一个可以在一定程度上控制信贷的机构,而且还限制了原本包含在弗莱彻-雷伯恩法案中的那些关于不公平的民事处罚的规定,但是它仍然无法令人满意。只要快速地浏览一下这项新法案,就可以看得很清楚,它的根本目的就是试图落实这样一种社会理论:联邦政府不仅应该控制信贷和证券交易所的运行,而且还应该控制所有商业和工业。这项新法案对证券市场造成的危害将丝毫不亚于原来的弗莱彻-雷伯恩法案。在我看来,它必然导致股票价格的持续下跌,同时还会阻碍甚至延误全国经济的复苏。这项法案无疑是具有破坏性的,而不是建设性的。"②

费迪南德·佩科拉立即对惠特尼的批评做出了回应。"我认为,惠特尼先生对修订后的弗莱彻-雷伯恩法案的批评至少是不真诚的。他声称,修订后的法案不符合他们在众议院和参议院针对原来的法案提出的反对意见。这真是笑话。如果惠特尼先生的所有反对意见都得到了满足,那么整个法案也就完全不复存在了。"③佩科拉一一列举了对原来的法案的修订,然后继续抨击惠特尼道:"说这项法案的目的是为了实现某一个特殊群体利益的特定的社会哲学,那是一派谎言。恰恰相反,它所追求的目的是,保证过去的悲剧不再重演。1929年10月之前,在纽约证券交易所的纵容和鼓动下,证券市场上的投机活动登峰造极,由此而导致的灾难性后果已经扰乱了美国各产业的发展,使1 300万承担着养家糊口重任的人失去了工作。我们再也不能让类似的事件损害我们的人民的利益和阻碍美国的繁荣富强了。任何一个美国商人,只要以诚实和开放的心态细读这项法案,都不可能像惠特尼先生那样,会因自己假装看到的稻草人和魔鬼吓得浑身发抖。"④

3月20日,众议院州际与对外贸易委员会传召托马斯·科科伦作证,让他解释修订后的法案。科科伦说,人们针对原来的法案提出来的每一条反对意见都已经"充分考虑"到了,而且,虽然他本人不能代表他人发言,但是他认为,这项修订后的法案已经得到了财政部和联邦储备委员会的认可。后来,众

---

①② 《众议院第8720号议案》,第73届国会,第2次会议。
③④ 《纽约证券交易所对证券交易法案发动新攻势》,《纽约时报》,1934年3月21日。

议院州际与对外贸易委员会主席雷伯恩也证实了科科伦的说法。①

但是到了第二天,财政部助理部长汤姆·K.史密斯(Tom K. Smith)却完全否定了科科伦和雷伯恩的说法,他声称,美国财政部对这项修订后的法案的意见是"既不表示赞同,也没有表示不赞同"。这样一来,雷伯恩的希望——经过简单的听证之后,就把该法案提高给众议院全体会议审议——就彻底落空了。这项法案的反对者得到了更多的听证机会。很显然,财政部的表态是罗斯福总统授意的结果。罗斯福希望国会多花些时间在听证会上,然后通过这个程序,对这项法案的成熟性进行进一步的检验。只有在这一切之后,他才肯以自己的全部信誉为这项法案背书。②

3月22日,理查德·惠特尼再一次来到众议院州际与对外贸易委员会参加听证会。他说:"我们对原来的法案的反对意见,仍然适用于现在这项新法案。我不认为这项以修订后的法案框架为基础的法案,能形成一项很好的新法案。"为此,惠特尼提出了一系列修订意见。首先,他建议把监管保证金贷款事务委托给联邦储备委员会,由它根据它的规则全权决定;由联邦储备委员会确定经纪人和自营商的债务限额;应该允许交易所的会员和专家同时充当经纪人和自营商,同时受所属的交易所的规则和新成立的证券交易委员会的规则约束。随后,惠特尼把所有这些建议,再加上其他一些建议,写成一份正式备忘录提交给了众议院州际与对外贸易委员会。③

除了参加听证会之外,惠特尼还马力全开,四处展开游说活动。他找到了保罗·V.希尔兹(Paul V. Shields)——一个与政府有良好关系的民主党人,请他来领导一场写信反对修订后的证券交易法案的运动。在写给自己的朋友、民主党主席和邮政部部长詹姆斯·A.法利的一封信中,希尔兹这样说道:"我求告上帝,希望他保佑我能够打动你,使你认识到这件事情的严重性。就像与我们现在都还活着这个事实一样确凿无疑的是,你必须仔细掂量掂量这项法案。坦率地说,我觉得这些聪明的年轻人(他们经常被称为'法兰克福的走狗们')已经走得太远了。到现在这个时候,我们已经看得很清楚,他们没有什么可失去的,他们也没有想到自己做的事情对政府的影响。到最后,你和我们自己才是背黑锅并承担全部责任的人。请原谅我冒昧把话说到这个份上,而且说得如

---

①② 《纽约证券交易所对证券交易法案发动新攻势》,《纽约时报》,1934年3月21日。
③ 《证券交易管制打击经济复苏》,《纽约时报》,1934年3月22日。

此直白，但是我认为这确实是至关重要的。"①

不过与惠特尼相比，希尔兹其实说得够委婉的了。惠特尼对他从心底里感到厌恶的"法兰克福的走狗们"进行攻击时，是直接诉诸种族和宗教偏见的。从华盛顿回到纽约后，惠特尼立即走遍了华尔街，告诉每一个愿意倾听他的人，说这项法案是"由一群犹太人搞出来的，目的就是要打垮摩根"。②

在惠特尼作证后的第二天，众议院州际与对外贸易委员会的听证会又转了一个怪异的弯。这一天出现在委员会听证室的是小詹姆斯·H. 兰德（James H. Rand, Jr.），他是一个名为"国家委员会"（Committee for the Nation）的组织的主席。兰德是一家办公设备公司的创始人，这家公司后来发展成了大名鼎鼎的斯佩里-兰德公司，它是美国最早的大型计算机制造公司。兰德是于1933年1月与弗兰克·范德利普（Frank Vanderlip）联合创办国家委员会的，而范德利普却是纽约国民城市银行的前总裁。国家委员会致力于推动美国经济的复苏，主张放弃金本位制。简单地说，这个委员会在关于如何促进全国经济复兴的辩论方面相当有影响力。

兰德告诉众议院州际与对外贸易委员会的各位成员，他带来了一封由住在印第安纳州加里的杰出的教育家威廉·A. 沃特（William A. Wirt）亲笔写的信。在信中，沃特声称，罗斯福政府中几位不愿透露姓名的官员曾经告诉他，在罗斯福的智囊团中，有一个小团伙正在计划推翻现政府，方法是先获得对新闻业、工业、劳工界和教育界的控制权，然后再把罗斯福赶下台，由一位独裁者取而代之；在此之前，则以罗斯福为傀儡，让他在前台欺骗公众。兰德把沃特的信从头到尾读给众议院州际与对外贸易委员会的各位成员听。"去年夏天，我（沃特）曾经问过这个小团伙中的几个人，要想打乱美国当前的社会秩序，具体的计划到底是什么？有人告诉我，他们认为，只要压制住我国经济复苏的势头，尽量延长我国处于萧条和衰退的时间，这样到了时机成熟的时候，就可以向美国人民证明，政府必须以工业和商业为本。他们还告诉我，当然不能让商业银行发放长期资金贷款，然后通过密集宣传，他们就能够摧毁其他发放资本贷款的机构。于是，到了那个时候，（他们说）我们就可以把山姆大叔推到必须由他来发放这些资金贷款的位置上。当然，当山姆大叔变成了我们唯一的银行家

---

① 《各证券交易所联合攻击证券交易法案》，《纽约时报》，1934年3月23日。
② 保罗·V. 希尔兹于1934年3月22日写给詹姆斯·A. 法利的信。

的时候，也就意味着他的钱将控制和管理一切了。"①

雷伯恩质问兰德："你在这里是不是直接指控或者暗示，罗斯福总统已经被一些打算推翻这个政府的人所包围了？"兰德回答道："为什么不传召沃特博士为证人出席听证会呢？"当其他众议员问兰德，他为什么没有得到那些卖国的智囊团成员的名单呢？兰德回答道："沃特曾经对他说过，'每个人都知道他们到底是谁'。"②

接下来，兰德攻击了科科伦、兰迪斯和科恩。他说，修订后的法案是由"一群激进的青年律师起草的，他们全都不是民选官员"。兰德还说，"在这里，在华盛顿，有一群年轻人发挥着非常大的影响作用，他们受到过良好的理论训练，同时也颇有热诚，但是却无论在政界还是在商界都完全没有经验"。③

同时，在参议院银行与货币委员会，针对修订后的法案的第二轮听证会也开始了。理查德·惠特尼出席了听证会。汤姆·K.史密斯依然代表财政部给出了不冷不热的证词："财政部已经考虑了这项法案中直接与财政部相关的那些条款。在极为有限的时间里，财政部已经对这些条款作了一些研究，以确定它们是否会对国债市场和国家金融结构产生不利影响。财政部曾经在总体监管框架内就必须修改的一些地方，向参议院银行与货币委员会、众议院州际与对外贸易委员会的律师提出过修改意见，现在看来，财政部提出的所有比较重要的建议都已经包括进这项法案中了。但是，财政部的意见并不涉及该法案在证券交易实务和监管技术方面的规定。未能就相关条款发表意见，并不意味着财政部反对它们，而只是说它们不是我们的研究对象，因此，财政部不适合对它们发表意见。"④

相比之下，联邦储备委员会的态度则全然不同。在参议院银行与货币委员会的听证会上，联邦储备委员会主席尤金·R.布莱克（Eugene R. Black）对修订后的法案给予了热情洋溢的支持："从总体上看，这项法案是公平的、可行的、正确的，它是可以实现规范证券交易所、促进公平交易的目标的。联邦储备委员会支持这项修订后的法案。"⑤

3月24日，罗斯福总统的一位强大的盟友、来自北卡罗来纳州的众议员艾尔弗雷德·布尔温克尔（Alfred Bulwinkle）宣布，他将提出一项决议案，要求就威廉·A.沃特博士所指控的罗斯福总统的智囊团内的不愿意透露姓名的成员的叛国行为展开调查。众议院州际与对外贸易委员会主席雷伯恩和众议院议长

---

① 帕里什，《证券监管与新政》，第140页。
②③④⑤ 《联邦储备委员会支持证券交易法案》，《纽约时报》，1934年3月24日。

雷尼都宣布，他们不反对该决议案。布尔温克尔的目的很清楚，他试图消除罗斯福总统及其智囊成员所受到的任何怀疑："我不相信真的有人说过这样的话。"①

3月26日，罗斯福总统终于公开表态支持该法案，他还敦促众参两院相应的委员会尽快结束审议。同一日，罗斯福总统分别给参议院银行与货币委员会主席弗莱彻、众议院州际与对外贸易委员会主席雷伯恩写了内容完全相同的一封信，要求通过一项强有力的证券交易法案：

亲爱的主席先生：

我将离开华盛顿，在外地度过几天的假期，在我离开之前，我特意写信给您，因为有一件事情令我放心不下。

1934年2月9日，我向国会提交了一个特别咨文，请求国会立法授权联邦政府监管全国的证券交易活动。

我已经注意到，一股目的更明确、组织化程度更高的暗流已经涌起，它反对以监管证券交易为目标的任何有效的立法活动。这种反对比我过去一年来所提出的任何立法建议遭到的反对都要强烈。来自全国各地的函电像潮水一般地涌入白宫和国会，但是有迹象表明，它们的起源地全都是相同的。

我们国家的人民，或者至少是绝大多数人民，都早就充分地认清了这样一个事实，那就是，证券交易和大宗商品交易中的不受监管的投机，是促成人为的、没有保证的、"莫须有"的"繁荣"的最重要的因素之一，而这种"繁荣"直接导致了1929年的大崩溃以及随后几年国家经济极度困难的形势。

一直以来，我都完全赞同对进行证券交易和大宗商品交易的各个交易所实行坚决的监管。在发给国会的咨文中我曾经说过，"我们的国家政策是，只要有可能，就必须将利用这些交易所进行的纯粹的投机炒作活动限制在最低限度"。

我确信，我们这个国家是不会满足于一项没有实际执行力的法案的。在我看来，证券交易法案要实现的最主要的两个目标如下：

第一，保证金的要求必须足够严格，以确保今天仍然大量存在的投机

---

① 《联邦储备委员会支持证券交易法案》，《纽约时报》，1934年3月24日。

活动必定会大幅度地下降；

第二，必须赋予政府明确的监督证券交易活动的权力，这样一来，政府自身将能够纠正未来可能出现的滥用权力的情况。

当然，我们必须尽一切可能努力防止价格操纵，保护投资者免受损失；与此同时，我们还必须消除不必要的、不明智的和破坏性的投机活动。

您今天下午给我看的法案似乎只能满足最低要求。我认为而且我相信你也同意，以任何形式、从任何方面使该法案受到削弱，都是我们无法接受的。

您诚挚的

富兰克林·罗斯福①

第二天，参议院银行与货币委员会举行最后一天的听证会，出席的证人是理查德·惠特尼和他的律师罗兰·雷德蒙，他们阐述了他们提出的修正案的理据。不过，在这一天的听证会上，最关键的并不是惠特尼给出的证词，而是参议员格拉斯发表的一个声明。他说，对于任何一项授予联邦储备委员会确定保证金要求的权力的法案，他都将会极力反对。"我认为，联邦储备委员会不应该在这个问题上横插一脚，"格拉斯说，"在我看来，联邦储备委员会的8名董事会成员都不明白这事儿。我们之所以要成立联邦储备委员会，是为了应对信贷的要求，而不是控制信贷。"他建议，要想遏制投机，只需对买进证券6个月内就卖出的行为课征联邦税即可。②

这样一来，保证金贷款问题就成了试图影响最终法案的相互竞争的各个利益群体争夺的焦点。毫无疑问，过度借贷证券投机是股市泡沫形成的直接原因，而且，在这种"热钱"当中，许多都是直接或间接地来自联邦储备系统的成员银行的，而联邦储备委员采取宽松的货币政策（通过保持充足的储备和极低的利率），又起到了推波助澜的作用。像卡特·格拉斯这样的财政保守派人士认为，应该彻底禁止银行为证券市场交易活动融资，因此，作为银行监管机构的联邦储备委员会，也就没有任何可能在调节保证金水平的过程中发挥任何作用。格拉斯认为，应该限制这类发放给经纪人和交易商的贷款，但这应该由联邦贸易委员会或新成立的联邦证券监管机构来监管。与格拉斯不同，一心想"逼华

---

① 《"智囊团"面临众议院质询，据称因法案宗旨问题》，《纽约时报》，1934年3月25日。
② 《罗斯福希望证券交易法案有"牙齿"，旨在限制投机》，《纽约时报》，1934年3月27日。

尔街就范"的新政改革者们,则硬性规定一个极低的保证金水平,他们认为,要想防止未来再次出现泡沫,就必须严格限制用借来的钱买股票的行为。另一方面,华尔街人士以及许多赞同通货膨胀政策的人,则认为保证金水平应该是灵活的,而且股票价格早就已经崩溃了,它现在已经不是一个"泡沫"市场了,限制人们购买股票的能力只会进一步压低股票价格。同样地,如果限制保证金贷款,那么储备非常充足的银行就会失去一个利润丰厚且风险很低的借贷市场。而且,大量事实已经证明,保证金贷款是很容易收回的,1929年股市大崩溃后,银行的保证金贷款几乎全都收回来了。

4月4日,雷伯恩正式任命一个小组委员会对法案进行最后的修改。悬而未决的保证金问题继续主导了整个议程。这个小组委员会以雷伯恩为主席,其他成员则包括来自加利福尼亚州的民主党众议员克拉伦斯·利(Clarence Lea)、亚拉巴马州的民主党众议员乔治·赫德尔斯顿(George Huddleston)、俄亥俄州的共和党众议员迈尔斯·扬格·库珀(Myers Young Cooper)和密歇根州的共和党众议员卡尔·迈普斯(Carl Mapes)。[①]

就在上述众议院小组委员会成立的同一天,塞缪尔·昂特迈耶无法抗拒"好好出一把风头"的欲望,参加了参议院银行与货币委员会的听证会。昂特迈耶提出的建议是,将纽约证券交易所国有化,并把交易所出售席位所得的收入交给一个信托基金,以支付联邦贸易委员会监管证券交易所的开支。这种不切实际的、煽情的建议只能证明,昂特迈耶已经完全与时代脱节了。再一次,罗斯福总统和国会领导人根本没有理会昂特迈耶的建议。改革前辈已经沦为无名小卒了,可叹![②]

在4月9~11日的这3天时间里,参议院银行与货币委员会通过了三项重要修正案,它们全部都是由卡特·格拉斯起草的。在第一项修正案中,格拉斯建议,成立一个由3名委员组成的证券交易委员会,以取代联邦贸易委员会,作为证券交易监管机构和监督《1933年证券法案》施行的机构。参议院银行与货币委员会以10票对8票通过了这项修正案,投赞成票的是5名民主党参议员和5名共和党参议员。在第二项修正案中,格拉斯建议,由这个新成立的委员会确定经纪人向他们的客户提供保证金贷款的限额,同时联邦储备委员会确定银行向经纪人贷款时的保证金的限额,而证券交易法案则不会直接规定上述两

[①]《证券监管法案开始最后的听证》,《纽约时报》,1934年3月28日。
[②]《国会组成新小组研究修订证券交易法案》,《纽约时报》,1934年3月28日。

者的法定标准。第三项修正案是，将经纪人、证券商和专家的职能分离开来这个问题，也交给将来新成立的委员会去"自由裁量"。①

这些修正案的通过，被广泛地视为理查德·惠特尼取得的一个重大胜利。但是格拉斯否认自己与惠特尼的游说有任何关系，他称这项证券交易法案是"彻底地击败"了纽约证券交易所的结果。"我从来没有读过惠特尼先生提供的证词，一句话也没有读过，"格拉斯说，"我也从未与他直接或间接地沟通过。我提出这些修正案的初衷是防止联邦储备委员会陷入股市赌博的泥淖。我今天仔细查阅了听证会记录，发现惠特尼先生的想法与我的想法之间的差异就像黑夜与白天的差异一样大。"②

4月11日，参议员弗莱彻组成了一个小组委员会，负责协调关于这项法案的其他一些悬而未决的问题（上市证券及拟上市证券的注册、定期报告、股票内幕交易以及投票权征集）。这个小组委员会的成员包括：弗莱彻自己、民主党参议员威廉·吉布斯·麦卡杜（William Gibbs McAdoo）、詹姆斯·伯恩斯（James Byrnes）、共和党参议员弗雷德里克·C. 沃尔科特（Frederick C. Walcott）和菲利普斯·李·戈尔兹伯勒（Phillips Lee Goldsborough）。③

4月12日，理查德·惠特尼直接写信给罗斯福总统，要求与他会面，讨论与证券交易法案有关的一些问题。在他的信中，惠特尼写道："全国的证券交易所并不反对有效的立法。现在所有证券交易所之所以团结起来一致反对雷伯恩的法案，是因为它们都知道，这项法案必然导致的直接结果只能是，证券价格的再度大幅下跌和商业活动的萧索，而这样的结果无疑会对您的经济复兴计划造成严重干扰。我热切地希望，您将会与我见一次面，这样我就可以坦诚而详尽地向您解释清楚，为什么僵化的、没有任何弹性的监管法案（国会现在正在考虑的这项法案就是这样）天生就是危险的。我相信，您会相信我，我提出这个要求，完全是出于我不希望看到一项不健全的法案被通过的结果。我衷心地盼望着您能安排与我见面。"④

然而，罗斯福拒绝了惠特尼的请求。

雷伯恩的小组委员会也显著淡化了关于保证金贷款限制的严格规定。计算

---

① 《昂特迈耶敦促监管证券交易，称发现法案缺陷》，《纽约时报》，1934年4月8日。
② 《委员会修饰法案》，《纽约时报》，1934年4月10日；《法案引入新的机制》，《纽约时报》，1934年4月11日；《参议员批准新的保证金规则》，《纽约时报》，1934年4月12日。
③ 《委员会修饰法案》，《纽约时报》，1934年4月10日。
④ 《参议员批准新的保证金规则》，《纽约时报》，1934年4月12日。

保证金限额的法定公式将只适用于保证金信贷的初始额度（而且联邦储备委员会可以根据自己的判断实质性地改变这个法定公式），而不适用于保证金信贷额度的维持，至于对后者的限额的规定，将完全属于联邦储备委员会的自由裁量权的范围。于是，根据修订后的规定，最初的保证金贷款将被限制为当前价格的55%至过去三年的最低股票交易价格的100%之间的较高者，但是最高不得超过当前股价的75%。4月14日，众议院小组委员会向众议院州际与对外贸易委员会提交了这项修订后的法案。①

4月17日，参议院小组委员会也将修订后的法案提交给了参议院银行与货币委员会，与法案的上一稿相比，最重要的变化有两个：第一，拟成立的证券交易委员会的规模将扩大到由5名委员组成；第二，触发内幕交易的标准从持股10%调整为5%。②

4月20日，参议院银行与货币委员会通过了该法案的小组委员会提交审议的法案（其中，11票赞成，8票反对；11张赞成票分别来自9名民主党参议员和2名共和党参议员），并决定提交给参议院全体会议审议。③

4月25日，众议院州际与对外贸易委员会也投票通过了该法案，然后将该法案提交给了众议院全体会议审议（只有若干很小的修改）。④

在众议院州际与对外贸易委员会投票前夕，雷伯恩指责惠特尼指挥了"众议院有史以来最强大的游说活动，众议院面对的阻力之大，是以往通过任何一项法案时都无法相比的"，而且"所有这些活动实质上是一场因夸大事实和惊吓过度而导致的运动"。惠特尼也立即直截了当地对雷伯恩进行了反驳："雷伯恩主席指责纽约证券交易所从自身利益出发，发动了反对这项法案的运动。这种指责是完全没有道理的。纽约证券交易所一直把证券行业的利益看得比证券交易所的利益更加重要，而且纽约证券交易所的所有观点都是经过细致调查和分析的结果。"⑤

4月30日，众议院大会辩论开始。雷伯恩继续指责纽约证券交易所发动了反对这项法案的宣传活动。"我们根本不可能起草出一项既能有效地保护社会公众利益和普通投资者的利益，又能取悦各大证券交易所的法案。这种尝试是没

---

① 理查德·惠特尼于1934年4月12日写给富兰克林·罗斯福的信。
② 《证券交易法案描绘新路径》，《纽约时报》，1934年4月13日。
③ 《对法案汇票的进一步修订》，《纽约时报》，1934年4月14日。
④ 《证券交易法案转到参议院》，《纽约时报》，1934年4月21日。
⑤ 《众议院小组支持证券交易法案》，《纽约时报》，1934年4月26日。

有意义的。"雷伯恩告诉众议院全体众议员："证券交易所向委员会提交了很多修订案，但是我们都把它们否决了。这些修订案肯定还会出现在众议院全体会议上，它们一出现，我就能认出来。"雷伯恩还提请各位众议员注意，证券交易所的会员们已经挤满了众议院会议大厅外面的走廊，"我很高兴在这里见到他们。他们要想从事这一行业，就只能合法地从事这个行业。我们应该有一个证券市场，但是它首先必须是一个干净的市场"。①

第二天，众议院大会辩论波澜不惊，因为涉及的主要问题是关于该法案的各项规定的说明，以及委员会听证会上的关键证词。不过，到了5月2日，大会辩论却变得非常激烈，一些共和党众议员声称，这项法案是一个共产主义性质的法案，而民主党众议员则反唇相讥，称这些共和党众议员与华尔街沆瀣一气，只知道妖魔化这项法案。这些共和党众议员的领头人是来自伊利诺伊州的众议员弗雷德·比顿（Fred Bitten）：

> 就是在前天，我们这位德高望重的主席在大会发言时，恭维了聚集在会议大厅外面走廊上的证券交易所的会员们。今天，我也要恭维一下一些人，不过我要恭维的对象却与主席先生完全不同。我要恭维的是现在聚集在走廊上的那些来自乔治城一所小红房子里的年轻立法巫师们。这群热度比猩红热症患者还要高的男孩，起草了雷伯恩法案的大部分条款，这项法案其实是他们的"孩子"。这种做法从性质上看无疑是违宪的，但是关于合宪性的争论却是这项法案试图极力回避的。费利克斯·法兰克福教授精心训练出来的这批啦啦队的队员们，将大众强化证券交易监管的呼声当成了自己的便利工具，轻而易举地实现了对我们国家的所有信贷活动和商业活动的控制，"成就"之大，甚至连俄罗斯人也无法与之相媲美。当雷伯恩主席把他们的"孩子"稳妥地放进众议院的保育箱后，这些来自那所小红房子里的男孩们连呼吸也变得畅快起来了。据我所知，一个刚刚从哈佛大学毕业的年轻人（目前在内政部工作）特尔德福·泰勒，是第一个"孩子"（弗莱彻－雷伯恩法案）的父亲，但是这个"孩子"很快就被兰迪斯（联邦贸易委员会）和法兰克福（哈佛大学）绑架了，而法兰克福则一直在听取佩科拉、汤米·科科伦（重建金融公司）和本杰明·科恩的意见。在完成了最后的"装饰工程"后，第二个"孩子"终于闪亮登场。然而，

---

① 《批评交易规则游说活动》，《纽约时报》，1934年4月24日。

他们加入的伏特加太多而奶油太少了，结果在那个大喜的日子里，这个"孩子"还是热度太高，于是只得再回去重新粉饰，可是后来仍然落得个淹死在公共舆论之海的下场。如果现在这个不快乐的"孩子"真的被国会接受了，那么联邦贸易委员会就可以控制甚至扼杀美国几乎每一个行业，因为它可以管制信贷并强加其他限制措施，而不用给出任何理由。即便是深谋远虑的列宁和托洛茨基，也从来没有想到过这种可能性。①

对此，来自俄亥俄州的民主党众议员查尔斯·特劳克斯（Charles Traux）则回敬以更加尖刻的一番话：

> 我支持这项法案，因为它是"对"华尔街做一些事情，而不是"为"华尔街做一些事情。我支持这项法案，因为它会"对"那些最血腥、最肮脏的诈骗者和吸血鬼做一些事情，例如，约翰·"强盗"·摩根。如果把民众因他之故而流下的所有眼泪和鲜血全都汇聚起来，肯定可以形成一个浩瀚的海洋，足以让他驾驶着他那艘价值300万美元的游艇（"海盗号"）在上面纵横驰骋，而且他的海盗同伙也可以驾驶着各自的私人游艇跟在后面。关于这项法案的"牙齿"，人们也已经讨论过很多了。在我看来，这项法案的"牙齿"仍然不够尖利，我还想给这项法案装备上经过镀金、打磨、铆接等无数道工序制成的既锋利无比又坚不可摧的长矛，而且还要在印度最致命的毒蛇的毒液中浸泡过……费迪南德·佩科拉的问题不但尖锐，而且"生有倒钩"，能够把人们的记忆重新激发出来。当人们对摩根的恶迹有所遗忘的时候，拉蒙特就适时出现了，从而重新刷新了大家对他的记忆。像理查德·惠特尼这类骗子，外表上个个都显得风度翩翩、与世无争、完美无瑕，其实全都是金玉其外、败絮其中的衣冠禽兽，只要有人向他们提出一个尖锐的问题，这些高傲的贵族就会把他们的头歪向一边，操着标准的韦伯斯特式的语言，冷淡而沉着地背诵出一些可以刻入历史之石碑的不朽词句："答案是_____。"然而，可笑的是，即便是那个号称优雅和自尊的典范的惠特尼，也早就不打自招了：他自己就是那些最冷血、最残酷的强盗中的一个。此外，还有库恩洛布公司、狄龙瑞德公司等，它们每一家都留下了无数"合法化"的盗窃和抢劫的隐隐约约的线索，整个市场

---

① 《对交易法案的攻击火力全开》，《纽约时报》，1934年5月1日。

上都弥漫着某种不洁的气息，并且蔓延到了从东海岸到西海岸、从墨西哥湾到大湖区的所有地方，甚至一直升腾到了高高的天际。在追捕大盗迪林杰（Dillinger）的时候，出动了一支由5 000人组成的庞大军队。但是，在华尔街，土匪、强盗公然横行，肆无忌惮地攫取着诚实的美国公民辛苦存起来的一点点积蓄。所以，联邦政府必须对这些盗匪的不法行为进行更加严厉的监管，这样才能更好地保证国家利益。①

在特劳克斯结束了他那激情澎湃的发言后，共和党众议员汉密尔顿·菲什（Hamilton Fish）又为华尔街的行为进行了一番辩护（而且是在指责了那些拥有证券分支机构的大型商业银行之后，尽管《格拉斯－斯蒂格尔法案》已经规定商业银行业务与投资银行业务必须严格分开）：

> 在我们这个国家中，如果说人民也"犯下了罪行"的话，那么这里所说的"人民"只能是被国际性大银行误导的美国公众。他们不是受交易所误导的，而是受国际性大银行的证券部门误导的。它们引导、鼓励并敦促我们买进大量外国债券和无数毫无价值的证券。这些机构的人，在通货膨胀时期结束后，告诉我们说，美国劳动者的工资必须降低，给退伍军人的补偿必须切断，纽约市的公务员必须减薪。米切尔先生（Mr. Mitchell）和威金先生（Mr. Wiggin），比其他任何人都更应该承担罪责，如果你想指名道姓地谴责某个人的话。1929年，他们不停地告诉国会，政府不能干涉他们的业务，宣称他们知道什么才是对公众最有利的，而且我们真的相信了他们（这一点是我不得不惭愧地承认的）。然后，他们继续鱼肉公众，甚至不惜将自己的存款人和股东的财富彻底毁灭。证券交易所的各个会员只是在从事他们自己的本职工作，即完成在交易所上市的股票和债券的交易。我认为，攻击惠特尼先生或纽约证券交易所管治委员会的其他委员是不公平的，因为纽约证券交易所的会员们只是在完成合法的交易。如果我们参与了投机活动并蒙受了损失，那么我们就只能怪自己，而不能怪为你提供交易场所的人，因为我们在开始投机的时候就得做好承受损失的准备。②

---

① 《国会记录第7944号》。
② 《国会记录第7941~7943号》。

来自伊利诺伊州的新当选的共和党众议员埃弗里特·德克森（Everett Dirksen）则批评，这项法案严重地限制了银行信贷，而且是在当前这个所有银行都不愿意发放贷款的特殊时期（德克森后来成了参议院多数党领袖）：

> 现在，美国的超额储备已经高达15亿美元，而且天量黄金储备也允许信贷规模持续扩张（因为比例不受限制）。这是一个不容否认的事实，而且它可以让我们从一个新的角度来看待问题。据估计，目前的贷款缩减额大约为46.04亿美元，比去年同期减少了9 900万美元。在4月25日，以证券为抵押的贷款大约为35.16亿美元，比去年同期下降了1.22亿美元。请记住，在一年以前，我们这个国家正处于最低谷时期，但是现在的贷款却比那个时候还减少了大约1亿美元。结论是显而易见的，除了联邦存款保险公司、《银行法案》以及其他法规所施加的限制之外，导致银行冻结信贷的还有另外一个因素，那就是弥漫在空中的恐惧和忧虑情绪。这种情况的出现实在是一件非常奇特的事情，因为好几个星期以来，我们一直都在喧喧闹闹地试图扩张银行信贷和投资信贷规模，比如说，格拉斯法案和信用行业法案，目的都在于此。但是，我们现在看到的这项法案，它又能在这方面发挥什么作用呢？这项法案通篇都在强调控制信贷、遏制过度使用信贷、取消其他法案试图刺激信贷的措施，它对整个国家的民众的心理影响确实是令人非常不安的。我不知道什么人曾经给出过理由：为什么这项法案非要在这个时期推出？难道现在已经出现了泡沫，需要用这项法案来提前加以遏制吗？显然不是，因为这项法案更可能在任何繁荣出现之前就将之扼杀。我希望我能够感受到繁荣即将到来的乐观情绪，但是没有。现在救济压力仍然在不断加重，失业率自去年10月以来又上升到了前所未有的高度。退一步说，即便有人认为经济已经出现了上升势头，并且这种势头的稳定性也肯定是岌岌可危的，那么为什么要出台一项如此激进的法案以打压如此良好的势头呢？①

那一天，最具实质意义的一个进展是，来自北卡罗来纳州的民主党众议员艾尔弗雷德·布尔温克尔宣布，他打算提出一项修正案。这项修正案建议，不要由联邦贸易委员会来充当联邦证券监管机构，而是要新成立一个证券交易委

---

① 《国会记录第7948号》。

员会来履行监管职责。这个委员会由 3 名委员组成（委员由总统任命，但是要征询参议院的意见并得到参议院的同意）。

5 月 3 日，众议院大会宣布一般性辩论结束，随后收到了众议员们提出的一系列修正案。不过，在总共 17 项修正案当中，最终只有 3 项很小的提案获得通过，它们都得到了雷伯恩的支持。① 5 月 4 日，众议员布尔温克尔正式提出了他的修正案，建议成立一个由 3 名委员组成的委员会来监管这项法案的执行，但是他的提案最终被否决了（102 票赞成，145 票反对）。在否决了布尔温克尔的修正案之后不久，众议院全体会议就对这项法案进行了表决，最终结果是：281 票赞成，84 票反对，9 票弃权。②

在众议院通过这项法案的第二天，参议员弗莱彻向参议院提出了一项修正案，建议放宽《1933 年证券法案》中的一些规定，同时澄清了某些模糊之处。这项修正案体现了阿瑟·H. 迪安提出的许多修改建议。弗莱彻建议，每个承销商承担的赔偿责任应该仅限于与它自己实际承销的那部分证券所导致的损失，而不用对全部损失承担连带赔偿责任。他还提议，举证责任归于原告方，即要求原告证明他们在购买发行证券时，确实是根据错误的陈述（或漏报）而进行决策的。弗莱彻的修正案还要求缩短证券法案所规定的各种行为的诉讼时效，同时规定控制人只有在以下情况下才需要承担法律责任，即当控制人明知（或者有合理的理由相信控制人明知）存在重大错报或遗报时。最后，弗莱彻还要求制定债券持有人保护委员会的信息披露要求。③

弗莱彻建议的法案类似于此前由来自特拉华州的共和党参议员丹尼尔·黑斯廷斯（Daniel Hastings）提出的法案，但是黑斯廷斯的法案走得更远，它要求原告证明自己的损失就是因虚假陈述或遗漏所导致的。④

5 月 7 日，参议院开始就这项法案展开大会辩论，参议员弗莱彻首先发言，他复述了佩科拉听证会的各个亮点，并解释了这项立法的各个关键之处。在为期接近一周的参议院大会辩论中，参议员们提出了很多项修正案，但是没有任何一项建议对法案进行实质性修改的修正案得以通过。⑤ 5 月 12 日，星期六，参议院通过了这项法案以及弗莱彻提出的《1933 年证券法案》修正案（60 票

---

① 《国会记录第 7960 号》。
② 《国会记录第 8007～8040 号》。
③ 《国会记录第 8086～8117 号》。
④ 《国会记录第 8048 号》。
⑤ 《法案将缓解〈证券法案〉》，《纽约时报》，1934 年 4 月 6 日。

赞成，12 票反对，21 票弃权）。①

5 月 14 日，众议院和参议院宣布，两院协商委员会已经组建完毕，其成员包括：众议员雷伯恩、赫德尔斯顿（Huddleston）、李、库珀（Cooper）和迈普斯，参议员弗莱彻、阿尔本·W. 巴克利（Alben W. Barkley）、伯恩斯（Byrnes）、戈尔兹伯勒（Goldsborough）和库曾斯（Couzens）。② 众议院通过的法案与参议院通过的法案之间的主要差异体现在这样一些方面：是创设一个新的委员会（参议院的法案），还是由联邦贸易委员会（众议院的法案）来负责联邦证券法案的实施；是明确设定保证金贷款的法定目标（众议院的法案），还是授权证券监管机构决定（参议院的法案）；联邦储备委员会是确定适用于所有借款人和经纪人的保证金要求（众议院的法案），还是只确定联邦储备系统的成员银行（参议院的法案）发放贷款时的保证金要求。③

卡特·格拉斯及其亲密盟友、来自纽约州的民主党参议员罗伯特·瓦格纳（Robert Wagner）都没有进入这个协商委员会，这一点颇为引人注目。对于这种"疏忽"，格拉斯本人和新闻界的一个解释是，参议员弗莱彻和民主党领导层并不支持格拉斯的建议（限制美国联邦储备委员会过多地介入证券市场，以及成立一个新的委员会）。"这是有意的冒犯和公开的侮辱"，格拉斯气愤不已。5 月 15 日，格拉斯宣布辞去参议院银行与货币委员会的职务。对此，弗莱彻解释道："我之所以提名参议员巴克利（Barkley）和参议员伯恩斯作为民主党的代表，是因为他们都是这项法案的积极支持者，并且曾经为它奋力拼搏过。当我最需要帮助的时候，他们帮助过我，因此我让他们进入了这个委员会。就这么简单。我喜欢卡特·格拉斯和鲍勃·瓦格纳，我对他们没有任何恶意。"参议院多数党领袖约瑟夫·T. 罗宾逊拒绝了格拉斯的辞呈，在被问及格拉斯辞职一事时，罗宾逊说："民主党在银行与货币委员会内的参议员没有发生变化。"④

5 月 16 日，罗斯福总统向新闻界透露，他支持众议院的法案。这也证明，格拉斯的担心显然不是没有道理的。⑤

5 月 17 日下午，协商委员会举行了第一次会议，决定先着手解决两项法案之间没有实质性意义的那些技术性差异，而把保证金要求和监管机构等重大问

---

① 《国会记录第 7960 号》。
② 《国会记录第 8160 ~ 8203、8270 ~ 8287、8298 ~ 8301 号》。
③ 《国会记录第 8714 号》。
④ 《在证券交易法案上，众议院抢先一步》，《纽约时报》，1934 年 5 月 15 日。
⑤ 《法案走偏，激怒格拉斯》，《纽约时报》，1934 年 5 月 16 日。

题放到后面来解决。① 5月24日，协商委员会通过了关于《1933年证券法案》的修正案（其中最有争议的一个条款涉及对债券持有人保护委员会的活动的监管，参议员弗莱彻同意对这类委员会的行为不加干预）。②

5月25日，媒体得到的消息是，协商委员会已经就保证金要求和监管机构这两大问题达成了妥协。据报道，与会者都同意，参议院将同意众议院的法案关于保证金的规定，以换取众议院同意参议院的法案关于成立一个新的证券交易委员会的规定。参议员弗莱彻在接受记者采访时说："现在我能告诉大家的是，我们已经取得了一些进展。我们预计明天就可以最终达成一致。那将是一项建设性的法案，我认为参众两院都会接受它。"③ 第二天，与会者宣布，他们已经同意达成妥协，而且内容与媒体报道的完全相同。④ 5月30日，协商委员会正式将达成妥协后的法案提交给国会众参两院审议。众议院和参议院定于6月1日对这项法案投票表决。

6月1日，在对协商委员会的报告进行了简单的讨论之后，众议院和参议院以口头表决的形式批准通过了这项法案——《证券交易法案》。⑤

根据《证券交易法案》，联邦政府将设立一个由5名委员组成的证券交易委员会，每个委员都将由总统在征询参议院的意见后任命（并经参议院同意），任期5年。

《证券交易法案》授权联邦储备委员会制定关于保证金的规则（无论是保证金信贷的初始额度，还是随后的信贷保持）。不过，保证金规定将不适用于既有贷款，直到1937年7月1日为止。

在这项法案获得通过后，理查德·惠特尼立即发表了一个声明：

> 今天，美国国会通过了《1934年证券交易法案》，这项法案与最初的弗莱彻-雷伯恩的法案在很多重要的方面都有所不同。纽约证券交易所之所以反对原来的法案，是因为它包含了许多僵化的、完全没有弹性的规则，它们在现实中已经被事实证明是行不通的。这一类必须反对的条款中的大

---

① 《总统支持众议院的监管证券交易的法案》，《纽约时报》，1934年5月17日。
② 《证券交易法案协商委员会搁置关于监管机构的争议》，《纽约时报》，1934年5月18日。
③ 《证券法案因一个变化而陷入了僵局》，《纽约时报》，1934年5月25日。
④ 《证券交易法案达成妥协》，《纽约时报》，1934年5月26日。
⑤ 《证券交易法案：成立一个5人委员会，保证金弹性监管》，《纽约时报》，1934年5月27日。

部分，在国会通过的法案中都已经被删除了。目前这项法案将创设一个由总统任命的5人委员会，并将赋予该委员会广泛的权力，以保护投资者在我国证券市场上的利益。纽约证券交易所的一贯主张是符合这项法案的上述基本目标的。虽然这项法案仍然包含了一些可能会被事实证明行不通的条款，但是我真切地希望，明智和审慎地运用这项法案，以保证它成为一个建设性的法律。基于这些原因，并且考虑到国家复兴和证券行业的复苏这个至关重要的任务的需要，纽约证券交易所将尽一切可能，与根据这项法案成立的证券交易委员会通力合作。①

惠特尼还特地写信给罗斯福总统，表示纽约证券交易所将会尽力配合新成立的证券交易委员会，以迎接1934年7月1日那一天（这项新法案正式生效的日子）的到来：

"纽约证券交易所热切地盼望着与证券交易委员会的合作，我也一样。我认为，从今天起到7月1日的这段时间应该很好地加以利用，很多专家和其他业内人士都愿意帮助这个新的委员会熟悉和研究证券行业。"惠特尼写道，"如果证券交易委员会想了解纽约证券交易所的运作流程和设施，那么我将深感荣幸并乐于提供一切可能的帮助。正如您所知道的——从麦金太尔上校（Colonel McIntyre，罗斯福总统的私人秘书）那里——我在过去几个月里曾经做过多次尝试，希望能够见到您。我之所以这样做，是因为原来的法案是完全行不通的，我觉得我应该与您讨论一下那项法案的许多条款。现在通过的这项法案的一些条款仍然有问题（我已经把相关的意见提交给了参议院），我相信，在不久的将来，您或许会愿意与我见一次面，这样我们就可以探讨纽约证券交易所应该如何配合证券交易委员会来实施这项重要的法案了。"②

惠特尼最初的计划是，发动一场反对证券交易法案的"主街"运动，这个计划一直没能完全实现，但是他的游说努力还是见到了成效，使这项法案在许

---

① 塞利格曼，《华尔街的转型》，第99页。
② 《证券交易所呼吁"合作"，惠特尼希望法案是"建设性的"》，《纽约时报》，1934年6月2日。

多方面都进行了有利于证券交易所的会员和上市公司的修订。在最后通过的法案中，不再要求交易所的会员必须只是经纪人的身份；经销商也被允许继续作为交易所的会员；经纪人和交易商的角色分离问题也被推迟，"等待进一步的研究"；保证金要求也没有落实为硬性的法律规定，而是留给了联邦储备委员会监管，而联邦储备委员会显然是一个比联邦贸易委员会更加同情华尔街的监管机构；上市公司的季度报告不需要审计，同时必须报告的持股比例的触发点也被放宽为 10%，而不是原来的 5%；禁止传播内幕消息和没收内幕交易利润的规定也被取消了。也许最重要的是，惠特尼最终争取到了他想要的那个新机构——美国证券交易委员会，从此，他就不必再担心受联邦贸易委员会的监管了。他认为联邦贸易委员会的工作人员存在着严重的反商业偏见。

《1934 年证券交易法案》授予联邦政府广泛的权力，不仅可以监管证券市场，还可以监管试图通过在公开市场上发行证券来获取资本的公司。然而，大多数具体规定都有赖于证券交易委员会的制定和通过。因此，《证券交易法案》其实并未定型，在一定意义上，证券交易委员会的委员说这项法案是什么样子，这项法案就是什么样子。证券交易委员会的委员将拥有极大的权力，如果他们愿意，就可以帮华盛顿和华尔街实现"停火"；另一方面，如果他们不想要"和平"的话，也可以促使双方加强敌对行动。《1934 年证券交易法案》通过后，有关各方都开始寻找线索，看罗斯福想要往哪个方向引导。

6 月 6 日，罗斯福总统在白宫举行了《1934 年证券交易法案》的签字仪式，参加这个仪式的人员包括：参议员弗莱彻，众议员雷伯恩、李、迈普斯，费迪南德·佩科拉，汤米·科科伦，以及本杰明·科恩。在签字前，有人问罗斯福总统，谁将担任证券交易委员会的第一任主席，罗斯福说，他已经收到了各方推荐的超过 50 人的提名，但是他还没有考虑将任命谁。但是，这句话是不真实的，罗斯福早就看中了一个人，他将让他来领导这个全新的证券交易委员会。[1]

---

[1] 理查德·惠特尼于 1934 年 5 月 30 日写给富兰克林·罗斯福的信。

第 7 章 "你的朋友——波士顿的乔·肯尼迪":美国证券交易委员会的诞生

其实,早在将成立证券交易委员会这件事情成为定局之前,富兰克林·罗斯福就打算让谁来担任首任主席了。1934 年 4 月上旬,罗斯福联系了约瑟夫·P. 肯尼迪,问他是否愿意在这个新机构中任职。罗斯福本来也应该奖励一下肯尼迪,毕竟他在 1932 年总统大选中出过大力,而且时机似乎也相当不错。佩科拉听证会已经基本上结束了,虽然在利比-欧文斯·福特玻璃公司的股票操纵案中,肯尼迪也被牵扯了进去,难免有些尴尬,但是调查结果最终证明,肯尼迪最多只能算是一个机会主义者,他没有违反任何法律,也不需要承担赔偿任何投资者或交易对手的损失的法律责任。总之,没有什么事情会影响他出任联邦政府高级官员。事实上,罗斯福政府中还有许多其他重要的官员,都曾经是类似的"机会主义者",甚至还有更糟糕的,例如,财政部部长伍丁,作为 J. P. 摩根公司的"优先名单"中的一员,就曾经欣然接受了以首次公开招股为名的利益输送。

在此之前,罗斯福就打算酬谢肯尼迪了。起先,罗斯福通过他的儿子詹姆斯向肯尼迪传话,希望肯尼迪出任美国驻乌拉圭大使,因为他认为肯尼迪能够在贸易谈判中发挥一些作用;① 后来,罗斯福又邀请肯尼迪出任美国驻爱尔兰大使,但是肯尼迪都拒绝了,② 因为他对贸易谈判毫无兴趣,而且也不愿意以一个"爱尔兰人"的身份出任驻爱尔兰大使[不过,60 年后,他的女儿吉恩(Jean)在接受美国驻爱尔兰大使的职位时,却完全没有这种"种族顾虑"了,因为自从她的哥哥担任美国总统后,爱尔兰裔美国人在美国社会中就再也没有自卑感了]。

---

①② 约瑟夫·P. 肯尼迪的备忘录,《财富的人质:约瑟夫·P. 肯尼迪书信集》,阿曼达·史密斯(Amanda Smith)编,维京企鹅普特南出版公司(纽约),2001 年,第 107 页。

两度遭到拒绝后，罗斯福总统急于找到一个肯尼迪乐于接受的职位。4月的第二个星期，罗斯福和肯尼迪两人都在佛罗里达州度假，当罗斯福的专车到达棕榈滩站后，他邀请肯尼迪上专车见个面。寒暄之后，罗斯福就邀请乔·肯尼迪（约瑟夫·P. 肯尼迪的昵称）和罗斯·肯尼迪夫妇下个周末前往白宫商谈事宜，肯尼迪接受了邀请。①

4月14日那天，乔·肯尼迪和罗斯·肯尼迪是在上午11点零5分来到白宫的。早在等候的詹姆斯·罗斯福和他的妻子贝齐（Betsey），把他们两人带到了赛马场。当天晚上，肯尼迪又陪同罗斯福总统来到威拉德饭店参加烤架俱乐部的年度晚宴。然而，在整个晚宴上（时间长达4个小时），罗斯福总统一直都没有谈到自己为什么要邀请他，这令后者十分纳闷。午夜前后，两人返回白宫，罗斯福总统邀请肯尼迪与他一起到书房聊一会儿天。他们两人天南海北地聊了3个多小时。最后，直到凌晨3点15分，罗斯福总统上床休息，仍然没有告诉肯尼迪为什么要请他来一趟。然而，正当肯尼迪脱下衣服准备睡觉时，詹姆斯·罗斯福却敲开了他的卧室的门，他告诉肯尼迪，总统想再与他谈一次话，时间是次日上午11点钟。②

第二天，肯尼迪起得很早，他先参加了上午9点钟开始的弥撒，然后于上午10点钟回到了白宫，并开始收拾行装，准备前往纽约。上午11点，肯尼迪见到了罗斯福总统，当时他还躺在床上，一位海军医生正在给他治疗感冒。罗斯福总统问肯尼迪为什么要拒绝担任外交官，肯尼迪趁机表达了自己的烦恼：他已经被雪藏在政府之外整整一年多了。罗斯福总统指责肯尼迪与华尔街牵连太多，但是肯尼迪对此早有准备，他递给罗斯福一份备忘录，上面清楚地写着，他的大部分财富都来自好莱坞，而不是华尔街。罗斯福总统回答说，他并不是真的在意肯尼迪是怎么赚到钱的，但是他希望肯尼迪前来华盛顿，在拟议中的证券交易委员会任职。肯尼迪没有答应，也没有拒绝。下午2点30分，乔·肯尼迪和罗斯·肯尼迪夫妇离开白宫，起程前往纽约。③

在写给他的大儿子小约瑟夫·P. 肯尼迪的一封信中，肯尼迪仍然不很在意就职于这个全新的委员会的可能性，他在信中写道，他对这个职位"可能不是很感兴趣"。④ 1934年5月11日，在写给费利克斯·法兰克福的一封信中，汤

---

① ② ③ 约瑟夫·P. 肯尼迪的备忘录，《财富的人质：约瑟夫·P. 肯尼迪书信集》，阿曼达·史密斯（Amanda Smith）编，维京企鹅普特南出版公司（纽约），2001年，第127～129页。

④ 同①，第133～136页。

第 7 章 "你的朋友——波士顿的乔·肯尼迪":美国证券交易委员会的诞生

米·科科伦谈到了罗斯福总统对证券交易委员会的组成人员的意见,那是总统顾问雷蒙德·莫利转告他的:"关于谁能获得进入证券交易委员会的门票,老板已经心中有数,他们是:蒂姆(Tim,民主党)、本(Ben,民主党)、希利(Healy)法官(共和党)、马修斯(Mathews,共和党),还有你的朋友——波士顿的乔·肯尼迪(民主党)。最后这个人最特别,是老板直接选定的。"①

1934 年 6 月 15 日,莫利为罗斯福总统准备了一份备忘录,列出了 8 个可能被提名进入证券交易委员会的人的名字:排在第一位的就是约瑟夫·P. 肯尼迪,他也是莫利选中的主席人选;其次是詹姆斯·兰迪斯;再其次是乔治·C. 马修斯(George C. Mathews),一个来自威斯康星州的自由派共和党人,罗斯福总统曾经任命他为联邦贸易委员会委员;排在第四位的是本杰明·科恩;第五位是温和的民主党人、银行家保罗·V. 希尔兹;接下来的是戈登·沃森(Gordon Wasson),一个 35 岁的银行家,来自摩根担保信托公司,他愿意担任摩根与科科伦、兰迪斯和科恩之间的联系人,而且同时受到了改革派和华尔街的青睐;弗兰克·C. 肖内西(Frank C. Shaughnessy),旧金山证券交易所总裁;法官罗伯特·E. 希利(Robert E. Healey),他是共和党人,来自佛蒙特州,也是联邦贸易委员会委员。在这份备忘录的底部,罗斯福总统列出了他自己最中意的人选:肯尼迪、兰迪斯、肖内西、马修斯和希利。费迪南德·佩科拉没有出现在莫利这份名单中,有点令人奇怪,因为他很受公众的欢迎,而且背后还有参议员弗莱彻这座强大的靠山。②

《纽约时报》的一篇报道说,兰迪斯和马修斯几乎肯定会被提名进入委员会,同时还说,汤米·科科伦和本杰明·科恩也有可能。另外,纽约银行家詹姆斯·C. 奥金克洛斯(James Auchincloss)、威廉·弗雷戴(William Freiday)、高盛公司的合伙人西德尼·Y. 温伯格(Sidney Y. Weinberg),以及弗兰克·C. 肖内西和旧金山的银行家迪安·威特(Dean Witter)的名字也有人提及。③

6 月 24 日,詹姆斯·罗斯福打电话给约瑟夫·P. 肯尼迪,邀请他于那个星期晚些时候到华盛顿。当时,肯尼迪被困在海恩尼斯港,因为他在骑马时从马背上被抛了下来,摔断了一条腿。不过,在詹姆斯·罗斯福的极力催促下,

---

① 托马斯·科科伦于 1934 年 5 月 11 日写给费利克斯·法兰克福的信。
② 莫利,《七年之后》,第 286~287 页。
③ 《经纪人讨论新的监管机构》,《纽约时报》,1934 年 6 月 22 日。

他还是决定动身前往纽约。这样一来，万一罗斯福总统找他，他还可以中途在华盛顿下车。①

6月25日，《纽约时报》的一篇报道称，詹姆斯·兰迪斯将出任证券交易委员会的第一任主席。② 第二天，肯尼迪的朋友、记者赫伯特·斯沃普（Herbert Swope）给他打电话，猜测说罗斯福会让佩科拉先担任一年证券交易委员会主席，然后辞职，将职位让位给肯尼迪。斯沃普说，斯克里普斯－霍华德报业集团（Scripps－Howard newspaper chain）的老板、极具影响力的出版商罗伊·霍华德（Roy Howard），曾经表示反对肯尼迪，支持佩科拉。肯尼迪则告诉斯沃普，他现在其实还不能确信自己是不是想进入证券交易委员会，但是可以明确的是，如果不能担任主席，那他真的没有什么动力了。③

尽管许多人都赞成佩科拉担任证券交易委员会主席，但是肯尼迪还是同意第二天去华盛顿一趟。尽管他采取的策略是与总统"来硬的"，但是肯尼迪确实也希望自己能够成为美国证券交易委员会的首任主席。

在哥伦比亚特区的第一天，肯尼迪大部分时间都是与雷蒙德·莫利一起度过的。莫利试图说服他进入证券交易委员会——即使不担任主席。④《纽约时报》的最新报道是，佩科拉将会担任一年的主席，另两位肯定会被提名担任委员的人是兰迪斯和马修斯，其余两个职位则可能由贝恩·鲍德温和罗伯特·E. 希利担任。⑤肯尼迪向莫利重申了自己的立场：要么就担任主席，要么就什么也不干。⑥

下午，在酒店休息的肯尼迪接到白宫打来的一个电话，邀请他下午5点钟到白宫与罗斯福总统会面。在出发之前，肯尼迪打电话给自己最崇拜、最尊敬的一个人——传媒巨头威廉·伦道夫·赫斯特（William Randolph Hearst），征求他的意见。赫斯特的建议也与肯尼迪自己的计划一样：要么就担任主席，要么就什么也不干。⑦

快到下午5点的时候，肯尼迪来到了白宫，但是罗斯福总统还在处理其他事务，因此他在总统旁边坐了1个多小时，直到下午6点钟，罗斯福仍然没有提到证券交易委员会的事情。后来，罗斯福总统邀请肯尼迪和他一起在白宫游

---

① 约瑟夫·P. 肯尼迪的备忘录，《财富的人质：约瑟夫·P. 肯尼迪书信集》，阿曼达·史密斯（Amanda Smith）编，维京企鹅普特南出版公司（纽约），2001年，第136～139页。
② 《证券交易委员会的委员最快本周初任命，兰迪斯可能成为主席》，《纽约时报》，1934年6月25日。
③④⑤⑥⑦ 同①。

泳池游泳。在游泳过程中，罗斯福总统还签署了一项法案，并与肯尼迪讨论了他当天晚上将要发表的广播讲话，但是仍然没有谈到证券交易委员会的事情。游泳后，他们穿好衣服，在总统书房一起喝鸡尾酒，不过，仍然没有谈到证券交易委员会的事情。8 点钟，晚餐开始了，除了总统和肯尼迪之外，一起共进晚餐的还有第一夫人、金融家伯纳德·巴鲁克（Bernard Baruch，巴尼·巴鲁克是他的昵称），以及其他几个人。晚宴结束后，埃莉诺·罗斯福问总统："富兰克林，你准备什么时候与乔谈？""大约明天凌晨 2 点钟"，总统开玩笑道。①

在向全国人民发表了广播讲话之后不久，罗斯福总统派人请来了肯尼迪和巴鲁克。当他们抵达时，莫利已经与总统在一起了。"乔，你先坐下来，然后假装你今天根本不在这里。我们今天要决定证券交易委员会的人选和他们的具体职位，这样明天我才可以安心去度假。"之后，罗斯福总统取出了佩科拉发来的电报，上面说他愿意担任主席一职一年。过了一会儿，他递给肯尼迪一张纸，上面按顺序写着这样几个人的名字：肯尼迪、马修斯、兰迪斯、希利和肖内西。"这份名单是我两个星期前就已经准备好的，到现在为止，我还看不出任何改变它的理由——除非是用佩科拉来代替肖内西。"罗斯福说，"因为我已经与弗莱彻谈过，同意给佩科拉一个职位。我在想，你是可以成为一个伟大的自由主义者的，因此我认为你在这个职位上会做得非常出色。"他们四个人继续讨论，一直到大约凌晨 2 点。②第二天，肯尼迪离开华盛顿，到海恩尼斯港过周末。

6 月 29 日，星期五，罗斯福有意无意地向记者透露，对肯尼迪进入证券交易委员会的传闻不应轻轻放过。"我与巴尼·巴鲁克和乔·肯尼迪坐了一会儿，我们一起喝了些啤酒。我不是在工作，否则，那也太惨了，因为已经是凌晨 2 点钟了。"③

星期六晚上，罗斯福总统的私人秘书马文·麦金太尔（Marvin McIntyre）打电话给仍在海恩尼斯港的肯尼迪，通知他，罗斯福总统已经向媒体发布了他被提名为美国证券交易委员会委员的消息。虽然罗斯福总统没有法定权力直接任命肯尼迪为主席，但是他已经明确表示，肯尼迪就是他心仪的主席人选。麦金太尔告诉肯尼迪，星期一早上，他必须到华盛顿宣誓就职。罗斯福总统让詹

---

①② 约瑟夫·P. 肯尼迪的备忘录，《财富的人质：约瑟夫·P. 肯尼迪书信集》，阿曼达·史密斯（Amanda Smith）编，维京企鹅普特南出版公司（纽约），2001 年，第 136 ~ 139 页。

③ 塞利格曼，《华尔街的转型》，第 99 页。

姆斯·A. 法利去通知佩科拉，肯尼迪将担任主席。"费迪南德态度不错，没有说什么。"法利回来报告罗斯福总统说。①

佩科拉之所以"态度不错"，其实是因为他根本没有打算接受这个安排，或者至少可以说，在得到肯尼迪的某种让步之前，他不打算放弃主席职位。当然，他对肯尼迪本人没有什么恶意，但是他对罗斯福总统则有一股不平之气。罗斯福现在已经在事实上把他——他是小投资者心目中的"大侠客"，仅凭一己之力，掀翻了许多为富不仁的大银行家——推到了一个非常尴尬的境地，几乎使他只能向肯尼迪乞怜；而仅仅在几个月之前，肯尼迪还差点被佩科拉亲手钉上耻辱柱。在那之后，佩科拉还应罗斯福总统的邀请参与竞选曼哈顿区检察官。造化弄人，谁曾想，各人的运势转眼之间就变得全然不同了呢？

7月1日，肯尼迪前往纽约，见到了赫伯特·斯沃普、伯纳德·巴鲁克和雷蒙德·莫利，讨论第二天如何与佩科拉"摊牌"。莫利告诉肯尼迪，罗斯福总统已经交给了他一封信，指示兰迪斯、马修斯和希利选举肯尼迪为证券交易委员会的主席。②

星期一早上，肯尼迪一抵达华盛顿就直奔白宫与麦金太尔会面，讨论当天的活动安排。由于新闻界早已听到风声，知道肯尼迪和佩科拉将为竞争主席一职而"战"，所以一大群新闻记者很早就聚集到了联邦贸易委员会的大楼前。

那天下午，热浪逼人，气温高达93 ℉，肯尼迪来到位于康涅狄格大道的联邦贸易委员会大楼，穿过早就等候在那里的记者，走进了乔治·马修斯的办公室。佩科拉在肯尼迪之后抵达，然后走进了兰迪斯的办公室。在接下来的一个小时里，兰迪斯不停地在他自己的办公室与马修斯的办公室之间来回穿梭，充当肯尼迪与佩科拉的"中间人"。③

最后，肯尼迪和兰迪斯一同离开了马修斯的办公室，走过四间办公室，来到了兰迪斯的办公室，佩科拉就在那里等着。肯尼迪和佩科拉两人又面对面地讨价还价了整整一个小时。佩科拉告诉肯尼迪，他觉得罗斯福总统"对不起他"，如果当不上证券交易委员会的主席，他就回到纽约去当律师。随后，佩科拉提出了一个建议：先让他担任主席，然后在60天后辞职，让肯尼迪继任主席职位。肯尼迪拒绝了这个建议，并随即提出了一个反建议：如果佩科拉同意放弃

---

① 惠伦，《开创基业：约瑟夫·P. 肯尼迪的故事》，第105页。
② 莫利，《七年之后》，第289页。
③ 《漫长谈判后，肯尼迪终于出任证券交易委员会主席》，《纽约时报》，1934年7月3日。

第7章 "你的朋友——波士顿的乔·肯尼迪":美国证券交易委员会的诞生 219

主席一职,那么他就可以领导证券交易委员会下属的交易部。①

佩科拉同意了。

肯尼迪、佩科拉和兰迪斯面带微笑地走出兰迪斯的办公室,然后回到了马修斯的办公室,宣誓仪式和新闻发布会都将在那里举行。希利已经回到他的办公室,因此还得把他叫下来参加这个仪式。他匆匆赶来,只穿着一件衬衫。这样,证券交易委员会的5位委员全都到齐了,联邦贸易委员会的公证人埃德娜·B.文塞尔夫人(Ms. Edna B. Vincel)主持了宣誓仪式。随后,委员会举行了一个简短的秘密会议,肯尼迪在会上正式全票当选为主席。当记者问,刚才的闭门会议中发生了什么事情时,肯尼迪回答道:"我们只是在讨论政策和其他一些事项。事实上,我们讨论了十几件不同的事情呢。"当被问及由谁担任主席是不是其中讨论的一个主题时,所有委员都以沉默和微笑来作答。②

第二天,证券交易委员会召开了第一次工作会议,主要议题是如何协调高层人员的任命。在随后举行的记者招待会上,肯尼迪宣布:"股票操纵的时代已经结束了,从现在起,'今天买入星期四就卖出'这样的行为将会越来越少。时代在快速地转变,四五年前似乎完全是正确的许多事情,现在都已经完全无声无息了。本委员会将保护合法投资者的利益,无论他们的资金规模是大还是小,这个原则适用于新法律涵盖的全部领域。"③

对于肯尼迪被选为证券交易委员会主席一事,有人讥讽道,这不是让来自华尔街的一匹狼来看管鸡舍吗?肯尼迪很清楚自己的过去,因此立即采取行动,力图摆脱这种指控:"在以往,我最大的成功全都是在管理和重组企业的过程中取得的,而不是体现在市场操作上。当然,我对证券交易也有所了解,而且我的经验是,与买入金边证券并长期持有的投资者相比,投机者在投机活动中赚到的钱是可以忽略不计的。真正了解内情的人,都不可能否认我这个说法的准确性。"④

那一天中午,肯尼迪与科科伦、兰迪斯和科恩一起到塔利-何餐馆(Tally-Ho Tavern Coffee House)共进午餐。在未来的日子里,肯尼迪将逐渐"驯服"这些新政改革者,今天只是他的第一步。大家落座后,肯尼迪张口就问:"你们这些家伙为什么恨我呢?"这个问题令这些年轻人大为惊骇,他们连忙告诉新任

---

① 塞利格曼,《华尔街的转型》,第108页。
② 《漫长谈判后,肯尼迪终于出任证券交易委员会主席》,《纽约时报》,1934年7月3日。
③④ 《肯尼迪向投机宣战》,《纽约时报》,1934年7月4日。

主席他判断错了。①

但是，肯尼迪并没有判断错。直到那一天，在罗斯福总统任命的所有重要官员中，肯尼迪是最不受新政自由主义者欢迎的一个。记者约翰·T. 弗林（John T. Flynn，他以前曾经担任过佩科拉的调查员）在一篇文章中写道："即便是罗斯福的值得尊敬的敌人也指责他，怎么会做出任命约瑟夫·P. 肯尼迪担任证券交易委员会主席这样的荒唐事。许多人对罗斯福的指责虽然充满恶意，不过总统的这个举措确实超出了他最狂热的敌人、最阴暗的幸灾乐祸者的期待。"②

在内政部部长哈罗德·伊克斯（Harold Ickes）的日记中，他也写下自己对罗斯福总统任命肯尼迪担任证券交易委员会主席一事的评论："我觉得自己恐怕不会认同总统对证券交易委员会组成人选的安排。他已经任命约瑟夫·P. 肯尼迪担任委员会主席，这个人是股市投机者。总统对他很有信心，原因是他把自己所有的钱都投到政府债券上了，而且知道华尔街的所有交易技巧。很显然，总统在做出这个决定时的假设是，肯尼迪将会努力工作，为自己和自己的家族赢得名声。但是，我也了解很多类似的例子，事态的发展通常都不会像人们当初预期的那样。我不知道总统是不是能够如愿以偿。"③

农业调整总署首席律师杰罗姆·弗兰克（Jerome Frank）也说（有意思的是，弗兰克在将来也会担任证券交易委员会主席），任命肯尼迪担任主席，就好像让"一匹狼去看护一群羊"。④ 汤米·科科伦则私下对雷蒙德·莫利打趣道："哎呀，还好！无论如何，我们在委员会中拥有五分之四的多数。"⑤ 在为《华盛顿新闻》撰写的一篇评论中，罗伊·霍华德说，罗斯福总统"对约瑟夫·P. 肯尼迪的任命，对于他的最忠实的、最高效的支持者来说，不啻一记狠狠的耳光"。⑥

罗斯福选择肯尼迪担任证券交易委员会主席这个决策确实令许多旁观者费

---

① 惠伦，《开创基业：约瑟夫·P. 肯尼迪的故事》，第 145 页。
② 《菲茨杰拉德与肯尼迪》，多丽丝·卡恩斯·古德温著，圣马丁出版社（纽约），1987 年，第 448 页。
③ 《哈罗德·伊克斯秘密日记：前 1 000 天（1933～1936 年）》，哈罗德·伊克斯著，西蒙和舒斯特出版社（纽约），1953 年，第 172 页。
④ 塞利格曼，《华尔街的转型》，第 107 页。
⑤ 莫利，《七年之后》，第 284 页。
⑥ 同④，第 106 页。

解。说实话，肯尼迪在华尔街也不是一名了不起的大人物。尽管当他在商界纵横捭阖时，也与许多证券商和投资公司建立了联系，但是这种联系向来都是比较松散的，而且这些机构大多不是华尔街顶级的机构（例如，海登斯通公司，以及哈雷、施蒂格利茨和雷蒙德公司）。肯尼迪从来没有在任何银行机构中担任过高管职务，他只在他父亲控制的哥伦比亚信托公司中干过一段时间，但这家公司也只是一个规模很小的机构。他是一匹完美的"独狼"。他的财富基本上都是他单枪匹马赚来的（在肯尼迪结束公职后，他的财富又增加了许多倍）。对他来说，一部电话，一两名忠诚的追随者，就足够了［爱德华·摩尔（Edward Moore）是肯尼迪的最忠诚的追随者和合作伙伴，肯尼迪的幼子爱德华·肯尼迪就用了摩尔的名字］。如果罗斯福总统试图安抚华尔街，那么肯尼迪并不是他最适合的人选。在考虑证券交易委员会委员的人选时，罗斯福和他的顾问们曾经讨论过的许多人，都比肯尼迪更有声望，更受华尔街人士的推崇和信赖，例如，西德尼·温伯格（Sidney Weinberg）、保罗·V. 希尔兹（Paul V. Shields）、戈登·沃森（Gordon Wasson）、弗兰克·C. 肖内西（Frank C. Shaughnessy），以及奥金克洛斯兄弟（the Auchincloss brothers）等。另外一个解释是，罗斯福总统之所以任命肯尼迪为证券交易委员会主席，是因为他想偿还他的"政治债务"（肯尼迪在1932年总统大选中为罗斯福立下了汗马功劳）。但是，就算罗斯福想"酬谢"肯尼迪，也有很多其他职位可供选择，它们肯定不会引发这么多的争议和批评。事实上，让肯尼迪担任美国驻爱尔兰大使一职，已经足以让罗斯福还清肯尼迪所有的"政治债务"了。因此，最合理的解释只有一个：罗斯福之所以选择肯尼迪，就是因为他认为肯尼迪就是最佳的人选。

然而，肯尼迪面临的任务是极其艰巨的。他首先必须解决证券交易所的注册问题，美国各地的数十家证券交易所，要么到证券交易委员会注册，要么就得申请豁免注册（以交易量很低为理由）。其次，所有在交易所上市交易的证券也都必须注册；进行注册时要填写的各种表格的样式，必须立即制出来；注册所依据的规则，更加刻不容缓；已注册证券的发行人要公布的年度报告和季度报告的表格样式，也必须立即制出来；同样地，公开上市公司披露股权证券持有状况所需要的表格样式，也必须制好。

证券交易委员会还需要根据《1934年证券交易法案》的授权，制定各种各样的法规和规则，它们涉及证券市场的方方面面。这些法规和规则包括（但不限于）："净资本规则"，用来限制经纪人的杠杆；质押规则，用来规范客户证券的质押；保证证券发行过程中证券交易价格稳定的规则；规范期权交易的规则；限制卖空和止损委托的规则；界定操控性交易活动的规则；界定过度场外交易的规则，等等。

《1934年证券交易法案》和《1933年证券法案》修正案还要求，证券交易委员会必须在如下四个主要领域开展研究工作，并将研究结果报告给国会，同时提供立法建议：第一个研究任务是，在1935年1月3日之前，完成对全国证券交易所的规则的研究，以便加强对证券交易所的会员的管理，同时在必要时进行"纪律处分"；其他三个研究任务的最终期限都是1936年1月3日，它们分别是：对将经纪人和交易商的职能完全分离开来的可行性和合理性进行研究，对非上市证券在证券交易所交易的情况进行研究，对重组和清算程序中的保护委员会的活动进行研究。

肯尼迪的重要职责是，以积极主动的方式执行新的法律，帮助全国的普通投资者重建对于证券市场的公平性的信心；与此同时，他还要鼓励华尔街和美国企业（尽管它们都非常担心新的法律会给它们带来可怕的法律责任），放心在证券市场上筹集资金，以刺激经济增长，使更多的美国人重返工作岗位。

无论是华盛顿的智囊团的核心成员，抑或是华尔街的权力精英，都从来没有完全接受过或信任过肯尼迪。例如，罗斯福总统事实上的幕僚长路易斯·M.豪（Louis M. Howe），就一直近乎"痴迷"地尽一切可能阻止肯尼迪经常接近罗斯福总统。[1] 另一方面，华尔街"上层社会"长期以来也一直对肯尼迪持怀疑态度。1929年的某一天，刚刚在重组好莱坞电影公司的过程中取得巨大成功的肯尼迪拜访了J. P. 摩根公司，他希望与小J. P. 摩根见上一面，讨论合作开展一些商业项目的机会。摩根一定认为肯尼迪的"出场序曲"有点太过放肆了，他觉得肯尼迪需要更加谦卑一点，于是，在约好见面的那天，摩根先让肯尼迪坐了大半天的冷板凳，然后才派了一名秘书告诉肯尼迪，摩根先生很抱歉，因为他实在太忙了，无法抽出时间来见他。[2]（但是，非常有意思的是，肯尼迪与摩根之间的关系在20世纪30年代却得到了极大的改善：在肯尼迪出任美国驻英国大使期间，他在伦敦所居住的房子，就是摩根于20世纪20年代捐赠给英国政府的。另外，在1940年德国发动闪电战的时候，摩根还让肯尼迪住到他位于英格兰乡间的别墅去暂避战火。）[3]

---

[1] 惠伦，《开创基业：约瑟夫·P. 肯尼迪的故事》，第131页。
[2] 同[1]，第103页。
[3] 同[1]，第210页。

罗斯福非常清楚，推动肯尼迪不断进取的动力：一是财富，二是政治权力和社会地位。前者他已经得到了很多，后者他还远远没有满足。尽管面临着巨大的风险（证券交易委员会的雄心勃勃的计划可能会完全落空），肯尼迪还是愿意承担这个艰巨的任务。当然，他的条件是，所有的成功（或失败）必须主要归结于他个人。成功意味着，他将成为一个可以在华尔街与摩根平起平坐（并压倒惠特尼）的大人物，同时还将成为生活在"主街"上的中小投资者的救世主；另一方面，失败则意味着他将会作为罗斯福总统的一步臭棋而被永远钉在耻辱柱上。

尽管肯尼迪与罗斯福之间的个人关系相当复杂——在长达一年多的时间里，肯尼迪一直游离于罗斯福政府之外；肯尼迪不断地向别人抱怨，罗斯福总统"忘恩负义"；肯尼迪断然拒绝出任美国驻爱尔兰大使；罗斯福总统邀请肯尼迪来到白宫做客，但是又相当残忍地不断戏弄他。不过，有一点是确信无疑的，那就是，肯尼迪需要罗斯福，而罗斯福也需要肯尼迪。

无论是在华尔街的巨商大贾当中，还是在华盛顿的新政显要之间，肯尼迪都已经成功地插入了一脚，这一点在当时可以说是独一无二的。肯尼迪吸引罗斯福的，不仅仅是他所拥有的这种关系和他极强的管理能力，更重要的是，拉拢肯尼迪还有政治上的现实好处。当时，罗斯福面临的一个巨大的政治风险——民主党内的"爱尔兰人叛乱"。1932年的总统预选中，罗斯福在詹姆斯·A. 法利、布朗克斯派领袖埃德·弗林和约瑟夫·P. 肯尼迪的帮助下，击败了阿尔·史密斯（Al Smith），但是，一个支持阿尔·史密斯的爱尔兰民粹主义农民联盟并未随之瓦解。到了1934年的时候，这种危机的迹象已经变得相当明显，当时，参议员休伊·P. 朗和密歇根州的查尔斯·库格林（Charles Coughlin）祖父结成了一个奇怪的联盟。查尔斯·库格林祖父经常通过广播布道，非常受信奉天主教的爱尔兰裔民主党人的欢迎。对于像肯尼迪和法利这样的政治人物，罗斯福总统一直都在权衡，到底是提拔他们好，还是疏远他们好？这两种做法都有一定的政治风险。许多人都认为，1938年1月，罗斯福总统之所以任命肯尼迪为美国驻英国大使（这个职位是任何爱尔兰裔美国人都不可能拒绝的），最主要的动机就是让肯尼迪远离权力中心，不要在他谋求第三个总统任期时碍手碍脚。在1940年的大选中，詹姆斯·A. 法利出面争取民主党内的提名，对罗斯福构成了威胁，罗斯福再一次施展出神入化的政治技巧；他采用种种手段，甚至有意默许并鼓励当时的副总统约翰·南斯·加纳（John Nance Garner）去和法利竞争总统提名，从而避免了他们联手反对自己的不利局面，并且又在民主党大会上一手策划了"迫使罗斯福竞选连任"的运动。

当然，肯尼迪也是一个非常高明的人物。他非常清楚，自己要想成为一个伟大的证券交易委员会主席，关键是要说服华尔街、国会和公众，他拥有非常广泛的权力，而且是作为总统的代理来行使这些权力的。肯尼迪经常对自己的孩子说的一句话很能说明问题："至关重要的并不在于你是什么，而在于人们认为你是什么。"① 在担任证券交易委员会主席期间，肯尼迪一直与罗斯福总统保持着密切的关系，并且巧妙地利用自己在新闻界的朋友夸大这种关系。在他的整个职业生涯中，他一直把搞好与媒体的关系当成重中之重。《纽约时报》驻华盛顿办事处主任阿瑟·B. 克罗克（Arthur B. Krock）就是肯尼迪的公共关系专家。

1934年7月4日，克罗克在《纽约时报》发表了对肯尼迪的专访，在文中，他声称肯尼迪从未"充当过空头"。②《纽约时报》同一时期的文章也对肯尼迪大唱赞歌："当罗斯福先生赢得总统大选时，人们普遍认为肯尼迪先生将进入内阁，但是他没有获得提名；接着，他又被认为是财政部部长伍丁的最佳继任者，但是他再一次没有获得提名。"③ 言下之意，肯尼迪早就应该担任高级职务了。事实上，提及这些职位最多的人，很可能就是肯尼迪本人，但是，肯尼迪从未露出过马脚。总之，肯尼迪非常高明地利用媒体确立了自己作为证券交易委员会主席的权威。

肯尼迪还知道，围绕着自己过去与华尔街的关系的争论一天不平息，他监督下的证券交易委员会就出不得一丝差错。因此，证券交易委员会成立后的第一条规则就是，禁止证券交易所的工作人员参与投机性的证券交易。证券交易委员会的工作人员必须以身作则，避免任何可能的冲突，甚至是"看上去似乎存在冲突"也不行。7月6日，在宣布这条规则时，肯尼迪是这样说的：

> 本委员会已经投票决定，除了真正以投资为目的而购买或卖出之外，委员会的任何雇员都不得直接或间接地参与受委员会管辖的任何证券的交易。为了保证这条规则的执行情况能够被外界清晰地观察到，我现在下令：

---

① 《杰克，独一无二的生命》，杰夫雷伊·佩雷（Geoffrey Perret）著，兰登书屋公司（纽约），2001年，第188页。
② 《在华盛顿》，阿瑟·B. 克罗克的专栏文章，《纽约时报》，1934年7月4日。
③ 《肯尼迪从糖果供应商起家》，《纽约时报》，1934年7月3日。

（1）任何雇员都不得以保证金的形式买卖证券；（2）证券交易委员会的雇员必须在买入或卖出证券后 48 小时内向证券交易委员会报告自己的每一笔交易，不过星期日和节假日不算在内。违反本条规定的，不问情由一律立即开除。①

虽然非常渴望在这个全新的证券交易委员会打下他自己的印记，但是肯尼迪并不能选择自己的高级助手。在证券委员会的 5 名委员中，有 4 人在他还在为主席这个职位讨价还价时，就已经"内定"好了。他已经答应佩科拉，戴维·萨珀斯坦（David Saperstein）将被任命为交易部主任，而兰迪斯则已经承诺，鲍德温·贝恩将被任命为行政部主任，唐纳德·蒙哥马利（Donald Montgomery）将被任命为注册部主任。委员会还通过了兰迪斯的建议，让耶鲁大学教授威廉·O. 道格拉斯（William O. Douglas）担任保护委员会的主任。道格拉斯又带来了一位名叫亚伯·福塔斯（Abe Fortas）的年轻律师，担任自己的首席助理。最有意思的是，道格拉斯和福塔斯两人后来都成了美国最高法院的法官。②

而在证券交易委员会的其他高级职员中，最重要的可能数法律部的主管了，即它的首席律师。兰迪斯、科科伦、法兰克福等新政改革者都极力推荐本杰明·科恩担任此职，他们认为，科恩本来就应该担任证券交易委员会的委员，罗斯福总统之所以没有任命他，只是因为科恩的犹太人身份。③许多华尔街机构本来就已经认为，这场证券改革运动是两代犹太人教授（路易斯·布兰戴斯和费利克斯·法兰克福）和两代犹太人律师（塞缪尔·昂特迈耶和本杰明·科恩）领导的，这是犹太人对于基督教银行家将他们排挤出上层社会和顶级社交俱乐部的报复。1934 年年初，J. P. 摩根公司的合伙人拉塞尔·莱芬韦尔（Rusell Leffingwell）在与该公司的另一名合伙人托马斯·拉蒙特（Thomas Lamont）讨论《格拉斯－斯蒂格尔法案》中的将投资银行业务与商业银行业务分离开来的规定时，公开表达了一种反犹太主义情绪，吐露出了许多人的心声："犹太人是不会忘记以前的事情的。他们是非常无情的……我为什么要这么说，原因是我认为你低估了我们要对抗的力量……"④

---

① 《证券交易委员会禁止员工投机》，《纽约时报》，1934 年 7 月 7 日。
② 《证券交易委员会电话记录》，1935 年 7 月 1 日。
③ 塞利格曼，《华尔街的转型》，第 110 页。
④ 《华尔街史》，查尔斯·R. 盖斯特（Charles R. Geisst）著，牛津大学出版社（纽约），1997 年，第 231 页。

对于这种为科恩颁发一个"安慰奖"的呼声,肯尼迪不为所动。在这个证券交易委员会内,他需要一个盟友,因此他决定找一名来自波士顿的爱尔兰人来担任首席律师。肯尼迪这个决定看上去有点奇怪,因为如果他自己被别人称为爱尔兰人,他会很生气。有一次,当一名新闻记者提到他是一个爱尔兰人时,他当场就发怒了:"该死的!不要说我是爱尔兰人!我出生在这个国家!我的孩子也出生在这个国家!难道这还不足以让我成为一个美国人吗?"[1] 而且,肯尼迪身上还有另外一个"悖论":他的大多数(如果不是全部的话)密友和"导师"都是盎格鲁-撒克逊裔白人新教徒,而不是爱尔兰天主教徒,例如,戈登·艾博特(Gordon Abbot)、盖伊·柯里尔(Guy Currier)、盖伦·斯通(Galen Stone)、威廉·伦道夫·赫斯特,以及富兰克林·罗斯福;然而另一方面,在他的职业生涯中,他所有最亲密的、最信赖的副手却几乎都是爱尔兰天主教徒。

肯尼迪选中的人是 1901 年出生的约翰·J.伯恩斯(John J. Burns),他是一个爱尔兰移民的儿子,出生于马萨诸塞州剑桥市。伯恩斯先是在剑桥和波士顿的教区学校和波士顿学院上学,然后从哈佛大学法学院毕业,他也曾经是费利克斯·法兰克福的得意门生。1929 年,伯恩斯成了哈佛大学法学院的一名教师,然后在 1934 年晋升为哈佛大学法学院的教授。此后不久,他就被任命为马萨诸塞州高级法院大法官。令人敬佩的是,上述这一切成就,全都是他在年满 30 周岁之前取得的。[2]

1934 年 7 月 15 日,肯尼迪第一次见到了伯恩斯法官,后者给他留下了深刻的印象。第二天,肯尼迪立即宣布,任命伯恩斯为证券交易委员会的首席律师。[3]

担任证券交易委员会主席后,肯尼迪很快就赢得了一个"工头"的外号。在履职后不久的某一天早上,肯尼迪要叫证券交易委员会的工作人员到他的办公室开会,结果却发现他们竟然还没来上班,于是他立即向证券交易委员会的所有员工发出了一个通告:"从现在开始,每个人都必须 9 点准时上班,迟到、

---

[1] 《肯尼迪家族》,彼得·科利尔(Peter Collier)、戴维·霍罗威茨(David Horowitz)著,伊康特出版社(旧金山),1984 年,第 7 页。

[2] 富兰克林·罗斯福和埃利诺·罗斯福研究院网站,《约翰·J.伯恩斯法官传》,见:newdeal.feri.org。

[3] 约瑟夫·P.肯尼迪于 1934 年 7 月 14 日写给巴特·A.布里克利(Bart A. Brickley)的信;《肯尼迪任命一个法官为律师》,《纽约时报》,1934 年 7 月 17 日。

早退必须得到我本人的批准。主席,约瑟夫·P. 肯尼迪。"①

在他发出这个指令之后不久,有一天凌晨 3 点钟,肯尼迪家里的电话铃响了,接电话的是埃迪·摩尔。来电话的是证券交易委员会的一名年轻的工作人员,他说:"我得与肯尼迪先生本人讲话。"摩尔告诉对方:"他还在睡觉呢。"那位年轻人非常坚持:"我必须与他本人说。"摩尔没有办法,只得叫醒肯尼迪。然后,那位年轻人说:"肯尼迪先生,我在证券交易委员会的图书室里,现在我非常沮丧。我刚刚完成了首席律师要求在早上一上班就看到的一份备忘录,现在是凌晨 3 点钟,我已经累得趴下了,必须回家睡一会儿。根据您的公告,我得向您本人请示:明天上午我是不是可以 9 点半再来上班?"②

毫无疑问,证券交易委员会的工作人员都是非常勤奋而且效率很高的。不过有的时候,巨大的工作量也令他们感到有些厌倦。有一次,一名工作人员花费了好几个小时与委员希利一起审查一份注册声明书,累得不得了,而希利仍然喋喋不休地说着他的口头禅:"必须充分披露信息,以保护适度谨慎的投资者。"这名工作人员实在忍耐不住,终于爆发了:"法官先生,依我的个人浅见,这些'适度谨慎'的投资者全都是婊子养的贪婪成性的家伙。"③

1934 年 7 月 16 日,参议院银行与货币委员会在经过为期两年的调查之后,终于公布了佩科拉关于证券市场行为的最终报告。这份报告浓墨重彩地突出描述了肯尼迪所卷入的利比 - 欧文斯·福特玻璃公司的股票操纵案,从而引发了一场轩然大波。

领头攻击肯尼迪的是佩科拉的朋友约翰·T. 弗林。此君以前就数次诋毁过肯尼迪。在 1934 年 7 月 18 日出版的《新共和国》杂志上,弗林再次撰文斥骂肯尼迪。他的文章是这样起笔的:

这确实是一个不可思议的世界。去年夏天,当费迪南德·佩科拉正忙着调查华尔街的罪恶行径的时候,约瑟夫·P. 肯尼迪则正忙着与他的一群好朋友——梅森·戴(Mason Day)、亨利·F. 辛克莱(Henry F. Sinclair)、库恩勒布公司的伊莱沙·沃克(Elisha Walker)以及其他两三个人——联合操纵利比 - 欧文斯·福特玻璃公司的股票。联合操纵这家公司的股票的

---

①② 《新政的形成:亲历者的叙述》,凯蒂·洛凯姆(Katie Louchheim)编,哈佛大学出版社(剑桥),1983 年,对米尔顿·V. 弗里曼的采访,第 141~142 页。
③ 惠伦,《开创基业:约瑟夫·P. 肯尼迪的故事》,第 154 页。

灵感来自库恩勒布公司的伊莱沙·沃克，当时佩科拉正在调查这家公司。具体的操作则是由雷德蒙公司的梅森·戴负责的，而约瑟夫·P. 肯尼迪先生恰好在这家公司里有一间自己的办公室。①

接下来，弗林谈到了罗斯福总统对肯尼迪的任命：

> 当然，即便是在最疯狂的梦境中，我也不可能想象到，他竟然会任命一个投机者担任证券交易委员会的主席。在华尔街，品流复杂，那里生存着各种各样的群体。有许多通过收取佣金获取利润的经纪人坚决不参与投机交易，他们不让自己的员工炒作股票，也不参与联合操纵；他们相信市场改革，遵纪守法地经营着经纪业务。我曾经猜想过，罗斯福也许会任命某个经纪人（尽管我认为那仍然会是一个严重的错误）。但是我万万没有想到，他竟然会到华尔街"良莠不齐的芸芸众生"中选择最恶劣、最野蛮的那个群体（即华尔街的股票操纵者）的人去当证券交易委员会主席。事实上，按文明程度来划分，在依靠佣金为生的经纪人之下，还有场内交易员，再接下来是所谓的"专家"。交易员都应该被清除出交易大厅，而用自己账户进行投机的"专家"则应该用鞭子赶出交易大厅。在"专家"之下，是身在场外的投机者，即像马修·布拉什（Mathew Brush）、杰西·利弗莫尔（Jesse Livermore）、珀西·洛克菲勒（Percy Rockefeller）、阿瑟·卡滕（Arthur Cutten）和汤姆·布拉格（Tom Bragg）这样的一些人，他们在经纪人的公司里拥有自己的办公室。这些人兴风作浪，操纵股市。我在这里要问，在去年2月，当佩科拉已经揭露出这班人联合操纵股票的丑闻之后，谁还会认为，美国总统会去从他们中间找一个人出来担任证券交易委员会主席？②

然后，弗林又把矛头瞄准了肯尼迪在好莱坞作为公司高管的经历，他说百代电影公司（Pathé）的收入状况非常可疑（肯尼迪在1927～1930年期间管理过这家公司）：

---

①② 《别人的钱》，约翰·T. 弗林撰稿，《新共和国》杂志，1934年7月18日，第264～265页。

第7章 "你的朋友——波士顿的乔·肯尼迪"：美国证券交易委员会的诞生　229

从肯尼迪时期开始，百代电影公司的收入几乎没有增长，但是成本却迅速上升。在肯尼迪这个"巫师"到来之前的三年内，该公司的销售额每年都超过成本。而在肯尼迪到来之后的四年时间里，该公司的成本每年都超过销售额……它的普通股的价格则从每股12美元下跌到了1.50美元。最后，为了逃脱彻底消亡的命运，这家公司不得不出售给了R. K. O公司……总之，从经纪人公司中的办公桌旁边站起身来后，肯尼迪转过头来就成了证券交易委员会主席，而这个委员会却是新政的代表，将管理整个华尔街。我只能说，这不是真的！这是完全不可能的！是的，这怎么可能发生呢？①

肯尼迪当然不会让佩科拉听证会的这种余波影响他的计划，他没有让它干扰证券交易委员会的工作效率。在佩科拉报告发布后的那个星期，肯尼迪的日程安排得非常满。7月19日，他会见了美国公共会计师协会（American Institute of Public Accountants）和美国注册会计师协会（the American Society of Certified Public Accountants）的代表，征求他们对如何根据《1933年证券法案》和《1934年证券交易法案》的要求编制财务报表的意见。② 7月24日，肯尼迪会见了纽约证券交易所上市委员会主席弗兰克·阿特休尔（Frank Altschul）、纽约证券交易所秘书J. M. B. 赫克塞（J. M. B. Hoxsey），以及纽约证券交易所的首席律师罗兰·雷德蒙（Roland Redmond），讨论证券交易所的注册问题。"这只是一个非正式的讨论会，证券交易委员会的委员们还将与纽约证券交易所的代表们讨论一些更加重要的事情，"肯尼迪说，"在不久的将来，类似的会议还将不断举行。"③

第二天下午，肯尼迪在华盛顿特区全国新闻俱乐部发表演说，同时向全国实况转播，这也是他就任证券交易委员会主席以来第一次发表全国广播演说。外界普遍认为，这次广播演说是得到了罗斯福总统的首肯的，它充分阐述了证券交易委员会的理念。对于肯尼迪来说，这也给了他一个极好的机会，他可以

---

① 《别人的钱》，约翰·T. 弗林撰稿，《新共和国》杂志，1934年7月18日，第264~265页。
② 关于如何根据《1933年证券法案》和《1934年证券交易法案》编制财务报表的报告。这份报告是一个由来自美国会计师协会和美国注册会计师协会的代表们组成的联合委员会提交给证券交易委员会的，时间是1934年8月3日。
③ 《讨论如何实施证券法》，《纽约时报》，1934年7月25日。

利用它来对佩科拉报告公布之后出现的针对他的种种攻击进行反驳。人们非常关注这个演说，它会不会设定证券交易委员会与华尔街之间的关系基调（是冲突，还是合作）？肯尼迪利用这个机会，安抚了华尔街和美国企业：在证券交易委员会内部，他们至少拥有一个合作伙伴。在演说中，肯尼迪说：

> 美国证券交易委员会的委员们不会把自己看成验尸官，等着给金融企业的累累尸骨验尸；恰恰相反，我们认为自己的职责是，给证券行业带来新的生机。我们的理念从来都不是也永远不会是这样一种理论：认为与金融行业有关的所有人，无论是男人还是女人，无论是工人还是投资者，都被默认犯下了某种罪行。我们的良好意愿是：证券行业理应得到鼓励，以便让它帮助全国经济复苏。①

肯尼迪接着解释了证券交易委员会和他自己的使命：

> 我认为，证券交易委员会现在试图完成的工作的最重要的组成部分是：一方面，我们安抚资本，告诉它积极进取是安全的；另一方面，我们安抚投资者，告诉他们，投资者的利益是有保障的，前提对那些已被事实证明的会损害他们利益的做法进行强有力的限制，同时提供足够的信息，帮助投资大公司做出明智的投资决策。我们认为，就像总统先生所说的，自己是公司和企业的伙伴。我们从来不认为，每一个企业都在搞歪门邪道，每一个企业背后的人也都是一肚子坏水。②

肯尼迪的演说达到了预期的效果。从根本上说，这是一份"休战公告"，从而使华盛顿的新政改革者们与华尔街的金融家们之间的关系进入了一个新阶段。理查德·惠特尼迅速做出了反应，他高度赞扬了肯尼迪的演说："我认为，肯尼迪先生已经表明，他正在积极而谨慎地实现自己的工作目标，并且是从一个理智的、恰当的起点上开始的。因此，我们已经不需要再次重申了，我们将尽一切努力帮助证券交易委员会实现它想要实现的结果。肯尼迪先生所说的都

---

①② 《证券交易委员会主席约瑟夫·P. 肯尼迪在华盛顿特区全国新闻俱乐部发表的演说》，时间是1934年7月25日（星期二）下午1点30分。

第 7 章 "你的朋友——波士顿的乔·肯尼迪"：美国证券交易委员会的诞生

是非常好的商业常识，我认为，再也没有比好的商业常识更让人放心的东西了。"①

同样重要的是，肯尼迪的这次演说也得到了新政智囊团的成员们的广泛好评。在一封落款日期为 1934 年 7 月 20 日的信中，哥伦比亚大学法律教授、罗斯福总统的顾问阿道夫·A. 伯利（Adolf A. Berle）对肯尼迪这样说道："我写这封信是有特别的原因的，因为有些人认为要'驯服'交易所，就必须用血与火的武器。我理解他们为什么会有这样的感觉，但那确实不是一种可以奏效的方法。因此，对于你在第一次公开声明中所说的一切，我觉得非常欣慰。"②

借助这次全国广播演说大获成功的东风，肯尼迪不失时机地立即接受了《纽约时报》的专访，以此来塑造自己的正面形象，抵消佩科拉报告所带来的负面影响。这篇报道出自《纽约时报》驻华盛顿记者 S. J. 伍尔夫（S. J. Woolf），他在描述肯尼迪的日常工作时，用的词句近乎谄媚：

> 他的小小的办公室非常闷热，就位于一栋临时搭建的木制建筑中，而这栋建筑还是政府在（第一次）世界大战期间仓促搭建起来的。在这里，肯尼迪先生阐述了他对于过去滥用权力的行为和未来改革的看法。在他讲话的时候，完全看不到通常那种所谓的理论家或空想家的影子。③

> 肯尼迪先生个子很高，肩膀也很宽，拥有一副运动员般的好身材。他非常放松地坐在椅子上，一点也不装腔作势。他心平气和地回答了一些关于他以往在股票市场上的操作的问题。如果他不是这么宽厚，不是这么坦率，不是这么好脾气，那么这些问题我很可能永远不会当着他的面提出来。是的，他曾经在股票市场上进行过一些操作，但他用的都是自己的钱，他从来没有参与过联合卖空。他说，他的成功主要是管理和运营企业的成功，至于股票市场上的操作，那根本不算什么。当然，他也不否认，对于华尔街玩的那些游戏，他是有所了解的。④

当他描述他现在的工作时，他的脸上浮现出了一股激情。他认为，这是一项重要的使命，证券交易委员会必定能消除证券市场上的种种弊端。

---

① 《纽约证券交易所总裁惠特尼赞同肯尼迪关于证券交易委员会的职能的看法》，《纽约时报》，1934 年 7 月 27 日。
② 阿道夫·A. 伯利于 1934 年 7 月 30 日写给肯尼迪的信。
③④ 《肯尼迪已看到大时代的到来》，《纽约时报》，1934 年 8 月 12 日。

肯尼迪先生非常坦率,这一点特别令我敬佩。他的能力也给我留下了非常深刻的印象。当然,他的强大的个人魅力也是毋庸置疑的。他早年的成功无疑应该归功于他身上的这些优秀的品质。①

这篇报道最后以肯尼迪的一段话结束:

> 自(第一次)世界大战以来,我国许多公民都已经变成了投资者。国家引导他们把自己的资金投入到国债中去,他们也增加了各种证券的持有量,但还是有千百万人(保单持有人)通过我们的人寿保险公司间接地投资于证券市场,我们证券交易委员会的工作就是帮助这些人。股票操纵的日子已经一去不复返了。我们的想法也已经发生了改变,几年前被认为是正确的某些事情,现在已经完全不符合我们的理念了。大、中、小投资者们都将得到保护,而那些拥有巨额财富的居心不良的人将不会有机会从事以往那种罪恶的交易。②

这时候,佩科拉的报告公布还未满一个月,但是它所揭露的关于肯尼迪的"华尔街往事",却似乎已经完全被公众谅解,如果说尚未被彻底遗忘的话。

华盛顿,炎炎夏日,骄阳似火,肯尼迪逐渐打磨出了美国证券交易委员会的监管制度的轮廓。1934年8月13日,在那个一个会议接着一个会议、一轮讨论接着一轮讨论的"疯狂的6个星期"结束后,证券交易委员会批准并公布了实施《1934年证券交易法案》所需的一系列规则和表格,它们是全国43家交易所以及在这些交易所上市的公司向证券交易委员会注册所必不可少的。此外,在同一天,证券交易委员会还公布了上市公司的高管、董事以及持股10%以上的股东对外公布持股情况所用的表格。根据规定,从1934年11月开始,持股报告书必须备案。③

在谈到这些新的规则和表格的时候,肯尼迪说:"对于某只股票,我们不会告诉投资者买进它是一个不错的选择。我们所做的一切就是提供关于这只股票的详细信息。我们希望消除可能会造成不应有的波动的那些行为,不过,即使

---

①② 《肯尼迪已看到大时代的到来》,《纽约时报》,1934年8月12日。
③ 《证券交易委员会出台第一批规则,华尔街不再恐惧》,《纽约时报》,1934年8月14日。

所有的操纵行为都已经被清除了，你还是无法控制所有的价格波动，因为市场总是有起有落的。"①

8月29日，证券交易委员会又发布了一批法规，它们允许非上市证券继续在证券交易所中交易。不过，证券交易所必须向证券交易委员会申请继续交易这种证券的许可证，申请截止时期是1934年9月16日。②

9月13日，证券交易委员会的委员们与各证券交易所的代表们讨论卖空问题，最终商定的结果是，在《1934年证券交易法案》生效之日，即1934年10月1日起，只有当证券交易委员会允许的时候，才可以进行卖空。后来，在2008年金融危机之后，许多人认为，卖空是造成股票价格崩溃的重要原因。而20世纪30年代和21世纪的卖空者却争辩说，他们承担了一个非常重要的市场职能，就是把虚高的价格降下来，同时在平仓的时候又能够为市场提供必要的流动性。在雷曼兄弟公司倒闭之后，证券交易委员会也曾经暂时禁止金融公司卖空。我们接着叙述20世纪30年代的往事。来自7家证券交易所的代表与肯尼迪在华盛顿开了一个会议。肯尼迪在会上宣布，即将出台的规则将继续允许卖空交易（根据各交易所目前所采用的规则）。在解释制定一个统一的规则面临困难的时候，肯尼迪指出，证券交易委员会听取了20多家证券交易所对卖空问题的看法，结果发现，它们的规则各不相同。③

9月18日，肯尼迪、证券交易委员会的其他委员们以及所有高级助手，应理查德·惠特尼之邀，前往纽约证券交易所交流和考察。这次活动，部分是合影作秀，部分是工作会议，它同时也给了肯尼迪一个很好的机会，使他能够向证券交易委员会的委员们和高层表达和解姿态，同时还可以收服纽约证券交易所的会员的人心。当记者问他是否打算打击证券交易所时，肯尼迪回答说："这从来都不是我们证券交易委员会的初衷。证券交易委员会的工作就是制定规则。至于有人非要把这些规则往这个方向解释，那证券交易委员会也无能为力。"④

当被问及《1934年证券交易法案》的生效日期已经近在眼前了，怎样才能在有限的时间内制定并颁布所有交易规则时，肯尼迪重申，交易规则不可能在10月1日之前全部制定完成。"只有在适当考虑了所有相关因素后，证券交

---

① 《证券交易委员会出台第一批规则，华尔街不再恐惧》，《纽约时报》，1934年8月14日。
② 《未上市证券的交易规则已制定》，《纽约时报》，1934年9月15日。
③ 《交易规则不会导致动荡》，《纽约时报》，1934年9月15日。
④ 《肯尼迪和助手视察纽约证券交易所》，《纽约时报》，1934年9月19日。

委员会才会公布最终规则和规范证券交易所各项业务的法规。由于涉及工作量极其庞大，因此从目前的情况来看，不可能在10月1日之前完成这个任务。但是，从那一天起，证券交易委员会就可以正式依法监管证券交易所了。"①

当被问及，他认为交易大厅内的经纪人对证券交易委员会的委员们来访一事可能会有什么看法时，肯尼迪（利用当天市场成交量非常低的这个事实）开玩笑说："经纪人没有看我们啊，他们都盯着他们的电话，似乎在看电话线能不能给他们带来什么生意。"②纽约证券交易所的会员们普遍赞赏肯尼迪的幽默和说话技巧。他们开始觉得，对于他们的业务，联邦政府的监管可能不完全是坏事。

就在《1934年证券交易法案》正式生效前夕，纽约洋基队的球迷再一次发现，洋基队没能打进世界职业棒球大赛的总决赛。这一年，洋基队再次在美国棒球联盟中位居第二，而且再次落后冠军7场球，不过这次获得冠军的是底特律老虎队（后来，在世界职业棒球大赛总决赛中，底特律老虎队在第7场比赛中才输给了圣路易红雀队）。9月24日，纽约洋基队在主场迎战波士顿红袜队，这是那个赛季洋基队的最后一场主场比赛。尽管在赛季中期，鲁斯已经宣布1934年赛季可能是他的最后一个赛季了，但是仍然只有2 000名球迷到场观看贝比（Babe）在洋基球场的最后一场比赛。鲁斯只打了一局，在外野犯了一个错误，然后就被换下场了。洋基队最后以0:5输掉了这场比赛。在这个赛季里，鲁斯的状态相当糟糕，他所有的打球指标都出现了明显的下滑。他的平均上垒率下滑到了0.288；他只打出了22个本垒打；不过，他的击球得分次数仍然不错，维持在了104次的水平上。③

不过，9月26日，证券交易委员会采取了一个行动，这是证券交易委员会根据《1934年证券交易法案》成立以来采取的第一个不利于华尔街的行动。证券交易委员会否决了布鲁克林-曼哈顿公共交通公司（Brooklyn-Manhattan Transit Corporation）的债券的临时注册申请。这只债券是最近发行的，根据《1933年证券法案》，仅在州内发行的债券可以免于注册；这家地铁运营商也声称，所有债券都只在纽约发行和销售。但在发行之后，这只债券的承销商要求它在纽约证券交易所挂牌上市。肯尼迪认为，尽管在事实上，这只债券的所有承销商和经销商都位于纽约，但是直到它们都被以投资为目的的投资者买走为止，这只债券的发行并没有"真的结束"；申请在证券交易所上市交易这个举

---

①② 《肯尼迪和助手视察纽约证券交易所》，《纽约时报》，1934年9月19日。
③ 蒙特维尔，《大冲撞》，第22章。

第 7 章 "你的朋友——波士顿的乔·肯尼迪"：美国证券交易委员会的诞生

动还暴露了这家公司这样的意图，即这只债券将会进一步发行给不一定居住在纽约的人。肯尼迪说，证券交易委员会之所以要否决这只证券的临时注册申请，是因为委员会认为在纽约证券交易所挂牌上市违反了《1933 年证券法案》。通过拒绝接受这些债券根据《1934 年证券交易法案》注册，证券交易委员会也就有效地阻止了它们在纽约证券交易所挂牌交易。肯尼迪认为，如果允许这些公司先以豁免注册的形式发行债券，然后再在交易所上市，那么《1933 年证券法案》将会成为一纸空文，同时证券交易委员会的权威也将被彻底颠覆。① 这样一来，证券交易委员会就发出了一个重要的信号：监管的力度将会是合情合理的，但是逃避监管则是完全不能容忍的。

9 月 27 日，证券交易委员会根据《1934 年证券交易法案》，批准了 21 家证券交易所的注册申请。截至那一天，还有另外 24 家交易所也提交了注册申请。证券交易委员会在审查之后，驳回了其中的 3 家交易所的注册申请：第一家是纽约矿业交易所，它已经完全终止经营了；第二家是纽约土产交易所，它连基本设施都不复存在了；第三家是洛杉矶路边交易所，它与洛杉矶证券交易所合并了。②

此外，还有 19 家证券交易所获准豁免注册。在这些交易所中，有 15 家是因为交易量很低而获准豁免注册的，另外 4 家则是因为它们同意彻底终止经营。这 4 家交易所分别是：加利福尼亚证券交易所、波士顿路边交易所、哈特福德证券交易所和菲律宾马尼拉证券交易所。③

1934 年 10 月 1 日，《1934 年证券交易法案》的大部分条款正式生效。肯尼迪的证券交易委员会获得的最好赞誉来自证券市场：那一天，市场对此毫无反应。1934 年 9 月 1 日，道琼斯工业平均指数收于 92 点，10 月 1 日收于 90 点，11 月 1 日则收于 93 点。这正是肯尼迪所希望的：对于金融市场来说，《1934 年证券交易法案》的生效，根本不是一个金融事件，尽管它毫无疑问是一个历史事件。这一天，本来是有可能成为"华尔街抵抗战争"的开始日的，但是却成了更完善的资本主义新时代到来的里程碑。

那一天，在全国性证券交易所上市的证券必须临时注册的规定也在那一天生效，共 2 910 家已发行股票的公司和 1 968 家发行了债券的公司完成了临时注册，涉及的本金总额接近 290 亿美元。由于临时注册的有效期到 1935 年 6 月 30

---

① 《证券交易委员会叫停布鲁克林－曼哈顿公共交通公司筹资》，《纽约时报》，1934 年 9 月 27 日。
②③ 《证券交易委员会第一个年度报告》（截至 1935 年 6 月 30 日这个财年），第 11～13 页。

日截止,因此制定并颁布上市证券永久注册所需要的规则和表格,就成了证券交易委员会 1934 年秋季和冬季的主要工作重点。这些报表将由数以千计的上市公司的高管、律师和注册会计师填报,它们是一种权衡的结果:一方面,需要披露足够的信息,作为投资者做出投资决策的合理依据;另一方面,填报这些表格这个任务又不能过于繁重,不然上市公司将会耗费大量宝贵的管理资源,或者必须承担过高的成本。各公司的管理层必须保证公司的正常运行,在当时经济大萧条的背景下,这本身就已经构成了一个非常重大的挑战。在经济危机的冲击下,各公司的管理者收入下降了,但工作量却加大了,因此要让他们再承担填报表格的工作,无疑需要更多的责任感;而且,这些表格的填报工作还需要与《1933 年证券法案》所要求的注册表格和定期报告表格同步进行;如果协调不力,就会导致重复工作,或者出现报告不一致的情况;如果那样的话,公司就得承担法律责任。

在制定这个规则和表格的过程中,肯尼迪向许多非常重要的商界领袖求助并得到了他们的热情帮助。与肯尼迪合作最密切的人包括:杰拉德·斯沃普(Gerard Swope),通用电气公司总裁;威廉·J. 菲尔伯特(William J. Fillbert),美国钢铁公司副董事长;托马斯·C. 麦科布(Thomas C. McCobb),新泽西标准石油公司的实际控制人。[①] 既然这些公司都认可这些规则和表格,那肯尼迪就可以确认证券交易委员会的要求是合理的了。

11 月,肯尼迪将工作重心从"安抚资本"转移到了"激励资本"上,使之尽快地摆脱萎靡无力的消极状态。当时,所谓的"资本罢工"——大型企业和华尔街不愿意在证券市场上公开募集资金,因为它们担心承担新的证券法强加的法律责任——仍在持续。在担任证券交易委员会主席一职后的前四个月,肯尼迪一直在与有关方面沟通:企业家和资本家在这个新成立的证券交易委员会内,可以找到可靠的合作伙伴。不过到了现在,肯尼迪认为,是时候发动企业根据新的注册规定筹集资金了。虽然企业通过不用注册的非公开发行证券(在华尔街,这被称为"私募")的形式筹集资金也是完全合法的,但是他却意识到,这种做法将颠覆证券交易委员会的合法性,并使得他无法证明,在他领导下的证券交易委员会进行注册,其实是非常灵活的,这并不是一项非常繁重的任务。7 月以来,新泽西标准石油公司、巴尔的摩联合天然气和电气公司、密歇根民用电力公司,都已经相继以私募的形式发行了总额达 6 300 万美元的债

[①] 《证券交易委员会第一个年度报告》(截至 1935 年 6 月 30 日这个财年),第 20 页。

券。肯尼迪认为，这是美国公司对证券交易委员会投下的不信任票，然而这是不公平的。①

11月15日，肯尼迪发表了一次重要的公开演说。自从他上次于7月25日在全国新闻俱乐部发表全国广播演说之后，这还是他第一个重要的公开演说。肯尼迪谈到了在市场上公开发行证券的问题，他指出，注册过程是非常简单的，"这是一条没有任何困难的通天大道，只有那些过分胆小的公司才不敢走上这条康庄大道"。肯尼迪还逐一驳斥了有人给新证券法强加的"四项主要罪名"：法律责任的规定过分严厉，注册成本过于高昂，要求披露不相关的信息且信息披露要求是个沉重的负担，注册过程过于耗费时间。②

肯尼迪指出，关于赔偿责任的规定全都是以英国公司法为基础的，而且对欺诈性的不实陈述的法律责任的规定，也与现行的普通法没有什么区别。"董事、高管、承销商和'专家'都是可以不用承担责任的，"肯尼迪说，"只要他们能够证明他们已经尽了应尽的义务、进行过必要的调查。疏忽和不诚实总会受到处罚，各行各业都同样。"③

对于注册过程成本过高的指责，肯尼迪回应道："根据计算，全部可以想象得到的注册费用，大约只相当于全部募集资金总额的大约万分之三十八，而且毫无疑问，在这里面还包括了许多法律费用和会计费用，即使不在证券交易委员会注册，这些费用也是迟早要发生的。"④

关于信息披露要求"过于繁重"的指控，肯尼迪说，证券交易委员会制定和颁布的规则及表格，已经取消了很多这方面的负担，"公司金融领域最杰出的律师已经明确指出，现在留下来的规则和表格已经很有限了，采用这些规则和表格，并不会带来多少不便和费用，美国企业家不应该对这项法案望而却步，进而试图不通过证券市场去筹集资金"。⑤

最后，关于填报表格过于耗费时间的指责，肯尼迪回应说："我可以肯定，这种指责严重地夸大了事实。你们大家肯定都听说过了，在新的证券法实施之

---

① 《证券交易委员会主席肯尼迪提交给国家紧急委员会执行主任的备忘录》，日期是1934年11月23日。
② 《证券交易委员会主席约瑟夫·P.肯尼迪在波士顿商会发表的演说》，时间是1934年11月15日，美国政府印刷局（华盛顿），1934年。
③ 同②，第5页。
④ 同②，第6页。
⑤ 同②，第7页。

后，规模最大的融资活动是爱迪生电力照明公司公开发行股票，但是你们可能不知道，从最初提出申请到最后核准发行，总共只花了20天时间。"①

不过，仅仅在口头上进行督促是不够的。肯尼迪非常清楚，他必须做到这一点：让美国企业觉得，遵守证券交易委员会关于注册和信息披露的规则其实是非常方便的。

1934年12月20日，根据《1934年证券交易法案》，证券交易委员会批准颁布了供上市公司用于永久注册的通用表格（第10号表格）。在颁布之前，肯尼迪和许多商界领袖都已经对第10号表格进行了多方审查。这个表格适用于绝大多数工业公司和公用事业公司，不过不适用于归州际商务委员会监管的公共承运人、由美国联邦通信委员会管辖的其他公司，也不适用于外国发行人、银行、保险公司或处于接管状态中的公司。在颁布这张通用表格之后，证券交易委员会又先后颁布了11个适用于上述这些公司和某些特殊类型的证券的表格。在为颁布第10号表格而举行的新闻发布会上，证券交易委员会的发言人说："这些要求有一个非常突出的共同特点，那就是，相关公司以及它们的会计师在准备所需的数据时，无论是在决定提供哪些数据时，还是在决定提供数据的方式时，都拥有很大的自由度。本委员会一贯强调，这些要求的关键在于其实质而不在于其形式。本委员会设定的标准是，必须保证披露'适度谨慎的投资者应该被告知的'事实。"②

对肯尼迪制定的这些表格的灵活性，以及由此而体现出来的对于发行人的利益的敏感性，市场再次给出了正面的回应。

1935年年初，肯尼迪发现，自己必须与众议院拨款委员会"打一场预算战争"。在1935年7月1日至1936年6月30日财政年度，肯尼迪一开始提出的预算建议是422.7万美元，但是，在罗斯福总统提交给国会的预算案中，分配给证券交易委员会的款额只有237万美元，而且众议院拨款委员会还进一步要求将其削减至164.9万美元。1月12日，肯尼迪来到众议院拨款委员会申诉。在接下来的几个星期内，他与众议院拨款委员会主席詹姆斯·布坎南（James Buchanna）多次交涉，证明证券交易委员会的每位雇员的工资都是应得的。最终，肯尼迪占了上风，证券交易委员会获得了230万美元的预算。③

---

① 《证券交易委员会主席约瑟夫·P. 肯尼迪在波士顿商会发表的演说》，时间是1934年11月15日，美国政府印刷局（华盛顿），1934年，第7页。
② 《证券交易委员会第66号新闻公告》，1934年12月21日。
③ 塞利格曼，《华尔街的转型》，第109~110页；《华尔街的议题》，《纽约时报》，1935年1月11日。

第 7 章 "你的朋友——波士顿的乔·肯尼迪":美国证券交易委员会的诞生

与此同时,肯尼迪继续努力简化注册程序,以鼓励更多的公司在证券市场上公开筹集资金。1934 年 12 月 5 日,肯尼迪指示约翰·伯恩斯,研究《1933 年证券法案》所规定的基本注册表(表格 A-1)的修订事宜。在 1934 年的整个 12 月和 1935 年的 1 月上旬,证券交易委员会的工作人员都一直在与汤米·科科伦、本杰明·科恩和阿瑟·H. 迪安讨论这方面的问题。1 月 11 日,肯尼迪告诉罗斯福总统,修订后的表格将在接下来的那个星期一准备妥当。"此后,我们就可以看到私人资金回流到工业领域中来了",他告诉总统。①

1 月 13 日,星期一,证券交易委员会宣布,它已经批准了表格 A-2。根据《1933 年证券法案》,有发行经验的"成熟发行人"可以使用这种简化的表格。表格 A-2 则适用于那些提供了 3 年经审计的财务报表的企业,它们要么向证券持有人提供至少 10 年的财务报告,要么提供最近 5 个财务年度中最少 2 个年度的净收入数据("最近 5 年",指随同注册声明书备案的最新资产负债表日期之前的 5 年)。其他的准发行人则继续使用更麻烦一些的表格 A-1,但是肯尼迪表示,对于这个表格,他也打算进行简化。②

肯尼迪之所以简化有发行经验的"成熟发行人"的信息披露要求,不仅仅是因为这些公司在投资界通常更加知名,而且还因为,如果这些"蓝筹"公司通过注册程序发行证券,那么这个事实就会减少其他公司对承担法律责任的担忧,并且能够促进其他公司接受证券交易委员会的审查。肯尼迪说:"我们的承诺是,一定要使证券注册变得更简单、更便宜、更可操作。在这个方面,我们已经与会计师讨论过了,而且还与反对《1933 年证券法案》最坚决的一些人讨论过了。我们相信,填报这个表格,不需要付出太多时间,也不需要承担太多费用。他们也认为,这个表格没有什么不合理的地方,还表示会建议他们的客户采用。有人曾经指责说,这项法案阻碍了证券发行,那好,我们现在已经给出了答案,而且连那些最苛刻的批评者也承认,现在的表格不是不切实际的。"③

肯尼迪指出,在"成熟发行人"发售的证券中,大约有 30 亿美元的证券是可以赎回的,而且在市场上以高于赎回价格的价格在买卖。"经验告诉我们,"肯尼迪说,"再融资(发行新证券换回旧证券)是新融资的先行者。我实在看

---

① 《证券交易委员会新规则旨在促进融资》,《纽约时报》,1935 年 1 月 11 日。
②③ 《证券交易委员会简化证券注册程序》,《纽约时报》,1935 年 1 月 14 日。

不出，为什么现在不能进行大规模的再融资。"①

为了说明表格 A-2 确实可以使信息披露要求大幅度下降，肯尼迪让他的一位助手当众展示了共和国钢铁公司最近提交的一份注册声明书，它使用的是表格 A-1，总篇幅超过了 2 000 页。肯尼迪解释说，光是专利信息披露，就用了 100 多页，而在表格 A-2 中，这类内容都不用填报。他强调，表格 A-2 所要求的只是"对于基本信息的简明而公平的摘要式披露"。②

在公布了表格 A-2 后，肯尼迪要求证券交易委员会委员兰迪斯、马修斯以及伯恩斯，马不停蹄地奔赴全国各地，在各个重要的行业协会、商会发表演讲，解释全新的简化表格，并重申，对于通过私募途径注册登记的行为，证券交易委员会绝对不会容忍。7 月 14 日，兰迪斯在纽约市华尔道夫饭店对纽约州注册会计师发表演讲，他说："我认为，与更早的表格 A-1 相比，表格 A-2 具有明显的优势，它不仅极大地减少了满足信息披露要求的困难和成本，而且也可以为投资者提供更有价值的、更新的信息。我相信，有了表格 A-2 后，招股说明书的信息量将更大，同时形式也会更简洁，因此企业高管们和会计师们也会更加乐于承担证券法规定的信息披露责任。"③ 1 月 18 日，证券交易委员会委员马修斯也向伊利诺伊州注册会计师协会发表了演讲，并解释了与表格 A-2 和第 10 号表格有关的一系列技术性问题。④

1 月 15 日，投资银行家协会各地区委员会的主席们齐聚华盛顿特区开会，约翰·伯恩斯在会上发表讲话，表达了证券交易委员会对某些投资银行宁愿通过私人配售，而不愿意采取公开发行证券的方式来融资的做法的不满：

> 近来，出现了一个值得警惕的趋势，有些投资银行喜欢通过"私募"的方式融资，在我看来，这种趋势会带来严重的后果，值得在座的先生们关注。而且，从一般的中小投资者的角度来看，这种做法也有很大的弊端。许多普通美国人是通过购买自由公债（Liberty Loan）而成为投资者的，现在他们却看到，像标准石油和斯威夫特公司这样的公司，将自己的债券全部卖给了保险公司和其他机构（普通投资者完全没有机会介入）。而那些

---

①② 《证券交易委员会简化证券注册程序》，《纽约时报》，1935 年 1 月 14 日。
③ 证券交易委员会委员詹姆斯·M. 兰迪斯解释证券交易委员会的规则和法规，这是 1935 年 1 月 14 日，兰迪斯在纽约州注册会计师协会的会议上的演讲（会议在纽约市华尔道夫饭店举行）。
④ 证券交易委员会委员马修斯于 1935 年 1 月 18 日在伊利诺伊州注册会计师协会的演讲。

偿还责任较小的公司,则只能从明显更差的一些证券中选择。这种情况虽然在一定程度上可以说是《1933 年证券法案》导致的,但是却不能说是它直接导致的。从因果关系的严格哲学意义上看,我或许也勉强可以说这种情况是《1933 年证券法案》导致的,但是更准确地说,它是因为各发行人对它们自己想象中的一种危险而做出的反应所导致的。它们误以为《1933 年证券法案》是非常危险的,但是在这里,我可以坦率地告诉大家,这种危险被严重夸大了。

为了促使大家采用这种看似比私募更加困难的融资方式,证券交易委员会已经努力了好几个月,在最专业的会计专家和法律专家的参与及帮助下,制定出了现在大家看到的这种表格。新的表格已经得到了熟悉注册问题的所有最顶尖的会计师和律师的一致认可,它体现了信息披露的最低责任,被设计为问卷调查的形式,它上面列出的问题全都是可以迅速做出回答而不需要花费多少成本的。这是我们的第一步。

证券交易委员会已经在法律允许的范围内尽了最大努力,在保护投资者的同时,最大限度地避免给发行人的高管、董事以及承销商增加任何不必要的负担。①

1935 年 1 月 16 日,参议院正式确认任命肯尼迪为美国证券交易委员会主席,乔治·马修斯、詹姆斯·M. 兰迪斯、罗伯特·E. 希利和费迪南德·佩科拉为委员。② 不过,委员职位很快就出现了空缺,因为费迪南德·佩科拉接受了纽约州州长赫伯特·雷曼(Herbert Lehman)的提名,成了纽约最高法院的法官。1935 年 1 月 18 日,佩科拉提交了辞呈,到 1 月 21 日,他就正式辞去了委员一职。③ 一开始,人们猜测,罗斯福总统或许会任命鲍德温·贝恩或本杰明·科恩来填补这个空缺,但是,他最终选择的却是这两个人之外的一个人。1935 年 10 月 5 日,总统任命詹姆斯·德尔梅奇·罗斯(James Delmage Ross)为证券交易委员会委员,后者曾是市政电力所有制改革运动的先驱,也是西雅图电力公司的创始人(罗斯福总统任命他为证券交易委员会的部分原因可

---

① 证券交易委员会首席律师约翰·伯恩斯法官于 1935 年 1 月 15 日,在投资银行家协会各地区委员会的主席在华盛顿举行的会议上的演讲。
② 《证券交易委员会的人选已经得到参议院的批准》,《纽约时报》,1935 年 1 月 17 日。
③ 费迪南德·佩科拉于 1935 年 1 月 18 日写给富兰克林·罗斯福的信。

能是，根据《1935年公用事业控股公司法》，证券交易委员会刚刚获得了监管这个领域的行政权力）。①

无论如何，参议院批准肯尼迪为证券交易委员会一事召开新闻发布会，又为肯尼迪公开会见记者提供了机会。1月20日，《纽约时报》发表了一篇文章，浓墨重彩地突出报道了肯尼迪的工作理念：

> 在马里兰州马伍德，洛克菲勒家庭拥有一栋25个房间的豪宅，那是他们家族的"大秀场"之一，距离华盛顿只有12英里。然而，现在，它的唯一"住户"却是肯尼迪先生和他的秘书埃迪·摩尔，摩尔也是波士顿人。肯尼迪的9个孩子目前都生活在佛罗里达州。肯尼迪先生每个星期都要往返于迈阿密和华盛顿之间。然而，即使家人就住在华盛顿，他的孩子们也不会有太多时间与自己的父亲在一起。肯尼迪办公室的一位秘书敬佩中带着几分叹息，她告诉我们，主席先生"总是每天上午8点半就已经端端正正地坐在他的办公桌前了，华盛顿任何一个机构的普通员工，都不会这么早就来上班。然后，他会一直工作，不到晚上8点不会离开办公室。②

肯尼迪还利用这个机会，公开宣布了他创建一个证券交易监管网络的设想："一旦资金到位，我们就会在纽约、波士顿、芝加哥、旧金山和另外两三个地方成立办公室。我们现在的员工总数为350人左右，他们全都是各自领域的专家，都是因为卓越的学识而被选入证券交易委员会的。"③

肯尼迪还告诉记者，他之所以要租下马伍德这所大房子，是因为他需要空间——当罗斯和他的9个孩子来华盛顿与他小聚的时候。他的日常生活井然有序，他每天都很早起床，去华盛顿上班之前还要先骑一会儿马。大多数晚上，当肯尼迪从华盛顿回家时，都会携同一两名或更多客人来马伍德的家共进晚餐。罗斯福总统也来过很多次，他在这里可以观看最新的好莱坞影片，品尝美味的波士顿龙虾大餐。在这方面，肯尼迪神通广大，他甚至能够弄来还未公开放映的电影。詹姆斯·A. 法利、汤米·科科伦和阿瑟·B. 克罗克也是这里的常客，

---

① 塞利格曼，《华尔街的转型》，第123页。
②③《证券交易委员会首任主席工作时间很长》，《纽约时报》，1935年1月20日。

科科伦来的话，还会把他的手风琴带来，以便为唱歌的人伴奏。① 肯尼迪既不抽烟也不喝酒，他很注意饮食和睡眠。虽然他会在马伍德豪宅的地下室影院放映流行的喜剧片和西部片给他的客人们观看，但是他的个人品位却显得有些曲高和寡。在马伍德，他最喜欢做的事情是，坐在露台上欣赏古典音乐。当埃迪·摩尔和他的其他爱尔兰人朋友要求换一种音乐类型的时候，肯尼迪总是严词拒绝："你们这些家伙根本不懂得什么是文化！"②

到了后来，"前往马伍德做客的邀请"逐渐就变成了那些对身份地位比较敏感的新政精英们梦寐以求的"大奖"。罗斯福总统也经常借用肯尼迪这个家举办晚宴，或者用来奖励忠诚的官员，或者用来拉拢参议员和众议员（当需要他们的选票时）。

1月20日，肯尼迪将构建证券交易委员会分支机构体系的计划付诸实施。"为了更高效地处理当地问题，除了纽约之外，证券交易委员会还将在波士顿、芝加哥、沃斯堡、丹佛、亚特兰大和旧金山设立办事处。"肯尼迪说，"每个办事处都会配备若干名训练有素的调查员。我们相信，通过'权力下放'，工作效率将得到极大的提高。这些'现场调查员'将在华盛顿的监督下工作。无论在哪个地区，违背法律的人都将立即受到联邦主管部门的有力打击。我希望，这将构成一种有效的威慑。"③

肯尼迪还特地聘请了詹姆斯·A. 费恩（James A. Fayne），由他专门负责在上述城市设立分支机构并配备工作人员。费恩原本是波士顿霍恩布洛尔和威克斯（Hornblower and Weeks）律师事务所的合伙人。肯尼迪还找到了另一个波士顿的爱尔兰人约翰·卡拉汉（John Callahan），让他负责新成立的联邦证券调查公司。卡拉汉是罗斯·肯尼迪的一个儿时伙伴，先后毕业于安多福菲利普斯学院和耶鲁大学，他曾经担任耶鲁大学橄榄球球队的队长，并曾入选1920年全美明星联队。费恩和卡拉汉的工作卓有成效，每个地区办事处的各个高级职位都有了合适的人选，唯一一个例外是，他们想请阿德莱·史蒂文森（Adlai Stevenson）担任芝加哥办事处的负责人，但是这个杰出的年轻律师拒绝了。④

1月25日，肯尼迪向众议院议长提交了一份报告，汇报了正在建设中的证券交易监管体系，并就《1934年证券交易法案》条款19（C）规定的实施问题

---

①② 惠伦，《开创基业：约瑟夫·P. 肯尼迪的故事》，第154页。
③ 《股市操纵者面临巨大压力》，《纽约时报》，1935年1月20日。
④ 凯斯勒，《父亲的原罪》，第121页。

提出了建议。这份报告共提出了11条建议，其中包括：以佣金为利润来源的经纪商在各证券交易所的管治委员会中应有更多的代表；所有合伙人都有资格成为管治委员会的会员；管治委员会委员的提名根据申请产生，而不能由提名委员会包办；至少有三分之一管治委员会的委员应每年重新选举；交易所的总裁应该由所有会员选举产生；非会员也可以担任证券交易所官员；任何一个会员都应该有机会进入常设委员会；向客户收取的仲裁费用应该降低；"仲裁庭"中应包括足够多的客户代表以保证公平；应该允许当事人就执行委员会的裁决向管治委员会提出申诉；客户有权到执行委员会陈述，并可以向管治委员会进行申诉。①

从根本上说，这些"建议"的实质其实是联邦监管机构强制规定的"妥协条件"，用来强加给以惠特尼为代表的证券交易所，以及众多的"专家"和交易商。这很可能会打乱肯尼迪在华尔街开展的微妙"外交工作"的节奏。在这个时候，就显示出肯尼迪的精明之处了：他建议国会不要把这些建议写进法律，这样也就不会给交易所以及交易所的部分会员带来明显的不利影响。他的建议是，给交易所充分的时间，让它们自愿接受这些改革，而不要直接诉诸法律。

2月初，关于如何报告"内部人士"持股情况的问题，出现了一个不大不小的争议。据统计，在1 300多名高管、董事和主要持股者提交给纽约证券交易所的股东持股情况报告书中，大约有40%是明显不准确的，而且其中有许多甚至是有重大误导倾向的。问题最严重的是控股公司对于自己持有的证券的报告。许多人坚持认为，需要提交报告的只是控股公司，而拥有控股公司的个人则不需要报告。约翰·伯恩斯在1月13日公开宣布了一个规则，"除了控股公司本身需要提交报告之外，控制控股公司的人也得提交报告，如果控股公司只是由一小群个人为了便于投资证券或买卖证券而设立的一个中介的话。控股公司的每个个人都必须报告自己在控股公司持有的相应证券的份额"。尽管如此，争议仍未平息。②

外界特别关注的是纽约证券交易所，它拒绝向公众或媒体公开持股报告的副本，除非所有接收者都同意，如果出现了错误，交易所不承担任何责任。肯尼迪警告纽约证券交易所，拒绝按照《1934年证券交易法案》第16条的规定

---

① 《关于政府对证券交易的监管的报告》，第78届国会第1次会议，国会文件第85号，第17页。
② 《沿着金融高速公路前进》，《纽约时报》，1935年2月10日。

公布持股状况报告是违法的，同时也直接违反了证券交易委员会的 UB – 1 号规则，该规则要求，"交易所应在合理的时间内让公众查阅它提交给证券交易委员会的文件和报表的副本"。约翰·伯恩斯建议，在解决关于持股状况报告问题的争议时，应该鼓励各有关方面积极提出意见。在伯恩斯的帮助下，纽约证券交易所纠正了绝大部分不准确的陈述，肯尼迪也表示，没有人会因为报告中的"诚实的错误"而受到惩罚。①

1935 年 2 月 8 日，肯尼迪在芝加哥联盟俱乐部（Union League Club of Chicago）发表演讲，阐述了证券交易委员会监管场外交易市场的计划。这个计划包括了两个基本要素：经纪人和交易商都要注册；未在全国性的证券交易所上市但被众多投资者持有的证券也要注册。国会原本的目的是，不要使场外交易市场上的交易拥有过度的监管优势（与交易所内的交易相比），但是，如果不能对场外交易市场进行有效的监管，这种意图是不可能实现的。"我们已经看到了这个问题，"肯尼迪说，"我们正在考虑，要求全国的经纪人和交易商注册（如果你们愿意，也可以说向这些公司颁发许可证），只要他们的业务涉及州际商业活动。我们还在考虑，要求那些证券被众多投资者持有的大公司注册，并要求它们的高管和董事也要报告股票持有情况，这样一来，大公司通过不公开上市的途径融资可能就不会再那么有吸引力了。我们的目标是，争取让参与场外市场交易的投资者能够获得的关于未上市证券的信息，基本上与已上市的证券相当。我想请你们考虑一个简单的公平问题：难道不应该保证各种交易形式都服从于大致相同的法规吗？"②

2 月 15 日，肯尼迪在华盛顿会见了纽约证券交易所的代表，讨论了证券交易委员会提出的改革交易所规则的 11 条建议。这次会议取得了一些建设性的成果，肯尼迪觉得很乐观，他认为让交易所自愿遵守证券交易委员会的建议这个目标应该是可以实现的。会议结束后，肯尼迪告诉记者："纽约证券交易所已经提出了合作计划，这是该交易所具有良好意愿的有力证据。我希望我们能够达成协议。"③

不过，在这段时间，约瑟夫·P. 肯尼迪对自己的第二个孩子、当时年仅 17

---

① 《证券交易所不能因报告而承担责任》，《纽约时报》，1935 年 1 月 31 日。
② 《证券交易委员会主席约瑟夫·P. 肯尼迪于 1935 年 2 月 8 日在伊利诺伊州芝加哥联盟俱乐部的演讲》，美国政府印刷局（华盛顿），1935 年。
③ 《肯尼迪呼吁合作》，《纽约时报》，1935 年 2 月 16 日。

岁的约翰·菲茨杰拉德·肯尼迪（John Fitzgerald Kennedy）的近期学业，却不怎么有信心。尽管约翰·肯尼迪智力出众，个人魅力非凡，但是他在学习上却一直是个后进生，而且非常不遵守学校的纪律。1934年冬天，情况似乎变得相当糟糕了。2月17日，约瑟夫·P. 肯尼迪被乔特中学的校长乔治·圣约翰叫到了学校，他被告知约翰·肯尼迪和他最好的朋友——勒莫安·比林斯（LeMoyne Billings）——在学校里组织了一个名为"野蛮人俱乐部"（Muckers Club）的秘密社团（"野蛮人"是这位校长责骂这些"不求上进"的学生时的用语）。乔治·圣约翰之所以知道这个俱乐部的存在，也是出于偶然：约翰·肯尼迪的妹妹、当时年仅15岁的凯瑟琳（她经常被大家称为"基克"），给她的哥哥发了一封"贺电"，祝贺"野蛮人俱乐部"成立，不过这份电报却落入了乔治·圣约翰的手中。2月20日，约瑟夫·P. 肯尼迪费了九牛二虎之力才说服圣约翰校长不要开除他的儿子，然后，他又给他的大女儿写了一封信：

    亲爱的基克：

        我知道你愿意为你的哥哥杰克做任何事情，但是我觉得我应该告诉你，他现在已经惹了很大的麻烦，他自己和他成立的那个有一个可怕的名字（"野蛮人"）的组织，都成了"公敌"。我真的不认为他这样做很聪明，我只希望这件事不会导致他被学校开除。所以，我要求你不要再和他以及勒莫安继续讨论这件事情了，写信也不行，发电报更不行，只有这样，我们才可以尽快了结这个事情。校长告诉我，上个星期你给他发了一封电报，这简直是火上浇油。现在，问题是暂时解决了，但是你必须时刻记住这个教训。①

到了3月，肯尼迪的不懈努力——简化公开发行证券的注册程序，呼吁以公开发行的证券形式募集资本——终于见到了效果。1935年3月7日，一家位于芝加哥的包装公司——斯威夫特公司——提交了发行总额达4 300万美元的第一抵押贷款偿还基金债券（First Mortgage Sinking Fund Bond）的注册声明书，至此，"资本罢工"终于正式宣告结束。这是自《1934年证券交易法案》生效以来在证券交易委员会注册的规模最大的证券发行活动。斯威夫特公司此次发

---

① 约瑟夫·P. 肯尼迪于1935年2月20日写给凯瑟琳·肯尼迪的信，《财富的人质：约瑟夫·P. 肯尼迪书信集》，第151页。

行的债券,年利率为 3.75%,它准备用发行债券所得的资金偿还年利率为 5% 的带息票据,仅此一项,每年就可以节省大约 50 万美元的利息支出。①

在讨论斯威夫特公司的注册申请时,肯尼迪说:"我认为这件事情非常重要。如果我们成功地让一些大公司公开发行证券,那么其他规模较小的公司也会觉得自己可以这样做。毫无疑问,这样的证券发行需求并不小。当各企业觉得自己可以再融资的时候,它们就会这样去做。"②

斯威夫特公司的财务主管威廉·B. 特雷纳(William B. Traynor)也公开表示,该公司只用了一个月就准备好了备案所需的注册声明书;肯尼迪则自豪地向记者展示了总共只有 59 页的斯威夫特公司的注册声明书的复印件。③

斯威夫特公司此次发行债券的另一个值得注意的地方是,它的承销价差极低:"尽力推销"(即承销商不承诺包销)的承销费用只有 0.40%,而通常的承销费用则高达 2%~3%。一家承销商——所罗门兄弟公司——100% 地完成了发行任务。④

华盛顿和华尔街都为斯威夫特公司成功发行债券而欢呼。第一波士顿公司总裁、投资银行家协会的前会长阿伦·M. 波普(Allan M. Pope)会长热情洋溢地称赞道:"美国证券交易委员会采取的倾向于合法的潜在借款人的态度是明智的、有利于合作的,它的努力,将会有力地推动大公司重返资本市场。"⑤

3 月 8 日,阿瑟·B. 克罗克也在《纽约时报》发表专栏文章,将斯威夫特公司成功发行债券视为肯尼迪的一个重大胜利:

肯尼迪先生和他的证券交易委员会,已经在实现自己的目标的道路上迈出了成功的一步。现在我们可以期待,一些"老牌"公司都将会追随斯威夫特公司的脚步,重新启动各自的融资项目,在以往,这些融资项目因为旧的表格的繁多的信息披露而被搁置了。当然,那些因为对政府的经济政策不信任而不敢推进或扩张融资活动的资本家,并不一定会因为肯尼迪先生所取得的成功而彻底改变态度。但是,我们有理由认为,肯尼迪先生已经交出了一份漂亮的答案,面对威斯夫特公司的成功经验,律师和会计

---

① 一家位于芝加哥的包装公司,斯威夫特公司以 3.75% 的年利率发行总额为 4 300 万美元的第一抵押贷款偿还基金债券的注册声明书,1935 年 3 月 7 日提交给证券交易委员会。
②③④ 《斯威夫特公司发行债券给证券发行破冰》,《纽约时报》,1935 年 3 月 8 日。
⑤ 《沿着金融高速公路前进》,《纽约时报》,1935 年 2 月 10 日。

师再也不能以证券交易委员会的表格非常繁琐、填报起来成本高昂,以及可能潜藏着极大的风险为托词,建议他们的客户不要尝试进行再融资了。肯尼迪先生认为,对于那些建议资本家去国会活动(据说,只有这样才可能制定出合理的标准)的律师,他也给出了一个非常有力的回应……

自从宣誓就任美国总统以来,罗斯福先生已经多次对他自己支持的某些法律和他自己挑选的某些官员表示过不满。但是,对于证券交易委员会的工作(他选择肯尼迪先生担任主席),总统先生一直都表示非常满意,说它的活动是富有建设性的,而且从未因失误而陷入困境,也从未因受贿、官僚作风和卷入商业活动而使自己的名声受到玷污。①

就在威斯夫特公司向证券交易委员会注册的第二天,太平洋天然气和电气公司也提交了发行 4 500 万美元债券的注册声明书。3 月 29 日,证券交易委员会又从电报中获悉,南加州爱迪生公司将注册发行 7 300 万美元的债券。发电报的人是沙利文和克伦威尔律师事务所的阿瑟·H. 迪安,他已经派出了一个信使,从洛杉矶乘坐飞机赶赴华盛顿,迪安请求证券交易委员会在星期六下午 5 点以后继续办公,以防飞机晚点。②

1935 年 3 月 19 日,肯尼迪应邀来到纽约市利顺德饭店,在美国仲裁协会年度大会上发表演讲,听众是 1 100 多位金融家和来自各行各业的商业领袖。美国广播公司向全国现场直播了肯尼迪的这次演讲。尽管这只是一个午宴,但是肯尼迪却决定将它打造成一个造势大会,他要趁此机会,以斯威夫特公司、太平洋天然气和电气公司、南加州爱迪生公司成功发行债券为例,刺激一下在场的纽约商界人士,说他们失去了在资本市场上积极进取的勇气:

先生们,对于纽约企业家的勇气和信心有所下降这种状况,我感到非常担心。此外,由于全国其他地方的企业家一向非常重视纽约企业家的观点(简直把它当成先知的意见来看待),所以你们应该认识到,你们的悲观心态会对其他地区的企业家产生不利的影响。我们的工业机器是非常微妙的,全国任何一个地方的主流看法,都敏感地随着我们这里的主流看法的波动而波动。我们必须承认,现在纽约商人意气消沉,至少算不上阳光,

---

① 《在华盛顿》,阿瑟·B. 克罗克的专栏文章,《纽约时报》,1935 年 3 月 8 日。
② 这是发给罗伯特·杰兹的电报,证券交易委员会于 1935 年 3 月 8 日签收。

第7章 "你的朋友——波士顿的乔·肯尼迪"：美国证券交易委员会的诞生

漫天飞舞的都是一些令人沮丧的预言和非常不乐观的建议。风物长宜放眼量，今天，我们是时候静下心来沉思一番了：我们时时刻刻挂在嘴边的"恐慌"和"萧条"，会不会是在历史上的每一代人身上都会出现的一种临时性的疾病的一种表现呢？我们所慨叹的境况——今天又比昨天更加糟糕了——难道真的是因为今天"政府对经济干预"比以往更多所导致的吗？①

在谈到近日注册的那几家公司的时候，肯尼迪说道：

> 我是很乐观的，我认为，它们注册发行新证券这件事，标志着一个转折点。目前，在证券市场上公开进行再融资的公司虽然只是少数，但是我们知道，在洪水到来之前，我们先看到的总是涓涓细流。事实上，现在我们看到的"细流"其实已经足够大、足够有代表性了，它们有力地证明，那些犹豫至今的公司已经没有任何理由或借口继续犹豫下去了。是时候信心百倍地大步前行了。我相信，任何一个有理智的人都不可以说，这几家大公司的高管和实际控制人是一群轻率决定再融资的鲁莽之辈。既然这些人是在仔细考虑了所有可能涉及的问题之后才得出的这样的结论，即新的证券法律不会给公司带来任何不合理的责任或负担，那么谁还胆敢再断言，联邦政府的所作所为使得企业融资从法律的角度来看变得完全不可能了。让我再强调一次，前述几家公司的高管、董事、律师和会计师，无疑代表了美国最优秀的头脑和心灵，难道他们真的完全错了吗？虽然大多数人仍然犹豫不决，但是他们其实只是在人云亦云地批评现行法律，而没有花大力气去认真研究一下法律。这种做法真的是正确的吗？我们知道还有更好的办法，让我们放开胸怀去拥抱今天的应许吧！我有足够的证据表明，最近完成的这些注册是一个真正的上升趋势的先兆。即使不是每天都有新的融资案例出现，即使经济没有立即好转，我们也不要失望。前进的路上虽然还会出现挫折，但是我坚信，3月的一场暴风雪不可能阻挡春天的来临。只要转折点真的已经出现了，那就足以说明一切。②

转折点确实已经出现了。肯尼迪确立的以简化证券注册程序为核心的改革

---

① ② 《证券交易委员会主席约瑟夫·P. 肯尼迪在纽约美国仲裁协会发表的演说》，时间是1935年3月19日，美国政府印刷局（华盛顿），1935年。

计划，和他自己推动这个改革进程的不懈努力，展现出了强大的说服力，加快了华尔街和美国企业进入公开市场的步伐。1935 年这一年，在证券交易委员会注册的新发行证券的总额达到了 27 亿美元，这相当于 1934 年的 6.41 亿美元的 4 倍还多。①

整个 3 月份，证券交易委员会一直都在与纽约证券交易所谈判，以推动后者实施关于改革交易所交易规则的 11 条建议。最初，理查德·惠特尼倾向于抵制这些建议。他聘请了著名律师约翰·W. 戴维斯（John W. Davis），准备向最高法院起诉《1934 年证券交易法案》"违宪"。但是到了后来，经纪人群体在 E. A. 皮尔斯和保罗·V. 希尔兹的率领下，公开表态支持这些建议，惠特尼只好妥协，并开始与证券交易委员会谈判。3 月 14 日，惠特尼再次在华盛顿会见了约瑟夫·P. 肯尼迪，商讨如何实施证券交易委员会的建议。② 3 月 21 日，肯尼迪给惠特尼发了一份备忘录，针对那 11 条建议，一一列明了双方的看法与分歧。这份备忘录表明，谈判已经取得了实质性的进展，双方的立场其实并没有相距甚远。令肯尼迪感到满意的是，惠特尼的提议与证券交易委员会的建议实质上是基本相符的。③

3 月 16 日，美国证券交易委员会交易部主任戴维·萨珀斯坦（David Saperstein）将他拟定的管制场外交易市场的法规草案，发给 J. P. 摩根公司的乔治·惠特尼。两个星期后，J. P. 摩根公司返回了 4 页意见。总的结果还是令人满意的：J. P. 摩根公司并不反对经纪人和交易商向证券交易委员会注册。④

不过，较小的经纪人和交易商却反对这个要求。1935 年 4 月 9 日，新泽西州的债券俱乐部向美国证券交易委员会写了一封信，信中写道：

> 经纪人和交易商必须注册这个规定，超出了政府迄今对证券市场所采取的一切措施的范围。只要仔细阅读这个规定的具体文本，就可以看出，它要求的实际上并不是经纪人和交易商必须注册，而是要求经纪人和交易商必须先获得许可证。而这也就意味着，证券交易委员会将承担起确定哪些人有资格从事证券销售的巨大责任。但是，这种做法从来不能保证任何

---

① 塞利格曼，《华尔街的转型》，第 116 页。
② 《惠特尼约见肯尼迪》，《纽约时报》，1935 年 3 月 14 日。
③ 《约瑟夫·P. 肯尼迪发给理查德·惠特尼的备忘录》，日期为 1935 年 3 月 21 日。
④ 《J. P. 摩根公司发给戴维·萨珀斯坦的备忘录》，日期为 1935 年 3 月 30 日。

有价值的东西都会被考虑到,而且过去的经验也表明,这种类型的立法肯定会给潜在的投资者造成极大的损失。①

当然,这种反对经纪人和交易商注册的理由并不能令人信服。注册制最终将得到贯彻实施。同样地,在场外交易市场上交易的证券的发行人也将像上市公司那样定期公布报告。

随着1935年棒球赛季的临近,贝比·鲁斯告诉外界,他想担任——而且他觉得这是他应得的——纽约洋基队的经理。但是,洋基队早就有了乔·麦卡锡(Joe McCarthy,他被公认为是整个职业棒球界最好的经理)。洋基队老板雅各布·鲁珀特上校根本不想让散漫的贝比·鲁斯取代麦卡锡:"贝比怎么可能管理好整支球队呢?他甚至连自己都管不好。"②

不过,在1935年赛季,还有另外一支球队对贝比·鲁斯感兴趣。波士顿勇士队表示,鲁斯可以获得一个管理职位,条件是他得同意作为球员再效力一年。波士顿勇士队的老板是埃米尔·福克斯(Emil Fuchs),这个人在行内几乎没有什么信誉,在他于1923年买下了波士顿勇士队之后,这支传统强队的成绩迅速跌到了谷底。对于埃米尔·福克斯,波士顿勇士队的状况已经不可以更坏了,他甚至写信给全国棒球联盟,申请将勇士队的主场改为赛狗场,不过遭到了拒绝。贝比·鲁斯只不过是福克斯的又一个噱头而已。③

福克斯给鲁斯提供的合同是,年薪2.5万美元,再加利润分成(但是波士顿勇士队其实是不可能盈利的),并给了他一个副总裁兼助理教练的头衔。他还承诺,鲁斯可以在未来的某个时间正式就任球队经理(但不确定是哪个猴年马月)。2月29日(此疑原文有误,1935年2月不是闰月,只有28天。——编者),纽约洋基队在它的主场召开新闻发布会,鲁珀特上校、鲁斯和福克斯一起走上前台,鲁珀特上校宣布,鲁斯将离开洋基队,加盟波士顿勇士队。④

鲁斯加盟波士顿勇士队之后的首场比赛的对手是纽约巨人队,在这场比赛中,鲁斯面对巨人队的投手、未来的名人堂成员卡尔·胡贝尔(Carl Hubell),打出了一个430英尺的全垒打,带领勇士队以4:2取得了胜利。这是一个漂亮的开门红,但是鲁斯不久之后就崩溃了。他很快就意识到,"助理经理"到底是什么意思。说到底,鲁斯只不过是一个吸引球迷的噱头而已。不过,在这个

---

① 《新泽西债券俱乐部发给证券交易委员会的备忘录》,日期为1935年4月9日。
②③④ 蒙特维尔,《大冲撞》,第23章。

赛季，鲁斯也有几乎被尊为神的荣耀时刻，那是在1935年5月25日，他连续打出了3个本垒打——他职业生涯中的第712个、第713个和第714个（也是最后一个）本垒打，另外还有6次击球得分。但是他很快又重新陷入了低谷。不久之后，1935年6月2日，贝比·鲁斯宣布退役，而且立即生效。到那一天为止，他在1935年这个赛季的平均击球成功率定格在了0.181上。①

4月16日，证券交易委员会要求纽约证券交易所和其他20家全国性的证券交易所采用16项新的交易规则，它的目的是，消除市场操纵行为，为中小投资者创造一个"公平的竞争环境"。这些规则的矛头直指联合操纵、空头袭击等肮脏的伎俩，在佩科拉听证会上，这些伎俩曾经令全国震惊。不过，肯尼迪并没有一刀切地要求全部证券交易所立即实施所有这些规则，相反，他认为，这些规则在很大程度上是试验性的，各交易所可以在试验的基础上"自愿地"分步采用这些规则。也就是说，肯尼迪再一次赋予了各交易所自愿实施新规则的机会，这显然是出于"外交技巧"的考虑。这些新的规则包括：限制交易所大厅之外的交易；限制会员参与联名账户；禁止处理客户全权委托账户和全权委托指令；限制会员创设和买卖看涨期权、看跌期权和套利期权；限制会员同时扮演经纪人和交易商的双重身份；限制过度交易；限制"专家"和零股交易商的活动空间；通过"提价交易规则"来限制卖空。②

在宣布这个新交易规则的新闻发布会上，肯尼迪说：

> 证券交易委员会已经向各全国性证券交易所提出要求，希望它们在近期就采用这些规则。当然，这个过程将允许有很大的灵活性，因为这些规则在很大程度上仍然是试验性的，这是它们的一个非常可取的特性。此外，许多交易所的不同分支机构所必须采用的规则的最小范围，也可以通过这种方法来确定。因此，这些规则的实施进度将取决于交易所和证券交易委员会对它们的执行情况和具体效果的观察。
>
> 在我们确定了这些规则的效果之后，我们将会颁布它们。在四五个月前，我们就已经开始研究这些规则了，这是法律的要求。但是，我们还没有很好的方法去判断它们的效果，造成这种情况的其中一个原因是，现在的市场交易状况实在一般。说真的，这实在是一个非常糟糕的"实验室"。

---

① 蒙特维尔，《大冲撞》，第23章。
② 《证券交易委员会提出规则限制"滥用"》，《纽约时报》，1935年4月17日。

第7章 "你的朋友——波士顿的乔·肯尼迪":美国证券交易委员会的诞生   253

如果市场出现了反转,那么所有条件就可能会在一夜之间变得完全不同。①

在纽约证券交易所,理查德·惠特尼一直拖延着,它的管治委员会直到5月13日年会结束后,才开始落实这些规则。对于这种拖延,肯尼迪决定静观其变,因为纽约证交所内部已经出现了"政局不稳"的情况。事实上,佣金经纪人已经发动了很多次针对惠特尼的"零星叛乱",他们要求实施肯尼迪提出的改革交易所治理结构的建议。最后,这些"叛乱者"认定,惠特尼必须下台。以爱德华·A. 皮尔斯、保罗·V. 希尔兹和格雷森·M-P 等人为首,佣金经纪人决定推举约翰·韦斯利·海恩斯(John Wesley Haynes)担任纽约证券交易所总裁(海恩斯家族是雷诺烟草公司的最初拥有者)。提名委员会则试图回避这种"政治斗争",它提出了3名候选人,让所有会员投票决定。被提名的3名候选人分别是:惠特尼、海恩斯和查尔斯·R. 盖伊。盖伊已经60岁了,是一个举止斯文的老人,也是一个白手起家的来自布鲁克林的资深经纪人,纽约证券交易所内相互对立的两派都喜欢他。到了3月份,海恩斯却突然宣布,他将不会谋求担任纽约证券交易所总裁一职,这令他的支持者们非常失望(尽管他后来又改变了主意)。另外,作为妥协的产物的第3名候选人——盖伊,也动摇了,从而使得惠特尼很可能在没有竞争者的情况下顺利连任。但是,提名委员会的大多数成员却都希望惠特尼退出,因为他带来了太多的争议,尽管他们没有胆量直接当面提出摆脱他。②

4月8日,提名委员会发现自己没有退路了,因此不得不通知惠特尼,他不会被提名争取连任,而只会被提名继续担任管治委员会委员;查尔斯·R. 盖伊将成为唯一的候选人。惠特尼勃然大怒,他发誓要取得比盖伊更多的选票,以此来证明他才是真正的掌权者。③

4月中旬,"资本罢工"已经结束,证券交易委员会的基本组织架构也大致成形了,肯尼迪开始考虑辞去证券交易委员会主席一职的问题。当初,他就曾经告诉罗斯福总统,他担任主席最多不会超过一年。肯尼迪打算在4月23日宣布辞职。那一天,他将参加他的母校波士顿拉丁学校庆祝建校300周年的晚宴,并在晚宴上发表主旨演讲。肯尼迪计划在发表这个演讲的时候公开这个消息。4

---

① 《证券交易委员会提出规则限制"滥用"》,《纽约时报》,1935年4月17日。
② 布鲁克斯,《曾经身在宝山》,第225~229页。
③ 同②,第226~227页。

月 12 日，肯尼迪写信给费利克斯·法兰克福，请他对自己的演讲稿提一些建议。在信中，肯尼迪写道："我不想麻烦你，但它将是我的绝唱，因此，它必须尽善尽美。"①

那是一个感伤的演讲，几乎完全没有任何涉及政策的内容。在演讲中，肯尼迪感谢了许多国会议员，他们在他担任证券交易委员会主席时一直大力协助他：

> 在担任主席一职以来，我得到了很多鼓励和帮助，这与一般人的看法完全不同，甚至与我自己当初的预期也不一样。美国国会的绝大多数成员都怀着最真诚的目的，以最认真的态度帮助我们开展工作。我曾经以为，证券交易委员会的工作可能会不断受到政治干预，但是现在已经完全抛弃了这种想法。我的第一手经验表明，与我过去 20 多年来在商界所了解到的一般企业家的平均水平相比，这些官员反而表现出了很大的优势。②

肯尼迪还赞扬了从全国各地来到华盛顿的那些年轻的新政改革者：

> 在证券交易委员会，在许多政府机构中，许多重要的职位都是由相对年轻的人担任的。例如，证券交易委员会的一个重要职位——首席律师——就是由一位来自波士顿的年轻律师、法官约翰·伯恩斯担任的，他把自己作为律师和法官的工作经验、作为哈佛大学法学院教授的深邃思想、作为研究公共舆论的学者的科研成果，全都带到了证券交易委员会。伯恩斯法官唯一遗憾的是，他没有在波士顿拉丁学校上过学。③

5 月 2 日，证券交易委员会继续努力简化公开发行程序。这一次的重点是，精简对发行人在报纸和杂志上刊登发行证券广告的要求。根据新的规则，发行证券广告将不再需要提供详细的财务信息，也不再需要对要发行的证券进行细致的描述。广告副本可以在广告刊登 7 日内向证券交易委员会备案。美国报纸出版商协会（它也参与了证券交易委员会放宽对刊登广告的要求的工作）赞扬

---

① 约瑟夫·P. 肯尼迪于 1935 年 4 月 12 日写给费利克斯·法兰克福的信（用电报发的）。
②③ 约瑟夫·P. 肯尼迪于 1935 年 4 月 23 日在波士顿科普利广场庆祝波士顿拉丁学校建校 300 周年（1635～1935 年）晚宴上的演讲。

第 7 章　"你的朋友——波士顿的乔·肯尼迪"：美国证券交易委员会的诞生　　255

了证券交易委员会修订后的规则："美国报纸出版商协会的一个特别委员会，曾经与证券交易委员会一起协商这方面的问题，在我们看来，监管放松后，将会有力地刺激投资资金进入工业领域。在约瑟夫·P. 肯尼迪领导的证券交易委员会的既定计划中，这是合乎逻辑的一个步骤。我们看到，在过去几个星期内，在证券交易委员会的努力推动下，民间融资的数量已经大大增加了。"①

5 月初，肯尼迪还致力于巩固证券交易委员会的监管网络，他给证券交易委员会驻各地办事处的工作给予了强大的支持。他联系了各州的政府官员，要求共享关于曾经在证券相关领域被定罪的企业和个人的信息。肯尼迪认为，只有构建一个分支机构覆盖全国各地的联邦机构，才可能有效地监督所有各地的经纪人和交易商。在接受《纽约时报》采访时，肯尼迪表示，"尽管大多数州都有'蓝天法'，但是即使是法律最完善的那几个州，很多时候也都无能为力，因为这些家伙是跨州从事活动的，而且他们经常改变活动地点，往往在各州的政府官员搞清楚他们到底在干什么之前，他们就已经离开了。因此，各州的执法部门的行动速度太慢了。与各州的政府官员相比，我们拥有必要的设备和资源，也有权跨越州界，即使追到天涯海角，也可以将这些家伙捉拿归案"。②

5 月 13 日，纽约证券交易所举行了一年一度的"大选"。出席的会员非常多，参加投票的会员的人数则达到了通常年份的 2 倍。查尔斯·R. 盖伊以 1 131 票顺利当选总裁，不过惠特尼也以 1 146 票当选管治委员会委员，而且他的 3 个重要盟友也一起进入了管治委员会。至于最主要的"反叛者"约翰·韦斯利·海恩斯，则只得到了相当少的票数（371 票）。惠特尼展示了自己的力量。③ 不过，无论如何，肯尼迪提出的改革纽约证券交易所治理结构的建议都将会付诸实施，同时，"专家"、交易商和经纪人之间的权力制衡关系也得到了调整，从而更好地代表了交易所的会员们的利益。

5 月 26 日，《纽约时报》又发表了一篇对约瑟夫·P. 肯尼迪的专访（它可能是由肯尼迪本人精心策划的），预测他的辞职计划。在这篇文章中，肯尼迪以胜利者的姿态宣布，金融僵局已经结束了："我相信，就在今天一天里，美国各地的律师事务所和会计师事务所正在准备的融资计划就至少有 5 亿，甚至 10 亿

---

① 《证券交易委员会放宽证券发行广告规则》,《纽约时报》, 1935 年 5 月 3 日。
② 《保证投资者"盈亏平衡"》, 查尔斯·W. B. 赫德（Charles W. B. Hurd）撰稿,《纽约时报》, 1935 年 5 月 26 日。
③ 布鲁克斯,《曾经身在宝山》, 第 227 页。

美元。既然大投资者的投资需求是如此强劲,那么我们就更加应该加强对中小投资者的保护;如果不受保护,他们就有可能被赶入危险的领域。如果我们允许这样的事情发生,那么我们付出的努力成果都将会被抵消。无论如何,对于证券行业来说,新的证券法律是推动器,而不是制动器。因为有了它们之后,公众的信心才得以恢复。历史再次重演了。当初,大多数银行反对建立联邦储备系统,但是不妨想想,如果美国政府今天决定废除这个联邦储备系统,那么事情将会怎样?现在,公众的信心已经恢复,低成本的资金也很充裕,而且人们总是希望能把自己的资金投出去。现在,实现资金正常流动,已经是'万事俱备,只欠东风'了。只要我们摆脱那些心怀不轨的人和贪污受贿的人设下的羁绊,我们就可以大步前行了。"①

《纽约时报》的这篇文章也表达了肯尼迪退出政坛、回归私人生活的愿望:

> 有传言称,肯尼迪先生每个星期都会有三四天应邀到白宫与罗斯福总统共进晚餐;还有传言说,关于各种各样的建议和计划,总统先生在与专家们讨论之后,在做出决定之前,最后要征询意见的那个人就是肯尼迪先生。除了工作之外,肯尼迪先生最重要的事业就是他的家庭了。他的愿望是,尽快履行好公职,然后退出政坛,把自己的注意力重新转移到家庭生活中去。他这个愿望早就不是一个秘密了。限于客观条件,肯尼迪的家人不可能都住到华盛顿来,肯尼迪夫人现在承担了抚养孩子、教育孩子、帮助孩子顺利走上自己人生道路的全部责任,这份"工作"的繁重,是难以想象的。②

肯尼迪原本计划,在《纽约时报》的这篇文章见报后的第二天与罗斯福总统会面。那一天,正当他怀里揣着辞职信,安步当车直奔白宫而去的路上,肯尼迪看到了《华盛顿星报》(*Washington Star*)早间版刊登的一条新闻。这份报纸当天的头版用一个非常显明的大标题告诉读者:最高法院一致裁定《全国工业复兴法案》无效!最高法院认为,该法案授予全国复兴总署的种种权力,不仅违背了美国宪法关于权力分立的规定(因为该法案将立法权授予联邦政府的行政分支),同时还超越了商务条款所确定的国会的权力(因为该法案授权全

---

①② 《保证投资者"盈亏平衡"》,查尔斯·W. B. 赫德(Charles W. B. Hurd)撰稿,《纽约时报》,1935年5月26日。

国复兴总署可以就卫生和安全事务进行立法,而这本属于各州的立法范围)。最高法院的这个裁决,使许多人将质疑的目光转移到了《1933年证券法案》和《1934年证券交易法案》上来,而且很自然地,证券交易委员会的合法性和它制定的规则的合法性、有效性,也都遭到了怀疑。显然,这不是一个提交辞呈的好日子。肯尼迪立即撕碎了辞职信,回到证券交易委员会去工作。①

6月19日,查尔斯·R.盖伊前往华盛顿,与肯尼迪在美国证券交易委员会见面商谈。为了证明纽约证券交易所已经恢复正常并打算与证券交易委员会精诚合作,盖伊宣布,纽约证券交易所将关闭它设在乔治城的"华尔街驻华盛顿大使馆",在那里,他的前任曾经发动了多场抗击《1934年证券交易法案》的"战争"。② 肯尼迪先后提出的16条交易规则,也都被纽约证券交易所采纳了,而且同样重要的是,盖伊还保证,它们都将真诚地得到执行。

1935年7月1日,肯尼迪连任证券交易委员会主席,没有任何人表示反对。③ 那一年的夏天,摆在肯尼迪面前的是一个他没有太大积极性的任务:让证券交易委员会做好准备,它将成为主管监督《公共事业控股公司法案》执行的机构。

1935年8月26日,罗斯福总统签署了《公用事业控股公司法案》,它就成了正式法律。根据这项法案,每家公用事业控股公司都只能拥有一个综合性的公用事业网络,而且在开展某项不属于公用事业的业务之前,它必须先得到证券交易委员会的批准。该法案还对受管制的公用事业公司与它自己不受管制的分支机构之间的交易进行了限制。实施这项法案的第一步就是,在证券交易委员会的监督下,各公用事业控股公司进行大规模的资产剥离。这个计划的完成,将需要花费整整10年的时间。肯尼迪没有多少兴趣来主持这个计划,这样它将导致公用事业行业的解体。

7月22日,肯尼迪登上了《时代》杂志的封面,这是他取得政治明星的社会地位的标志。这一期的《时代》杂志的文章是这样开头的:"证券交易委员会从成立至今才刚满一年,但是它现在已经拥有了659名雇员,占据了古老的州际商务大厦的大部分,并且已经赢得了'华盛顿管理最出色的新政机构'的名声。"然后,这篇文章一一列举了证券交易委员会在第一年内取得的众多成

---

① 惠伦,《开创基业:约瑟夫·P.肯尼迪的故事》,第174~175页。
② 《商业与金融:人事》,《时代》周刊,1935年6月29日。
③ 《肯尼迪上任一周年》,《纽约时报》,1935年7月1日。

就，并且对肯尼迪真抓实干、亲力亲为的管理风格赞不绝口：

>　　在所有这些活动中，证券交易委员会主席肯尼迪一直保持着极其锐利的眼光。他会亲自来到委员会的人事部门，审查每一项任命。而且他经常参加听证会，与其他政府机构做好沟通。他经常与总统会面。他每天都要与他的同事开两个会。联邦政府的任何其他官员，乘坐飞机的次数都肯定不如证券交易委员会主席肯尼迪多。在过去的一年时间里，他的飞行里程已经超过了 65 000 英里。在最近一个星期内，他先飞到旧金山，主持证券交易委员会驻当地办事处的开幕仪式，然后又飞到洛杉矶（而且中途还折向圣西缅拜访了威廉·伦道夫·赫斯特），再经匹兹堡返回华盛顿，到了周末，他又出现在了曼哈顿。大约每隔两个星期，他会设法与他的妻子和他的 9 个孩子中的某几个一起过个周末（他只能尽力把孩子们尽可能多地召集在一起），冬天在棕榈滩，夏天则在科德角的海恩尼斯港。①

这篇文章仍然以肯尼迪的辞职计划结尾："在完成了证券交易委员会的机构设置并保证它能够平稳运行之后，一直渴望回归私人生活的肯尼迪先生在去年春天就决定辞去主席一职。但是就在他打算将辞职信提交给白宫的那一天，最高法院做出了关于《全国工业复兴法案》的裁决，新政受到了一次沉重的打击，忠心耿耿的肯尼迪先生立即撕毁了辞呈，重新投入了工作。这一切无非是因为他是一个最称职的公务员和有担当的男人。是的，他绝不会在白宫面临考验的时候离开自己的岗位。"②

在《时代》杂志的封面文章面世之后，华盛顿和华尔街都已经在推测，肯尼迪随时都可能会辞职。8 月 16 日，《纽约时报》的一篇文章预测，肯尼迪可能会在 9 月初后正式辞职，因为那时他将从海恩尼斯港度假归来。而在那之后，他将前往英国，陪同他的次子约翰·肯尼迪入读伦敦经济学院，约翰·肯尼迪拜在著名经济学家哈罗德·拉斯基（Harold Laski）的门下。肯尼迪拒绝对这些猜测做出回应。③

虽然在担任证券交易委员会主席之后，肯尼迪已经取得了许多成就，但是他一直没有针对任何一个华尔街"大玩家"采取过执法行动。不过，到了 8 月，

---

①② 《商业：改革与现实》，《时代》周刊，1935 年 7 月 22 日。
③ 《肯尼迪可能辞去证券交易委员会主席的职务》，《纽约时报》，1935 年 8 月 16 日。

第 7 章 "你的朋友——波士顿的乔·肯尼迪":美国证券交易委员会的诞生

这种情况终于出现了变化,肯尼迪授权证券交易委员会法律部,以涉嫌操纵贝兰卡飞机公司股票为名,对迈克尔·J. 米汉(Michael J. Meehan)提起了诉讼。米汉因操纵美国无线电公司股票而一战成名,这一次,证券交易委员会对他的指控是,通过相对委托的手法(同时在不同的市场中买进和卖出),抬高贝兰卡飞机公司的股票价格。在利用这种手法将股价迅速拉高一倍之后,米汉又迅速抛售了几十万股该公司的股票。①

对于肯尼迪来说,情况还要更加复杂一点,因为米汉是他的朋友。但是,肯尼迪要求这个执法行动要执行到底,这一点是毫无疑问的。事实上,证券交易委员会在处理米汉一案上是非常严格的,而这也正是肯尼迪所需要的。如果肯尼迪想向外界证明,他已经超越了"波士顿原住民"的"部落精神",脱离了在华尔街上混日子的爱尔兰人的圈子,那么还有什么办法能比让某个"自己人"成为证券交易委员会的第一个"受害者"更好呢?

迈克尔·J. 米汉也不是省油的灯,他很快就收到了证券交易委员会正在调查他的风声,于是马上决定"给自己放个长假",就像本·史密斯和托马斯·布拉格当初在面临佩科拉的调查时所做过的那样。不过,米汉其实并没有走远,他躲进了布卢明代尔医院,那是一家位于纽约威彻斯特县的豪华私人医院。米汉在那里一直呆到了 1937 年 6 月,直到证券交易委员会针对他的调查已经结束为止。他的同伙,M. J. 米汉公司的合伙人詹姆斯·麦科诺基(James McConnochie)对记者说:"米汉正在一家私人疗养院休养。他的行动自由并没有受到限制。他已经病了一年左右,在此期间根本没有管理公司。他的家人和朋友们都非常关心他的身体状况,但是我们有信心,在专家的关心和照顾下,他很快就能够恢复健康。"② 在布卢明代尔医院,许多人都看到过正在散步的米汉,他神情愉悦,手里还拿着一支雪茄。院方甚至还允许他在修剪得整整齐齐的草坪上举办豪华野餐会,同时招待几十位客人。很显然,"在(医生和护士)良好的护理下,米汉的健康恢复得很快"。③

除了是约瑟夫·P. 肯尼迪的私人朋友之外,米汉还是民主党候选人的重要捐款人。但是,当证券交易委员会决定对他采取强硬措施时,这些都没有用。

---

① 《证券交易委员会员工备忘录》,1935 年 9 月;《证券交易委员会传唤米汉调查股票操纵问题》,《纽约时报》,1935 年 10 月 27 日。
② 《经纪人米汉因病进入疗养院》,《纽约时报》,1935 年 11 月 25 日。
③ 布鲁克斯,《曾经身在宝山》,第 278~279 页。

证券交易委员会的律师甚至声称，他们没有义务透露米汉涉嫌的不当行为的细节，也没有义务公布对他不利的证词，因为美国证券交易委员会作为一个行政机构，可以不受司法机关的正当程序原则的约束。①

1935年10月26日，证券交易委员会正式提出了针对米汉的指控，并下令举行听证会，以确定证券交易委员会是否根据《1934年证券交易法案》暂停或吊销他的从业资格。② 证券交易委员会的听证会于1935年12月10日举行，主持听证的是威廉·格林（William Green）。在整个听证过程中，证券交易委员会共调查了1 400多桩交易，并盘问了40多个经纪人，最后形成了70 000多项证据。③

1937年8月2日，证券交易委员会公布了处理结果：吊销米汉的从业许可资质，他将被排除在所有证券交易所之外。④ 证券交易委员会最终的命令是在1937年8月19日颁发的，米汉必须在10月14日前处置好他在各交易所的席位。⑤ 米汉决定不提出上诉，他也从未试图恢复过他的从业资格。10月14日，米汉从M. J. 米汉公司辞职，此后30年，他再也没有踏入过位于宽街30号的公司办公室一步。《纽约时报》的一篇文章指出，"时代不同了。米汉操纵贝兰卡飞机公司的股票，导致他被证券交易委员会指控，但是在柯立芝时代，同样的操纵行为，却使他在商界大红大紫"。⑥

在海恩尼斯港的假期结束后，肯尼迪回到华盛顿上班。那天正是劳动节后的第一个工作日。那个星期只有4个工作日，最后一个工作日是1935年9月6日，他的生日也在那一天，于是他又回到海恩尼斯港。罗斯和孩子们送来了一个蛋糕，庆祝他的47岁生日。这一切结束后，肯尼迪坐了下来，拿起笔写下了他的第二封辞职信。这一次，他把这封辞职信交给了罗斯福总统。在信中，肯尼迪写道：

> 做出辞职这个决定并不容易。但是，我很欣慰地看到，证券交易委员会现在已经成长为一个强大的机构了，它持续存在下去的能力已经完全不

---

① 里奇，《詹姆斯·M. 兰迪斯》，第71页。
② 《证券交易委员会的命令不利于米汉》，《纽约时报》，1935年10月27日。
③ 《证券交易委员会调查人员发现米汉违规》，《纽约时报》，1935年12月16日。
④ 《米汉因操纵市场而被证券交易委员会禁入》，《纽约时报》，1937年8月3日。
⑤ 《米汉被三大证券交易所除名》，《纽约时报》，1937年8月20日。
⑥ 同④。

容置疑了，同时，联邦证券监管的政策、路线和机制也已经确立下来了，而且作为其基础的两项伟大的法案——《1933年证券法案》和《1934年证券交易法案》——更是已经根基牢固、坚不可摧了。虽然在目前这个阶段，证券交易委员会还有几个重要的问题尚未完全得到解决，但是已经给出了总体原则，而且它的所有员工都在努力工作，即将宣布初步结论。我同意这些结论。①

在这封信中，肯尼迪坦承，他对执行《公用事业控股公司法案》缺乏兴趣，这是导致他决定辞职的直接原因。他说：

《1935年公用事业法案》（你刚刚签署的）赋予证券交易委员会额外的、非常大的监管职责。因此，在接下来的相当长的一个时期，证券交易委员会将不得不花费很大的精力去对各家公用事业控股公司系统地进行研究。但是，事实上，这项法案试图解决的最重要的那些问题，都不是必须在一两年内迫切需要解决的问题。其实真正重要的是，必须研究确定执行这项新法案的政策，同时保证管理的连续性。在这个意义上，我请求你允许我辞职的时机似乎也是很恰当的：这正与证券交易委员会需要一个能够长期领导它的主席的需求相吻合。②

肯尼迪在信中还表示，希望把9月23日这一天作为他的辞职正式生效的日子。"我选择这个日子……是因为正如你所知，我太太和我打算在这个月的后半月带着孩子们去国外旅行，在我正式出国之前，终止我的官方身份似乎是一个明智的做法。"③

在同一天，肯尼迪还写了另外一封信，那是写给乔特中学的助理校长乔治·斯蒂尔（George Steele）的（3个月前，约翰·肯尼迪已经从乔特中学毕业了）。在信中，肯尼迪这样写道："在这个夏天，杰克的表现确实比以往任何时候都要好。正如我一直以来跟你说的，我相信他还有非常大的发展空间，而且我现在确信，他已经开始走在正确的道路上了……对于你和乔特中学在培养杰

---

①②③　约瑟夫·P. 肯尼迪于1935年9月6日写给富兰克林·罗斯福的信；《肯尼迪庆祝生日》，《纽约时报》，1935年9月7日。

克的过程中所做的一切,我在这里表示最衷心的感谢!"①

罗斯福总统在两个星期后才接受肯尼迪的辞职:

> 你的证券交易委员会取得了卓越的成就,是所有联邦政府机构的典范。你在克服重重困难之后,终于取得了成功,这种成功对我们的国家来说非常重要。在你的领导下,证券交易委员会承担起了监督执行《1933年证券法案》和《1934年证券交易法案》(它们是国会有史以来通过的最重要的法案中的两项)的重任,并在短期内就使它们极其有效地赢得了广大投资者和金融界人士的信心;保证这两类主体的利益,正是这两项法案的目的。是的,你有充分的理由认为,证券交易委员会现在已经成长为一个强大的机构了,它持续存在下去的能力已经完全不容置疑了,同时,联邦证券监管的政策、路线和机制也已经确立下来了,而且作为其基础的两项伟大的法案——《1933年证券法案》和《1934年证券交易法案》——更是已经牢牢坚定根基、不可动摇了。但是,我要指出的是,如果没有深邃的智慧、高超的技巧,没有良好的感觉、高度的敏锐性,没有为了公共利益全心全意地奉献一切的精神,这种结果是不会出现的。我知道,你会说,证券交易委员会的每一项成就,你的同事们都做出了很大的贡献,但是每一个工作小组,无论它多么有能力,都需要强有力的领导。你的同事们其实是很幸运的,因为他们有一个非常有能力的领导者。②

在公开宣布辞职后举行的一个新闻发布会上,肯尼迪宣称:"我觉得现在自己已经脱离政治生活了——如果前段时间的工作就是'政治'生活的话。我将回归田园生活。"③ 不过,他还是借这次新闻发布会的机会宣布一只具有"划时代的象征意义"的新证券即将发行。伊利诺伊州贝尔电话公司宣布将发行债券,而且是由一家新成立的投资银行——摩根士丹利公司——来承销。摩根士丹利公司是J.P.摩根公司根据《格拉斯-斯蒂格尔法案》解散后,它的一些合伙人创办的。哈罗德·斯坦利(Harold Stanley)亲自来到华盛顿,与肯尼迪讨论这

---

① 约瑟夫·P.肯尼迪于1935年9月6日写给富兰克林·罗斯福的信,《财富的人质:约瑟夫·P.肯尼迪书信集》,第160页。
② 富兰克林·罗斯福于1935年9月20日写给约瑟夫·P.肯尼迪的信。
③ 《肯尼迪预测证券发行大潮即将到来》,《纽约时报》,1935年9月21日。

第7章 "你的朋友——波士顿的乔·肯尼迪":美国证券交易委员会的诞生

次证券发行的有关问题,它也将成为关于证券发行时的广告的新规则正式实施后的第一只公开发行的债券。"你们应该能够感觉到一种全新的气氛,融资的新时代已经到来了",肯尼迪这样说。①

有人猜测,肯尼迪其实并没有真的完全退出政坛,他辞去证券交易委员会主席一职,只是他将在罗斯福政府中获得更高职位的一个步骤。当时许多人盛传,詹姆斯·A. 法利将会辞去邮政部部长一职,参加1936年的总统大选,同时商务部部长罗珀也会辞职,继而接任邮政部部长一职,而肯尼迪将成为商务部部长。②

至于肯尼迪的继任者,大多数人认为是詹姆斯·M. 兰迪斯,不过,约翰·伯恩斯、詹姆斯·罗斯和费迪南德·佩科拉也都被一些人看好。肯尼迪则表示,关于下一任证券交易委员会主席的人选,他没有向罗斯福总统提过建议,总统也没有要求他给出这方面的建议。

媒体对肯尼迪的辞职反应是,众口一词地赞誉他领导证券交易委员会取得的成就。《纽约时报》的一篇文章说,"对于肯尼迪先生的辞职,经纪人普遍表示遗憾,但是他们也认为,本来就不应该期望像他这么能干的一个人,会为这种公益性的工作无限期地奉献力量,他应该在更大的舞台上更充分地展现自己的才干。金融界真诚地感谢肯尼迪先生在实施《1934年证券交易法案》的过程中的巨大贡献。人们普遍认为,肯尼迪先生已经奠定了非常合理而坚实的制度基础,不管是谁接替他的职位,相信都不会出什么大的问题"。③

即便是约翰·T. 弗林,这位肯尼迪的最尖锐的批评者,也不得不赞赏他在担任证券交易委员会主席期间的贡献:

> 当约瑟夫·P. 肯尼迪先生被罗斯福总统任命为美国证券交易委员会成员和主席的时候,我对这个任命提出了尖锐的批评。我当时认为,而且我现在仍然相信,不应该从一群本该被监管的人当中任命一个人去监管这群人。在肯尼迪先生获得任命的时候,我回顾了他参与的一些交易活动,提出了一些批评,因为我觉得对他的任命是不明智的。现在,肯尼迪先生已辞去了证券交易委员会主席一职。此时此刻,我必须说出我的真实感觉,不然对肯尼迪先生就是不公平的:他确实令他的质疑者失望了。我坚信,

---

①② 《肯尼迪预测证券发行大潮即将到来》,《纽约时报》,1935年9月21日。
③ 《华尔街的议题》,《纽约时报》,1935年9月21日。

他是证券交易委员会中最能干的一个人。①

肯尼迪辞职后，收到了许多人的来信，其中一封来自纽约证券交易所的新任总裁查尔斯·R. 盖伊："在一两天之前我们会面时，我已经很清楚地告诉你，对于你将离开证券交易委员会一事，我是多么遗憾！你是如此真诚、如此亲切，我将永远记住我们见面时的情景。我衷心希望，你在新的人生旅程中，可以收获所有你想要的东西。我也非常希望，当你回国后来纽约时，我们可以有机会小聚。"②

在肯尼迪离开前的最后一天，证券交易委员会选举詹姆斯·M. 兰迪斯为第二任主席。罗斯福总统和肯尼迪都赞同这个选择。在宣布兰迪斯当选证券交易委员会主席的新闻发布会上，肯尼迪说："在与詹姆斯·兰迪斯一起工作和生活了 15 个月后，我已经确信，世界上任何与证券行业有一定关系的人，都不需要有丝毫的担心：他不会给他们最不公平和最不恰当的对待。我认为，我所有的一切都可以委托给他。事实上，有他当我的受托人是我的荣幸。他对这些法律对我们的经济复苏的重要性的认识无比深刻。"③

两天后，肯尼迪和他的妻子罗斯以及两个孩子约翰和基克，搭乘法国邮轮"诺曼底号"前往英国。

肯尼迪在证券交易委员会取得的成就确实非常引人注目。在就任主席一职后，他面临的最紧迫的任务是让华尔街接受证券交易委员会这个监管机构。肯尼迪简化了《1934 年证券交易法案》规定的证券注册程序（通过采用表格 A–2），制定了新的证券发行广告规则，他还坚持不懈地呼吁全国的企业通过公开发行证券的方式筹集资金，最终成功地结束了"资本罢工"。而且，更加重要的是，他成功地说服华尔街不要把证券交易委员会视为对手。他让华尔街相信，证券交易委员会是维持秩序的警察，不是占领军；是裁判，不是运动员。

肯尼迪让全国的证券交易所都完成了注册，证券交易所采用这些规则和表格后，基本上没有导致流动性受损，也没有任何一个发行人退市。他通过要求经纪人和交易商注册，实现了对场外交易市场的监管，并且建立了场外交易证券也要注册的规制。他还成功地让各证券交易所自愿采用证券交易委员会根据

---

① 《别人的钱》，约翰·T. 弗林撰稿，《新共和国》杂志，1935 年 10 月 9 日，第 244 页。
② 查尔斯·R. 盖伊于 1935 年 9 月 21 日写给约瑟夫·P. 肯尼迪的信。
③ 《兰迪斯将接替肯尼迪担任证券交易委员会主席》，《纽约时报》，1935 年 9 月 24 日。

《1934年证券交易法案》颁布的交易规则。另外,尽管一开始经历了一点小小的波折,但股东持股报告规则最终还是得到了贯彻执行。证券交易委员会还完成了《1934年证券交易法案》所要求的改善交易所治理结构的方法的研究,而且使全国各主要证券交易所都采纳了它提出的11条建议。《1934年证券交易法案》要求完成的其他三个主要研究项目——实现经纪人与交易商的职能的分离、让非上市证券在交易所交易、投资者保护委员会的建立——也都在顺利进行中,有望于1936年1月之前完成。

肯尼迪为证券交易委员会构筑了一个完整的组织体系,初步建成了一个全国性的证券监管网络,并网罗了一大批一流的人才。约翰·伯恩斯领导的法律部、鲍德温·贝恩领导的行政部、唐纳德·蒙哥马利领导的注册部,以及戴维·萨珀斯坦领导的交易部,代表了任何一个时代、任何监管机构都可能拥有的最有才华的高级职员的组合。另外,证券交易委员会的研究部门也集中了很多人才,例如,投资者保护委员会的研究计划,就是由两名未来的美国最高法院法官负责的。除此之外,詹姆斯·费恩和约翰·卡拉汉主持建立的八个地区的办事处也拥有一大批精英,当然,费恩和卡拉汉两人自己也都不是等闲之辈。

相比较而言,肯尼迪"有待完成的工作"的列表就要短得多。证券交易委员会没有根据《1934年证券交易法案》的第8条制定关于经纪人的净资本要求的规则,也没有根据《1934年证券交易法案》的第14条制定关于代理投票权征集的规则。但是,我们不妨对比一下,美国国会制定通过的《多德-弗兰克法案》整整4年之后,在它要求监管部门制定实施的规则当中,已经制定出来的规则还不到一半,而且这些制定出来的规则中,大约有60%直到法定期限届满为止仍然没有被采用。

尾　声　左撇子一垒手的手套

贝比·鲁斯从来没有真正管理过一支大联盟球队，最接近管理大联盟球队的一次是，1938年他曾经担任过布鲁克林道奇队的短期教练。从棒球场上退下来之后，他酗酒、吸烟更加厉害了，后来简直成了一个"传奇"。他也曾经试图用高尔夫、保龄球、狩猎和捕鱼来分散自己的注意力，但最后总是在酒精和烟草面前败下阵来。1946年11月29日，鲁斯住进了纽约曼哈顿的法国医院，他的主诉是头痛。医生很快就找到了导致他痛苦的根源：在鲁斯的鼻子后面长着一个大大的恶性肿瘤，并且已经扩散到了他的颈部。贝比·鲁斯在法国医院住了3个多月的院。[①]

1947年4月27日，纽约洋基队在主场举行"贝比·鲁斯日"庆典活动，鲁斯也到场了。他的外貌已经变得相当可怕。因为长期接受辐射治疗，他体重下降了很多，声音也很轻且非常沙哑。几个月之后，即1948年8月16日，鲁斯去世了。他的灵柩放在洋基队主场，2天内先后有将近8万名球迷前来瞻仰遗容。3天后，在鲁斯的葬礼上，同样有差不多8万名球迷聚集到了曼哈顿的圣帕特里克大教堂。[②]

根据《1933年银行法案》，美国的银行体系完成了彻底重组。储蓄业务与高风险的投资银行业务——如证券交易和证券承销——分离开来了，同时存款也只能用于一些更加传统的、更加保守的（有保障的）贷款项目，而且存款人的储蓄还得到了联邦存款保险公司的保障。这样，美国的银行体系就有了一个稳定的基础。这种情况延续了大约半个世纪，然后，到了20世纪80年代初，为了应对通货膨胀，以保罗·沃尔克（Paul Wolcker）为主席的美国联邦储备委员会不断加息，监管机构和政界人士开始允许银行和储蓄机构发放收益更高、风险也更高的贷款，由此而导致的一个后果就是一种严重的错配：银行短期存

[①②] 蒙特维尔，《大冲撞》，第25章。

款与高风险的长期贷款并存，最终不可避免地导致了整个银行业的危机，史称"储贷危机（Savings and Loan Crisis）"。在 1982～1992 年期间，数千家（准确数字是 2 808 家）金融机构破产，其中大多数是小型金融机构。其中仅仅 1989 年，就有 534 家参加了联邦存款保险计划的金融机构破产，这比 2008 年金融危机及其余波中破产的金融机构的总数还要多（2008 年金融危机爆发后的 4 年内，共有 478 家金融机构破产）。在此期间，甚至还曾经出现过一个银行假期，似乎是对 1933 年罗斯福宣誓就任美国总统的那一天的呼应。1991 年元旦，罗得岛州的新任州长布鲁斯·桑德伦（Bruce Sundlun）宣誓就职后，立即下令该州参加州存款保险计划的全部 45 家银行和其他金融机构关门歇业。在此之前，桑德伦的法律顾问——未来的美国参议员谢尔顿·怀特豪斯（Sheldon Whitehouse），一直试图避免宣布银行假日，但是该州的存款保险基金早已因令人震惊的腐败和管理不善而资不抵债了。不过最令人不可思议的是，桑德伦最后设法让几乎所有的存款人都保全了自己的全部存款。无论如何，与《1933 年格拉斯–斯蒂格尔法案》出台前的那半个世纪相比，这种情况还算不上太糟糕。在那半个世纪里，美国先后经历了 4 次重大的金融恐慌：1873 年恐慌以及随之而来的萧条；1893 年黄金恐慌；1907 年恐慌；1929 年大崩溃以及随后的大萧条。直到今天，联邦存款保险计划以及联邦存款保险公司的有效监管，仍然是我们的银行体系的基石。几乎从来没有人认真地设想过没有了这个体系，银行系统将会怎样。

不过，《1933 年格拉斯–斯蒂格尔法案》颁布实施后的几十年内，联邦储备体系完成了惊人的"使命的蜕变"，如果卡特·格拉斯仍然在世的话，他肯定会惊得目瞪口呆。第二次世界大战结束后，联邦储备体系向国家债务融资领域的扩张仍然一直在持续。从林登·约翰逊总统的"大炮和黄油并重"政策，到罗纳德·里根总统的大幅减税加大幅扩大军事开支政策，再到乔治·W. 布什总统的战争不加税政策，以及他和奥巴马总统的数次救市，联邦储备委员会一直充当了美国财政部的忠实代理人。更有甚者，联邦储备委员会主席已经在事实上变成了我们国家的经济"巫师"，人们期待他（现在则是一个"她"）根据自己的判断，通过买卖国债，操纵利率和货币供应量，进而支撑股市，促进经济增长，实现"最优"水平的就业，就好像他（或她）掌握了万能的金融魔杖似的。同时，联邦储备体系的"最后贷款人"功能，也扩展到了远远超出它自己成员银行的领域。人们希望它充当华尔街失败的投资银行和保险公司的"媒人"，而"嫁妆"就是它们的资产负债表。如果卡特·格拉斯看到这一切，无疑会加以猛烈的抨击。

在长达半个多世纪的时间里，商业银行业务与投资银行业务之间的隔离墙，一直没有受到监管机构和国会议员的"破坏"。然而，到了1986年12月，联邦储备委员会对《1933年格拉斯－斯蒂格尔银行法案》的第20条进行了重新解释，允许银行可以有5%的总收入来自风险较低的债务证券。1989年，联邦储备委员会又将银行总收入中来源于证券业务的收入的上限从5%提高到了10%，同时还扩大了可以由银行承销的债务证券和股本证券的种类。1996年12月，联邦储备委员会进一步允许银行控股公司的总收入的25%来自证券业务。1997年，美国信孚银行（Bankers Trust）收购了亚历克斯·布朗有限公司（Alex Brown & Co.），从而成了第一家收购投资银行的现代商业银行。①

1998年4月7日，旅行者保险公司（Travelers Insurance Company）——它拥有一家名为所罗门美邦（Salomon Smith Barney）的投资银行——宣布了总价值高达70亿美元的换股合并计划；根据这个计划，它将与花旗集团合并，但是当时的法律要求旅行者保险公司先处置好它的证券业务，因此此次合并能否成功的关键是联邦储备委员会是否会批准这个交易。② 1998年9月23日，联邦储备委员会批准了合并计划，并为这两家公司发放了可以采取一切必要行动的许可证，允许旅行者保险公司及其证券子公司在合并启动后两年之内完成调整。③ 1999年11月4日，在华尔街组织的密集而有效的游说之后，参议院和众议院通过了《1999年金融服务现代化法案》，该法案彻底取消了对商业银行从事证券业务和保险业务的限制。④ 1999年11月12日，克林顿总统签署了该法案，使之正式成为法律。⑤ 这样，商业银行业务与投资银行业务之间的隔离墙就被完全拆除了。

2008年金融危机之后，许多人再次呼吁将有保险的存款与比传统的、有保障的商业贷款业务风险更高的其他金融业务隔离开来。奥巴马总统于2010年7月21日签署了《多德－弗兰克华尔街改革和消费者保护法案》。该法案的第六

---

① 《美国信孚银行并购亚历克斯·布朗有限公司》，伊丽莎白·欧文（Elizabeth Owen）撰稿，《时代》周刊，1997年4月7日。
②③ 《花旗和旅行者计划合并，总额700亿美元创历史交易记录》，米切尔·马丁（Mitchell Martin）撰稿，《纽约时报》，1998年4月7日。
④ 第106届国会，众议院第10号议案。
⑤ 美国总统比尔·克林顿于1999年11月12日签署《1999年金融服务现代化法案》时的声明，白宫公共事务办公室。

编（它通常被简称为"沃尔克规则"），一般性地禁止接受存款的金融机构从事以营业为目的的买卖证券的活动，并限制这些机构可以投资于对冲基金或私募股权基金的额度。不过，"沃尔克规则"的大多数实质性规定都留给了联邦银行业监管机构去制定。

威廉·H. 伍丁严重的喉咙疾病一直没有好转。1933 年夏天，医生终于给出了确切的诊断：这远远不是简单的咽喉炎症，而是恶性肿瘤，并且已经开始转移扩散。在伍丁竭尽全力与病痛作斗争期间，财政部副部长迪安·艾奇逊主持财政部的日常工作。不过，当罗斯福总统一意孤行地推行他那堪称奇葩的购买黄金的计划后，艾奇逊愤而辞职。1933 年 11 月，伍丁以生病为由申请辞职，但是罗斯福总统没有接受，他任命小亨利·摩根索为代理财政部部长。1934 年 5 月 3 日，伍丁去世。①

随着时间的推移，卡特·格拉斯对新政的幻灭感越来越强烈。他认为，在许多财政问题上，罗斯福总统都采取了一些很不负责任的通货膨胀政策，因此与罗斯福渐行渐远。1937 年，当罗斯福总统推出《司法程序改革法案》（Judicial Procedures Reform Bill，俗称"法庭改组"计划）之后，格拉斯率领参议院的民主党保守派参议员奋起反抗。另外，格拉斯也公开反对罗斯福争取连任第三任美国总统的计划。后来，罗斯福长期以来一直担心的"爱尔兰人叛乱"终于变成了事实，不过，并不是他最初所设想的那个农村民粹主义者联盟发动的，因为在此之前休伊·P. 朗就已经死了；同时一直在走钢丝的库格林神父也终于彻底偏离了轨道，他现在已经成了一个反犹太人的阴谋论者。民粹主义者的新领袖是亨利·华莱士（Henry Wallace），在罗斯福争取第三次连任美国总统时，华莱士将成为他的竞选搭档。这一次，袭击来自右翼，詹姆斯·A. 法利在卡特·格拉斯和其他保守派人士的支持下，在 1940 年向罗斯福发起了挑战。

卡特·格拉斯挣扎着离开病榻，从华盛顿赶赴芝加哥，到民主党全国代表大会上为詹姆斯·A. 法利争取提名。后来的结果证明，他还不如留在家里。罗斯福巧妙地施展政治手腕，使反对他的人变得四分五裂，同时还故作姿态地声称，他不想打破美国总统只能连任两届的传统，除非民主党全国代表大会非要推举他为总统候选人。在芝加哥体育馆召开的这次民主党全国代表大会的结果其实早就注定，它更像一出缺乏戏剧性的喜剧。大会的第一天，就在大会主席准备宣布大会开幕的那一刻之前，事先早就"埋伏"在芝加哥体育馆地下室里

---

① 《威廉·H. 伍丁去世，享年 65 岁》，《纽约时报》，1934 年 5 月 4 日。

的托马斯·D. 加里（Thomas D. Garry）——芝加哥市清洁局局长，就按下了一个控制着整个体育馆的扬声器系统的开关，并开始高呼："我们只要罗斯福！"芝加哥市市长、罗斯福的铁杆支持者埃德·凯利（Ed Kelly），也早就在体育馆的各个位置预先安排好了数百名工人，他们也立即呼应性地高呼了起来，于是整个体育馆一片沸腾。几分钟之后，罗斯福宣布，自己将接受"大会的一致意志"。一些记者嘲笑道：罗斯福这样接受总统候选人提名，莫非是在响应"来自下水道的召唤"？

1946 年 5 月 28 日，卡特·格拉斯在办公室猝然离世，享年 88 岁。他是个生性坚强甚至顽固的人，直到生命的最后一刻，仍然拒绝离开参议院。尽管在此之前的两年多以来，他大部分时间都已经被困在了华盛顿五月花酒店的病床上，并且没有参加过口头表决。①

1935 年 2 月，休伊·P. 朗已经下定决心，要在来年参加总统竞选。他开始在全国推广他的"分享财富"俱乐部计划，试图在全国范围内培养起一股草根力量，作为他参加竞选活动的基础。尽管他有问鼎全国的野心，但是他从来也没有失去过对路易斯安那州地方政治的控制。1935 年 9 月 8 日，路易斯安那州议会召开特别会议，休伊·P. 朗坐镇位于巴吞鲁日的州议会大厦，以确保州议会通过一系列法案，其中有一项法案是用来重新划分选区的，它将使休伊·P. 朗的政治对手——法官本杰明·佩维（Benjamin Pavy）——失去工作。而在此之前，休伊·P. 朗已经搞掉了本杰明·佩维的兄弟保罗·佩维（Paul Pavy）的中学校长职务，还使本杰明·佩维法官的女儿、三年级教师玛丽·佩维（Marie Pavy）遭到了解雇。那一天，本杰明·佩维法官的女婿卡尔·韦斯医生（Dr. Carl Weiss）咽不下这口气，来找休伊·P. 朗算账，在州议会大厦走廊与休伊·P. 朗产生了激烈的冲突。韦斯朝休伊·P. 朗的肚子开了一枪，休伊·P. 朗的保镖们则乱枪齐射，向韦斯连开了 62 枪，将他当场击毙。不过两天后，休伊·P. 朗也离开了人世。②

今天，在《1933 年证券法案》颁布实施 80 多年后，证券发行的注册过程和信息披露要求，仍然没有脱离科科伦、兰迪斯、科恩和迪安等人当年所设想

---

① 《民主党人》，丹尼尔·斯克卢普（Daniel Scroop）著，密歇根大学出版社（安娜堡），2006 年，第 189 页；《卡特·格拉斯在华盛顿逝世，享年 88 岁》，《纽约时报》，1946 年 5 月 30 日。

② 怀特，《首领》，第 16 章。

的框架。事实已经证明，这一整套规则不仅是长期有效的，而且是优雅的、简洁的、精确的，是一个完整的法律体系的不可或缺的部分，完全满足了米德尔顿·比曼的要求。自从肯尼迪成功地简化登记程序并获得市场的广泛认同之后，从根本上修改《1933年证券法案》或者废除它的建议，就再也不会有人认真考虑了。

托马斯·科科伦后来进入了国会。在那之后，罗斯福总统启动了"法庭改组"计划，随后又于1938年中期选举后对国会中"不忠"的民主党人进行了"大清洗"。在这些事件中，科科伦都充当了罗斯福的主要"打手"。不过，他也为自己对罗斯福总统的忠诚付出了个人代价。罗斯福这些高压式的粗暴举措非常不得人心（科科伦自己也不认同），它们使科科伦成了国会中最不受民主党人欢迎的一个人，而且再也没有机会出任任何一个需要参议院批准的职位。

1940年总统大选结束后，科科伦离开了政府，但是始终保持着与华盛顿当权者之间的友情，同时也结识了一些新朋友。随着时间的推移，科科伦逐渐变成了一个律师兼游说专家、麻烦解决者和"权力贩子"，并成了这个"行业"的翘楚。后来，当约瑟夫·P. 肯尼迪试图重整他于1945年买下的芝加哥商品市场——将它的租户从低租金的联邦政府部门变更为高租金的私人经营者——的时候，他就聘请了科科伦为他与财政部牵线，希望财政部允许自己跳出长期租约。科科伦只打了几个电话就让肯尼迪省下了数百万美元。科科伦向肯尼迪索取了75 000美元的报酬（差不多相当于今天的100万美元），但是肯尼迪只寄给了他一张25 000美元的支票，这实在算不上慷慨。尽管科科伦抱怨说约瑟夫·P. 肯尼迪真是一个"出奇廉价的婊子养的"，[①] 但是仍然断断续续地为他工作。而且有一次，科科伦甚至试图将《华盛顿时代先驱报》兜售给肯尼迪。[②]

1969年10月，科科伦的游说活动终于踏过了线。当时，他试图说服最高法院法官雨果·布莱克（Hugo Black）和威廉·布伦南（William Brennan）重新审理一个与埃尔帕索天然气公司（El Paso Natural Gas Company）有关的案例。布莱克和布伦南被科科伦试图影响法庭的不道德尝试激怒了，但是新任首席大法官沃伦·伯格（Warren Burger）则希望重审此案，试图推翻原审裁决，因为他认为自己可以得到足够多的支持票来实现这一点。然而，这也就意味着伯格改变了最高法院的规则。布莱克和布伦南在复审投票时已经宣布自行回避（因

[①] 麦基恩，《权力贩子》，第197页。
[②] 同[①]，第197~198页。

为科科伦的不当游说已经"玷污"了他们，他们不得不这样做），布伦南告诉伯格，如果伯格一意孤行，决定重审这个案子的话，他（布伦南）就会写一个反对意见，把科科伦的劣迹和伯格特别为一个案子改变法庭规则的行径全都公之于世。幸运的是，科科伦和伯格两人最终退缩了，科科伦的这个"违反职业道德"的行为也一直未被世人所知，直到他去世以后。①

在20世纪的整个70年代到80年代初，科科伦的事业一直顺风顺水，他的律师事务所——科科伦、弗利、扬曼和罗维律师事务所（Corcoran, Foley, Youngman and Rowe）——也不断壮大。1981年，刚过完感恩节，科科伦就到医院做了一个胆囊切除手术。1981年12月6日，刚刚从手术中恢复过来的托马斯·科科伦突发栓塞，然后就去世了，享年80岁。②

萨姆·雷伯恩从来没有再婚。他所取得的立法成就，尽管从来无法弥补他破碎的心灵，但是已经足以让他成为众议院的一个传奇了。他是新政时代五项最重要的法案的联合发起人之一，它们分别是：《1933年证券法案》、《1934年证券交易法案》、《1935年公用事业控股公司法案》、《1934年美国联邦通讯法案》和《1933年紧急铁路运输法案》。

1936年6月4日，众议院议长约瑟夫·伯恩斯（Joseph Byrns）突然去世（享年66岁）。在短短的几个小时之内，民主党众议院党团就选举了来自亚拉巴马州的众议院多数党领袖威廉·班克黑德（William Bankhead）为众议院新议长，这样一来，众议院多数党领袖这个职位就出现了空缺。多数党领袖是一个很重要的职位，而且，考虑到班克黑德的身体状况同样糟糕的事实，它就显得更加重要了。1935年，班克黑德就曾经因为心脏病发作而未能出席众议院的会议。③

多数党领袖一职的主要竞争者是雷伯恩，以及来自纽约州的约翰·J. 奥康纳，后者是规则委员会的主席，实力同样非常强劲。奥康纳的弟弟巴兹尔·奥康纳（Basil O'Connor）是罗斯福总统担任律师时的合伙人，但是罗斯福总统本人却从来都不特别喜欢约翰·J. 奥康纳，而且，由于后者曾经与一些大公司合谋，试图削弱《1935年公用事业控股公司法案》的影响力，因而罗斯福对他就更加没有什么好感了。罗斯福总统想让雷伯恩担任众议院多数党领袖。④

---

① 《权力贩子》，第267~271页。
② 《托马斯·科科伦去世，他曾是罗斯福总统的助手》，《纽约时报》，1981年12月7日。
③ 《雷伯恩传》，D. B. 哈德曼（D. B. Hardeman）、唐纳德·C. 培根（Donald C. Bacon），得克萨斯月刊出版公司（得克萨斯州奥斯汀），1987年，第207页。
④ 同③，第207~208页。

让雷伯恩作为多数党的领袖的关键是，拿下国会中的纽约民主党人党团。罗斯福的计划也正是如此。如果奥康纳再也无法控制自己的"家乡"的党团，那么他的候选人资格也就岌岌可危了。这就涉及坦慕尼协会，而其中之重中之重则是詹姆斯·A. 法利，他不仅仅是民主党全国委员会的主席，而且还是纽约州的民主党主席。当时，法利不在美国，他刚刚出访欧洲回来，还在一艘远洋客轮上。罗斯福总统指示托马斯·科科伦，一定要在坦慕尼协会的人见到詹姆斯·A. 法利之前见到他，因为他们可能会说服公开支持"老乡"的奥康纳担任众议院多数党领袖。罗斯福要求科科伦提前赶赴纽约并等在码头上，抢在奥康纳的亲信之前见到詹姆斯·A. 法利。事实上，托马斯·科科伦的工作极其到位，甚至比罗斯福总统要求的还要好。他有一个朋友，是海岸警卫队的一名军官，科科伦说服他这位朋友给他派了一艘快艇，迎上了还在大西洋中航行的、法利所乘的远洋客轮。科科伦冒险从舷梯登上这艘远洋客轮，然后"搜寻"了它，直到他找到法利为止。"雷伯恩是我们的人，你一定要支持他。"他气喘吁吁地告诉法利。然后，科科伦又顺着梯子重回快艇，领先远洋客轮回到了岸边，然后微笑着向仍然等候在码头上的坦慕尼协会的人挥手告别。他们现在知道，自己又一次输给了这个可恶的"软木塞汤米"了。[1]

雷伯恩于 1937 年 1 月 4 日当选为众议院多数党领袖（184 票赞成，127 票反对）。[2] 1940 年 9 月 15 日，威廉·班克黑德去世，雷伯恩随即顺利当选众议院议长。[3]

20 世纪 40 年代，雷伯恩成了有史以来最强势的众议院议长。1942 年，罗斯福总统在布莱尔宫召集国会高层领导人开了一个秘密会议。与罗斯福总统一起出现在会场上的另一个人正是鼎鼎大名的艾伯特·爱因斯坦（Albert Einstein）。爱因斯坦向与会者解释了原子弹的性质和威力，并告诉他们，希特勒的德国的科学家们很可能正在研制原子弹。罗斯福总统随后指出了一个明显的事实：从现在的形势来看，交战双方谁能够率先制造出原子弹，谁就会赢得第二次世界大战。罗斯福总统要求在座的国会领导人一起讨论，如何才能迅速而秘密地筹集资金来启动"曼哈顿计划"，它的总支出将达到大约 20 亿美元。接下

---

[1] 《雷伯恩传》，D. B. 哈德曼（D. B. Hardeman）、唐纳德·C. 培根（Donald C. Bacon），得克萨斯月刊出版公司（得克萨斯州奥斯汀），1987 年，第 212～213 页；麦基恩，《权力贩子》，第 74 页。

[2] 同[1]，第 213 页。

[3] 同[1]，第 243 页。

来轮到雷伯恩发言了,他只说了一句话:"这事交给我吧!"①

雷伯恩要求每个小组委员会的主席在各自编制的预算中再增加 1 亿美元,所有小组委员会的主席都照办了,而且没有一个人敢向雷伯恩问为什么。美国制造原子弹的"曼哈顿计划"所需的资金就是这样来的。②

到了晚年,作为议长的雷伯恩变得更加孤僻了,他对年轻的国会议员们的了解很少,而且基本上只与各委员会的主席们交往——记者把他们戏称为"枢机主教团"。雷伯恩还告诫新一代的国会议员们,"如果你们想有所成就,就必须做到这一点:在你非常清楚自己想说什么之前,不要轻易张嘴"。③ 他喜欢维持原来的工作方式。一个例子是,他从来没有聘请过新闻秘书。当记者聚集在他的办公室外面,问准备前往众议院大厅的雷伯恩,"今天会发生什么事情?"时,他的回答往往是千篇一律的:"你们还记得昨天发生什么事情吗?那好吧,今天要发生的事情与昨天完全一样。"④

1960 年的某一天,雷伯恩在众议院大厅碰到了一个看上去相当年轻的男人,他问这个"年轻人":"你是新当选的国会议员吗,小伙子?""当然不是!"这个"小伙子"名叫爱德华·博兰(Edward Boland)——来自马萨诸塞州的众议员,他已经当了整整 7 年的国会议员了。⑤ 在华盛顿与博兰住在同一套公寓的另一名国会议员蒂普·奥尼尔(Tip O'Neill)也听到了这段对话。奥尼尔来自马萨诸塞州,之后将成为众议院议长。在爱德华·博兰的后半生中,奥尼尔一直拿这件事情来揶揄他。也就是在那段时间,有一次,奥尼尔与来自夏威夷的丹尼尔·井上(Daniel Inouye)聊天,后者是一位二战英雄,在意大利的战斗中失去了一条胳膊,刚刚在几个月前新当选为国会众议员。雷伯恩刚好经过,他热情地向丹尼尔打招呼道,"你好,丹!"奥尼尔很惊讶,还有些"嫉妒"——雷伯恩怎么会认识这个刚刚当选的新国会议员呢?于是他问雷伯恩:"你怎么会知道他的名字?"雷伯恩回答道:"这有什么奇怪的?我们众议院只有这么一个'单臂日本鬼子'呀!"⑥

1961 年 11 月 16 日,萨姆·T. 雷伯恩死了,他是死在众议院议长任上的。⑦

随着时光的推移,阿瑟·H. 迪安与证券交易委员会的关系变得越来越密

---

①② 《众议院众生相》,议长蒂普·奥尼尔(与威廉·诺瓦克)著,兰登书屋公司(纽约),1987 年,128~129 页。

③④ 同①,第 130 页。

⑤⑥ 同①,第 131 页。

⑦ 《雷伯恩去世,曾担任 17 年众议院议长》,《纽约时报》,1961 年 11 月 17 日。

切。他甚至协助证券交易委员会起草了《1939 年信托契约法案》和《1940 年投资公司法案》。

1953 年 9 月 15 日，在当时的韩国中部山区，在一顶特地搭建在 38°纬度线之上的不显眼的帐篷内，放置了一张桌子，在桌子一侧，坐了几位中国共产党人，在桌子的另一侧，则坐着阿瑟·H. 迪安和美国国务卿约翰·福斯特·杜勒斯（John Foster Dulles，如前所述，当时效力于艾森豪威尔政府的杜勒斯是迪安在苏利文和克伦威尔律师事务所时的"老领导"）。正是在那顶寒气森森的帐篷内，作为美国特使参加停战谈判的阿瑟·H. 迪安，见证了朝鲜战争的结束。①

20 世纪 60 年代初，约翰·肯尼迪（John Kennedy）总统又"征召"了阿瑟·H. 迪安"出山"，由他担任美国首席谈判代表，于 1963 年与苏联人达成了《全面禁止核试验公约》（Nuclear Test Ban Treaty）。后来，林登·约翰逊（Lyndon Johnson）总统也邀请阿瑟·H. 迪安出任监督《1965 年民权法案》实施的委员会主席之一。1968 年，在北越发动了对美国军队来说不啻一场灾难性的"新年攻势"（Tet Offensive）之后，迪安说服林登·约翰逊总统停止对北越的轰炸，并说服他不再谋求连任美国总统。1976 年，迪安以合伙人的身份从苏利文和克伦威尔律师事务所退休，10 年之后，也即 1987 年离世，终年 88 岁。②

参议员凯伊·皮特曼的职业生涯并没有因他在伦敦经济会议期间的离谱的不当行为而受到影响，尽管他在性格上可能有这样或那样的缺陷，但是他其实是一个对自己的不足有高度自觉的非常有远见卓识的人。例如，在签订婚前协议的时候，他坚持一定要加入这样一个条款，即规定他的妻子绝对不能以他的习惯性醉酒为理由而要求离婚。他的妻子米莫萨（Mimosa）接受了这个条款。③皮特曼仍然担任着参议院外交关系委员会的主席，一直到他离开人世的那天为止。同样地，直到那一天，关于他的离谱的酗酒习惯的争议才终于画上了一个"圆满"的句号。1940 年，皮特曼正在竞选连任，就在投票日的前几天，他的酒瘾又犯了（当然，这并不令人意外），于是他来到河畔酒店的酒吧里胡吃海喝，但是不幸的是，他的心脏病犯了。诊治这位参议员的是当地的一位医生 A. J. "巴特"·胡德（Dr. A. J. "Bart" Hood），他告诉皮特曼的亲信（皮特曼那时已经失去了意识），这位参议员的生命已经危在旦夕了。没有惊动任何旁人，

---

①② 《阿瑟·H. 迪安去世，享年 88 岁，曾任朝鲜谈判特使》，《纽约时报》，1987 年 12 月 1 日。
③ 《"年轻"的凯伊·皮特曼等待复活》，《亨德森新闻和博尔德城新闻》，1991 年 2 月 18 日。

皮特曼被悄悄地送进了沃肖总医院（Washoe General Hospital）。专家的诊断证实了A. J. "巴特"·胡德的判断：医生已经无能为力了，这位显赫的病人随时都可能一命呜呼。

这真是糟糕的一刻。内华达州的民主党领袖面临着一个道德困境：如果他们公开皮特曼的病情，那么他的共和党对手塞缪尔·普拉特（Samuel Platt）就很可能会赢得选举；如果他们向公众隐瞒，同时皮特曼又能捱到选举日之后，那么他的继任者就将由该州的州长爱德华·卡维尔（Edward Carville，民主党人）任命。经过一番思量之后，内华达州的民主党领袖们决定撒谎。他们说服胡德医生（至于"说服"时所用的手段，并没有记录下来，但是我们不难推测），发表了一个完全不真实的声明："皮特曼参议员这次患病，只是因为身体过于疲惫和精神倦怠所致，他本来工作负担就很重，在全州范围内的竞选活动进一步使他陷入了超负荷状态。参议员先生的病情并不重，但是在接下来的几天内，他将继续留在医院，主要目的是休息好。"

在11月5日的投票中，皮特曼获得了超过60%的选票，从而成功连任参议员。至于他去世的准确日期，至今仍然是一个谜，但是肯定不会迟于1940年11月10日，那是"有关方面"正式宣布他去世的日子。很多年来，一直有人声称，皮特曼是在11月4日死的，然后就被冷冻在了河畔酒店的冷库里，这样，"他"就可以竞选连任，避免共和党人赢得这个席位。无论实情如何，在皮特曼死后，内华达州州长爱德华·卡维尔任命民主党人伯克利·L. 邦克（Berkeley L. Bunker）接替了他的职位。①

就像《1933年证券法案》一样，《1934年证券交易法案》也经受住了时间的考验。直到今天，该法案的主要条款仍然有效：证券交易所的注册；上市交易的证券的注册；上市公司股东的持股状况报告书；对场外交易市场的监管；反对市场操纵的规定；年度报告和季度报告的公布；对代理投票权的监管。现在，证券交易委员会与证券交易所之间的关系相当和谐。如果纽约证券交易所的某个总裁突然要求废除上述规定中的任何一条，或者公开表示敌视证券交易委员会，那将是完全不可想象的。

尽管身为"华尔街贵族"，地位显赫，而且曾经担任过证券交易所总裁，但是理查德·惠特尼本人的商业判断却非常糟糕。他最致命的弱点是一贯跟风炒作，因此，他曾经参加过佛罗里达州的土地投机，还投资了很多风险很高的

① 《凯伊·皮特曼死亡之谜》，《内华达杂志》（1996年10月），第80~83页。

初创企业。在"废止禁酒令"概念风行于市场的时期,惠特尼用他自己的钱和他公司的钱买进了大量蒸馏酒公司(Distilled Liquors Corporation)的股票,这家公司的主要产品是一款名为"泽西闪电"的烈性发酵苹果酒。① 惠特尼经常债台高筑,1934 年,他向爱德华·A. 皮尔斯借了 10 万美元,而那只是他从纽约证券交易所的多名会员手中借来的无数笔借款之一。此后,惠特尼开始向他的核心小圈子之外的人借钱,甚至向那些曾经令他难堪的人借钱。例如,惠特尼曾经向本·史密斯要求借款 25 万美元。后来,史密斯回忆道:"我对他说,你的脸皮可真够厚啊,竟然开口向我借钱。他还说,最好在一天之内就借给他 25 万美元。然后我告诉他,我非常不喜欢他,我不会借给他一分钱。"惠特尼资不抵债的迹象最早出现在 1935 年的圣诞节。他的两个朋友赫伯特·惠灵顿(Herbert Wellington)和乔治·H. 布尔(George H. Bull),在位于曼哈顿市中心的派克大街上的网球俱乐部偶遇,布尔随口提到理查德·惠特尼向他借 10 万美元的事情;惠灵顿曾经借给惠特尼超过 10 万美元,但他并没有告诉他的朋友不要借钱给惠特尼,而是警告他,如果要借钱给惠特尼,就应该确保他的律师也参与此事。这两位绅士仍然保持了风度,但是他们这次的谈话已经表明,惠特尼的信誉已经亮起了红灯。②

1936 年的情人节,惠特尼越过了底线,从一个失败的商人变成了一个罪犯。在那一天,他盗用了纽约帆船俱乐部委托给他管理的价值 15 万美元的债券:以它们为抵押品,从公共国民银行和信托公司(Public National Bank & Trust Company)申请了 20 万美元的个人贷款。同时,他还盗用了属于他已故的岳父乔治·R. 谢尔顿(George R. Sheldon)名下的财产中的一批债券,将它们抵押给银行,从而申请个人贷款。③

1937 年 7 月,惠特尼走投无路,他不得不请求他的哥哥乔治·惠特尼借钱给他,用于还清他自己的个人债务,他认为有 65 万美元就应该足够了。乔治·惠特尼没有多问,马上给了他这些钱。乔治·惠特尼是一个非常忠厚的兄长,在此之前,他这个宝贝弟弟欠他未还的钱就已经超过 100 万美元了。④

---

① 布鲁克斯,《曾经身在宝山》,第 206 页。
② 同①,第 233 页;《天衣无缝的对接》,马尔科姆·麦凯(Malcom MacKay)著,黑塔出版社(纽约),2011 年,第 82~83 页。
③ 同②,第 234~235 页。
④ 同②,第 228~239 页。

但是，从乔治·惠特尼那里借来的这些钱仍然只是杯水车薪。早在1937年2月，纽约证券交易所的抚恤基金的会计就已经注意到，纽交所抚恤基金委托给惠特尼管理的价值65.7万美元的债券不翼而飞了。几个月以来，惠特尼一直承诺，会马上退回这些债券，但是并没有实际行动。到感恩节前夕，纽约证券交易所的官员们决定采取强硬手段。迫于无奈，惠特尼再次向他的哥哥求助。事实上，惠特尼还有更加恶劣的行径，他已经从纽约证券交易所的抚恤基金中盗用了22.1万美元的现金（而成立该基金的目的是，给不幸去世的纽约交易所的会员留下的寡妇和孤儿发放抚恤金）。据保守估计，要使理查德·惠特尼和他的公司不破产，至少还需要100万美元。然而，乔治·惠特尼也没有那么多钱，于是就只好转而求助于 J. P. 摩根公司。处理这个敏感问题的是托马斯·拉蒙特，他把问题报告给了小 J. P. 摩根。摩根同意了这笔贷款。尽管对理查德·惠特尼本人非常不满，尽管对这笔贷款能不能顺利收回没有信心，但摩根仍然决定发放这笔贷款，因为不然的话，理查德·惠特尼就会遭到公开羞辱，并连累 J. P. 摩根，那显然会更加糟糕。随后，摩根指令拉蒙特和乔治·惠特尼负责拍卖理查德·惠特尼公司的资产，以便偿还这笔贷款。①

理查德·惠特尼公司最大的一笔资产就是他持有的蒸馏酒公司的股票。这个公司股价与其他"废止禁酒令概念股"一样，早就跌得面目全非了，而且没有人愿意买入惠特尼手中的股票。该公司除此之外的所有资产都已经全部被银行冻结了（以保全总额接近3 000万美元的担保贷款）。② 彷徨无计之下，摩根公司的这两位合伙人试图将该公司作为一个整体出售，但是仍然没有人愿意接手。消息已经泄露出去了，理查德·惠特尼公司显然朝不保夕了。

1938年2月21日，根据《1934年证券交易法案》的要求，理查德·惠特尼公司向证券交易委员会和纽约证券交易所提交了关于该公司的净资本的声明和报告。③ 后来得知，这个报告谎报了该公司的资产和负债情况，但是它做假做得不够彻底，没能表明该公司拥有足够的资本。按照惯例，当某家公司的报告显示资本金不足时，证券交易所就会派出一个审计小组去该公司查账。到月底，进驻理查德·惠特尼公司的审计小组成员发现，该公司大量挪用客户证券，

---

① 《天衣无缝的对接》，马尔科姆·麦凯（Malcom MacKay）著，黑塔出版社（纽约），2011年，第246~248页。
② 同①，第244页。
③ 同①，第256页。

用于为公司和惠特尼本人的贷款提供担保。①

3月1日，星期二，纽约证券交易所总裁查尔斯·盖伊收到了审计小组的初步报告。星期五，审计小组发现了惠特尼贪污的确凿证据，并且得出了结论：理查德·惠特尼公司已经破产。星期日，纽约证券交易所的一些会员当面与惠特尼对质，惠特尼承认了几乎的一切，但是他决定孤注一掷。他威胁纽约证券交易所，最好在内部帮助他解决这个问题，不然闹到证券交易委员会那里，所有人都会大失脸面。②

但是这一次，惠特尼赌错了。纽约证券交易所不会为他做任何事情。不过，纽约证券交易所的官员们还是给他留了一点情面：允许他利用周末的时间去寻求救助，如果成功的话，可以给予他自愿辞职离开纽约证券交易所的机会。惠特尼只好再一次向J. P. 摩根公司求助。3月6日，J. P. 摩根公司在摩根家族位于格伦科夫的别墅内举行"紧急峰会"，根据达维律师事务所的约翰·戴维斯的建议，小摩根很快就做出了决定：再也不能为惠特尼做任何事情了。③

消息传开后，纽约证券交易所的律师们立即着手正式起诉理查德·惠特尼和他的公司。极具讽刺意味的是，为纽约证券交易所起草起诉书的正是罗兰·雷德蒙——惠特尼的亲密朋友和长期以来的"军师"。旁观者称，当他准备相关起诉材料时，脸上确实挂满了泪水。④

星期一，纽约证券交易所商业行为委员会和管治委员会先后一致投票决定，将理查德·惠特尼开除出纽约证券交易所。根据法律规定，这个消息也立即通知了证券交易委员会。⑤ 时任证券交易委员会主席的威廉·O. 道格拉斯（Willian O. Douglas）将这个消息报告给了罗斯福总统，总统也大为震惊："怎么会是理查德·惠特尼？"⑥ 道格拉斯还派出他的私人特使约翰·卫斯理·黑姆斯（John Wesley Hames）赶赴纽约处理此事。这个时候，整个华尔街都已经沸沸扬扬了。

星期二，黑姆斯来到纽约证券交易所交易大厅，发现关于惠特尼的谣言满

---

① 《天衣无缝的对接》，马尔科姆·麦凯（Malcom MacKay）著，黑塔出版社（纽约），2011年，第257页。
② 同①，第258页。
③ 同①，第264页。
④ 同①，第267页。
⑤ 同①，第266~267页。
⑥ 切尔诺，《摩根家族》，第21章。

天飞，其中许多与事实相距甚远，于是他让纽约证券交易所总裁盖伊立即发表公开声明，把起诉惠特尼的消息告诉大家，以平息谣言。上午 10 时多一点，盖伊走上交易所大厅主席台，宣布惠特尼公司已经破产。① 接下来的那个星期一，惠特尼公司正式申请破产。②

两天后，纽约县（New York County）检察官托马斯·杜威（Thomas Dewey）起诉惠特尼，罪名是他侵吞了他岳父的财产。③ 第二天，纽约州总检察长也指控他盗窃了纽约游艇俱乐部的钱。④

3 月 14 日，惠特尼承认了所有罪行的指控，不过，他同时恳求不要牵连他的合伙人，因为他们对他的所作所为完全不知情。⑤ 3 月 25 日，惠特尼申请了个人破产。⑥ 4 月 15 日，欧文·H. 博昂（Owen H. Bohan）法官判处惠特尼入狱——他将在纽约州的奥斯宁（Ossining）监狱（又称为"新新监狱"）服刑，刑期为 5 年以上、10 年以下。⑦

5 月份，理查德·惠特尼公司和他的个人财产出现在了公开拍卖会上。拍卖的其中一个标的是纽约证券交易所大厅的"2 号柜台"的标志牌。在 1929 年 10 月 24 日，那个黑色星期四，理查德·惠特尼就是在 2 号柜台上以每股 205 美元的价格大手买入美国钢铁公司的股票而名扬天下的。自那天以后，这块标志牌就从交易大厅"退休"了，成了惠特尼在那一天的英勇行为的一个纪念。但是，面对这块"极有历史价值"的标志牌，竞标者的最高出价却只有区区 5 美元而已。⑧

在新新监狱，惠特尼是一个模范犯人。让他去擦地板，他也不会有一丝抱怨；狱警和犯人都很喜欢他。他甚至成了监狱棒球队的受人尊敬的一垒手。

惠特尼被关进新新监狱服刑后的第一个夏天，他以前的校长、伤心欲绝但仍然非常喜爱他的恩迪科特·皮博迪牧师，前往监狱探望了他的学生。皮博迪问惠特尼，有什么事情需要他帮忙吗？惠特尼，这位格罗顿棒球队的前队长回

---

① 布鲁克斯，《曾经身在宝山》，第 268～269 页。
② 同①，第 270 页。
③ 同①，第 271 页。
④ 同①，第 272 页。
⑤ 同①，第 274 页。
⑥ 同①，第 275 页。
⑦ 同①，第 277 页。
⑧ 同①，第 286 页。

答道:"是的,我需要一只供左撇子—垒手用的手套。"①

1941 年 8 月,惠特尼申请假释成功,离开了监狱。在那之后的一段时间里,他管理着乔治·惠特尼家位于科德角巴恩斯特布尔的一个奶牛场。1946 年,惠特尼重回商界,成了佛罗里达州一家小型纺织公司的总裁,不过,它 3 年后就又破产了。1955 年,惠特尼又当上了位于新泽西州拉里坦(Raritan)的泽西乳制品公司(Jersey Mills Dairy)的总裁,这家公司是狄龙瑞德公司的克拉伦斯·狄龙(Clarence Dillon)所创办的。在他哥哥的帮助下,惠特尼全额赔偿了当年因自己所作所为而受累的所有人的全部损失。再然后,他躲开了媒体的关注,在新泽西州远山(Far Hills)过着平静的生活,直到 1974 年 12 月 5 日去世为止。②

在整个 20 世纪,证券交易委员会一直是联邦所有监管机构的典范,它高效、专业、有力而且没有丑闻。但在进入 21 世纪之后,这个机构似乎完全变了。2000 年,当互联网—电信泡沫破灭后,投资银行业暴露出了很多问题,但是证券交易委员会却无所作为,因而遭到了各界人士的严厉批评。此后,当纽约州首席检察官艾略特·斯皮策(Elliott Spitzer)率先行动,要求全世界的投资银行采取有效措施解决利益冲突问题时,证券交易委员会却选择袖手旁观,这种做法也遭到了谴责。与此同时,证券交易委员会也未能阻止安然公司(Enron)和世通公司(WorldComm)的极其严重的会计欺诈。

2008 年这一年更是证券交易委员会历史上最糟糕的一年。首先,它不仅未能阻止贝尔斯登公司(Bear Stearns)的崩溃,而且在财政部和联邦储备委员会进行救助时也成了一个旁观者。接下来,当雷曼兄弟公司倒闭时,证券交易委员会也显得非常无能。最后,在 2008 年 12 月 11 日,当纳斯达克证券交易所前主席伯纳德·麦道夫(Bernie Madoff)被捕时,证券交易委员会终于迎来了历史上最耻辱的一刻。事后揭露,这起涉案总额高达 650 亿美元的惊世欺诈大案,就是在证券交易委员会的鼻子下发生的,而且在事发之前,许多信誉卓著的举报者整整 8 年来,一直在孜孜不倦地警告证券交易委员会必须警惕麦道夫。

1930 年,迈克尔·J. 米汉花了 50 万美元买下了好心情冰淇淋公司(Good Humor)75% 的股票。在被证券交易委员会禁止从事证券业务后,米汉专注于冰淇淋业务。在大萧条时期,冰淇淋成了一种能够帮助人们暂时忘记苦难的廉

---

① 《曾经身在宝山》,第 287 页。
② 《天衣无缝的对接》,第 103~104 页。

价商品,再加上米汉勇于创新,发明了许多新的营销方法(例如利用卡车和船只售卖冰淇淋),他的冰淇淋生意越做越大,好心情冰淇淋公司的市场价值很快上升到了数千万美元。第二次世界大战结束后,好心情冰淇淋公司的市值再一次翻了好多倍,因为它把业务扩大到了广大郊区,用卡车为全国的婴儿潮一代带去了无限的欢乐。1961 年,米汉家族以高价将好心情冰淇淋公司的股票出售给了联合利华的一家子公司。①

1939 年,迈克尔·J. 米汉年仅 21 岁的儿子约瑟夫·米汉(Joseph Meehan)成了 M. J. 米汉公司的高级合伙人,在此之前,当他还是福特汉姆大学(Fordham University)的一名大学四年级学生时,就已经在纽约证券交易所获得了一个席位。② 约瑟夫·米汉后来还成了美国无线电公司的"专家",而在 20 世纪 20 年代后半期,他的父亲就是因为联合操纵这家公司的股票而发家致富并名震华尔街的。1962 年,约瑟夫·米汉成了纽约证券交易所管治委员会的委员。③

米汉似乎并不怎么怀念华尔街。他大约一半的时间都待在位于派克大街 770 号的豪宅中,另一半时间则待在位于梅欧帕克(Mahopac)北部的乡村别墅中。他还继续向天主教慈善机构慷慨解囊,而且一直都是整个纽约最大的慈善家之一,例如,他慷慨资助了圣文森特医院和其他一些机构。1948 年 1 月 2 日,迈克尔·J. 米汉在华尔道夫饭店死于肺炎,终年 56 岁。④

1936 年,约瑟夫·P. 肯尼迪(Joe Kennedy)强烈支持罗斯福总统竞选连任,他甚至专门写了一本书《我支持罗斯福》(*I'm for Roosevelt*),阐述支持罗斯福再次担任美国总统的理由。1937 年,罗斯福任命肯尼迪为美国海事委员会的首任主席(U. S. Maritime Commission)。尽管他在海事委员会所取得的成就无法与他在美国证券交易委员会取得的成就相比,但是他仍然因为自己的勤奋工作而受到了广泛的赞誉,尤其是当他勇敢地面对码头工人联盟的时候。1937 年 12 月 9 日,阿瑟·B. 克罗克爆料称,肯尼迪将被任命为美国驻英国大使。

肯尼迪担任美国驻英国大使期间,正值英国乃至整个欧洲都面临着极大危险的期间。当时,欧洲大部分国家都即将被比第一次世界大战还要残酷的战争

---

① 《好心情公司被立顿冰淇淋茶叶公司收购》,《纽约时报》,1961 年 4 月 27 日。
② 《米汉的儿子在纽约证券交易所买下了席位》,《纽约时报》,1939 年 3 月 25 日。
③ 《纽约证券交易所提名小亨利·沃克担任主席》,《纽约时报》,1962 年 4 月 10 日。
④ 《迈克尔·J. 米汉去世,曾为著名股票经纪人》,《纽约时报》,1948 年 1 月 3 日。

洪流吞没。肯尼迪本人最引以为豪的成就是，在 1938 年，"水晶之夜"（Kristallnacht）刚过，他就提出了一个营救犹太人的计划。在此之前，本杰明·科恩到伦敦拜访了他，让他相信美国必须帮助在欧洲各国的犹太人。肯尼迪的计划原本可以挽救数百万人的生命，它需要许多国家（包括美国在内）放开犹太人移民。但是，罗斯福总统的国务院破坏了这个计划，从而使美国错失了防止大屠杀的最好的机会。①

对于罗斯福听任国务院从中阻挠并中伤自己的做法，肯尼迪觉得不可原谅。到了 1940 年，欧洲已经陷入战火之中，肯尼迪希望美国保持中立，并渴望回到美国。他的孤立主义观点越来越不符合罗斯福总统的政策。他的大儿子小约瑟夫·肯尼迪是出席 1940 年民主党全国代表大会的一名代表，尽管他的父亲是罗斯福总统任命的在任的美国驻英国大使，但是小约瑟夫·肯尼迪在公开口头表决时还是大声地喊出了"詹姆斯·A. 法利"的名字。当罗斯福的支持者们愤怒地打电话给身在伦敦的（老）约瑟夫·P. 肯尼迪时，他却告诉他们，他支持儿子的决定。② 1940 年总统大选后不久，肯尼迪就辞去了大使职务。

1947 年，肯尼迪成了胡佛委员会的委员，这也是他在联邦政府中担任的最后一个职务。与詹姆斯·A. 法利等其他委员一起，肯尼迪完成了对罗斯福的一个不大不小的"复仇行动"：建议国会通过宪法修正案，将总统任期限定为最多两届。这个修正案就是《第 22 宪法修正案》，它于 1947 年 3 月 21 日美国国会通过，并于 1951 年 2 月 27 日得到各州批准。

此后，肯尼迪仍然继续雇用了他在证券交易委员会的一些同事，他与约翰·伯恩斯的关系特别密切，不过，后来两人发生了金钱纠葛，最终分道扬镳。詹姆斯·M. 兰迪斯和詹姆斯·费恩也应肯尼迪的邀请，在他的儿子约翰·肯尼迪因背部动手术而被困于纽约一家医院的病床上时，协助他推进研究。约翰·肯尼迪后来出版了为他赢得普利策奖的著作《当仁不让》（*Profiles in Courage*，也译为《勇者侧影》）。③

离开胡佛委员会后，肯尼迪大部分时间都花在了管理自己的生意和指导他的孩子们走好人生之路上了。他从来都厌恶战争，战争夺走了他的大儿子小约瑟夫·肯尼迪的生命，他在执行轰炸任务时死在英吉利海峡；战争还差点夺走

---

① 《"族长"》，大卫·纳肖著，企鹅出版社（纽约），2012 年，第 18 章。
② 惠伦，《开创基业：约瑟夫·P. 肯尼迪的故事》，第 305 页。
③ 同②，第 495 页。

他的第二个儿子约翰·肯尼迪的生命,他乘坐的战舰在所罗门群岛附近被日本人击沉了。1946 年,约翰·肯尼迪当选为国会众议员,代表波士顿。1952 年,约翰·肯尼迪又当选为通讯员,代表马萨诸塞州。最后,在 1960 年,他当选为美国总统。约翰的弟弟罗伯特于 1961 年被任命为美国司法部部长。次年,即 1962 年,(老)肯尼迪的幼子爱德华,也当选为马萨诸塞州参议员。

1961 年 12 月 19 日,在棕榈滩乡村俱乐部打了一场高尔夫球后,约瑟夫·P. 肯尼迪中了风。这一次中风是致命的,他从此失去了行动和说话的能力。医生告诉他的家人,肯尼迪的大脑并没有受到影响。因此,很有可能他完全明白达拉斯和洛杉矶发生的事件究竟意味着什么(1963 年,约翰·肯尼迪在达拉斯遇刺身亡;1968 年,罗伯特·肯尼迪在洛杉矶遇刺身亡)。

1969 年 11 月 17 日,约瑟夫·P. 肯尼迪离开了人世。[1]

---

[1] 凯斯勒,《父亲的原罪》,第 348 页。

译后记

2015年盛夏，在股灾肆虐之际，翻译这本《华尔街与华盛顿之战》，实在是别有一番滋味。

1929年股市大崩溃以及随之而来的大萧条，彻底改变了美国社会的面貌。本书描绘了罗斯福新政初期，发生在华盛顿与华尔街之间的一场"战争"。美国现代金融制度就是这场"战争"的产物。

很显然，《华尔街与华盛顿之战》这本书，对中国的证券市场（特别是股市）的制度建设和健康发展特别有借鉴意义。但是除此之外，更重要的还在于，它所讲述的其实是一个如何促成（好的）变化发生的故事。

危机是变化之母。人性本懒，不到迫不得已，我们往往是不愿意做出改变的。因此，每当有人悲叹，"世界怎么变得越来越坏了"的时候，我总是忍不住想提醒他们，比"世界变坏了"还要更加令人绝望的是，这个世界怎么就是不变啊！

因此，我们不妨细读本书，看看在20世纪30年代，这些胸怀坚定信念、既拥有远见卓识又极富政治技巧的人，是如何利用情势（甚至创造情势）推动金融制度改革的吧！而且，尤其难得的是，在作者的笔下，这个故事非常生动，里面包含了很多有趣的细节，先后出场的各个人物也都个性鲜明（例如，生活浪荡程度不亚于摇滚明星的参议院外交委员会主席、蛮横狡诈胜过黑道大哥的州长）。我相信，通过阅读本书，读者不但可以得到很多思想启迪，而且还可以收获无数会心的微笑。

在这里，我要感谢我的妻子傅瑞蓉，她是本书的第一个读者和批评者，帮助我改进了很多。同时还要感谢我的儿子贾岚晴，他给我带来了极大的快乐。我还要感谢我的岳父傅美峰、岳母蒋仁娟对贾岚晴的悉心照料。

我要特别感谢汪丁丁教授、叶航教授和罗卫东教授的教诲。感谢何永勤、虞伟华、余仲望、鲍玮玮、傅晓燕、傅锐飞、陈叶烽、李欢、傅旭飞、丁玫、何志星、陈贞芳、楼霞、郑文英、商瑜、李晓玲等好友的帮助。

感谢华夏出版社对我的信任，感谢编辑李雪飞老师的辛苦付出。

翻译本书的时间比较仓促，错误和疏漏之处在所难免，期望读者和专家批评指正！

贾拥民
2015年8月20日于杭州

西方经济·金融前沿译丛

《重铸美国自由市场的灵魂——道德的自由市场与不道德的大政府》
（美）史蒂夫·福布斯　伊丽莎白·艾姆斯　著　段国圣　译

《宇宙的主宰——哈耶克、弗里德曼与新自由主义的诞生》
（美）丹尼尔·斯特德曼·琼斯　著　贾拥民　译

《伟大的说服——哈耶克、弗里德曼与重塑大萧条之后的自由市场》
（美）安格斯·伯金　著　傅瑞蓉　译

《政治泡沫——金融危机与美国民主的挫折》
（美）诺兰·麦卡蒂　基思·普尔　霍华德·罗森塔尔　著　贾拥民　译

《从战场前线到市场前线——战争浴火之下信任和希望的重生》
（美）保罗·布林克利　著　于海生　译

《华尔街与华盛顿之战——世纪对决催生美国现代金融体系》
（美）理查德·E.法利　著　贾拥民　译

《金钱长城——中国国际货币关系中的权力与政治》（即将出版）
（美）埃里克·赫莱纳　乔纳森·柯什纳　编著　于海生　译

《如何反击网络金融恐怖主义》（待出版）
（美）凯文·弗里曼　著　傅瑞蓉　译

《全球经济的系统脆弱性》（待出版）
（美）杰克·拉斯马斯　著　贾拥民　译

图书在版编目（CIP）数据

华尔街与华盛顿之战：世纪对决催生美国现代金融体系/（美）理查德·E.法利著；贾拥民译. -- 北京：华夏出版社，2017.1
（西方经济·金融前沿译丛）
书名原文：Wall Street Wars: The Epic Battles with Washington that Created the Modern Financial System
ISBN 978-7-5080-8898-3

Ⅰ.①华… Ⅱ.①理… ②贾… Ⅲ.①金融体系-研究-美国-现代 Ⅳ.①F837.121

中国版本图书馆 CIP 数据核字（2016）第 162042 号

Wall Street Wars : The Epic Battles with Washington that Created the Modern Financial System
Copyright © 2015 by Richard E. Farley
Originally published in the United States by Regan Arts. All Rights Reserved
The simplified Chinese translation rights arranged through Andrew Nurnberg Associates International Ltd. (本书中文简体版权经由安德鲁·纳伯格联合国际有限公司取得)
Simplified Chinese translation copyright © 2016 Huaxia Publishing House
All Rights Reserved

版权所有　翻版必究
北京市版权局著作权合同登记号：图字 01-2015-6227 号

华尔街与华盛顿之战——世纪对决催生美国现代金融体系

作　　者	［美］理查德·E.法利
译　　者	贾拥民
责任编辑	李雪飞

出版发行	华夏出版社
经　　销	新华书店
印　　刷	三河市少明印务有限公司
装　　订	三河市少明印务有限公司
版　　次	2017 年 1 月北京第 1 版　　2017 年 1 月北京第 1 次印刷
开　　本	720×1030　1/16 开
印　　张	20.25
字　　数	336 千字
定　　价	68.00 元

华夏出版社 地址：北京市东直门外香河园北里 4 号　邮编：100028
网址：http://www.hxph.com.cn　电话：（010）64663331（转）
若发现本版图书有印装质量问题，请与我社营销中心联系调换。